Ken Wilber · Das Spektrum des Bewußtseins

Ken Wilber

Das Spektrum des Bewußtseins

Ein metapsychologisches Modell des Bewußtseins und der Disziplinen, die es erforschen.

Scherz

1. Auflage 1987
Einzig berechtigte Übersetzung
aus dem Amerikanischen von Jochen Eggert.
Titel der Originalausgabe: »The Spectrum of Consciousness«.

Schutzumschlag von Gerhard Noltkämper.

Inhalt

Vorwort

«Es gibt keine Wissenschaft der Seele, die nicht auf einer metaphysischen Basis ruhte und nicht über spirituelle Heilmittel verfügte.» Man könnte sagen, die ganze Absicht dieses Buches bestehe darin, diese Behauptung von Frithjof Schuon zu erhärten und zu dokumentieren – eine Aussage, für welche die Siddhas, Weisen und Meister aller Zeiten und Weltgegenden beredtes Zeugnis ablegen. Unsere heutige Wissenschaft der Seele hat im großen und ganzen kaum noch mehr zum Gegenstand als das Verhalten von Ratten in Lernapparaturen und den individuellen Ödipuskomplex, also die unterste Ebene der Individuation, und diese Einengung der Perspektive hat uns nicht nur blind gemacht für die Tiefen der Seele, sondern auch unseren überlieferten spirituellen Orientierungsrahmen verwüstet und ihn einem trostlos eindimensionalen Menschenbild angepaßt. Das Oben wird geleugnet, das Unten ignoriert, und wir sind nun gehalten, gelähmt in der Mitte zu verharren – vielleicht in einen Käfig starrend, um zu sehen, ob die Ratten darauf kommen, wie es weitergeht, oder im Bodensatz des Es nach Inspirationen stochernd.

Aber so seltsam das klingen mag, ich habe gegen diese eindimensionale Wissenschaft der Seele nichts einzuwenden; nur dagegen, daß sie einen Monopolanspruch auf das Wissen um die Seele erhebt. Darum lautet die These dieses Buches grob gesagt: Das Bewußtsein ist vieldimensional oder scheinbar aus vielen Schichten aufgebaut; die Hauptschulen der Psychologie, Psychotherapie oder Religion beziehen sich auf verschiedene Schichten oder Ebenen; diese verschiedenen Schulen schließen einander also nicht aus, sondern ergänzen einander, wobei jeder Ansatz mehr oder weniger richtig und zutreffend ist, solange er nicht über seinen Geltungsbereich hinausgreift. So können wir zu einer wirklichen Synthese der verschiedenen Ansätze zur Bewußtseinserforschung gelangen – einer Synthese, nicht einem eklektischen Eintopf –, in welcher die Einsichten bekannter Psychologen wie Freud, Jung, Maslow, May und Berne *gleichrangig* nebeneinander bestehen können, aber auch neben den Einsichten der großen Weisen von Buddha bis Krishnamurti. Dies weist, wie Schuon sagen würde, darauf hin, daß die Psychologie im fruchtbaren Boden der Metaphysik wurzelt, was aber keineswegs eine Verneinung der Verschiedenartigkeit ihrer Zweige bedeutet. Ich bin sicher, der Leser wird auf den Seiten dieses Buches Raum finden für das Ich, das Über-Ich und das Es, aber auch für den Gesamtorganismus, das transpersonale Selbst und schließlich das kosmische Bewußtsein – Ursprung und Grund aller Entwicklungsstufen und Schichten des Bewußtseins.

Es liegt auf der Hand, daß ein Buch, welches eine «Synthese östlicher und westlicher Psychologie» zu leisten behauptet, hoffnungslos hinter diesem Anspruch zurückbleiben muß. Das Folgende versteht sich daher nur als ein knapper Abriß, als das nackte Knochengerüst dieses unglaublichen Spektrums, das wir Bewußtsein nennen. Sollten auch nur einige wenige Zweige unserer Wissenschaft der Seele hierdurch erneut einen Zugang zum Oben oder eine Öffnung zum Unten entdecken, so hat dieses Werk seinen Zweck erfüllt.

KEN WILBER

Erster Teil: Evolution

So kommen wir also nicht an der Tatsache vorbei, daß die Welt, die wir kennen, darauf angelegt ist, sich selbst zu sehen. Um das aber zu können, muß sie sich natürlich aufspalten in mindestens einen Zustand, der sieht, und mindestens einen Zustand, der gesehen wird.

George Spencer Brown

Das Bewußtsein ist seiner ursprünglichen Natur nach still und rein und steht über dem Dualismus von Subjekt und Objekt. Dennoch bildet sich in ihm das Prinzip der Absonderung, und mit ihm erhebt sich der Wind der Aktion, der die stille Oberfläche des Geistes zu Wellen aufpeitscht. Nun differenziert er sich und evolviert zu einer achtfachen Schichtung.

Daisetz Teitaro Suzuki

Es gibt also eine unaufhörliche Vervielfältigung des unerschöpflichen Einen und eine Vereinigung des unendlich Vielen. So sehen Anfang und Ende von Welten und einzelne Wesen aus: Expansion von einem positions- und dimensionslosen Punkt und einem Jetzt ohne Datum und Dauer aus.

Ananda Kentish Coomaraswamy

1. Prolog

Eine vielzitierte Äußerung von William James besagt, daß

> unser normales waches Bewußtsein, das rationale Bewußtsein, wie wir es nennen, nur ein besonderer Typ von Bewußtsein ist, während überall jenseits seiner, von ihm durch den dünnsten Schirm getrennt, mögliche Bewußtseinsformen liegen, die ganz andersartig sind. Wir können durchs Leben gehen, ohne ihre Existenz zu vermuten; aber man setze den erforderlichen Reiz, und bei der bloßen Berührung sind sie in ihrer ganzen Vollständigkeit da... Keine Betrachtung des Universums kann abschließend sein, die diese anderen Bewußtseinsformen ganz außer Betracht läßt. Wie sie zu betrachten sind, ist die Frage... Auf jeden Fall verbieten sie einen voreiligen Abschluß unserer Rechnung mit der Realität.

Dieses Buch ist nun der Versuch, einen Rahmen abzustecken für unsere «Rechnung» mit dem Universum. Dieser Rahmen wird gebildet von einer Synthese dessen, was man im allgemeinen – und recht verschwommen – als den «östlichen» und «westlichen» Zugang zum Verständnis des Bewußtseins bezeichnet. Da beide Ansätze außerordentlich weitläufig und komplex sind, wird die Synthese – zumindest in einigen Aspekten – bewußt vereinfachend ausfallen. Eine physikalische Analogie mag das Verfahren verdeutlichen.

Unsere Umwelt ist gesättigt von Strahlungen verschiedenster Art: Neben dem sichtbaren Licht in seinen verschiedenen Farben gibt es noch Röntgenstrahlen, Gammastrahlen, Infrarotwärme, Ultraviolettlicht,

Radiowellen und die kosmischen Strahlen. Mit Ausnahme des sichtbaren Lichts waren alle diese Strahlungen unbekannt, bis William Herschel vor etwa 200 Jahren die Erforschung der Strahlen einleitete, als er Thermometer mit geschwärzten Kolben in die verschiedenen Bänder des Sonnenspektrums hielt und damit die Existenz jener thermischen Strahlung demonstrierte, die wir heute Infrarot-Strahlung nennen. Bald danach entdeckten Ritter und Wollaston mit photographischen Hilfsmitteln die ultraviolette Strahlung, und bis zum Ende des 19. Jahrhunderts gelang es mit anderen Techniken und Instrumenten, Röntgenstrahlen, Gammastrahlen und die Radiowellen nachzuweisen.

Alle diese Strahlungen unterscheiden sich auf den ersten Blick beträchtlich voneinander. Röntgenstrahlen und Gammastrahlen haben beispielsweise eine sehr kurze Wellenlänge, so daß sie sehr energiereich sind und organisches Gewebe durchdringen, ja sogar zerstören können. Sichtbares Licht hat eine wesentlich längere Wellenlänge, ist energieärmer und schädigt organisches Gewebe normalerweise nicht. Die Wellenlänge der kosmischen Strahlung kann man nur in billionstel Millimetern angeben, während manche Radiowellen kilometerlang sind. Gewiß kann man den Eindruck bekommen, daß es sich um grundverschiedene Phänomene handelt!

Dennoch werden alle diese Strahlen heute als Erscheinungsformen ein und desselben Phänomens aufgefaßt, nämlich der elektromagnetischen Schwingung. Sie weisen nämlich zahlreiche gemeinsame Eigenschaften auf: Im Vakuum breiten sich alle mit derselben Geschwindigkeit aus, nämlich der Lichtgeschwindigkeit; sie setzen sich aus elektrischen und magnetischen Vektoren zusammen, die senkrecht zueinander stehen; sie treten in der Form von Energiequanten oder Photonen auf und so weiter. Da die verschiedenen Formen elektromagnetischer Strahlung einander im Grundsätzlichen und in dieser vereinfachten Betrachtungsweise so ähnlich sind, betrachtet man sie heute im allgemeinen als Bestandteil eines einzigen Spektrums, so wie die Farben des Regenbogens Bänder im Spektrum des sichtbaren Lichts sind. Was man also einst für ganz verschiedene Dinge hielt, faßt man heute als Variationen ein und desselben Grundphänomens auf. Die frühen Wissenschaftler schalteten sich mit ihren grundverschiedenen Gerätschaften nur in verschiedene Frequenzen des Schwingungsspektrums ein, ohne zu bemerken, daß sie eigentlich alle dasselbe Grundphänomen erforschten.

Die elektromagnetische Strahlung bildet demnach ein Spektrum von Energieschwingungen unterschiedlicher Wellenlänge, Frequenz und Energie, von den «feinsten» und durchschlagendsten kosmischen Strahlen bis hin zu den «gröbsten» und energieärmsten Radiowellen. Vergleichen wir das nun mit der Beschreibung eines Vertreters des tibetischen Buddhismus, Lama Anagarika Govinda, der von den «Hüllen» (Schichten oder Ebenen) des Bewußtseins sagt:

> Diese «Hüllen» sind also nicht als aufeinanderfolgende, getrennte Schichten ... zu verstehen, sondern als sich gegenseitig durchdringende Prinzipien – vom feinsten, «allseitig leuchtenden», alles durchstrahlenden Bewußtsein bis zum «materialisierten Bewußtsein», das als Körper in sichtbare Erscheinung tritt.[1]

Das Bewußtsein wird hier also ganz ähnlich wie das elektromagnetische Spektrum beschrieben, und zahlreiche westliche Forscher haben solche Gedanken aufgegriffen und sind der Meinung, es könne hilfreich sein, das Bewußtsein als ein Spektrum aufzufassen.

Nehmen wir einmal vorläufig an, das Bewußtsein sei wirklich ein Spektrum, so wäre zu erwarten, daß die Bewußtseinsforscher verschiedener Schulen sich aufgrund ihrer je eigenen sprachlichen, methodischen und logischen Instrumente nur in verschiedene Bänder ein und desselben Bewußtseinsspektrums «einschalten». Es wäre weiterhin zu erwarten, daß etwa östliche und westliche Bewußtseinsforscher gar nicht auf die Idee kämen, daß dem so sei, so daß die Kommunikation zwischen ihnen sich äußerst schwierig und mitunter feindselig gestalten würde. Jeder dieser Forscher hätte recht, solange er nur über seine Ebene spricht, während alle übrigen, die sich in andere Bänder des Spektrums eingeschaltet haben, vollkommen auf dem Holzweg zu sein schienen. Daß alle diese Forscher je zu einer einhelligen Sicht der Dinge gelangen, wäre nicht zu erwarten, aber sie könnten sich klarmachen, daß sie – aus verschiedenen Perspektiven – über dasselbe Spektrum sprechen. Auch Marie Curie und William Herschel würden so lange zu keiner Einigung kommen, bis sie einsähen, daß sie es mit einem Spektrum zu tun haben. Marie Curie, die mit Gammastrahlen arbeitete, würde behaupten, Strahlung beeinflusse photographische Platten, sei extrem energiereich und verursache an Organismen schwere Schäden; Herschel wiederum, der nur mit Infrarot arbeitete, würde erwidern, nichts dergleichen sei der Fall. Natürlich hätten sie beide recht, und der Streit wäre beendet, sobald sie einsähen, daß die verschiedenen Strahlungen ein einziges Spektrum bilden. Das Gesamtphänomen Strahlung wäre dann zu verstehen durch die Synthese aller auf den verschiedenen Ebenen des Spektrums gewonnenen Informationen – genau das ist die Anschauung der heutigen Physik.

Der heutige Stand der Dinge zeigt, daß unsere Erwartung für den Fall, daß das Bewußtsein ein Spektrum bildet, richtig ist: Die Kommunikation zwischen östlichen und westlichen Bewußtseinsforschern ist in der Tat schwierig, da jeder auf einer anderen Schwingungsebene arbeitet. Es gibt gewiß zahlreiche bedeutende Ausnahmen, doch in der abendländischen Wissenschaft herrscht weitgehend Einmütigkeit darüber, daß der östliche Geist regressiv, primitiv oder bestenfalls schwächlich ist, während der östliche Philosoph wohl erwidern wird, der wissenschaftliche Materialismus des Abendlandes sei Illusionenglaube, Verblendung und geistige Verarmung in Reinkultur. So sagt etwa Franz G. Alexander, ein Repräsentant jenes westlichen Forschungszweiges, den wir Psychoanalyse nennen: «Die offenkundigen Übereinstimmungen zwischen schizophrener Regression und der Yoga- und Zen-Praxis deuten darauf hin, daß in orientalischen Kulturen eine allgemeine Tendenz herrscht, sich vor einer erdrückend schwierigen physischen und sozialen Wirklichkeit ins eigene Ich zurückzuziehen.»[2] D. T. Suzuki, Vertreter des östlichen Ansatzes, sagt wie zur Erwiderung: «Was die Wissenschaft vom Ich weiß, ist kein wirkliches Wissen ... Selbstkenntnis ist nur möglich ... wenn wissenschaftliches Forschen aufgegeben, wenn auf alle Experimente verzichtet wird und wenn die Wissenschaftler einsehen, daß sie mit ihren Untersuchungen nicht weiterkommen ...»[3]

Es gibt unzählige Beispiele für Anschauungs-Kollisionen dieser Art, denn jeder Wortführer spricht von einer anderen Ebene des Bewußtseins aus oder über eine andere Ebene; sobald dies klar erkannt wird, ist jedem Streit der Boden entzogen, denn jede Auseinandersetzung hat nur dann einen Sinn, wenn die Kontrahenten über denselben Gegenstand sprechen. Der Streit der Meinungen ließe sich zum größten Teil durch etwas ersetzen, das dem von Niels Bohr in die Physik eingeführten Prinzip der Komplementarität entspricht. Informationen aus den verschiedenen Bändern des Bewußtseins und über sie – mögen sie auch zunächst so verschieden erscheinen wie Röntgenstrahlen und Radiowellen – ließen sich zu *einem* Spektrum, *einem* Regenbogen integrieren. Daß aber jeder Ansatz und jedes Band nur eine Ebene unter vielen anderen darstellt, muß der Integrität und dem Wert jeder Ebene oder der Forschung, die auf ihr betrieben wird, keinen Abbruch tun. Im Gegenteil: Jedes Band, jede Ebene stellt eine bestimmte Manifestation des Spektrums dar und kann daher nur im Zusammenhang mit den anderen Ebenen das sein, was sie ist. Die Farbe Blau ist dadurch nicht weniger schön, daß sie neben den anderen Farben des Regenbogens besteht; sie «Blau» zu nennen, hat überhaupt nur dadurch einen Sinn, daß andere Farben existieren, denn gäbe es nur Blau, so könnten wir es nicht sehen. Bei dieser Art von Synthese hat kein Ansatz in Ost oder West etwas zu verlieren – vielmehr erhalten sie alle einen universalen Kontext.

Wenn in diesem Buch vom Bewußtsein als einem Spektrum die Rede ist, das sich aus etlichen Bändern und Schwingungsebenen zusammensetzt, ist dies strikt metaphorisch zu verstehen. Genaugenommen ist das Bewußtsein eigentlich kein Spektrum, aber zum Zweck der Kommunikation und Erforschung ist es nützlich, es als ein Spektrum zu behandeln. Wir schaffen uns hier mit anderen Worten ein Modell im wissenschaftlichen Sinn dieses Wortes – vergleichbar etwa dem Atommodell der Physik. Schließen wir diese einführende Betrachtung des Bewußtseinsspektrums mit einer ersten Charakterisierung der Hauptebenen ab, welche in die Synthese eingehen werden.

Aus der unendlichen Vielfalt möglicher Ebenen, die uns durch Psychoanalyse, Yogāchāra-Buddhismus, Jungsche Analyse, Vedānta-Hinduismus, Gestalttherapie, Vajrayāna, Psychosynthese und andere Schulen erschlossen wurden, haben wir drei Hauptebenen (und vier Unterebenen, die später beschrieben werden) ausgewählt; Kriterium der Wahl war ihre Einfachheit und leichte Identifizierbarkeit. Diese drei Ebenen nennen wir: 1. Ebene des Ego, 2. die Existentielle Ebene und 3. die Ebene des Geistes. (Die Unterebenen sind die Transpersonale, die Biosoziale, die Philosophische und die Schatten-Ebene.) Von welcher Art diese Synthese ist, wird klarer werden, wenn wir feststellen, daß viele Bewußtseinsforscher diese Ebenen (oder manche von ihnen) von leicht unterschiedlichen Standpunkten aus betrachtet haben, und eine unserer Aufgaben wird darin bestehen, ihre Schlußfolgerungen zu destillieren und zu koordinieren. So bezeichnet etwa Hubert Benoit diese drei

Ebenen als Ebene des Objekt-Bewußtseins, die Ebene des Subjekt-Bewußtseins und die Ebene des Absoluten Prinzips. Wei Wu Wei spricht von der Ebene des Objekts, des Pseudo-Subjekts und des Absoluten Subjekts. Der Yogāchāra-Buddhismus verwendet hierfür die Ausdrücke Manovijñāna, Manas und Ālaya. Auch andere bekannte Forscher haben sich diesen Ebenen zugewandt, darunter William James, D. T. Suzuki, Stanislav Grof, Roland Fischer, C. G. Jung, G. I. Gurdjieff, Shankara, Roberto Assagioli, John Lilly, Edward Carpenter, R. Bucke, um nur einige wenige zu nennen. Ebenfalls interessant ist für uns der Umstand, daß etliche Psychologen ihre Forschungen (wenn auch unwissentlich) auf eine der Hauptebenen beschränkt haben; ihre Schlußfolgerungen sind von immenser Bedeutung für die abgrenzende Klärung und Charakterisierung jeder einzelnen Ebene. Hier sind an erster Stelle Psychoanalyse, Existentielle Psychologie, Gestalttherapie, Behaviorismus, Rationale Therapie, Sozialpsychologie und Transaktionsanalyse zu nennen.

Kurz, im Laufe unserer Erkundung des Bewußtseinsspektrums wird sich nicht nur eine Synthese östlicher und westlicher Ansätze der Psychologie und Psychotherapie abzeichnen, sondern auch eine Synthese und Integration der großen westlichen Ansätze. Um der Sache nicht alle Spannung zu nehmen, wollen wir hier nur verraten, daß auch die verschiedenen Schulen westlicher Psychologie – etwa die Freudsche, die Existentielle und die Jungsche – sich auf verschiedene Ebenen des Bewußtseinsspektrums beziehen, so daß auch sie in eine wahrhaft umfassende «Spektrum-Psychologie» integriert werden können. Daß es im Westen vier oder fünf Hauptschulen der Psychologie und Psychotherapie gibt, liegt sogar, wie ich glaube, daran, daß jede Schule ihr Augenmerk mehr oder weniger ausschließlich auf jeweils eine Ebene des Spektrums richtet. Wir haben hier also nicht vier verschiedene Schulen, die vier verschiedene Theorien über ein und denselben Gegenstand – genannt «die Psyche» – entwickelt haben, sondern vier Schulen, die sich auf verschiedene Ebenen des Spektrums spezialisieren. Sie stehen deshalb in einer komplementären Beziehung zueinander und nicht, wie allgemein angenommen wird, in einem unüberbrückbaren Gegensatz. Dies wird sich, wie ich hoffe, im Verlauf unserer Untersuchung immer deutlicher zeigen.

Stellen wir hier aber gleich eindeutig klar, daß diese Synthese sich nicht versteht als Entscheidungshilfe für viele Fragen, die auf den angesprochenen Ebenen entstehen können, etwa: Wenn ich eine phobische Angst davor habe, in der Öffentlichkeit zu sprechen (Ego-Ebene), sollte ich dann einen Psychoanalytiker oder einen Behavioristen konsultieren? Erst mit der Zeit und nach weiteren Experimenten wird es möglich sein, die besonderen Stärken jedes Ansatzes genauer zu benennen. Andererseits versteht sich die Synthese sehr wohl als Versuch, Antwort auf Fragen wie die folgende zu geben: Ich fühle mich ganz allgemein unglücklich – soll ich es mit Psychotherapie oder mit Mahāyāna-Buddhismus versuchen? Die Antwort: Beide Möglichkeiten stehen dir offen, denn sie setzen auf verschiedenen Ebenen an und widerstreiten einander letztlich nicht.

Die Ego-Ebene ist nun jenes Band im Bewußtseinsspektrum, das unsere Rollenvorstellung, unser Bild von uns selbst mit seinen bewußten und unbewußten Aspekten umfaßt, aber auch den analytischen, unterscheidenden Intellekt, den Verstand. Die zweite Hauptebene, die Existentielle Ebene, ist das Bewußtseinsband des Gesamtorganismus von Soma und Psyche, und sie erfaßt unser grundlegendes Existenz- oder Daseinsgefühl mitsamt den kulturellen Gegebenheiten, die dieses Daseinsgefühl auf vielfältige Weise prägen und färben. Unter anderem bildet die Existentielle Ebene die sensorische Referenz für unser Selbstbild: sie ist das, was man *fühlt*, wenn man sich innerlich das *Symbol* seines Selbstbildes vergegenwärtigt. Sie ist mit anderen Worten die Grundlage des Ich-Bewußtseins. Die dritte Hauptebene, die wir hier GEIST nennen, wird im allgemeinen als mystisches Bewußtsein bezeichnet, und zu ihr gehört die Empfindung einer fundamentalen Einheit mit dem Universum. Die Ego-Ebene umschließt also den Geist, die Existentielle Ebene den Geist und den Körper, die Ebene des GEISTES den Geist, den Körper und den Rest des Universums.

Diese Empfindung der Einheit mit dem Universum ist gar nicht so ungewöhnlich, wie man zunächst vermuten mag, denn sie ist – in einem gewissen Sinne, den wir noch näher zu bestimmen versuchen wollen – die Grundlage aller anderen Empfindungen. Knapp gesagt, ist die Ego-Ebene das, was man fühlt, wenn man sich als Vater oder Mutter oder Anwalt oder Geschäftsmann oder Amerikaner fühlt oder in irgendeiner anderen Rolle sieht. Die Existentielle Ebene ist das, was man «unterhalb» seines Selbstbildes fühlt; sie ist die fundamentale Daseinsempfindung, die innere Überzeugung, daß Sie als das Subjekt all Ihrer

Erfahrungen existieren. Die Ebene des GEISTES ist, wie wir zu zeigen versuchen werden, das, was Sie eben jetzt fühlen, bevor Sie irgend etwas anderes fühlen – die Empfindung des Einsseins mit dem Kosmos.

Die Ego-Ebene und die Existentielle Ebene bilden zusammen unser Grundgefühl, an sich und aus sich selbst existierende, separate Individuen zu sein, und die meisten westlichen Bewußtseinsforscher setzen bei diesen beiden Ebenen an. Östliche Disziplinen befassen sich dagegen mehr mit der Ebene des GEISTES und lassen die Ebenen der Ichbezogenheit häufig ganz außer acht. Man könnte sagen, daß westliche Psychotherapien das individuelle Ich «zusammenzuflicken» versuchen, während die östlichen Ansätze darauf abzielen, es zu transzendieren.

Machen wir uns also auf der Ego-Ebene und der Existentiellen Ebene die – meist westlichen – Methoden zunutze, ein gesundes Ego zu erzeugen, Projektionen zu integrieren, mit unbewußten Trieben und Wünschen fertig zu werden, die Körperhaltung strukturell zu verbessern, die Verantwortung für unser In-der-Welt-Sein anzunehmen, mit Neurosen umzugehen und unser individuelles Potential ganz auszuschöpfen. Sollten wir aber die Grenzen des individuellen Ich überschreiten wollen, um tiefere Erfüllung zu finden, so müssen wir uns an jene – meist östlichen – Bewußtseinsforscher wenden, von denen wir etwas über die Ebene des GEISTES, über mystisches Gewahrsein, über kosmisches Bewußtsein erfahren können.

Daß östliche und westliche Ansätze unabhängig voneinander angewendet werden können, wissen wir, denn genau das geschieht ja heute; es sollte aber inzwischen klargeworden sein, daß sie auch auf komplementäre Weise angewendet werden können. Viele Advokaten der östlichen Wege rümpfen die Nase über alle Versuche, ein «gesundes Ego» zu schaffen; sie behaupten, das Ego sei ja gerade der Ursprung von allem Leiden in der Welt und ein «gesundes» Ego sei bestenfalls ein Widerspruch in sich selbst, eigentlich aber wohl doch eher ein böser Witz. Von ihrer Warte aus haben sie recht, und in diesem Kontext können wir ihnen nur zustimmen. Aber seien wir nicht voreilig: Selbst der Hindu betrachtet das Leben als einen Zyklus der Involution und Evolution des Absoluten Selbst und räumt ein, daß viele von uns dies Leben höchstwahrscheinlich als Jīvātman verbringen und beschließen werden, als ein isoliertes (wenn auch bloß eingebildetes) Ego, dem ein fremdes Universum gegenübersteht. Hier liegt der Ansatzpunkt westlicher Psychotherapien: Sie ermöglichen eine zumindest partielle Linderung des Leidens, das aus dem Jīvātman-Leben erwächst, und es gibt keinen Grund, diese Hilfe auszuschlagen.

Stellen wir uns beispielsweise einen Geschäftsmann in der Lebensmitte vor. Er ist im Grunde mit seinem Leben zufrieden, Vater zweier Kinder, erfolgreich im Beruf, zeigt aber leichte Angst- und Überlastungssymptome und sucht deshalb einen Therapeuten auf. Sollte der nun gleich über ihn herfallen mit den Worten: «Guter Mann, Sie leiden an metaphysischer Grundangst, weil Sie nicht erkennen, daß Sie im Tiefsten eins sind mit Gott»? Wollte man so etwas zur Regel machen, so würden die Patienten überall Hals über Kopf aus den Praxen ihrer Psychotherapeuten stürmen und sich nach «vernünftigen Ärzten» umsehen. Das Leben der allermeisten Menschen, insbesondere im Westen, ist einfach nicht darauf angelegt, mystische Erfahrungen zu suchen; sie sind weder willens noch in der Lage dazu, und es wäre ein Fehler, sie dazu zu drängen. Einfache Lebensberatung, die auf der Ebene des Ego eine Integration von Projektionen ermöglicht, wird in den meisten Fällen genügen. Auf dieser Ebene ist die westliche Ego-Psychologie absolut legitim.

Sollte der Jīvātman jedoch Befreiung (also ein Verständnis der Ebene des GEISTES) suchen, so können westliche Methoden als Vorbereitung oder Begleitmaßnahmen angewendet werden, denn alles, was den Abbau von Spannungen fördert, leistet der mystischen Erfahrung Vorschub. Wir können so die sehr allgemeine Schlußfolgerung ziehen, daß westliche Methoden, die Ego-Ebene und die Existentielle Ebene zu normalisieren, überaus hilfreich sein können für alle, die einen östlichen Zugang zur Ebene des GEISTES suchen: Das Transzendieren des Ego scheint leichter zu werden, wenn man die Spannungen reduziert, die das Dasein als Ego mit sich bringt. Dies ist wohl auch der Grund, weshalb etwa Shunryū Suzuki Rōshi, der verstorbene Meister des San Francisco Zen Center, Seminare über Sensory Awareness förderte; Kent und Nicholls vom Canadian Institute of Being wenden in demselben Sinne Encounter-Techniken und Psychoanalyse an.

In den letzten Jahrzehnten sind zahlreiche Bücher und Artikel über die Stärken und Schwächen westlicher und östlicher Bewußtseinsansätze veröffentlicht worden, aber mit wenigen Ausnahmen sind die Autoren dieser Arbeiten ganz entschiedene Verfechter irgendeiner bestimmten Richtung, und das läuft – auch wenn sie zum Teil sehr wertvolle Beiträge liefern – immer wieder darauf hinaus, daß sie andere Ansätze offen oder durch die Blume als minderwertig, verfehlt oder einfach lächerlich abqualifizieren. Wir sagten bereits, daß die Frage, welcher Ansatz richtig oder der beste sei, ein Scheinproblem ist, da jeder auf einer anderen Bewußtseinsebene operiert. Fügen wir hinzu, daß östliche und westliche Wege nicht einmal das gleiche Ziel verfolgen; sie gegeneinander auszuspielen, ist ebenso sinnlos, als gäbe man bei einem Wettlauf jedem Teilnehmer eine andere Ziellinie.

Das erklärte Ziel der meisten westlichen Ansätze ist die Stärkung und Integration des Ich, die Korrektur des Selbstbildes, der Aufbau von Selbstvertrauen und realistischen Zielvorstellungen und dergleichen. Sie versprechen weder die vollständige Erlösung von allen Leiden des Lebens noch die vollständige Bereinigung störender Symptome. Sie streben eine Linderung der «normalen Neurosen» an, die zu diesem Dasein als Ego gehören, und in gewissem Umfang gelingt ihnen dieses Vorhaben.

Wenn es auch stimmt, daß die Ziele östlicher und westlicher Ansätze teilweise übereinstimmen, weil die Bänder jedes Spektrums sich mehr oder weniger weit überlappen, geht es den östlichen Ansätzen doch um etwas ganz anderes als die Stärkung des Ich; hier geht es vielmehr um eine totale Transzendierung des Ego, um Moksha (Befreiung), Te («Tugend», die Wirkkraft des Tao), Satori (Erleuchtung) zu erlangen. Ein Zugang soll eröffnet werden zu einem Bewußtseinszustand, der vollkommene Befreiung von der Grundursache allen Leidens verheißt, der all die beunruhigenden Fragen über das Wesen der Wirklichkeit auflöst und unserer rastlosen und friedlosen Suche nach Frieden ein Ende bereitet. Die Ziele östlicher und westlicher Wege sind in der Tat erstaunlich verschieden, aber das sollte uns nicht überraschen: Die Ziele sind verschieden, weil die Ebenen verschieden sind.

Die meisten Westler sind durch solche Äußerungen über die Natur der Ziele östlicher Wege nicht zu beeindrucken, denn es ist für sie nun mal eine ausgemachte Tatsache, daß die spirituellen Disziplinen des Ostens irgendwo zwischen bewußtseinstrübem Schwachsinn und ausgewachsener Schizophrenie anzusiedeln sind. Diese Kritiker sind fest in der Ego-Ebene verwurzelt und betrachten alle Abweichungen von dieser Ebene mit äußerstem Argwohn anstatt mit offenem Interesse – und nicht wenige von ihnen gelten sogar als Autoritäten auf dem gesamten Gebiet des Bewußtseins. Aber die einzigen vernünftigen, glaubwürdigen und auch im wissenschaftlichen Sinne zuverlässigen Autoritäten sind doch wohl jene gewissenhaften Forscher, die die verschiedenen Bewußtseinsebenen – also auch die Ebene der Ich-Transzendierung – selbst erfahren haben. Wenn wir sie über die Natur des GEISTES, der mystischen Erfahrungsweise und der Ego-Transzendenz befragen, erweisen sich ihre Anschauungen als verblüffend universal und einmütig. Das Ego zu transzendieren, das ist keine geistige Verwirrung, keine psychotische Halluzination, sondern ein weitaus natürlicherer und erfüllenderer Bewußtseinszustand, als ihn das Ego sich jemals auch nur vorstellen könnte.

Es stehen uns daher zwei Möglichkeiten offen, wenn wir uns ein Urteil über die Ebene des GEISTES oder des mystischen Gewahrseins bilden wollen: Wir können denen glauben, die diese Ebene selbst erfahren haben, oder uns auf den Weg machen, sie selbst zu erfahren. Können wir aber keines von beidem, so wäre es klüger, uns jedes Urteils zu enthalten.

Die östlichen Schulen wie etwa Vedānta oder Zen sind im übrigen keine Theorien, Philosophien, Psychologien oder Religionen, sondern Experimentalreihen im strengen wissenschaftlichen Sinn dieses Wortes. Sie umfassen eine Reihe von Regeln oder Injunktionen (Handlungsanweisungen), die, richtig ausgeführt, zur Entdeckung der Ebene des GEISTES führen. Sich die Ergebnisse solcher Experimente gar nicht erst anzusehen, weil einem dieses Datenmaterial einfach nicht paßt, ist höchst unwissenschaftlich. Oder mit den Worten von Ananda Coomaraswamy:

> Solange man nicht, den durchaus nicht unverständlichen Anweisungen dieser Disziplinen folgend, selbst das Experiment gemacht hat, wäre es unwissenschaftlich zu sagen, so etwas sei nicht möglich . . . Daß dies so ist [daß der GEIST existiert oder daß mystische Erfahrung möglich ist], läßt sich nicht an der Wandtafel demonstrieren, wo man es nur mit quantitativen Dingen zu tun hat. Wo jedoch die *experimentelle* Überprüfung einer Annahme möglich ist, wäre es unwissenschaftlich, sie von vornherein zu verwerfen. Im vorliegenden Fall gibt es einen Weg, das heißt ein Experiment für die, die sich bereit finden, ihm zu folgen.[4]

Was mit diesem Weg gemeint ist, werden wir bald sehen. Hier geht es zunächst um einen wichtigen Punkt, den wir im Blick behalten müssen: Wenn wir vom GEIST oder vom Absoluten oder von mystischer Erfahrungsweise sprechen, so geschieht das nicht von einem bloß spekulativen Standpunkt aus. Vielmehr legen wir experimentell gewonnene Daten vor, und der Wissenschaftler, der solche Resultate belächelt, ohne selbst das Experiment durchgeführt zu haben, ist nur ein Dilettant, Wissenschaftler allenfalls in einem sehr eingeschränkten Sinn des Wortes.

Dies schmälert jedoch keineswegs die Verdienste jener Forscher, die sich auf eine Ebene beschränken und vielleicht nie von der Ebene des GEISTES gehört haben oder sie gar zu erreichen versucht hätten; die Einsichten, die sie auf ihrer Ebene gewinnen, können unschätzbar wertvoll sein. Freilich, wenn solch ein Forscher allen anderen Ebenen jede Wirklichkeit abspricht, so ist das immer ein wenig wie der Schwanz, der die Existenz des Hundes leugnet. Hören wir dazu William James:

> Mein ganzer Werdegang nährt bei mir die Überzeugung, daß die Welt unseres gegenwärtigen Bewußtseins nur *eine* von vielen existierenden Bewußtseinswelten ist und daß diese anderen Welten Erfahrungen beinhalten müssen, die für unser Leben ebenfalls von Bedeutung sind; auch scheint mir, daß die Erfahrungen dieser Welt und jener Welten sich zwar in der Regel nicht vermischen, sich aber doch in bestimmten Punkten berühren, und dort können höhere Energien eindringen. Mir selbst scheint, daß ich meinen gesunden Menschenverstand und meine Wahrhaftigkeit am besten dadurch wahre, daß ich diesem Glauben treu bleibe, so gut ich eben kann. Natürlich *könnte* ich die Haltung des Scheuklappenwissenschaftlers einnehmen und mir vorstellen, die Welt der Empfindungen und wissenschaftlichen Gesetze und Objekte könnte alles sein. Doch sooft ich das tue, höre ich jenen inneren Warner ... das Wort «Bosh» flüstern. Humbug ist Humbug, mag er auch einen wissenschaftlichen Namen tragen, und das Ganze der menschlichen Erfahrung, wie ich es sehe, drängt mich, über die engen Grenzen der «Wissenschaftlichkeit» hinauszugehen.[5]

Auf Shankara, jenen großen Vertreter des Advaita-Vedānta (der hinduistischen Lehre vom Weg zur Ebene des GEISTES, gewonnen aus den Upanischaden, den Brahma-Sūtras und der *Bhagavad-Gītā*), geht die

Vorstellung der *Abwertung* zurück, die für die weitere Verfolgung dieser Gedanken von großem Wert ist. Nach Eliot Deutsch ist Abwertung der mentale Prozeß, durch den man eine früher als wertvoll erachtete Bewußtseinsebene neu einschätzt, weil sie durch die Erfahrung einer neuen Bewußtseinsebene hinfällig geworden ist oder zumindest unter ganz anderen Gesichtspunkten erscheint.[6] Allgemein gesagt: Wer die Ebene des GEISTES erfährt, wertet die Ego-Ebene und die Existentielle Ebene ab. Das bedeutet, er gelangt – häufig aus Gründen, die er nicht recht erklären oder gar nicht benennen kann – zu der tiefen Überzeugung, daß die Ebene des GEISTES irgendwie realer, grundlegender und sinnvoller ist als die anderen. Diese Erfahrung ist so unwiderstehlich überzeugend, daß die anderen Bewußtseinsebenen ihm jetzt als unwirklich, illusorisch und traumhaft erscheinen können. Nehmen wir etwa eine Passage aus Tennysons Memoiren:

> Eine Art Wach-Trance hatte ich häufig, wenn ich allein war, und zwar von Kindheit an. Sie überkam mich meist, wenn ich mir zwei- oder dreimal still meinen eigenen Namen sagte: Plötzlich dann, wie aus der Intensität dieses Individualitätsbewußtseins heraus, schien diese Individualität sich aufzulösen und in grenzenlosem Sein aufzugehen. Und das ist kein Zustand der Verwirrung, sondern der denkbar klarste, gewisseste und absonderlichste Zustand, gänzlich jenseits der Worte, wo der Tod fast lachhaft unmöglich war und der Persönlichkeitsverlust (wenn es das denn war) nicht wie Auslöschung erschien, sondern als das einzige wahre Leben.[7]

Wenn wir diese Ebene erforschen wollen, haben wir keine andere Wahl, als solche Aussagen und die Erfahrungen, auf die sie sich beziehen, ernst zu nehmen. In diesem Sinne sagt auch John Lilly:

> Bei der wissenschaftlichen Untersuchung innerer Wirklichkeiten halte ich mich an die folgenden metaprogrammatischen Schritte . . .: Konstruiere ein Modell, das die alte Wirklichkeit und die neue gleichermaßen umfaßt. Wie schmerzhaft solche Modell-Revisionen auch sein mögen, sorge dafür, daß sie beide Wirklichkeiten enthalten.[8]

Das wirft nun wiederum ein neues Problem auf für den redlichen

Skeptiker, der die Ebene des GEISTES nie erfahren hat: Das mystische Bewußtsein dieser Ebene für möglich oder gegeben zu halten, ist eine Sache, aber wenn es dann heißt, nur diese Ebene sei real, «das einzig wahre Leben», und unser so liebgewordenes Ego sei bloß ein Traum – das ist dann noch einmal etwas ganz anderes. Doch Shankara und all die anderen Erforscher dieser Ebene lassen da nicht mit sich handeln: Was wir gemeinhin unser «Ich» nennen, ist eine Illusion.

Das ist jedoch nicht so beunruhigend, wie es zunächst klingen mag. William James definiert das Ich eines Menschen als «die Gesamtheit all dessen, was er sein eigen nennen *kann*, und das ist nicht nur sein Körper und seine psychischen Kräfte, sondern auch seine Kleider und sein Haus, seine Frau und seine Kinder, sein Ruf und seine Werke, sein Land und seine Pferde, seine Yacht und sein Bankkonto».[9] Ein Biologe würde noch weiter gehen und behaupten, das Ich eines Menschen, sein «wahres» Sein, sei das gesamte Feld von Organismus und Umwelt – ganz einfach, weil der Biologe kein von der Umwelt unabhängiges Ich entdecken kann. Und ein großer Soziologe wie George Mead erklärt: «Jedes individuelle Bewußtsein muß sich so weit erstrecken wie die gesellschaftliche Aktivität, die es konstituiert. Dieses Bewußtseinsfeld kann nicht an der Hautoberfläche des Organismus enden, zu dem es gehört.»[10] Gregory Bateson, der Vater der Double-Bind-Theorie der Schizophrenie, behauptet, das wirkliche Ich des Menschen sei das gesamte kybernetische Netzwerk aus Mensch, Gesellschaft und Umwelt – und so werde es auch wahrgenommen.[11] Schon diese Aussagen belegen, daß die Empfindung, ein isoliertes und an den Körper gebundenes Ego zu sein, bestenfalls eine Halbwahrheit darstellt; je entschiedener wir diese Empfindung für wahr halten, desto mehr wird sie zu reiner Illusion.

Wenn wir den GEIST nicht selbst erfahren haben, aber die Möglichkeit seiner Existenz einräumen, sind wir gezwungen, den Kerngehalt der Aussagen, welche die Erforscher dieser Ebene über den GEIST machen, zu akzeptieren, auch die Aussage über den illusorischen Charakter des Ich und die absolute und einzige Realität des GEISTES. Die Ebene des GEISTES, wie immer man sie sonst noch nennen mag, ist das, was ist; und alles, was ist, ist GEIST. Damit stellt sich uns eine weitere Aufgabe, wenn wir die beschriebene Synthese leisten wollen: Wir müssen die scheinbare (das heißt illusorische) Erschaffung oder Evolution der verschiedenen Bewußtseinsebenen aus der GEIST-Ebene beschreiben, etwa so, wie ein

Physiker die Auffächerung eines weißen Lichtstrahls in einen Regenbogen durch ein Prisma beschreiben würde. Hier handelt es sich aber, wie wir noch sehen werden, nicht um eine tatsächliche Evolution des GEISTES *im Laufe* der Zeit, sondern um die scheinbare Evolution des GEISTES *in* die Zeit, denn der GEIST selbst ist außerzeitlich, zeitlos, ewig. Wir suchen, mit anderen Worten, den Zugang zum Bewußtsein vom Blickpunkt des absoluten Jetzt-Augenblicks aus, und damit wird diese Synthese eine psychologische Interpretation der *Philosophia perennis*. Damit unterliegt sie natürlich den Paradoxen, logischen Widersprüchen und bestürzenden Behauptungen, die in allen Interpretationen dieser Art vorkommen, und zwar einfach deshalb, weil die GEIST-Ebene letztlich keine Idee ist, sondern eine überaus hautnahe Erfahrung, so nah, daß sie mit dem Netz der Wörter nicht einzufangen ist. Deshalb betonen wir so, daß der Begriff «Bewußtseinsspektrum» nur als Metapher oder Analogie aufgefaßt werden darf – sie sagt, wie das Bewußtsein veranschaulicht werden kann, aber nicht, was es *ist*, denn das weist über die Worte und Symbole hinaus auf «die Innerlichkeit der spirituellen Erfahrung, die man nicht analysieren kann, ohne sich in logische Widersprüche zu verstricken».[12]

So weit also die knappe Einführung in unser Thema, das Spektrum des Bewußtseins. Es gibt heute einen wahren Dschungel psychotherapeutischer Techniken, Methoden, Schulen, Philosophien und Disziplinen, und eines der größten Probleme – für den Therapeuten ebenso wie für den Laien – besteht darin, eine Art Ordnung, eine innere Logik, einen roten Faden in diesem ungeheuren Komplex verschiedener und einander scheinbar widersprechender psychologischer Systeme zu finden. Wenn wir das Bewußtseinsspektrum als Modell nehmen, könnte diese verborgene Ordnung demonstrierbar werden, denn mit diesem Modell wird es möglich, nicht nur die Hauptschulen westlicher Psychotherapie zu einem Ganzen zu integrieren, sondern ebenso die sogenannten östlichen und westlichen Bewußtseinsschulen.

Allein die Tatsache, daß es so viele psychologische Systeme und Disziplinen gibt, weckt ja schon den Verdacht, daß dem nicht allein interne methodische Differenzen zugrunde liegen, sondern reale Unterschiede der Bewußtseinsebenen, bei denen die verschiedenen Schulen ansetzen. Sollte überhaupt etwas Wahres sein am Spektrum des Bewußtseins und an den großen metaphysischen Traditionen, die die

Grundaussagen dieses Ansatzes bestätigen,[13] so wird augenblicklich deutlich, daß die verschiedenen Schulen der Psychotherapie in Ost und West sich vor allem auf verschiedene Ebenen des Spektrums beziehen. Sie brauchen sich nicht allzusehr darum zu kümmern, welche das menschliche Bewußtsein nun richtig erfaßt, denn jede kommt zu mehr oder weniger zutreffenden Aussagen, solange sie sich an die Ebene hält, zu der sie gehört. Eine wirklich integrative und umfassende Psychologie sollte sich daher die komplementären Einsichten aller Schulen der Psychologie zunutze machen.

Unsere Bereitschaft, alle Bewußtseinszustände experimentell zu erkunden, führt uns zur *Philosophia perennis*, der «Ewigen Philosophie», denn diese ist keine auf Spekulation beruhende Philosophie im landläufigen Sinn des Wortes, sondern Ausdruck einer *Erfahrung* auf einer bestimmten Ebene des Bewußtseins, nämlich der GEIST-Ebene. Aufgrund dieser Überlegung habe ich für die Einsicht in die Natur und das Wesen des Bewußtseins, die sich überall auf der Welt auf die gleiche Weise mitteilt, den Ausdruck «Ewige Psychologie» vorgeschlagen.[14] Im Rahmen dieser Ewigen Psychologie muß uns das individuelle Ich zwangsläufig als – in gewissem Sinn – illusorisch erscheinen und seine Welt als Traum. Das heißt aber nicht, die außerhalb der Ewigen Psychologie stehenden westlichen Schulen seien überflüssig: Die östlichen Diziplinen vermögen uns zwar aus diesem Traum aufzuwecken, doch bis dahin können wir mit Hilfe der westlichen verhindern, daß er zum Alptraum wird. Nutzen wir also beide.

2. Zwei Weisen des Erkennens

Wenn das Universum als Ganzes sich durch das Medium des menschlichen Geistes zu erkennen sucht, müssen einige Aspekte dieses Universums notwendigerweise unerkannt bleiben. Mit dem Erwachen des symbolischen Wissens *scheint* im Universum ein Riß zu entstehen, eine Kluft zwischen Erkennendem und Erkanntem, zwischen Denker und Gedachtem, zwischen Subjekt und Objekt. Das innerste Bewußtsein dessen, der die Welt erkennt und erforscht, entzieht sich letztlich seinem eigenen Zugriff und bleibt das Unerkannte, Ungezeigte, Ungreifbare – so wie die Hand Objekte ergreifen kann, aber nie sich selbst, oder wie das Auge die Welt sieht, aber nie sich selbst. So schreibt D. T. Suzuki:

> Am Anfang – dieses Wort besitzt eigentlich keinen spirituellen Sinn, sondern ist nur für unser endliches Leben von Bedeutung – wünscht der Wille sich selbst zu erkennen; das Bewußtsein erwacht, und damit spaltet sich der Wille. Der *eine* Wille, in sich selbst vollständig und ganz, ist nun zugleich Handelnder und Beobachter. Aus dieser Spaltung entstehen unweigerlich Konflikte, denn der Handelnde wünscht nun die Beschränkungen abzuschütteln, die er auf sich nehmen mußte, um Bewußtsein zu erlangen. Er hat in gewisser Weise die Möglichkeit gewonnen zu sehen, doch es gibt auch etwas, das er als Beobachter nicht sehen kann.[1]

Kurz und bündig drückt es der Physiker Arthur Eddington aus: «Die Natur hat es so eingerichtet, daß die Erkenntnis der einen Hälfte der Welt für die Unkenntnis der anderen Hälfte sorgt», und geradezu atemberaubend wird dieser Gedanke in der Darstellung von George Spencer Brown:

> Betrachten wir ... die Welt, wie sie von den Physikern beschrieben wird. Sie besteht aus einer Anzahl fundamentaler Teilchen, die [unter bestimmten Umständen] als Wellen erscheinen ... und aus anderen – sogenannten elektromagnetischen – Wellenformen, von denen angenommen wird, daß sie sich mit einer bestimmten konstanten Geschwindigkeit im Raum ausbreiten. Sie alle sind offenbar an bestimmte Naturgesetze gebunden, die die Art ihrer Beziehung erkennen lassen.
>
> Nun ist der Physiker, der all das beschreibt, seinen eigenen Aussagen nach selbst daraus aufgebaut. Kurzum, er ist ein Konglomerat eben jener Teilchen und Kräfte, die er beschreibt, nicht mehr und nicht weniger, von eben den Gesetzen zusammengehalten und an eben die Gesetze gebunden, die er entdeckt und formuliert hat.
>
> So kommen wir also nicht an der Tatsache vorbei, daß die Welt, die wir kennen, darauf angelegt ist, sich selbst zu sehen.
>
> Das ist in der Tat erstaunlich.
>
> Und nicht so sehr im Hinblick auf das, was sie sieht – obgleich das allein schon recht phantastisch erscheinen mag –, sondern im Hinblick auf den Umstand, daß sie überhaupt sehen kann.
>
> Um das aber zu können, muß sie sich natürlich aufspalten in mindestens einen Zustand, der sieht, und mindestens einen Zustand, der gesehen wird. In diesem zerrissenen Zustand ist das, was sie sieht, stets nur ein Teil ihrer selbst. Gewiß, die Welt ist immer sie selbst (das heißt, nicht von sich selbst verschieden), doch bei jedem Versuch, sich selbst als *Objekt* zu sehen, ist sie ebenso gewiß gezwungen, sich von sich selbst zu unterscheiden und damit selbst irrezuführen. In diesem Zustand wird sie sich immer zum Teil unsichtbar bleiben.[2]

Wie also ein Messer sich nicht selbst schneiden kann, ist auch das Universum nicht in der Lage, sich selbst als Objekt ganz zu sehen. Deshalb ist jeder Versuch, das Universum als ein Objekt zu erkennen, zutiefst und unabänderlich ein innerer Widerspruch, und je mehr dieser Versuch zu gelingen scheint, desto hoffnungsloser scheitert er in Wirklichkeit, denn um so mehr führt das Universum sich selbst in die Irre.

Diese Weise des dualistischen Erkennens, die das Universum in Subjekt und Objekt (oder Gut und Böse, Wahres und Falsches) spaltet, ist das Fundament abendländischer Philosophie, Theologie und Naturwissenschaft, denn die westliche Philosophie ist im großen und ganzen die griechische Philosophie, und die wiederum ist die Philosophie des Dualismus.

Die meisten der großen philosophischen Themen, die heute noch debattiert werden, wurden von den Philosophen des antiken Griechenland aufgebracht und geformt. Dazu gehören etwa der Dualismus von wahr und unwahr, dessen Studium «Logik» genannt wird; der von Gut und Böse, welcher Gegenstand der «Ethik» ist; und der von Erscheinung und Wirklichkeit, der das Arbeitsgebiet der Erkenntnistheorie ausmacht. Mit den Griechen begann auch in größerem Maßstab das, was man «Ontologie» nennt, die Frage nach dem letzten Wesen oder Sein des Universums. Die frühen Sondierungen der Griechen auf diesem Gebiet standen im Zeichen des Dualismus von Einheit und Vielheit, Chaos und Ordnung, Einfachheit und Komplexität. Diese Geleise hat das abendländische Denken nicht mehr verlassen; es hat sie vielmehr durch immer neue Dualismen immer weiter vertieft: Instinkt versus Intellekt, Welle versus Teilchen, Positivismus versus Idealismus, Materie versus Energie, These versus Antithese, Geist versus Körper, Behaviorismus versus Vitalismus, freier Wille versus Fatum, Raum versus Zeit – die Liste ist endlos. Und so konnte Whitehead sagen, die abendländische Philosophie sei eine sehr ausführliche Fußnote zu Platon.

Das ist doch eigentlich seltsam, denn wenn das dualistische Erkennen letztlich genauso in sich selbst widersprüchlich ist wie der Versuch, eine Fingerspitze sich selber berühren oder einen Fuß sich selbst treten zu lassen, weshalb wurde es dann nicht längst aufgegeben? Wie konnte es die gesamte europäische Geistesgeschichte so durchgreifend beeinflussen, und weshalb beherrscht es – mehr oder weniger subtil – nach wie vor die Hauptströmungen des westlichen Denkens? Es hat natürlich wenig Sinn, ausgerechnet in der Hauptströmung dieses Denkens nach Lösungen für das Problem des Dualismus zu suchen – und zudem ist es sterbenslangweilig.

Einer der Hauptgründe für die Zählebigkeit des dualistischen Ansatzes («teile und herrsche») besteht darin, daß der Irrtum der Dualität die Wurzel des intellektuellen Erkennens bildet und daher mit den Mitteln des Intellekts nicht zu überwinden ist. Immerhin ist der Intellekt aber in der Lage, sich selbst bis zu seinem eigenen inneren Widerspruch zurückzuverfolgen; das jedoch erfordert eine rigorose, konsistente und unbeirrbar durchgehaltene Methodik, die geeignet ist, den Dualismus bis an seine äußerste Grenze zu treiben. Nehmen wir etwa an, Sie seien fest davon überzeugt, daß die Erde flach ist; man mag Ihnen noch so viele intellektuelle Beweise des Gegenteils liefern, Sie stehen fest zu Ihrem Glauben. Ihr Irrtum könnte Ihnen nur dann deutlich werden, wenn Sie den experimentellen Beweis für Ihre Überzeugung anzutreten versuchten, indem Sie eine bestimmte Richtung einschlügen und beharrlich in dieser Richtung weiterwanderten. Wenn Sie auf diese Weise nicht ans Ende der Welt gelangen, werden Sie irgendwann vermutlich Ihre Meinung ändern. Nur durch das *konsequente* Durchhalten Ihrer falschen Anschauung konnten Sie den Irrtum schließlich aufdecken.

Nun ist dieses konsequente Experimentalverfahren heute ein wesentlicher Bestandteil der naturwissenschaftlichen Methodik, und so eröffnet sich heute gerade in den Naturwissenschaften die Möglichkeit jener Rigorosität, die das dualistische Denken *ad absurdum* führen kann; das liegt vor allem an den immer weiter verfeinerten Experimentaltechniken, die uns erlauben, den Dualismus bis an seine Grenzen zu verfolgen. Gewiß, die meisten Wissenschaftszweige sind nach wie vor durch und durch dualistisch bei ihrer Suche nach «objektiven Fakten», aber die «reinen» Naturwissenschaften wie Mathematik oder Physik, aber auch einige der gerade erst entstehenden Zweige wie Systemtheorie und Ökologie, haben einigen der lange gehegten Dualismen tödliche Schläge versetzt. Diese Wissenschaftszweige meinen wir, wenn wir von Naturwissenschaft als dem Prinzip sprechen, das die Dualismen des abendländischen Denkens entwurzeln könnte. Natürlich sind alle diese Wissenschaftsformen relativ jung, kaum 300 Jahre alt, und so erleben wir erst in jüngster Zeit den Zusammenbruch einiger der Dualismen, die seit zweieinhalb Jahrtausenden im abendländischen Denken ihr Unwesen treiben. Zweifellos begannen alle Wissenschaften als reine Dualismen; manche jedoch – sei es durch Zufall oder durch ihre rigorose Natur – verfolgten ihre Dualismen bis zu einem katastrophalen Umschlagspunkt, und dort erwartete die beteiligten Wissenschaftler der Schock ihres Lebens.

Diese unglaubliche Geschichte hat ihre Anfänge im Europa des 17.

Jahrhunderts. Dreihundert Jahre davor hatten die Europäer damit begonnen, die von der Scholastik zwischen Mensch und Natur errichteten Mauern einzureißen, und ein leidenschaftliches Verlangen nach Erkundung der Natur und des Universums brach sich Bahn, anfangs recht chaotisch, wie nicht anders zu erwarten war. Es war das Zeitalter der Entdeckungen und der Renaissance, das Zeitalter solcher Männer wie Gutenberg, Petrarca, Vasco da Gama, Columbus, Cortez, Leonardo, Michelangelo, Tizian, Marco Polo, Kopernikus. Der Mensch sah sich nicht länger als Nebenfigur im Göttlichen Spiel, sondern machte sich in tausend verschiedene Richtungen auf zu Erkundungen und Untersuchungen: neue Ideale, neue geographische Ausblicke, neue Weisen, die persönliche Existenz zu erfahren. Dieser Erkundungsdrang blieb jedoch blind und unkoordiniert, bis er durch die folgenreichste aller je dem Menschengeist entsprungenen dualistischen Ideen konzentriert und kanalisiert wurde. Diese Entdeckung war nicht einfach eine unter zahlreichen anderen Entdeckungen dieser Zeit, sondern «die Entdekkung einer Methode des Entdeckens» (L. L. Whyte), die «Erfindung einer Methode des Erfindens» (Whitehead). Es war die Idee, die das gegenwärtige Zeitalter formte. Der Historiker L. L. Whyte schreibt:

> Davor [vor 1600] gab es an durchstrukturierten Denksystemen nur die philosophische oder theologische Aufarbeitung der subjektiven Erfahrung, während die objektiven Naturbeobachtungen, die gesammelt wurden, relativ unorganisiert blieben. Der mittelalterliche Rationalismus war subjektiv; es gab noch keine rationale Naturphilosophie von vergleichbarer Vielschichtigkeit und Präzision. 2000 Jahre lang hatte der Mensch beobachtet und verglichen und seine Beobachtungen zu klassifizieren versucht, doch es gab im Bereich der Naturphänomene noch kein Denksystem mit Methoden, die sich systematisch hätten anwenden lassen, um den weiteren Entdeckungsprozeß zu fördern ... Wir haben hier einen Augenblick von großer Bedeutung erreicht. Um 1600 formulierten Kepler und Galilei unabhängig voneinander und gleichzeitig das Prinzip, daß die Gesetze der Natur durch Messung zu entdecken sind, und beide wandten dieses Prinzip bei ihrer eigenen Arbeit an. Wo Aristoteles klassifiziert hatte, trachteten Kepler und Galilei zu messen.[3]

Innerhalb eines Jahrhunderts wurde ganz Europa vom Rausch dieser neuen Idee des Messens und Quantifizierens erfaßt: Die neue Wissenschaft des Messens versprach nicht nur die Besserung der Menschheit und die Verbesserung ihrer Lage, sondern die Erkenntnis der absoluten und höchsten Wirklichkeit, die sich den Menschen aller früheren Zeiten entzogen hatte. Zur einzigen Wirklichkeit wurde nun das erhoben, was gemessen werden konnte, und damit waren die Weichen gestellt für Jahrhunderte eines geradezu zwanghaften Strebens nach immer genauerer Quantifizierung der Dinge.

Die Idee der Quantität hatte zwei weitere Ideen im Gefolge, die sich mit der Zeit untrennbar mit ihr verbanden: Die Wirklichkeit ist objektiv, und die Wirklichkeit kann verifiziert werden. Alles Erkennen sollte auf die objektiven Dimensionen reduziert werden, auf die «primären» objektiven Qualitäten der Anzahl, der Position und der Bewegung, während die subjektiven Aspekte, die «sekundären» Qualitäten wie Emotionen, Sinne und Intuition, gänzlich unberücksichtigt bleiben mußten, weil sie nicht mehr meßbar und daher unwirklich waren. «Wahre Beobachtung», sollte Auguste Comte bald verkünden, «muß dem Beobachter notwendig äußerlich sein.» Die bohrende Frage nach der Dualität von Subjekt und Objekt wurde von der neuen Wissenschaft nicht beantwortet, sondern schlicht umgangen: Das Subjekt wurde als unwirklich abgestempelt.

Die Methodologie des Messens wurde deshalb zur neuen Religion, weil mit ihr erstmals ein systematisches Verfahren zur Verfügung stand, eine Behauptung empirisch zu *verifizieren*. Es sollte von jetzt an nicht mehr genügen, irgend etwas allein durch subjektive intellektuelle Zergliederung zu beweisen wie vor dem Auftreten des *Homo scientificus*. In einer Geschichte wird erzählt, Aristoteles habe einmal ebenso ausführlich wie stringent bewiesen, daß Frau Aristoteles genau 42 Zähne im Mund haben müsse. Es kam ihm gar nicht erst in den Sinn, ihr in den Mund zu schauen und die Zähne zu zählen, denn seine Beweisführung zeigte ja unwiderleglich, daß es nicht mehr oder weniger als 42 sein *konnten*. Seither hatte die Philosophie im großen und ganzen daraus bestanden, daß erwachsene Männer, absolut überzeugt von der Richtigkeit ihrer Position, einander anschrien: «Es ist so.» «Nein, es ist nicht so.» «Es ist wohl so.« «Nein, es ist nicht so.» «Doch!» «Nein!» Bertrand Russell meint dazu: «Das mag sonderbar klingen, aber dafür kann ich nichts.»[4]

Nun jedoch sollte dieses Gezänk kein respektables Verhalten mehr sein. Behauptungen waren auf das objektiv Meßbare und Verifizierbare zu beschränken. Was sich diesen Kriterien nicht fügte, existierte nicht oder war kein lohnender Forschungsgegenstand. Eben das ist aber jene Art von konsequenter Methodik, in der das Potential zur Aufhebung des Dualismus liegt: Die Wissenschaftler jener Zeit haben – ohne es selbst zu bemerken – aus dem kartesianischen Subjekt-Objekt-Dualismus eine Methodologie abgeleitet, die derart rigoros durchgehalten wurde, daß sie schließlich eben jenen Dualismus aushöhlte, auf dem sie stand. Die klassische Naturwissenschaft war so angelegt, daß sie sich selbst liquidieren mußte.

Daß dies geschehen konnte, zeigt einen positiven Zug der neuen wissenschaftlichen Methode, nämlich die Bereitschaft, den einmal eingeschlagenen Weg bis ans Ende zu gehen und unterwegs alle Beweismittel zuzulassen und in Betracht zu ziehen. Hierin unterschied sie sich von allen anderen Denkformen, die im allgemeinen «geschlossene» Systeme bilden. So war (und ist) beispielsweise das fundamentalistische christliche Denken «geschlossen» in dem Sinne, daß es keinerlei Selbstkritik zuläßt, denn wer das Dogma in Frage stellt, wird dazu vom Teufel verleitet. Wir wissen, daß dem so ist, denn das Dogma sagt es ja. «Was ist das heiligste und wahrste Buch, das je geschrieben wurde?» «Die Bibel.» «Woher weißt du das?» «Es steht in der Bibel.» Das mag sonderbar klingen, aber dafür kann ich nichts.

Zumindest in mancher Hinsicht war also die Naturwissenschaft ein offenes System. Zwar wies sie alles Nicht-Meßbare, Nicht-Objektive und Nicht-Verifizierbare strikt zurück, folgte jedoch ihrem eigenen Weg dann ehrlich und rigoros bis zur äußersten Konsequenz der Selbstzerstörung, die nicht lange auf sich warten ließ. Werner Heisenberg bemerkt dazu:

> Man hatte nicht erkennen können, was etwa mit den grundlegenden Begriffen wie Materie, Raum, Zeit und Kausalität falsch sein sollte, die sich doch sonst in der Geschichte der Wissenschaft so ausgezeichnet bewährt hatten. Nur die experimentelle Forschung selbst, ausgeführt mit dem ganzen Rüstzeug der modernen technischen Wissenschaft, und ihre mathematische Deutung schufen eine Grundlage für eine kritische Analyse – oder man kann sagen, sie erzwangen die

kritische Analyse – jener Begriffe und führten schließlich zur Auflösung jenes starren Rahmens.[5]

Gegen Ende des vorigen Jahrhunderts breitete sich in der Naturwissenschaft die Überzeugung aus, die Suche nach Wirklichkeit stehe nun kurz vor ihrem erfolgreichen Abschluß. Manche Physiker gaben sogar ihren Beruf auf, denn es blieb, wie einer von ihnen sagte, nichts mehr zu tun, als die Genauigkeit der Aussagen auf eine weitere Stelle hinter dem Komma zu verbessern: Jedes Phänomen des physischen Universums war säuberlich beschrieben in den strikt deterministischen Begriffen von Ursache und Wirkung. Den Urheber des Ganzen konnte zwar auch dieses Bild der Welt nicht erfassen, aber das war auch nicht nötig, da er kaum noch etwas mit ihr zu tun hatte: Viele betrachteten ihn als den «Großen Uhrmacher», der das Uhrwerk angefertigt, aufgezogen und in Gang gesetzt hatte, seither aber nur noch zuschaute, wie es abschnurrte. Die Wissenschaftler waren vollkommen sicher, daß sie ihm durch ihre objektiven Verfahren der Messung und Verifikation die universalen und absoluten Naturgesetze abgelauscht hatten. Jedes Naturphänomen ließ sich auf das Zusammenwirken kleiner Materieklümpchen reduzieren, und diese unterlagen strikt den Gesetzen der Newtonschen Mechanik.

Es gab jedoch zwei wichtige Phänomene, die sich der Erklärung durch die klassische Mechanik beharrlich entzogen. Das eine war der photoelektrische Effekt; das andere nennt man heute schmunzelnd die «Ultraviolettkatastrophe». Es war in der Tat eine Katastrophe, denn sie erzeugte den ersten Riß im starren Rahmen des naturwissenschaftlichen Dualismus.

Es ging bei diesem Problem um die Energiestrahlung gewisser warmer Körper, wobei die empirischen Fakten sich in keiner Weise mit den vorhandenen physikalischen Theorien decken wollten. Dann gelangte Max Planck mit einem ebenso wagemutigen wie radikalen Sprung zu der genialen Schlußfolgerung, daß Energie nicht stetig und kontinuierlich ist, wie man angenommen hatte, sondern in diskreten «Päckchen» oder Quanten auftritt, und damit brach der starre Rahmen auf. Albert Einstein wandte Plancks Theorie auf den photoelektrischen Effekt an (das zweite der beiden Phänomene, die sich der klassischen Physik nicht fügen wollten), während Niels Bohr damit im Bereich der subatomaren Physik weiterarbeitete. Louis de Broglie bediente sich dieser Einsichten und zeigte, daß Materie ebenso wie Energie Wellen erzeugt, und dies veranlaßte Erwin Schrödinger, seine monumentale Quantenmechanik zu formulieren. All das geschah im Zeitraum von kaum einer Generation.

Diese gewaltigen Einsichten kulminierten in einer unausweichlichen und vernichtenden Schlußfolgerung, die Werner Heisenberg als das «Unschärfeprinzip» formulierte und die weitreichende Folgen hatte und hat. Erinnern wir uns, daß die Naturwissenschaft in allem den Dualismus von Subjekt und Objekt oder Beobachter und Ereignis zugrunde legte und das als Realität bezeichnete, was objektiv gemessen und verifiziert werden konnte. Dieses dualistische Verfahren wurde natürlich auch auf die subatomare Physik angewendet, wo die Wissenschaftler die Teilchen, aus denen das Atom aufgebaut ist, «festnageln» und messen wollten, denn sie waren ja die Realität der Realitäten, die letzten, nicht mehr auf Komponenten zurückführbaren Dinge, aus denen die ganze Natur bestand.

Genau da lag jedoch das Problem. Zu einer Messung braucht man ein Instrument, aber ein Elektron besitzt so wenig Masse, daß jedes erdenkliche Meßinstrument, und sei es auch so leicht wie ein Photon (Licht-Quantum), die Position des Elektrons bei jedem Versuch einer Messung verändern würde. Und das, so zeigte sich, ist kein technisches Problem, sondern diese Grenze der Meßbarkeit liegt in der Natur des Universums und ist nicht überschreitbar. Hier war die klassische Physik an den Rand der Selbstvernichtung gelangt, und die Grundannahme, die sie dorthin gebracht hatte – daß nämlich der Beobachter vom beobachteten Ereignis getrennt ist, daß man am Universum herumfummeln kann, ohne es zu verändern –, erwies sich als unhaltbar. Jetzt zeigte es sich, daß eine zwar rätselhafte, aber sehr enge Beziehung zwischen Subjekt und Objekt besteht, und alle Theorien, die von etwas anderem ausgegangen waren, gerieten ins Wanken. So seufzte der Physiker Arthur Eddington: «Etwas Unbekanntes tut irgend etwas, aber wir wissen nicht recht, was – darauf läuft unsere Theorie hinaus. Sie macht nicht gerade den Eindruck einer besonders erhellenden Theorie.»[6] Und Haldane murrte: «Das Universum ist nicht nur verrückter, als wir annehmen, sondern verrückter als wir überhaupt annehmen *können.*» Die Unfähigkeit, den Finger auf die «letzte Wirklichkeit» des Universums zu legen, von Heisenberg als «Unschärferelation» mathematisch formuliert, markierte das Ende des klassischen, also rein dualistischen Wirklichkeitsverständnisses. Dazu Whitehead:

> Der Fortschritt der Naturwissenschaft hat einen Wendepunkt erreicht. Die Grundlagen der Physik haben Risse bekommen... Die alten Grundlagen naturwissenschaftlichen Denkens fangen an, uns unverständlich zu werden. Raum, Zeit, Materie, Material, Äther, Elektrizität, Mechanismus, Organismus, Konfiguration, Struktur, Muster, Funktion, sie alle bedürfen der Neuinterpretation. Welchen Sinn hat es, über eine mechanische Erklärung zu sprechen, wenn man nicht weiß, was man mit Mechanik meint?[7]

Louis de Broglie, selbst einer der Hauptakteure der «Quantenrevolution», beschreibt deren katastrophalen Charakter: «An dem Tag, da die Quanten – still und heimlich – eingeführt wurden, sah sich das grandiose Bauwerk der klassischen Physik bis in die Grundfesten erschüttert. Die Geschichte des Intellekts weist nur wenige radikale Umbrüche auf, die sich mit diesem vergleichen können.»[8]

Die Quantenrevolution war deshalb so verheerend, weil sie nicht nur die eine oder andere Schlußfolgerung der klassischen Physik in Frage stellte, sondern das Fundament, auf dem das ganze Gebäude stand, und das war der Subjekt-Objekt-Dualismus. Real sollte nur das sein, was objektiv beobachtet und gemessen werden konnte, doch die letzte Wirklichkeit, nämlich die der Elementarteilchen, ließ sich nicht dingfest machen, und das ist, vorsichtig ausgedrückt, eine recht dürftige Wirklichkeit. Gerade durch unseren Versuch, ihrer durch objektive Messung habhaft zu werden, entzieht sie sich uns. «Wir können den Gang der Natur nicht beobachten, ohne ihn zu verändern», kommentierte Sullivan.[9] Und Andrade: «Beobachtung bedeutet einen Eingriff in das Beobachtete... Beobachtung verändert die Wirklichkeit.»[10] Diesen Physikern wurde nur allzu deutlich, daß man objektive Messung und Verifikation nicht länger als Garanten der absoluten Wirklichkeit betrachten konnte, denn es ließ sich zwischen gemessenem Objekt und messendem Subjekt kein klarer Trennungsstrich mehr ziehen. Das Gemessene und der Messende, das Verifizierte und der Verifizierende, Objekt und Subjekt sind auf dieser Ebene eins.

In dieser Zeit, in der der starre Rahmen des naturwissenschaftlichen

Dualismus auf dem Gebiet der Physik brüchig zu werden begann, verfaßte der damals fünfundzwanzigjährige Mathematiker Kurt Gödel eine in ihrer Art einzigartige Abhandlung. Gödel entwickelte darin etwas, das heute «Unvollständigkeitstheorem» genannt wird, eine Art logische Analogie zu Heisenbergs «Unschärferelation» in der Physik. Mit den Mitteln einer konsequent angewandten Mathematik wird hier demonstriert, daß jedes logische System mindestens eine Prämisse haben muß, die nicht beweisbar oder verifizierbar ist, wenn nicht ein logischer Widerspruch in diesem System entstehen soll. «Es ist unmöglich, die logische Konsistenz irgendeines komplexen deduktiven Systems nachzuweisen, es sei denn durch die Annahme von Denkprinzipien, deren innere Konsistenz ebenso fragwürdig ist wie das System selbst.»[11] Demnach gilt sowohl logisch als auch physikalisch, daß «objektive» Verifizierbarkeit nicht das Kennzeichen der Wirklichkeit ist. Wenn alles zu verifizieren ist, wie verifiziert man dann den Verifizierenden, der doch gewiß zum «alles» dazugehört?

Wenn, anders gesagt, das Universum in Subjekt und Objekt gespalten wird, in einen Zustand, der sieht, und einen Zustand, der gesehen wird, dann geht immer etwas verloren oder bleibt unberücksichtigt. Das Universum bleibt sich selbst immer teilweise unfaßlich. Kein Beobachtungssystem kann sich selbst beim Beobachten beobachten. Der Sehende sieht sich selbst nicht sehen. Jedes Auge hat einen blinden Fleck. Und aus eben diesem Grund finden wir an der Basis aller dualistischen Ansätze stets nur Ungewißheit («Unschärfe») und Unvollständigkeit.

Am Grund der stofflichen Welt ein Unschärfeprinzip, am Grund der mentalen Welt ein Unvollständigkeitstheorem – dieselbe Lücke, dasselbe Universum, das sich selbst unfaßlich bleibt, derselbe blinde Fleck. (Und wir werden eben diesem Prinzip noch einmal im psychologischen Bereich bei der Entstehung des «Unbewußten» begegnen.) Die Naturwissenschaft nahm mit dem Dualismus von Subjekt und Objekt ihren Anfang, und es war ein schlechter Start: In den ersten Jahrzehnten unseres Jahrhunderts erreichte sie den unausweichlichen Abgrund.

Im erkenntnistheoretischen Dualismus von Subjekt und Objekt spielt auch der parallele, aber ontologische Dualismus von Geist und Materie eine Rolle. Dieser Dualismus steht in Zusammenhang mit der Frage, aus welchem «Grundstoff» das Universum aufgebaut ist. Sind da nichts als materielle Atome, und ist das Bewußtsein eine Illusion, zurückführbar auf das Wechselspiel von Materieteilchen? Existieren aber andererseits nicht alle Empfindungen von «Materie» ausschließlich in irgend jemandes Geist? Heißt das nicht, daß Materie in Wahrheit nichts als eine Idee ist? Seit Platon die Ideen von der Erfahrung sonderte, dauert der Streit darum, was «wirklich» wirklich ist, an, und keine Seite hat bisher den Sieg davongetragen.

Ist Bewußtsein «eigentlich» Materie oder Materie «eigentlich» Bewußtsein? Die Idealisten oder Mentalisten konnten sich einfach nicht damit abfinden, daß Bewußtsein nichts wesentlich anderes als Steine oder Tische sein sollte, und so hielten sie immer die Frage parat: «Aber wo hat der Eindruck der Materie seinen Ort?» Natürlich im Bewußtsein. Und so lag es denn auf der Hand: Materie ist ein mentaler Eindruck, eine Idee. Das konnten die Materialisten nun wieder nicht durchgehen lassen. «Wo kommt denn das Bewußtsein überhaupt her?» fragten sie und gaben die Antwort gleich selbst: «Allein aus den Prozessen des menschlichen Gehirns.» Drum lag auch das auf der Hand: Ideen sind materieller Natur. Die Auseinandersetzung wurde sehr emotional geführt, denn beide Antworten ließen sich gleich überzeugend vertreten, so daß letztlich nichts als persönliche Neigung den Ausschlag gab. Eddington erzählt dazu eine Geschichte:

> Als Dr. Johnson sich einmal in eine Diskussion über «Bischof Berkeleys genialen Beweis der Nichtexistenz der Materie und des ideellen Charakters aller Dinge im Universum» verwickelt sah, trat er recht herzhaft und wohl auch schmerzhaft gegen einen großen Stein und erklärte: «Ich widerlege ihn *damit*!» Was genau es war, dessen er sich durch diese Handlung versicherte, ist nicht ohne weiteres ersichtlich, aber er fand wohl Trost darin. Und bis heute finden wir bei den «Tatsachen-Wissenschaftlern» den gleichen Impuls, sich aus den Höhenflügen des Geistes auf etwas Tretbares zurückzuziehen; allerdings sollte ihnen inzwischen klargeworden sein, daß das, was Rutherford uns von dem großen Stein übrigließ, kaum noch tretenswert ist.[12]

Diese Geschichte deutet an, daß die alte Naturwissenschaft sich mit den Materialisten verbündet hatte, denn Materieklumpen konnte man «treten», das heißt messen und verifizieren, wohingegen kein Wissenschaftler je ein Instrument für Spiritualität vorweisen konnte. Die neue

Quantenphysik hatte dagegen nichts einzuwenden, denn auch sie konnte keinen Geist-Stoff entdecken – *aber sie entdeckte ebensowenig einen materiellen Stoff*. So kommentiert ein Physiker:

> Unsere Substanzvorstellung ist nur lebensfähig, solange wir sie nicht direkt betrachten. Analysieren wir sie, so fängt sie an zu verblassen ... die Substanz der Dinge ist auch nur eine Illusion ... Wir sind der Substanz nachgejagt bis hin zum Elektron, und hier haben wir die Spur verloren.[13]

Kurzum, die Quantenphysik hatte einem weiteren Dualismus, dem von Geist und Materie, den Garaus gemacht. Bertrand Russell bringt diese Entwicklung auf den Punkt: «Wir mögen, jeder nach seinem Geschmack, die Welt als stofflich oder geistig oder beides oder keins von beidem betrachten: tatsächlich besagen diese Wörter nichts.»[14]

Entscheidend war an dieser Entwicklung jedoch die Abschaffung des Kern-Dualismus von Subjekt und Objekt, Beobachter und Ereignis; er wurde für unhaltbar befunden, und zwar nicht aufgrund bloßen Dafürhaltens einer Gruppe von Philosophen, sondern von nichts Geringerem als der Physik mit ihrer ganzen Autorität. Erwin Schrödinger, der Begründer der Quantenmechanik, faßt es mit wenigen Worten zusammen:

> Subjekt und Objekt sind nur eines. Man kann nicht sagen, die Schranke zwischen ihnen sei unter dem Ansturm neuester physikalischer Erfahrungen gefallen; denn diese Schranke gibt es gar nicht.[15]

Es sind nun zahlreiche Schlußfolgerungen aus dieser Quantenrevolution möglich, und so berufen sich heute die meisten Philosophen auf Heisenbergs Unschärfeprinzip und Schrödingers Quantenmechanik als Beweise für ihre jeweilige Theorie. Wir wollen uns hier deshalb nur mit der Schlußfolgerung befassen, die diese beiden Physiker selber zogen. Wie Heisenberg ausführt,

> stehen wir von Anfang an in der Mitte der Auseinandersetzung zwischen Natur und Mensch, von der die Naturwissenschaft ja nur ein Teil ist, so daß die landläufigen Einteilungen der Welt in Subjekt und

> Objekt, Innenwelt und Außenwelt, Körper und Seele nicht mehr passen wollen und zu Schwierigkeiten führen.[16]

Schrödinger stimmt dem von Herzen zu und ergänzt: «Diese Schwierigkeiten lassen sich kaum vermeiden, außer durch Aufgabe des Dualismus.» Und genau das hat die Neue Physik getan. Sie hatte nicht nur den illusorischen Charakter der Dualität von Subjekt und Objekt, Welle und Teilchen, Geist und Körper (Materie) aufgedeckt, sondern – vor allem mit Einsteins Hilfe – auch die Dualität von Raum und Zeit, Energie und Materie, ja sogar Raum und Objekten aufgegeben. Das Universum ist, wie Niels Bohr bemerkte, so angelegt, daß das Gegenteil einer wahren Aussage eine falsche Aussage ist, während aber das Gegenteil einer tiefen Wahrheit für gewöhnlich ebenfalls eine tiefe Wahrheit ist.

Wie wir sehen werden, hatten die Physiker mit der Aufgabe des Kern-Dualismus von Subjekt und Objekt im Prinzip *alle* Dualismen aufgegeben. Für sie zumindest war der Krieg der Gegensätze vorbei. Diesen 2500jährigen Krieg muß man sich etwa so vorstellen, als besäße der Mensch zwei Ansichten seines Körpers, eine von vorn und eine von hinten. Es entbrennt ein Streit, welche Ansicht nun die «wirklich» wirkliche sei, und natürlich entstehen zwei Lager: Die «Vorderfrontisten» glauben fest daran, daß nur die Vorderansicht real ist, während die «Rückfrontisten» beharrlich das Gegenteil behaupten. Verzwickt wurde die Sache nun dadurch, daß keine der beiden Seiten die andere als gänzlich nichtexistent betrachten konnte, und so waren sie denn gezwungen, sich komplizierte Theorien über die jeweils andere Seite auszudenken. Natürlich verwickelte man sich in Widersprüche, und um dem zu entgehen, negierten die Vorderfrontisten ihre Rückseite und die Rückfrontisten ihre Vorderseite – jeder floh seine «nicht wirkliche» Seite. Wo sich die Wege beider Parteien einmal kreuzten, beschimpfte man sich ausgiebig, und das Ganze wurde Philosophie genannt.

Und das lag nicht etwa daran, daß dieses Problem von Vorder- und Rückseite besonders schwierig oder ein falsches Problem gewesen wäre. Es war vielmehr ein unsinniges Problem, wie wir den Worten Ludwig Wittgensteins entnehmen können:

> Die meisten Sätze und Fragen, welche über philosophische Dinge geschrieben worden sind, sind nicht falsch, sondern unsinnig. Wir

können daher Fragen dieser Art überhaupt nicht beantworten, sondern nur ihre Unsinnigkeit feststellen ... Und es ist nicht verwunderlich, daß die tiefsten Probleme eigentlich *keine* Probleme sind.[17]

Wenn, wie Schrödinger sagt, die Schranke zwischen Subjekt und Objekt (oder «Vorder- und Rückseite») nicht zu durchbrechen ist, weil sie nicht existiert, sind Vorder- und Rückseite nichts als zwei verschiedene Weisen, den Körper zu betrachten; und so sind auch Subjekt und Objekt, Psyche und Soma, Energie und Materie nur zwei Sichtweisen ein und derselben Wirklichkeit. Wenn wir das nicht erkennen, sondern dabei bleiben, Gegen-sätze zu sehen, und dann herauszufinden trachten, welche Seite «wirklich» wirklich ist, verdammen wir uns selbst zu chronischer Frustration, denn das Problem ist unsinnig, und daher gibt es keine Antwort.

So gelangten die Naturwissenschaftler also nach 300 Jahren dualistischen Forschens zu der Einsicht, daß eine grundsätzliche Trennung von Subjekt und Objekt sinnlos ist. Das ist von größter Bedeutung, denn die Wissenschaftler, die an dieser Entwicklung beteiligt waren und die Unzulänglichkeit der dualistischen Betrachtungsweise erkannten, müssen mehr oder weniger deutlich und bewußt gespürt haben, daß es noch eine zweite Weise der Wirklichkeitserkenntnis gibt, die keine Trennung von Erkennendem und Erkanntem, von Subjekt und Objekt voraussetzt. Eddington erläutert diese zweite Weise des Erkennens:

Wir besitzen zwei Weisen des Erkennens, die ich symbolisches Erkennen und intimes Erkennen nenne ... Die üblichen Formen der Verstandestätigkeit dienen allein dem symbolischen Erkennen. Das intime Erkennen bietet keinen Ansatzpunkt für Kodifizierung und Analyse. Vielmehr: Wenn wir es zu analysieren versuchen, geht die Intimität verloren und an ihre Stelle tritt wieder Symbolik.[18]

Eddington nennt die zweite Art des Erkennens «intim», weil Subjekt und Objekt darin eine Einheit bilden. Sobald jedoch eine Unterscheidung von Subjekt und Objekt getroffen wird, geht die «Intimität» verloren, wird durch Symbole ersetzt, und wir fallen augenblicklich zurück in die Welt des analytischen und dualistischen Erkennens. Deshalb – und wir werden darauf noch sehr ausführlich eingehen – ist das Erkennen mit

Hilfe von Symbolen grundsätzlich dualistisches Erkennen. Und da die Trennung von Subjekt und Objekt illusorisch ist, muß auch das symbolische Wissen, das aus dieser Trennung hervorgeht, letztlich illusorisch sein. Schrödinger erzählt uns von Eddingtons «zwei Schreibtischen» – «dem einen aus dem Alltagsleben vertrauten substantiellen, an dem er sitzt, den er vor sich sieht und auf den er die Arme stützt, und dem naturwissenschaftlichen, dem ... alle Sinnesqualitäten abgehen» – und zitiert dazu Eddington selbst:

> Die Welt des Physikers stellt sich dem Beschauer dar als Schattenspielaufführung des Bühnenstücks Alltagsleben. Der Schatten meines Ellbogens ruht auf dem Schattentisch, während die Schattentinte über das Schattenpapier fließt... Das freimütige Gewahrwerden, daß die physikalischen Wissenschaften es mit einer Welt von Schatten zu tun haben, gehört zu den bedeutsamsten Fortschritten der jüngsten Zeit.[19]

Schrödingers Kommentar dazu:

> Beachten Sie, bitte, daß der bedeutsame jüngste Fortschritt nicht etwa darin besteht, daß die Welt des Physikers diesen schattenhaften Charakter angenommen hat. Sie hat ihn sicherlich seit Demokrit, aber wir waren uns dessen nicht bewußt. Wir dachten, daß wir es mit der Welt selber zu tun hätten.[20]

Die Physik und auch die meisten anderen intellektuellen Disziplinen des Westens haben sich – zumindest bis zur Quantenrevolution, aber größtenteils bis heute – nicht mit der Welt selbst beschäftigt, sondern hatten wegen ihrer dualistischen Grundverfassung immer nur *symbolische Repräsentationen* der Welt zum Gegenstand. In diesem dualistischen und symbolischen Erkennen liegt die Brillanz, aber auch der blinde Fleck von Naturwissenschaft und Philosophie, denn es erlaubt der Wissenschaft zwar, sich ein sehr genaues analytisches Bild von der Welt zu machen; doch mag solch ein Bild auch einen noch so hohen Erklärungswert haben, es bleibt immer – *Bild.* Und jedes Weltbild verhält sich zur Wirklichkeit der Welt wie ein Bild vom Mond zur Wirklichkeit des Mondes.

Korzybski, der Vater der modernen Semantik, erläutert diesen Zusammenhang treffend anhand der Beziehung zwischen «Landkarte» und «Territorium». Das Territorium ist die wirkliche Welt mit all ihren Prozessen, während jede symbolische Repräsentation irgendeines Aspekts dieses Territoriums eine Karte ist. Es liegt auf der Hand, daß die Karte nicht das Territorium ist. Das sieht man leicht an einer normalen Straßenkarte: Sie mag ein akkurates Abbild der Gegend liefern, ist aber nicht das Gelände selbst, und niemand wird auf den Gedanken kommen, seinen Urlaub in einem Straßenatlas zu verbringen. Es gibt jedoch weit subtilere Arten von Landkarten, etwa unsere gewohnte Umgangssprache. Die Wörter selbst sind nicht die Dinge, auf die sie verweisen (sofern das Wort überhaupt auf etwas Reales verweist; viele Wörter verweisen lediglich auf andere Wörter). Daher ist das Wort «Himmel» selbst nicht blau, und das Wort «Wasser» löscht den Durst nicht. Korzybski formuliert die haarsträubende Schlußfolgerung in dürren Worten: «Was auch immer ein Ding Ihrer Aussage nach ist, ist es nicht.» Unsere Wörter, und mit ihnen unsere Ideen, Begriffe und Theorien sind also nichts als *Karten* der tatsächlichen Welt, die allein das «Territorium» bildet.

Nun sind symbolische Karten nicht von Natur aus schädlich und irreführend, sondern von immensem praktischem Wert und für eine zivilisierte Gesellschaft unverzichtbar. Das Problem entsteht, wie Schrödinger deutlich machte, erst dann, wenn wir vergessen, daß die Karte nicht das Territorium ist, wenn wir unsere Symbole der Wirklichkeit mit der Wirklichkeit selbst verwechseln. Die Wirklichkeit liegt sozusagen «jenseits» oder «hinter» den schattenhaften Symbolen, die bestenfalls ein Faksimile darstellen. Wo das vergessen wird, verlieren wir uns in eine Welt dürrer Abstraktionen und denken nur noch an Symbole von Symbolen von Symbolen von nichts, und die Wirklichkeit bleibt stets außen vor.

Wollen wir aber das Territorium entdecken, nach dem alle unsere Karten angefertigt wurden, so geraten wir in große Schwierigkeiten, denn sämtliche bewährten Erkenntnismethoden versagen hier: Es geht eben nicht darum, eine noch detailgetreuere, noch «wissenschaftlichere», noch «echtere» symbolische Abbildung zu schaffen, sondern wir müssen einen Zugang zum Territorium finden, bei dem – zumindest vorübergehend – *alle* Karten beiseite gelegt werden. Wenn nämlich weiterhin nur das Landkarten-Wissen als akademisch respektabel gilt, werden wir bald nur noch Karten von Karten von Karten besitzen und der ursprüngliche Gegenstand unseres Forschens, das Territorium, wird gänzlich vergessen sein. Dualistisch-symbolisches Erkennen genügt hier nicht; wir brauchen vielmehr ein nicht-symbolisches, nicht-dualistisches oder, wie Eddington sagte, ein «intimes Erkennen der Wirklichkeit jenseits der Symbole der Naturwissenschaft».[21]

Wenn die Wirklichkeit, nach den Worten Heisenbergs, Schrödingers und Einsteins, so beschaffen ist, daß Beobachter und Ereignis, Subjekt und Objekt, Erkennender und Erkanntes nicht zu trennen sind, brauchen wir für das Verständnis dieses Umstands eine entsprechende Weise des Erkennens,[22] ein Erkennen, das wesenhaft ungetrennt bleibt von dem, was es erkennt. Diese nichtduale Weise des Erkennens schwebte Schrödinger vor, als er sagte: «Die Welt ist nur einmal gegeben. Urbild und Spiegelbild sind eins.»[23] Und anderswo: «All dies [gemeint ist die abendländische Philosophie] wurde gesagt von dem Standpunkt aus, daß wir die altehrwürdige Unterscheidung zwischen Subjekt und Objekt akzeptieren. Zwar müssen wir das im täglichen Leben ‹aus praktischen Gründen› tun, aber mir scheint, wir sollten sie im philosophischen Denken aufgeben.»[24]

Es gibt demnach, wie diese Physiker (wieder)entdeckten, grundsätzlich zwei Weisen des Erkennens: Die eine wird als symbolisches, schlußfolgerndes, dualistisches Erkennen bezeichnet, eben als Erkennen mit Hilfe von Landkarten; die andere begegnet uns unter Bezeichnungen wie intim, direkt oder nicht-dual.[25] Wie wir gesehen haben, nahm die moderne Naturwissenschaft mit dualistischer Landkarten-Erkenntnis ihren Anfang und richtete ihr Augenmerk ganz auf die «Schatten»; aufgrund neuerer Fortschritte hat sich jedoch gezeigt, daß diese Weise des Erkennens nur sehr unvollkommen leistet, was sie versprach: Erkenntnis des Wirklichen. Dieser Mangel führte manche Physiker dazu, sich dem intimen Erkennen zuzuwenden oder zumindest seine Notwendigkeit einzuräumen.

Wir müssen nun den rein naturwissenschaftlichen Bereich verlassen, denn die beiden Weisen des Erkennens sind universal: Sie wurden, wie die folgenden Beispiele verdeutlichen werden, im Verlauf der Menschheitsgeschichte immer wieder und an den verschiedensten Orten erkannt und genutzt – vom Taoismus bis zu William James, vom Vedānta bis zu Alfred North Whitehead, vom Zen bis zur christlichen Theologie.

Einer der uralten chinesischen «Befreiungswege», der Taoismus, nennt diese beiden Grundformen des Erkennens «konventionelles Wissen» und «natürliches Wissen»: das in den landläufigen Benennungen und Definitionen gegebene Wissen *über* das Universum im Gegensatz zu einem Wissen um die Art und Weise, wie das Universum tatsächlich *ist*.

> Fast unser gesamtes Wissen ist so beschaffen, daß ein Taoist es «konventionelles Wissen» nennen würde. Wir meinen nämlich, nur das wirklich zu wissen, was wir unseren Mitmenschen in Worten oder irgendeinem anderen System konventioneller Zeichen, etwa in mathematischen Formeln oder im Notenbild, mitteilen können. Solch ein Wissen wird konventionell genannt, weil es nur dank gesellschaftlicher Übereinkunft besteht – Übereinkunft im Hinblick auf die Mittel der Verständigung.[26]

Hier ist mit anderen Worten die erste oder symbolische Weise des Erkennens gemeint, während der Taoismus sich vor allem mit der zweiten beschäftigt, «mit unkonventionellem Wissen, mit dem direkt-spontanen Begreifen des Lebens, im Gegensatz zu der abstrakten, linearen Art beschreibenden Denkens».[27]

Diese beiden Weisen des Erkennens werden auch im Hinduismus deutlich unterschieden, wie wir zum Beispiel der *Mundaka-Upanishad* entnehmen können: «Es gibt zwei Wissenschaften [Weisen des Erkennens], die man kennen muß, wie die Brahmakundigen sagen, die höhere und die niedere.»[28] Die niedere Erkenntnis, Apara-Vidyā genannt, entspricht dem, was wir symbolische Landkartenerkenntnis genannt haben; sie ist schlußfolgernde, begriffliche und vergleichende Erkenntnis und beruht auf der Unterscheidung von Erkennendem und Erkanntem. Zur höheren Erkenntnis, Para-Vidyā, «gelangt man nicht vermöge eines Fortschreitens durch die niederen Ränge der Erkenntnis, so als wäre sie das Ende einer Stufenleiter, sondern urplötzlich: intuitiv und unvermittelt».[29] Dies entspricht unserer zweiten, der nicht-dualen Weise des Erkennens; es ist eine «einzigartige, ihre Gewißheit aus sich selbst schöpfende intuitive Schau der Nicht-Dualität».[30]

Auch der christlichen Theologie sind die beiden Weisen des Erkennens wohlvertraut, wie die folgenden Worte des Religionsphilosophen Nikolai A. Berdjajew zeigen:

> Wenn es uns auch nicht möglich ist, den Symbolismus in der Sprache und im Denken zu überwinden, so können wir ihn doch in unserem ursprünglichen Leben überwinden. Zur Beschreibung der mystischen Erfahrung wird man immer die Raumsymbole Höhe, Tiefe, hinieden, jenseits usw. benötigen [erste Weise des Erkennens]. Aus der realen geistigen Erfahrung, die nichts mit Höhe und Tiefe, mit Diesseits und Jenseits zu tun hat, verschwinden diese Symbole. Der ursprüngliche schöpferische Akt ist realistisch; er läßt keinen Platz für ein Symbol [zweite Weise des Erkennens], er ist noch unberührt von der Denkarbeit.[31]

Einsichten dieser Art sind auch im Christentum keine Seltenheit. Meister Eckehart beispielsweise bezeichnete die symbolische Landkartenerkenntnis als «Abenderkenntnis» – «Da sieht man die Kreaturen in Bildern mannigfaltiger Unterschiedenheit.» Die nicht-duale Weise des Erkennens nannte er dagegen «Morgenerkenntnis» – «Auf diese Weise schaut man die Kreaturen ohne alle Unterschiede und aller Bilder entbildet und aller Gleichheit entkleidet in dem Einen, das Gott selbst ist.»[32]

Im Buddhismus bezeichnet man die symbolische und die nicht-symbolische Weise des Erkennens als Vijñāna und Prajñā. D. T. Suzuki erläutert:

> Prajñā übersteigt Vijñāna. In der Welt der Sinne und des Intellekts bedienen wir uns der Vijñāna-Erkenntnis; ihr haftet ein Grund-Dualismus an, nämlich der von Sehendem und Gesehenem, die in Opposition zueinander stehen. Beim Prajñā-Erkennen tritt diese Unterscheidung nicht ein; das Gesehene und der Sehende sind identisch; der Sehende ist das Gesehene, und das Gesehene ist der Sehende.[33]

Wohl kein anderer moderner Philosoph hat so entschieden wie Alfred North Whitehead betont, wie wichtig es ist, diese beiden Weisen des Erkennens auseinanderzuhalten. Als Hauptcharakteristika des symbolischen Erkennens bezeichnete er *Abstraktion* und *Bifurkation* («Aufgabelung», also Dualität). Der Prozeß der Abstraktion, so nützlich er im Alltäglichen für die Verständigung sein mag, ist letztlich «falsch» oder irreführend, weil er stets nur bestimmte Züge eines Gegenstands herausgreift und alle anderen ignoriert. Abstraktion ist daher «nichts anderes als das Auslassen eines Teils der Wahrheit». Mit ihrer dualistischen («aufgabelnden») Tendenz trennt diese Art des Erkennens das «nahtlose Gewand des Universums» auf und verstümmelt damit eben jenes Universum, das es zu verstehen trachtet. Diese Irrtümer wurden, wie Whitehead aufzeigte, in der Regel noch dadurch verschlimmert, «daß wir unsere Abstraktionen irrtümlich für konkrete Realitäten hielten», ein Fehler, den er als «Irrtum der Konkretheit am falschen Ort» bezeichnete (und den wir die Verwechslung von Landkarte und Territorium genannt haben). Dieser Weise des Erkennens stellt er die *Prehension* (etwa: unmittelbares Erfassen) gegenüber, ein intimes, direktes, nicht-abstraktes und nicht-duales Empfinden des Wirklichen.[34]

Hier befindet Whitehead sich in Übereinstimmung mit seinem «geistigen Vorläufer» William James. James schrieb zu diesem Thema:

> Es gibt zwei Arten, die Dinge zu erkennen: unmittelbar und intuitiv oder begrifflich und stellvertretend. So etwas wie das weiße Papier vor Ihren Augen kann intuitiv erkannt werden, aber die meisten anderen Dinge, die uns bekannt sind, etwa die jetzt in Indien lebenden Tiger oder die scholastische Philosophie, sind nur mit Hilfe von Repräsentationen oder Symbolen zu erkennen.[35]

An Symbolen oder Repräsentationen orientiertes Denken ist eine Weise des Erkennens, die uns allen vertraut ist: Das Subjekt erfährt sich als vom Objekt «getrennt», und das «Erkennen» besteht nun darin, «eine äußere Kette physischer oder mentaler Zwischenglieder zu schaffen, die das Denken und das Ding verbinden». Die zweite Weise des Erkennens bedarf einer solchen Doppelung gar nicht erst, denn: «Unmittelbar oder intuitiv zu erkennen, heißt, daß mentaler Inhalt und Objekt identisch sind.»[36]

Auch in den Werken anderer Autoren spielt die Unterscheidung dieser beiden Weisen des Erkennens eine bedeutende Rolle, etwa bei Henri Bergson (Intellekt und Intuition), Abraham Maslow (intellektuelles und Verschmelzungs-Wissen), Trigant Burrow (*ditention* und *cotention*), Norman O. Brown (dualistisches und «fleischliches» Erkennen – womit der biblische Sinn dieses Wortes gemeint ist, da Subjekt und

Objekt im Akt des Erkennens eins werden), Andrew Weil (*straight* und *stoned*), Krishnamurti (Denken und Gewahrsein), Wei Wu Wei (Aus-Sehen und Ein-Sehen), Spinoza (Intellekt und Intuition), ganz zu schweigen von Deweys zukunftsweisendem Werk über Transaktionalismus – um nur einige von vielen Namen zu nennen.

Wenn nun also das Universum durch den Akt des dualistischen Erkennens gespalten, zerrissen, sich selbst entfremdet und damit «für sich selbst irreführend» wird, besteht unsere einzige Hoffnung, der Wirklichkeit zu begegnen, darin, das dualistische Erkennen, das in jedem seiner Akte die Ur-Verstümmelung des Universums wiederholt, vollkommen aufzugeben – zumindest zeitweilig. Wenn wir die Wirklichkeit in ihrer Fülle und Ganzheit erkennen wollen, wenn wir aufhören wollen, uns selbst zu verfehlen bei dem Versuch, uns selbst zu finden, wenn wir in die konkrete Tatsächlichkeit des Territoriums eintreten wollen, anstatt uns von Landkarten irreleiten zu lassen, die doch nur ihre Besitzer besitzen, dann werden wir über die dualistisch-symbolische Weise des Erkennens, die das Gewebe der Wirklichkeit zerreißt bei dem Versuch, es zu erfassen, hinausgehen müssen. Wir werden aus dem Halbdunkel der Abenderkenntnis ins helle Licht der Morgenerkenntnis eintreten müssen: Um die Wirklichkeit zu erfassen, müssen wir uns der zweiten Weise des Erkennens zuwenden. Für jetzt mag es genügen zu wissen, daß wir die Fähigkeit zur Morgenerkenntnis besitzen; wirklich genug wird es erst dann sein, wenn wir sie gänzlich erweckt haben.

3. Wirklichkeit als Bewußtsein

Naturwissenschaftler, Philosophen, Psychologen und Theologen, die beide Weisen des Erkennens zutiefst verstanden haben, vertreten unmißverständlich und einhellig die Anschauung, daß allein das nicht-duale Erkennen zur Erkenntnis der Wirklichkeit führen kann. Sie sind also zur gleichen Schlußfolgerung gelangt wie die moderne Quantenphysik. Den meisten Abendländern fällt es äußerst schwer, diese Schlußfolgerung nachzuvollziehen; unsere Zivilisation, unser Identitätsgefühl, unsere Philosophien und unsere Zielvorstellungen sind derart von der dualistischen Weise des Erkennens durchtränkt, daß schon die bloße Andeutung, diese Erkenntnis erzeuge lediglich Illusionen, anstatt die Wirklichkeit zu erfassen, eine Panik auslöst, in der wir «nichts mehr davon hören» wollen. Die Umstände – vor allem im naturwissenschaftlichen Bereich – führen jedoch immer wieder zu derselben unbequemen Einsicht: Wenn wir mit nichts anderem als unserer dualistischen Weise des Erkennens ausgerüstet sind bei dem Versuch, die Wirklichkeit zu erfassen, so zerfallen unsere Theorien und Weltbilder schneller, als wir sie zimmern können, und bei unserer verzweifelten Suche nach letzter Gewißheit stoßen wir am Ende auf nicht mehr als ein «Unschärfeprinzip» und ein «Unvollständigkeitstheorem». Das liegt im Wesen des dualistischen Erkennens begründet, und doch scheint uns nach wie vor nicht allzuviel daran gelegen zu sein, die Tauglichkeit dieser Weise des Erkennens einmal näher zu untersuchen; vielmehr halten wir starr daran fest, daß wir sie mit «innovativen» und «genialen» Ideen und Mitteln (überwiegend technischer Art, denn die Techno-logie ist die natürliche Fortsetzung der Duo-logie) doch noch dazu bringen werden, die gewünschten

Resultate zu erzeugen. Wir verteidigen mit anderen Worten die Grundlage all unserer Illusionen mit Zähnen und Klauen. «Wir, die wir das Problem zu lösen haben, sind selbst ein Teil dieses Problems», seufzte Eddington – und das Problem besteht darin, daß wir im wahrsten Sinne des Wortes süchtig nach dualistischer Erkenntnis sind.

> Und so bemerken wir kaum, wie überaus merkwürdig unsere Lage ist, und tun uns schwer, die schlichte Tatsache zu erkennen, daß es andererseits einen einzigartigen, weltweiten philosophischen Konsens gibt. Getragen wurde und wird er von Menschen, die von den gleichen Einsichten berichten und im wesentlichen die gleiche Lehre vertreten, mögen sie aus New Mexico im Fernen Westen oder aus Japan im Fernen Osten stammen und heute leben oder vor sechstausend Jahren gelebt haben.[1]

Die meisten von uns werden Aussagen dieser Art für an den Haaren herbeigezogen halten, denn die Erfahrung lehrt ja, daß wir nicht einmal im politischen Bereich zu einem Konsens fähig sind – von der absoluten Wirklichkeit ganz zu schweigen. Es kann doch wohl kein Zweifel daran bestehen, daß ein chinesischer Ch'an-Buddhist der T'ang-Zeit ein ganz anderes Bild der Wirklichkeit besaß als ein heutiger Biochemiker und dieser wiederum ein anderes als ein europäischer Theologe des 14. Jahrhunderts. Doch so einfach können wir uns die Antwort nicht machen; wir müssen sie vielmehr unter dem Gesichtspunkt der beiden genannten Weisen des Erkennens betrachten. Dann zeigt sich in der Tat, daß die Weltbilder, die das symbolische Landkarten-Erkennen hevorbrachte, von Kultur zu Kultur, aber auch von Mensch zu Mensch innerhalb einer Kultur, stets mehr oder weniger verschieden waren und sind. Und natürlich wandeln sich diese Wirklichkeitsbilder weiterhin mit den sich verändernden wissenschaftlichen, ökonomischen und historischen Anschauungen *über* die Wirklichkeit. Die nicht-duale Weise des Erkennens hat jedoch niemals irgendwelche Ideen oder Symbole zum «Inhalt», sondern die Wirklichkeit selbst, und dieses Wirkliche ist überall und jederzeit dasselbe. Daher begründet diese Weise des Erkennens zwangsläufig und unabhängig von Zeit und Ort einen universalen Konsens. Der Ch'an-Buddhist, der mittelalterliche Theologe und der Biochemiker erfahren ein und dieselbe

Wirklichkeit – sofern sie sich der nicht-dualen Weise des Erkennens bedienen.[2]

So erzeugt nun das symbolische Erkennen zahllose verschiedene Wirklichkeitsbilder, während sich dem nicht-symbolischen Erkennen nur ein einziges Bild bietet (oder besser: ein einziges *Verständnis*, denn dieses Erkennen ist natürlich unbildlich). Nehmen wir als ein sehr einfaches Beispiel eine Portion der sommerlichen Köstlichkeit, die wir Banana-Split nennen: Mittels unserer symbolischen Landkarten-Erkenntnis können wir uns etliche verschiedene Bilder davon machen. Chemisch gesehen haben wir eine Komposition von Kohlenstoff, Stickstoff, Wasserstoff, Sauerstoff, Schwefel, Phosphor und einigen Spurenelementen vor uns. Der ökonomische Gesichtspunkt würde uns etwa an die Marktfluktuationen denken lassen, von denen die Preise der Zutaten abhängen. Landläufig beschreibt man unser Demonstrationsobjekt einfach als eine kühle Leckerei aus Bananen, Vanilleeis und Schokoladensoße. Das sind nun drei verschiedene Beschreibungen derselben Portion Banana-Split. Müssen wir daraus schließen, daß es sich eigentlich um drei verschiedene Banana-Splits handelt? Keineswegs, denn wir wissen, daß hinter diesen drei verschiedenen symbolischen Beschreibungen nur *ein* Banana-Split steht, und wir erkennen diesen Banana-Split nicht anhand von Beschreibungen, sondern indem wir davon kosten und ihn nicht-symbolisch, nicht-verbal erfahren.

Und so erklärt die universale Tradition des un-mittelbaren Erkennens, daß es nur eine einzige Wirklichkeit gibt, die aber auf viele Weisen und mit Hilfe verschiedenster symbolischer Landkarten beschrieben werden kann. Seit unvordenklichen Zeiten haben Menschen diese eine Wirklichkeit erfaßt, indem sie das symbolische Erkennen (zumindest vorübergehend) aufgaben und die Wirklichkeit dahinter direkt erfuhren – eben das Territorium, von dem alle unsere Karten abgekupfert sind. Sie hörten auf, darüber zu reden, und erfuhren es statt dessen; der «Inhalt» dieser nicht-dualen Erfahrung ist das, was überall auf der Welt als die Absolute Wirklichkeit angesehen wird.

Dies ist, wie gesagt, letztlich nicht durch logisches Schlußfolgern zu «beweisen», sondern nur als experimentelles Faktum zu demonstrieren, und nur wer selbst das Experiment macht, zur zweiten Weise des Erkennens zu erwachen, wird erfahren, was es mit dem nicht-dualen Erkennen der Absoluten Wirklichkeit auf sich hat. Wir werden dieses

Experiment noch eingehend beschreiben, aber bis dahin müssen wir uns damit begnügen, unsere Behauptung, daß die zweite Weise des Erkennens die Wirklichkeit offenbart, plausibel zu machen. Plausibel aber ist sie einfach dadurch, daß sie all die Entstellungen und Verzerrungen, die mit dem dualistischen Erkennen verbunden sind, umgeht. Dieses Erkennen gabelt das Universum nicht auf, zerreißt nicht sein nahtloses Gewand, so daß es sich selber unkenntlich wird, und passiert es nicht durch das Drahtnetz der Logik, um dann ratlos in dem Brei zu stochern, der dabei herauskommt.

> Bisher haben wir die Materie «an sich» betrachtet, das heißt in ihren Eigenschaften und einem beliebigen Volumen – als ob es in unserer Macht stünde, ein Stück loszutrennen und dieses Muster, unabhängig vom Rest, zu studieren. Doch nun müssen wir uns sagen, daß dieser Vorgang nichts ist als ein bloßer Kunstgriff des Geistes. In seiner physischen und konkreten Wirklichkeit betrachtet, läßt sich der Stoff des Universums nicht zerreißen. Er bildet vielmehr als eine Art gigantischen «Atoms» das – in seiner Totalität genommen – einzig wirklich Unteilbare ... Je weiter, je tiefer wir mit unseren ständig wachsenden Machtmitteln in die Materie eindringen, desto mehr beeindruckt uns die Art, wie ihre Teile miteinander verbunden sind. Jedes Element des Kosmos ist tatsächlich aus allen anderen gefügt ...
> Es ist unmöglich, aus diesem Geflecht einen Teil herauszuschneiden, ein Einzelstück zu isolieren, ohne daß es sich sogleich an allen Enden zerfaserte und auseinanderfiele.
> So weit wir um uns blicken, gewinnt das Universum seinen Halt an seiner Gesamtheit. Und es gibt nur eine einzige wirklich mögliche Weise, es zu betrachten: es wie einen Block, als ein Ganzes zu nehmen.[3]

Und genau das tut die nicht-duale Weise des Erkennens. Ihre spezifischen «Besonderheiten» werden wir im Verlauf dieses Buches nach und nach herausarbeiten; schon jetzt dürfte jedoch klar sein, daß sie beschreibend, also mit Hilfe des symbolischen Erkennens, nur unvollkommen zu erfassen ist. Wie Eddington schon sagte, läßt sich das «intime Erkennen» nicht logisch zergliedern – aber wenn wir uns ihm aus etlichen verschiedenen Richtungen angenähert haben, wird der Leser am Ende des Buchs, so hoffe ich zumindest, ahnen, was gemeint ist.

Eines aber müssen wir uns hier schon klarmachen: Wenn wir mit Teilhard von einem «Ganzen» sprechen, meinen wir nicht Hegels Kunstgriff, der ihn durch eine Art supernuminosen Additionsprozeß zum «ganzen Universum» gelangen ließ. Für Hegel besteht die Wirklichkeit jedes einzelnen «Dinges» darin, daß es ein Aspekt des Ganzen ist, so daß einem Ding überhaupt nur als Teil des Ganzen «Wirklichkeit» zukommt: So gelangen wir durch eine endlose Addition von Teilchen endlich zum Absoluten. Zweifellos hat Hegels Ansatz seine Stärken, aber das Addieren von Fragmenten ist letztlich ebenso intellektuelle Spielerei wie das Aufteilen in Fragmente – das nicht-duale Erkennen operiert da, wo noch keine Fragmente, Spaltungen und Dualitäten bestehen, wo es nichts zu addieren und dividieren gibt.[4] Im übrigen ist jedes «Einzelding», wie wir zu zeigen versuchen werden, nicht so sehr ein *Aspekt* des Ganzen, sondern es *ist* das Ganze. Damit dürfte weiterhin klar sein, daß unser Begriff des «Ganzen» nichts mit Spinozas Pantheismus zu tun hat.

Diese allgemeine erkenntnistheoretische Erörterung bekommt einen psychologischen Gehalt, wenn wir berücksichtigen, daß den verschiedenen Weisen des Erkennens bestimmte Ebenen des Bewußtseins, also bestimmte und leicht unterscheidbare Bänder des Bewußtseinsspektrums, entsprechen. Zudem ist unser persönliches Identitätsgefühl sehr eng mit der Bewußtseinsebene verknüpft, auf der wir uns gerade befinden. Der Übergang zu einer neuen Weise des Erkennens ist deshalb mit einem Wandel unseres Identitätsgefühls verbunden. Solange wir uns der symbolischen und dualistischen Weise des Erkennens bedienen, also eine Trennung zwischen erkennendem Subjekt und erkanntem Objekt annehmen und das erkannte Objekt mit einem Symbol oder Namen bezeichnen, so lange empfinden wir uns selbst als absolut vom Universum getrennt. Dieses Identitätsgefühl ist bestimmt durch die Rolle, die wir uns selbst zuschreiben, und durch das Bild, das wir von uns selbst haben – ein symbolisches Abbild unserer selbst, hervorgegangen aus der Tatsache, daß wir uns selbst zum Objekt gemacht haben. Beim nicht-dualen Erkennen geschieht so etwas nicht, denn es liegt in der Natur dieses Erkennens, daß es eins ist mit dem, was es erkennt.

Bevor wir diesen Gedanken weiterführen, bleibt noch ein äußerst wichtiger Punkt zu klären. Wir haben gesagt, der «Inhalt» des nicht-dualen Erkennens sei die Absolute Wirklichkeit, weil sich das Universum in diesem Erkennen so offenbart, wie es wirklich ist, und nicht wie es sich dem teilenden und symbolisierenden Erkennen darstellt. Strenggenommen kann man allerdings nicht zwischen Wirklichkeit und Erkenntnis der Wirklichkeit unterscheiden, denn das wäre höchst dualistisch. Das nicht-duale Erkennen *ist* vielmehr die Wirklichkeit, es hat sich selbst zum «Inhalt». Wenn wir weiterhin vom nicht-dualen Erkennen *der* Wirklichkeit sprechen, als seien diese beiden irgendwie getrennt und verschieden, so ist das nur eine Konzession an unsere Sprache, die derart dualistisch angelegt ist, daß sie sich der Nicht-Dualität nicht leihen mag. Halten wir uns jedoch stets vor Augen, daß das Erkennen und das Wirkliche in der Ur-Erfahrung zusammenfallen.

So kommen wir zu einer verblüffenden Schlußfolgerung. Wenn verschiedene Weisen des Erkennens verschiedenen Ebenen des Bewußtseins entsprechen und wenn Wirklichkeit eine bestimmte Weise des Erkennens ist, dann muß die Wirklichkeit eine Ebene des Bewußtseins sein. Das bedeutet jedoch nicht, daß der «Stoff» der Wirklichkeit «Bewußtseinsstoff» ist oder daß «materielle Objekte» in Wirklichkeit aus Bewußtsein bestehen oder daß Bewußtsein eine Art undifferenzierter Ursuppe ist. Es bedeutet nur – und auch hier zwingt die Sprache uns wieder zu einer dualistischen Formulierung –, daß die Wirklichkeit das ist, was von der nicht-dualen Ebene des Bewußtseinsspektrums, die wir GEIST genannt haben, erkannt wird. *Daß* sie erkannt wird, ist experimentell erhärtete Tatsache; was erkannt wird, läßt sich jedoch nicht treffend, das heißt nicht ohne Rückgriff auf das symbolische, dualistische Erkennen beschreiben. Wir behaupten also, daß die Wirklichkeit nicht ideell, nicht materiell, nicht spirituell, nicht mechanistisch und nicht vitalistisch ist – die Wirklichkeit ist eine Ebene des Bewußtseins, und diese Ebene allein ist wirklich.

Wenn wir sagen, daß der GEIST allein die Absolute Wirklichkeit ist, so meinen wir damit keineswegs die philosophische Lehre des subjektiven Idealismus, die besagt, daß das Universum nur als Inhalt des Bewußtseins Wirklichkeit besitzt, daß also nur das Subjekt im eigentlichen Sinne real ist, während alle Dinge nur sekundäre Phänomene darstellen. Das ist nur eine sehr raffinierte und subtile Version des «Vorderseite-

Rückseite-Spiels», ein Umgehen des Dualismus-Problems: Eine Seite des Dualismus, in diesem Fall die Objekte, wird für unwirklich erklärt. Wenn wir im übrigen sagen, der GEIST sei die Wirklichkeit, so ist das weniger eine logische Schlußfolgerung als vielmehr die Formulierung einer bestimmten Erfahrung, denn, wie gesagt, die Wirklichkeit ist das, «was» auf der nicht-dualen, nicht-symbolischen Ebene des GEISTES begriffen und erfahren wird. Aus dieser fundamentalen Erfahrung mag sich eine Philosophie ableiten, die Erfahrung selbst ist jedoch alles andere als eine Philosophie – eher die vorübergehende Suspendierung aller Philosophie; sie ist nicht eine Anschauung unter vielen, sondern das Fehlen jedweder Art von Anschauung. Sie ist das, was man im Hinduismus Nirvikalpa-Samādhi («bildloses Gewahrsein»), im tibetischen Buddhismus *hzin-dan-bral-pahi sems* («von allen Gedanken-Begriffen befreiter Geist») und im Ch'an-Buddhismus Wu-nien (jap. Munen, «Nicht-Denken») nennt. Das dualistische Denken, das die Wirklichkeit negiert, muß selbst negiert werden.

Wenden wir uns nun dem oben angesprochenen Wandel des Identitätsgefühls beim Übergang von einer Weise des Erkennens zu einer anderen zu. Die dualistische Weise des Erkennens weist uns die Identität des *Erkennenden* zu, dem alles übrige, das *Erkannte*, als grundsätzlich fremd und andersartig erscheint. Mit dem Übergang zum nicht-dualen Erkennen empfindet der Erkennende sich jedoch als eins mit dem Erkannten, und nun erfährt er nicht mehr das isolierte Individuum, sondern das Ganze als seine Identität, denn, um es zu wiederholen: Die Wirklichkeit erkennen heißt mit der Wirklichkeit identisch, also auch mit ihr identifiziert sein. So schreibt Erwin Schrödinger:

> So unbegreiflich es der gemeinen Vernunft scheint: Du – und ebenso jedes andere bewußte Wesen für sich genommen – bist alles in allem. Darum ist dieses dein Leben, das du lebst, auch nicht ein Stück nur des Weltgeschehens, sondern in einem bestimmten Sinn das *ganze* . . .
> So magst du dich hinwerfen auf die Erde, flach angedrückt an ihren Mutterboden in der gewissen Überzeugung: Du bist eins mit ihr und sie mit dir. Du bist so festgegründet und unverletzlich wie sie, ja tausendmal fester und unverletzlicher. So sicher sie dich morgen verschlingen wird, so sicher wird sie dich neu gebären zu neuem Streben und Leiden. Und nicht bloß dereinst: jetzt, heute, täglich

gebiert sie dich, nicht *einmal*, sondern tausend- und abertausendmal, wie sie dich täglich tausendmal verschlingt.[5]

Und das sind nicht die Worte eines etwas wirren «Mystikers», sondern sie entsprangen jenem klaren Geist, der die Quantenmechanik begründete.

Um zu zeigen, daß die Erfahrung, die wir «Nur-Geist» nennen wollen – ich meine die Erfahrung der Absoluten Wirklichkeit, die uns durch das nicht-duale Erkennen zugänglich wird –, tatsächlich universal ist, wollen wir uns einen kurzen Überblick über die großen Traditionen verschaffen, denen es um diese Erfahrung zu tun ist. Dazu müssen wir uns zunächst über die Kommunikationsmittel verständigen, derer wir uns bedienen wollen, und hier wird die Sache problematisch. Unter sprachlicher Kommunikation versteht man im allgemeinen den Transfer von Information durch Bilder, Symbole oder Ideen. Die Wirklichkeit ist jedoch kein Bild, sie ist keine Landkarte, sondern das Territorium; wir könnten in dieses Buch zwar eine Landkarte von Oberbayern aufnehmen, aber nicht dieses Land selbst. Kurzum, die Wirklichkeit läßt sich nicht verbal kommunizieren. Daher auch das taoistische Diktum: «Der Wissende redet nicht; der Redende weiß nicht.» Sprachliche Kommunikation, die Übermittlung symbolischer Lautgebilde, ist letztlich nicht mehr als die «Spiegelung der Wirklichkeit im Spiegel der Illusion».

Dennoch können Wörter nützlich sein, und sei es nur aus dem Grund, daß sie uns daran erinnern, was wir sind, daß sie uns also daran erinnern, unser Zentrum immer aufs neue im GEIST zu suchen. Wenn das sprachliche Medium dies möglichst wirkungsvoll leisten soll, müssen wir uns ganz klarmachen, wie Sprache eingesetzt werden kann, um als *Hinweis* auf die Wirklichkeit zu dienen. Wir behaupten, daß es zwei Grundtypen der symbolischen Darstellung gibt, die (einzeln oder gemeinsam) drei Weisen des Sprechens über die Wirklichkeit erlauben.

Beginnen wir mit den Grundtypen symbolischer Darstellung. Der erste ist linear, eindimensional, analytisch und meist logisch. Diese Art symbolischer Darstellung finden wir in wissenschaftlichen Zeitschriften oder juristischen Abhandlungen und in den meisten philosophischen Werken; hier werden genau definierte Symbole gemäß der «Grammatik» des jeweiligen Systems zu Symbolketten aufgereiht. Dieser Satz ist dafür ein Beispiel, und seine Linearität wird schon optisch deutlich durch den Umstand, daß er in Form von Druckzeilen auf dieser Seite abgebildet ist. Das ist eine sehr genaue Form symbolischer Darstellung, aber sie ist auch sehr umständlich und unbeholfen, denn die ungeheure Komplexität des Universums muß hier zeilenweise abgetastet werden. Wir müssen uns die Realität stückchenweise einverleiben, und das ist etwa so wie die Erkundung einer großen Höhle, die ja jederzeit in ihrer Gesamtheit da ist, mit Hilfe einer kleinen Taschenlampe. Dieser Grundtyp symbolischer Darstellung ließe sich noch in Unterklassen einteilen – deduktiv, induktiv, alogisch, analogisch, binär, metalogisch und so weiter –, doch diese allgemeine Charakterisierung genügt für unsere Zwecke.

Den zweiten Grundtyp symbolischer Darstellung bezeichnen wir im allgemeinen als «imaginativ». Das ist die bildliche und vieldimensionale symbolische Darstellung, wie sie dem künstlerischen Ausdruck, dem Mythos, der Dichtung, der Imagination und den Träumen eignet. Sie ist nicht logisch – jedenfalls nicht im strengen Sinne dieses Wortes –, trägt jedoch im allgemeinen einen Sinn und kann häufig (wie zum Beispiel ein Gemälde) mit einem Blick erfaßt werden; darin vor allem unterscheidet sie sich vom ersten Typ symbolischer Darstellung.

Mit beiden Typen kann nun die Wirklichkeit partiell abgebildet werden, aber keine der beiden kann sie ganz erfassen. Im Zen sagt man, sie seien wie der Finger, der auf den Mond deutet. Das Problem besteht darin, den Finger nicht mit dem Mond zu verwechseln.

Nun zu den drei Weisen, über den GEIST zu sprechen, die diese beiden Typen symbolischer Darstellung allein oder in Kombination ermöglichen. Wir bezeichnen sie als analogisch, negativ und injunktiv. Die analogische Darstellungsweise beschreibt die Wirklichkeit, indem sie ihr Eigenschaften zuschreibt. Sie verwendet positive und übermächtige Eigenschaften, die einen Hinweis auf das Absolute geben sollen, etwa Allmacht, Allgegenwart, Allwissenheit, grenzenloses Sein, höchste Glückseligkeit, unübertroffene Weisheit und Liebe, grenzenloses Bewußtsein und ähnliches. Im Vedānta beispielsweise wird das so charakterisierte Absolute Saguna-Brahman genannt – «Brahman mit Eigenschaften». Der Ausdruck bezeichnet also das Absolute, dem – als Konzession an unseren begrenzten Verstand – Eigenschaften zugeschrieben werden, nämlich absolutes Sein, absolutes Bewußtsein und absolute Glückseligkeit. Dionysios (der «Pseudo-Areopagit») bezeichnete diese analogische Weise, auf das Absolute hinzuweisen, als *kataphatisch*, und dies meint positive und endliche Beschreibungen, welche die Natur der Wirklichkeit andeuten sollen. Grundsätzlich gehören diese analogischen Beschreibungen dem linearen Typ symbolischer Darstellung an, doch fast immer werden sie von imaginativen Darstellungen begleitet, von Ikonen und anderen religiösen Gemälden, von Kreuzen und Mandalas, von mythologischer Bildhaftigkeit und mythischen Erzählungen. In fast allen volkstümlichen Formen der Religion steht diese analogische Weise ganz im Vordergrund, vor allem aber im Christentum und in bestimmten Formen des Tantra, wie wir sie im Hinduismus und Vajrayāna finden.

Die zweite Weise beschreibt die Wirklichkeit negierend und folgt hierin Thomas von Aquin: «Ausräumend müssen wir voranschreiten, denn Gott in seiner Unermeßlichkeit übersteigt jeden Begriff, den unser Verstand sich machen kann.» Das nannte Thomas die *via negativa*; Dionysios nannte diesen Weg *apophatisch* und verglich ihn der Bildhauerei, denn auch hier erreicht man das «Endprodukt» nur durch das Wegschlagen von allem Störenden. Das ist keineswegs eitel Nihilismus, sondern besagt einfach, daß wir unsere Landkarten früher oder später zuklappen müssen, wenn wir das Territorium direkt sehen wollen. Im Vedānta schlägt sich dasselbe nieder in dem Ausdruck «*neti-neti*»; das Absolute ist «nicht dies, nicht das», nicht irgendeine bestimmte Idee oder ein Ding, sondern die allem zugrunde liegende Wirklichkeit. In diesem Zusammenhang wird Brahman als Nirguna-Brahman bezeichnet – «Brahman ohne Eigenschaften». In seinem Wesen ist Brahman ohne benennbare Eigenschaften, denn jede Eigenschaft, die wir ihm zuschreiben, würde ihr Gegenteil ausschließen, und das wäre eine Einschränkung des Brahman, was jedoch unmöglich ist, denn Brahman ist das Absolute, ist *neti-neti*. Im Mahāyāna-Buddhismus, insbesondere in der Mādhyamaka-Schule und ihren Abkömmlingen, wird die absolute Wirklichkeit (im folgenden WIRKLICHKEIT geschrieben) Shūnyatā genannt – «Leere». Damit ist aber nicht ein reines Nichts angesprochen, sondern die Erkenntnis, daß alle Aussagen über das Absolute nicht das Absolute selbst sind. Die WIRKLICHKEIT ist leer, weil sie bar jeder begrifflichen Veranschaulichung ist.

Diese beiden Weisen, die analogische und die negative, mögen sie auch ihren Sinn und Zweck haben, sind dennoch letztlich nicht mehr als bloßes Gerede, nutzlose Versuche, eine Wirklichkeit zu definieren oder zu erörtern, die sich «der Analyse oder Kodifizierung nicht leiht». «Und was werdet ihr finden?» fragt Zen-Meister Rinzai. «Nichts als Worte und Namen, mögen sie auch vortrefflich sein. Ihr werdet [die WIRKLICHKEIT] nie erreichen. Macht keinen Fehler.» Die dritte Weise ist daher eine Art Einladung, gegeben in der Form von experimentellen Regeln, die zu befolgen sind, wenn man die WIRKLICHKEIT für sich selbst entdecken will. Diese «Einladung» nennt George Spencer Brown *Injunktion*. Sie ist, wie er selbst sagt,

> gewissen Formen praktischer Kunstfertigkeit vergleichbar, etwa der Kochkunst, wo man dem Leser den Geschmack eines Kuchens, der ja in Worten nicht wiederzugeben ist, zumindest andeuten kann durch eine Reihe von Injunktionen, die man ein Rezept nennt. Musik ist eine ähnliche Kunstform; der Komponist unternimmt nicht einmal den Versuch, die Klangfolgen zu beschreiben, die ihm vorschweben, oder gar die Gefühle, die sie auslösen. Er schreibt vielmehr eine Reihe von Anweisungen nieder, und wenn der Leser die genau befolgt, kann er zu einer Reproduktion der ursprünglichen Erfahrung des Komponisten gelangen.[6]

So ist also die Wirklichkeit – wie alle Einsichten und Erfahrungen – buchstäblich unbeschreiblich, aber wir können doch eine Richtung andeuten, indem wir Regeln des Experimentierens vorgeben, die, getreulich befolgt, zu einer Erfahrungs-Wirklichkeit führen. Dies vor allem meinen wir, wenn wir sagen, daß der GEIST die WIRKLICHKEIT ist: Das ist keine Beschreibung, sondern eine Anweisung.

Dieser dritte, der injunktive Weg, bildet den Kernbestand von Hinduismus, Buddhismus und Taoismus, findet sich aber auch in den mystischen Strömungen des Islam, des Christentums und des Judentums. Im Buddhismus bedeutet das Wort für «absolute Wahrheit», Dharma, auch «Weg»; und wenn die WIRKLICHKEIT hier «Buddha-Dharma» genannt wird, so ist damit auch der «Buddha-Weg» gemeint – seine Anweisungen für den Weg zur WIRKLICHKEIT oder, was dasselbe bedeutet, zur nicht-dualen Weise des Erkennens. Die Wahrheit, soweit sie sich überhaupt in Worte kleiden läßt, kann nur darin bestehen, daß man Anweisungen gibt, wie das nicht-duale Erkennen zu erwecken ist, worin die WIRKLICHKEIT dann unmittelbar erfahren werden kann. Die sprachliche Darstellung der Wirklichkeit kann von Kultur zu

Kultur und von Person zu Person sehr unterschiedlich sein, denn jeder benutzt andere (analogische oder negative) Symbole und gibt vor allem seine ganz eigenen Anweisungen – wo diese Anweisungen jedoch zur nicht-dualen Weise des Erkennens führen, wird die erfahrene WIRKLICHKEIT überall ein und dieselbe sein.

Halten wir fest, daß diese drei Weisen oder Wege – der analogische, der negative und der injunktive – angeben, *wie* die Wirklichkeit ist, was sie *nicht ist* und was man tun kann, um sie zu *erfahren*. Keiner sagt jedoch, was sie *ist*, denn eine direkte positive Aussage über die Wirklichkeit insgesamt kann nur sinnlos oder widersprüchlich sein. Sinnlos, weil eine Aussage über alles eine Aussage über nichts ist. Sinnlos, weil die Aussage selbst zur «Wirklichkeit insgesamt» gehört und daher auch eine Aussage über sich selbst sein muß; eine Aussage aber, die etwas über sich selbst zu sagen versucht, widerspricht sich für gewöhnlich selbst (z. B. «Diese Aussage ist falsch»).

Unter Verwendung dieser drei «Weisen, auf den Mond zu deuten», können wir nun einen Überblick über die großen Traditionen geben, denen es, jeder auf ihre Weise, um das Absolute geht. Behalten wir dabei aber im Blick, daß alles, was wir sagen, stets eine Entstellung der Wirklichkeit sein muß und daß wir hier keine Argumente vorlegen, die sich beweisen lassen, sondern auf eine Wirklichkeit hindeuten, die nur «intim» erfahren werden kann.

> Wenn die Worte ausreichend wären, so könnte man einen Tag lang reden und den SINN [das Tao] erschöpfend beschreiben. Da die Worte nicht ausreichend sind, so mag man einen ganzen Tag lang reden, und was man erschöpfend beschreiben kann, sind immer nur Dinge. Der SINN ist Grenzbegriff der dinglichen Welt. Reden und Schweigen reichen nicht aus, ihn zu erfassen.[7]

Wir werden nicht immer ausdrücklich sagen, welchen der drei Wege wir gerade beschreiten, doch hoffe ich, daß der Leser erkennen wird, wann wir analogisch sprechen, wann negativ und wann injunktiv. Da wir unsere Betrachtung der beiden Weisen des Erkennens mit der Quantenphysik begannen, werden wir sie auch hier wieder zum Ansatzpunkt machen.

Sir James Jeans, der sich «einer tieferen Wirklichkeit jenseits der

Erscheinungen» deutlich bewußt war und immer wieder betonte, «daß wir die Tiefenschicht der Wirklichkeit ausloten müssen, bevor wir die Erscheinungswelt verstehen können», gelangte schließlich zur folgenden Anschauung:

> Wenn wir uns selbst in Raum und Zeit betrachten, so erscheint jedes Bewußtsein als ein Einzelding, und diese Individuen bilden ein Teilchen-Bild; gehen wir jedoch über Raum und Zeit hinaus, so sind sie vielleicht alle nur Bestandteile eines einzigen, kontinuierlichen Lebensstroms. Wie mit dem Licht und der Elektrizität, so könnte es auch mit dem Leben sein; die Phänomene mögen Individuen sein, die in Raum und Zeit getrennte Existenzen führen, während wir alle in der tieferen Wirklichkeit jenseits von Raum und Zeit vielleicht nur Glieder ein und desselben Körpers sind.[8]

Diesen «einen Körper», diese eine Wirklichkeit jenseits von Raum und Zeit, finden wir auch bei Schrödinger, wenn er von der Einheit des Erkennens, Fühlens und Wollens spricht; es ist «wesentlich ewig und unveränderlich und ist numerisch nur *eines* in allen Menschen, ja in allen fühlenden Wesen».[9]

Wenn diese Physiker die Wirklichkeit GEIST (in unserem Sinne) oder Bewußtsein nennen – denken wir nur an Schrödingers mehrfach wiederholte Aussage, daß alles Bewußtsein im Grunde *eins* ist –, dann hat das nichts mit dem subjektiven Idealismus zu tun, für den die äußere oder gegenständliche Welt Illusion und nur die subjektive Welt real ist. Vielmehr sind beide illusorisch – es gibt nur *eine* WIRKLICHKEIT, und die kann man unter subjektiven oder objektiven Gesichtspunkten betrachten; es gibt nur *einen* Körper, und den kann man von vorn oder von hinten betrachten. Daher sagt Schrödinger: «Die äußere Welt und das Bewußtsein sind ein und dasselbe Ding.»[10] Und dieses «Ding», diese WIRKLICHKEIT, ist das, was wir zur bequemen Unterscheidung von der Vielheit dessen, was wir den individuellen menschlichen Geist nennen, hier GEIST schreiben. «Die Vielheit», sagt Schrödinger, «ist bloßer Schein; in Wahrheit gibt es nur *ein* Bewußtsein.»[11] Und anderswo: «Die physikalische Theorie ... legt in ihrem derzeitigen Zustande entschieden nahe, daß der Geist [GEIST] nicht durch die Zeit vernichtet werden kann.»[12] Über diesen Einen Geist, welcher allein existiert, sagt Schrödinger weiterhin:

> Die einzige mögliche Alternative besteht einfach darin, sich an die unmittelbare Erfahrung zu halten, daß Bewußtsein [d.h. GEIST] ein Singular ist, von dem wir keinen Plural kennen; daß da nur ein Ding *ist*, und was uns als Pluralität erscheint, bloß eine Reihe von Aspekten dieses einen Dinges ist, erzeugt durch eine Täuschung. Dieselbe Illusion entsteht in einem Spiegelkabinett, und so erwiesen sich auch der Gaurisankar und der Mt. Everest als ein und derselbe Berg, nur aus verschiedenen Tälern gesehen.[13]

Bevor wir zu den spirituellen Traditionen übergehen, wollen wir noch festhalten, daß Schrödinger sich einer gebräuchlichen Analogie bedient, nämlich der des Spiegelbildes, um zu erklären, wie es zu der Illusion kommt, daß der Eine Geist uns in Subjekt und Objekt gespalten erscheint, wie es also zur «Erschaffung zweier Welten aus einer» kommt, denn das scheint ja zu geschehen, wenn man irgendein Ding vor einen Spiegel hält: man sieht zwei Dinge, wo in Wirklichkeit nur eines ist. Ähnlich der «gabelnde» Intellekt: Wenn er über die Welt *reflektiert*, erhalten wir zwei Bilder, einen Sehenden und ein Gesehenes, ein Subjekt und ein Objekt, während da in Wirklichkeit nur *ein* GEIST ist.

Diesen GEIST meint auch Sir Arthur Eddington, wenn er behauptet: «Wir haben nur einen Zugang, nämlich durch unser direktes [d.h. nicht-duales] Erkennen des Geistes. Der angebliche Zugang über die physische Welt [dualistisch] führt nur in die Zyklen der Physik, wo wir uns im Kreis drehen wie Kätzchen, die ihrem eigenen Schwanz nachjagen.»[14]

Wie diese Physiker benennt auch der Mahāyāna-Buddhismus die eine Wirklichkeit mit Ausdrücken wie «Nur-Geist» (*chittamatra*) oder der «Eine Geist» (*ekachitta*). So finden wir im ganzen *Lankāvatāra-Sūtra* überall Aussagen wie diese:

> Sprache, Mahāmati, ist nicht die höchste Wahrheit; was durch Sprache zu erlangen ist, ist nicht die höchste Wahrheit. Weshalb? Durch die Sprache kann man in die Wahrheit eindringen, doch die Worte selbst sind nicht die Wahrheit. Wahrheit ist die Selbst-Verwirklichung, die von den Weisen vermöge ihrer nicht-dualistischen Einsicht innerlich verwirklicht wurde; sie gehört nicht zum Reich der Worte, der Zweiheit und des Intellekts . . . Die Welt ist nichts als Geist . . . Alles ist Geist.[15]

Das *Avatamsaka-Sūtra* drückt es poetischer aus:

> Wie ein Maler die verschiedenen Farben mischt, so entstehen durch die verblendeten Projektionen des Geistes die verschiedenen Formen aller Phänomene.[16]

In einem anderen Text, der die Essenz der Mahāyāna-Lehre (sofern sie überhaupt in Worte gefaßt werden kann) sehr klar darlegt, heißt es:

> Der Geist – im Sinne des Absoluten – ist selbst das Reich der Wirklichkeit (*dharmadhātu*) und das Wesen aller Entwicklungsstufen des Daseins.
> Was man die «Wesensnatur des Geistes» nennt, ist ungeboren und unvergänglich. Nur aufgrund von Illusion werden die Dinge unterschieden... Alle Dinge transzendieren von Anbeginn jegliche Formen des sprachlichen Ausdrucks, alle Beschreibungen und Begriffe; sie sind im Grunde undifferenziert. Alle Erklärungen durch Worte sind nur ein Notbehelf und letztlich gegenstandslos. Die Wirklichkeit hat keine Attribute, und das Wort ist eigentlich die Grenze des sprachlichen Ausdrucks, in dem ein Wort benutzt wird, um den Worten ein Ende zu machen. Alle Dinge sind nur des Einen Geistes.[17]

Natürlich ist Nur-Geist keine Theorie, sondern eine lebhafte und lebendige Erfahrung. Im Mahāyāna-Buddhismus ist es die Ch'an-(jap. Zen-)Schule, die am direktesten, am wenigsten umschweifig vordringt zum Kern von Nur-Geist. Hören wir den großen Meister Huang-po:

> Alle Buddhas und alle Lebewesen sind nichts als der Eine Geist, neben dem nichts anderes existiert. Dieser Geist, der ohne Anfang ist, ist ungeboren und unzerstörbar. Er ist weder grün noch gelb, hat weder Form noch Erscheinung. Er gehört nicht zu der Kategorie von Dingen, die existieren oder nicht-existieren. Auch kann man nicht in Ausdrükken wie alt oder neu von ihm denken. Er ist weder lang noch kurz, weder groß noch klein, denn er überschreitet alle Grenzen, Maße, Namen, Zeichen und Vergleiche.[18]

So fußt das Zen also nicht auf Doktrinen, Dogmen und bloßem Gerede, sondern auf dem «unmittelbaren Deuten auf den GEIST», wie es in den Bodhidharma zugeschriebenen vier Grundzügen des Zen heißt. Wo überhaupt Worte gebraucht werden, sind sie meist injunktiver Natur, denn «der Buddha zeigt nur den Weg». Als Ch'ang-ch'ing, der den GEIST mit den Mitteln des Denkens zu erreichen versuchte, ihn schließlich doch unmittelbar erblickte, rief er aus:

> Wie sehr ich mich doch irrte! Wie sehr!
> Hebe den Rollvorhang und sieh die Welt!
> Wenn einer mich fragt, welche Philosophie ich habe,
> So schlage ich ihn augenblicklich mit meinem Stab auf den Mund.

Natürlich wird diese Eine Wirklichkeit nicht in allen Traditionen GEIST genannt, sondern beispielsweise Absolutes Sein oder Absoluter Weg oder Leere oder Abgrund – oder eben Gott. Doch überall wird in gleicher Weise darauf hingewiesen, daß man nicht Vieles nennen soll, was in Wirklichkeit Eines ist. So heißt es etwa im ersten Korintherbrief (6:15, 17):

> Wisset ihr nicht, daß eure Leiber Christi Glieder sind? Wer aber dem Herrn anhanget, der ist ein Geist mit ihm.

Oder im Johannes-Evangelium, wo Jesus sagt (17:21):

> Auf daß sie alle eines seien gleich wie du, Vater, in mir und ich in dir, daß auch sie in uns eines seien.

Daher spricht auch Plotin von der «Reduzierung aller Seelen auf Eines». Um aber dieses Eine zu sein, müssen wir allen Dualismus aufgeben.

> Sie sagten zu Ihm: «Werden wir, da wir Kinder sind, ins Königreich eingehen?» Jesus sagte zu ihnen: «Wenn ihr die Zwei zu Eins macht, und wenn ihr das Innere wie das Äußere macht und das Äußere wie das Innere und das Oben wie das Unten, und wenn ihr aus dem Männlichen und dem Weiblichen ein einziges macht ... so werdet ihr eingehen.»[19]

Und an anderer Stelle heißt es in diesem Text:

> Jesus sagte: «Ich bin das Licht, das über ihnen allen ist, ich bin das All, das All ging aus mir hervor, und das All erlangte mich. Spalte einen Holzscheit, und ich bin da; hebe den Stein auf, und du findest mich dort.»[20]

In einer apokryphen Schrift lesen wird:

> Dich gewahrt allein der Geist, du bist mir Vater, du meine Mutter, du mein Bruder, du mein Freund, du mein Bürge, du mein Helfer: du bist das All, und Alles ist in dir; und du BIST, und nichts anderes IST als du allein.[21]

Diese «Nur-Christus»-Erfahrung ist in ihrer Struktur nicht zu unterscheiden von dem Nur-Geist der Buddhisten oder Physiker, und beides ist wiederum nicht zu unterscheiden von der Grundlehre des Vedānta, daß die WIRKLICHKEIT «Nur-Brahman» ist. So heißt es in der *Katha-Upanishad*:

> Wie der Wind, obgleich er Ein Wind ist, neue Formen annimmt in allem, wohinein er gelangt, so nimmt der Geist, obgleich er Ein Geist ist, neue Formen an in allem, was lebt. Er ist in allem und ist auch außerhalb . . . Es gibt einen Herrscher, den Geist in allen Dingen, der seine eine Gestalt in viele verwandelt. Nur die Weisen, die ihn in ihrer Seele schauen, erlangen die ewige Freude.

Wie ein roter Faden zieht sich diese Aussage durch die Upanischaden, daß da eine einzige Wirklichkeit ist; man mag sie Prajāpati, Vishnu oder Brahma nennen, sie bleibt doch immer die eine WIRKLICHKEIT: «Brahman ist diese ganze Welt.» (*Chāndogya-Upanishad* 3.14.1)

Diese eine WIRKLICHKEIT ist also das «Eine ohne ein Zweites», gänzlich jenseits aller Dualität, diese aber nicht ausschließend, vielmehr alle Relativitäten umschließend, doch durch keine gebunden. Hören wir von Chuang-tzu, was der Taoismus über dieses Eine zu sagen hat:

> Deshalb macht sich der Berufene frei von dieser [dualistischen]

> Betrachtungsweise und sieht die Dinge im Lichte der Ewigkeit... Gibt es nun auf diesem Standpunkt in Wahrheit noch diesen Unterschied von Ich und Nicht-Ich, oder ist in Wahrheit dieser Unterschied von Ich und Nicht-Ich aufgehoben? Der Zustand, wo Ich und Nicht-Ich keinen Gegensatz mehr bilden, heißt der Angelpunkt des SINNS [des Tao]. Das ist der Mittelpunkt, um den sich nun die Gegensätze drehen können, so daß jeder seine Berechtigung im Unendlichen findet. Auf diese Weise hat sowohl das Ja als auch das Nein unendliche Bedeutung. Darum habe ich gesagt: es gibt keinen besseren Weg als die Erleuchtung.[22]

Und Lao-tzu sagt vom «Berufenen»: «Er umfaßt das Eine.» Was das heißt, «das Eine umfassen», werden wir noch näher untersuchen; hier geht es zunächst nur darum, uns klarzumachen, wie die verschiedenen Traditionen mit dieser einen, unendlichen Wirklichkeit umgehen. Aber das allein bringt schon ein gewaltiges Problem mit sich. Wir sprechen von der WIRKLICHKEIT als dem Einen, als Nur-Geist, Nur-Christus, Nur-Brahman, Nur-Tao, und das ist als *Hinweis* auf den einen und absoluten Grund aller Phänomene durchaus hilfreich – vorausgesetzt, wir vergessen nicht, daß dies *metaphorische* Ausdrücke sind. Man vergißt es aber nur allzu leicht, und dann sind alle Aussagen über das «Eine» nur irreführend, denn wir fangen an, uns das Absolute als «Ein Ding» zu denken – ein großes, allmächtiges, allwissendes, absolutes Ding, das über dem Universum steht und es regiert. Wir stellen uns das Eine Ding als etwas vor, das dem Universum der vielen Dinge gegenübersteht, aber da haben wir dann schon wieder zweierlei – und keineswegs das Absolute, sondern den absoluten Dualismus. Das zwingt uns dann zu schwammigem Pantheismus oder zu fadem Monismus. Wo in diesen Überlieferungen also vom «Einen» die Rede ist, dürfen wir das nicht zu wörtlich nehmen, sondern müssen es im Sinne von «Nicht-Zweiheit», «Nicht-Dualität» verstehen. Es handelt sich hier nicht um philosophische Theorien der Nicht-Zweiheit – die sind immer dualistisch –, sondern um die *Erfahrung*. So hören wir von Seng-ts'an, dem dritten chinesischen Patriarchen des Zen:

> Alle Formen des Dualismus
> Werden vom Geist selbst in seiner Verblendung ersonnen.

Mit ihnen ist es wie mit Gesichten und Blüten in der Luft:
Wozu sich mühen, sie zu ergreifen?...
Wenn die Zweiheit nicht mehr besteht,
Bleibt selbst die Einheit nicht als solche bestehen...
Dahin gelangt das Denken nie,
Es zu ermessen, versagt die Vorstellungskraft...
Wird eine direkte Benennung verlangt,
So können wir nur sagen: «Nicht zwei.»[23]

Aber dieses «Nicht zwei» heißt nicht «Eins», und Seng-ts'an selbst weist darauf hin, daß es in wahrer Nicht-Dualität weder Zwei noch Eins gibt. So auch Silpabhijñā im *Avatamsaka-Sūtra*: «Die Wahrheit der Selbst-Verwirklichung [und der WIRKLICHKEIT selbst] ist weder eins noch zwei.»[24] Und der Zen-Meister T'ien-huang Tao-wu: «Selbst Einheit ist verfehlt, wenn man an ihr haftet.»[25] Wenn wir aus Zweien Eines machen, wie Christus sagt, existieren die zwei nicht mehr – aber das Eine auch nicht!

Der Ausdruck «das Eine» ist demnach in diesen Traditionen nur ein Zugeständnis an die menschliche Vorstellungskraft. Hier wird, anders gesagt, analogisch auf die WIRKLICHKEIT hingewiesen, doch wenn man eine definitive Aussage darüber haben möchte, wird sofort der negative Weg eingeschlagen: WIRKLICHKEIT ist weder Eins noch Viele, weder Singular noch Plural, weder transzendent noch immanent; sie ist eine nicht-duale Erfahrung, über die nichts gesagt werden kann – jenes «namenlose Nichts», von dem Meister Eckehart spricht und das doch für die Wissenden Alles ist. So lesen wir in der *Theologia Mystica* des Dionysios:

> Noch höher steigend sprechen wir jetzt aus, daß dieser Urgrund nicht Seele ist und auch nicht Geist, daß ihm weder Einbildungskraft zu eigen sein kann noch Meinung noch Vernunft noch Erkenntnis; daß Gott weder ausgedrückt werden kann noch auch Ausdrücke vor anderen Ausdrücken wählt. Er kann auch weder Zahl haben noch Ordnung noch Größe noch Kleinheit. Er kann nicht Gleichheit sein, nicht Ungleichheit, nicht Ähnlichkeit, nicht Unähnlichkeit; Er kann nicht unbeweglich sein, noch auch sich bewegen, kann weder seine eigene Veränderung wollen noch seine eigene Veränderung bewirken.

> Er ist auch nicht «das Mögliche», noch auch «das Licht», lebt nicht und ist auch nicht Leben (welches immer Veränderung wäre): Er ist also auch nicht Essenz oder Existenz, nicht Sein, nicht Zeit, nicht Wirken, nicht Gelten, nicht Abfolge, nicht Beharrung, kein Hingebreitetsein und kein Hinbreiten – man kann Ihn daher mit Gedanken niemals fassen. Er ist aber auch nicht Wissen, nicht Wahrheit, nicht Herrschaft, nicht Weisheit, nicht die Eins oder die Einheit oder Göttlichkeit oder Güte oder Schönheit oder Geist in dem Sinne, in welchem wir Menschen es begreifen können. Er ist nicht Vaterschaft, nicht Kindschaft, nichts, was sich mit irgend etwas Bekanntem oder Erfahrenem irgendeines wesbaren Wesens vergleichen ließe. Er ist nichts von dem, was dem Nichtsein angehört, aber auch nichts von dem, was dem Sein angehören könnte. Und so kann ihn niemand erkennen, so wie Er ist...
> Er allein ist der Urgrund, der allumfassende Ursprung alles Seins und Nichtseins... kein Sein und kein Nichtsein kann Ihn treffen, und Ja und Nein erreichen Ihn nicht.[26]

Vergleichen wir dies mit einem Abschnitt aus der *Māndūkya-Upanishad*, worin die höchste Wirklichkeit angesprochen wird als das,

> welches sich des Subjektiven nicht bewußt ist, noch das, welches sich des Objektiven bewußt ist, noch das, welches sich beider bewußt ist, noch das, welches ein all-bewußtes Etwas ist, noch einfaches Bewußtsein noch Unbewußtsein. Es ist unsichtbar, nicht zu beherrschen, nicht zu erfassen, ohne Kennzeichen, jenseits des Denkens, nicht zu beschreiben, die Lage des Selbst, das Ende der Entwicklung, still, mild, ohne Zweiheit.

Und wozu all das *neti-neti*? Dionysios sagt es im selben Abschnitt:

> Man kann Ihm nichts zusprechen vor anderen, nichts absprechen vor anderen, nichts anvertrauen und nichts ableugnen – denn wenn wir Ihm endliche Grenzen setzen, durch Zuspruch oder durch Leugnung, muten wir Ihm Beschränkungen zu, die an Ihn niemals heranreichen können.

Was immer wir der WIRKLICHKEIT zu- oder absprechen, läßt etwas offen, nämlich jeweils das Gegenteil, was sie dann *nicht* sein kann. So zerreißen wir das nahtlose Gewand des Universums und glauben dann auch noch, die zugeschriebenen Eigenschaften wie Wahrheit und Güte seien das Absolute selbst. Schließlich beten wir diese Abbilder der Wirklichkeit an und merken gar nicht, daß wir eine höchst subtile und tückisch verborgene Form der Götzendienerei betreiben. «Wer sich mit dem zufrieden gibt, was sich in Worten ausdrücken läßt – Gott ist ein Wort, Himmel ist ein Wort –, darf mit Fug und Recht ein Ungläubiger genannt werden.» Und A.K. Coomaraswamy ergänzt:

> Idolatrie ist der Mißbrauch von Symbolen; diese Definition bedarf keiner Erläuterung... Die Gefahr, sprachliche Formeln für etwas Absolutes zu halten, ist generell größer als die Gefahr des Mißbrauchs plastischer Bilder.[27]

Anders gesagt, kein Christ käme auf die Idee, eine bildnerische Darstellung Christi für Christus selbst zu halten, aber die inneren Bilder – Christus der Große, der Herrliche, der Liebende – verwechselt man nur allzu leicht mit ihm selbst, und so sind auch solche «Bildnisse» Götzen, nicht anders als das Goldene Kalb.

> Du sollst dir kein Bildnis noch irgendein Gleichnis machen, weder des, das oben im Himmel, noch des, das unten auf Erden, oder des, das im Wasser unter der Erden ist. (2. Mose, 20:4)

Um noch besser zu verstehen, weshalb Bildnisse die Wirklichkeit so entstellen, wollen wir uns jetzt der Mādhyamaka-Schule des Mahāyāna-Buddhismus zuwenden. Die Mādhyamaka-Schule stellt die reinste Form des *neti-neti*, der *via negativa*, dar, und was wir über sie sagen, kann auf den negativen Weg im allgemeinen angewendet werden – auf den Versuch, uns von den Götzen der symbolischen Landkarten-Erkenntnis zu befreien und zum intimen Erkennen der Wirklichkeit zu gelangen.

Die Mādhyamaka-Schule wurde im 2./3. Jahrhundert durch Nāgārjuna begründet, der von vielen als der größte Philosoph aller Zeiten angesehen wird. Das ist in gewissem Sinne unrichtig, denn wenn man mit diesem Ausdruck jemanden meint, der ein ausgefeiltes philosophisches

System vertritt, war Nāgārjuna gar kein Philosoph, da er sich keiner logisch schlüssigen Philosophie verschrieb. Statt dessen führte er die Logik mit ihren eigenen Mitteln *ad absurdum*. Er entwickelte keine Philosophie der Wirklichkeit, sondern beschränkte sich darauf zu zeigen, daß alle Philosophien, die die Wirklichkeit zu erfassen behaupten, in sich selbst widersprüchlich sein müssen. Nāgārjuna und die Mādhyamika (Vertreter der Mādhyamaka-Schule) setzen keine neuen Thesen an die Stelle der alten; sie zerpflücken keine Philosophie, um dann ihre eigene zu propagieren; sie denken vielmehr jede Philosophie zu Ende, nämlich bis hin zu dem Punkt, wo sie sich selbst widerspricht. Das hat, wie wir sehen werden, einen guten Grund; jedenfalls ist es nicht bloßer Skeptizismus oder Nihilismus, denn auch diese beiden werden unbarmherzig attackiert. Lassen wir zunächst T.R.V. Murti die Mādhyamaka-Strategie erklären:

> Mit welchen Mitteln weist der Mādhyamika alle Anschauungen zurück? Er benutzt nur eine einzige Waffe. Er zieht sämtliche Implikationen einer Anschauung heran und zeigt damit auf, daß sie sich selbst widerspricht. Seine Dialektik besteht aus einer Reihe von Argumenten, die in eine *reductio ad absurdum* münden. Jede These wird so gegen sich selbst gekehrt. Der Mādhyamika ist ein Prasangika oder Vaitandika, ein Dialektiker oder unabhängiger Debattant. Er widerlegt die These des Kontrahenten, beweist jedoch keine eigene . . . Die *reductio ad absurdum* ist allein auf den Vertreter der These gemünzt, und sie bedient sich seiner eigenen Logik, der Prinzipien und Verfahren, die er selbst gutheißt.[28]

Und es gibt keine philosophische Anschauung, bei der dies nicht möglich wäre, denn, so Alan Watts,

> die Sprache ist dualistisch oder relational, jede Bejahung oder Verneinung hat nur Sinn in Relation zu ihrem Gegenteil. Jede Aussage, jede Definition, setzt eine Grenze; sie klassifiziert etwas, und so läßt sich stets zeigen, daß das innerhalb der Grenze Gelegene mit dem außerhalb Gelegenen koexistiert. Selbst die Idee des Grenzenlosen ist sinnlos ohne den Gegensatz des Begrenzten. Dem Mādhyamika gelingt es mit dieser Methode unfehlbar, die Relativität jedes meta-

physischen Satzes aufzuzeigen, und wer sich mit solch einem Dialektiker auf eine Diskussion einläßt, hat unweigerlich das Nachsehen.[29]

Jede Aussage über die WIRKLICHKEIT fällt in eine der folgenden vier Kategorien:

1. Sein
2. Nicht-Sein
3. Sowohl Sein als auch Nicht-Sein
4. Weder Sein noch Nicht-Sein.

Mit dieser Voraussetzung kann der Mādhyamika nun demonstrieren, daß jede Aussage über die WIRKLICHKEIT sich notwendig selbst widerspricht. Angenommen etwa, ich behaupte, die WIRKLICHKEIT sei absolutes Sein, unendlich und unbegrenzt (diese Aussage fällt in die 1. Kategorie). Absolutes und grenzenloses Sein schließt jedoch Nicht-Sein und Relativität aus. Ausschließung bedeutet jedoch eine Grenzziehung, und schon ist mein absolutes, grenzenloses Sein begrenzt, und ich habe mir selbst widersprochen.

Verlege ich mich aufs absolute Nicht-Sein (2. Kategorie), so bleibt das Sein ausgeschlossen und ich ende mit demselben Widerspruch. Na gut, sage ich, dann umschließt die WIRKLICHKEIT eben Sein und Nicht-Sein, ist beiden immanent (3. Kategorie), aber damit schließe ich wiederum aus, daß es weder das eine noch das andere ist, sondern beide transzendiert. Behaupte ich nun aber eben dies, daß es weder Sein noch Nicht-Sein ist, sondern beide transzendiert (4. Kategorie), so schließe ich ihre Immanenz aus, sie kann dann nicht mehr sowohl Sein als auch Nicht-Sein umfassen. Kurzum, da jede Aussage nur in bezug auf ihr Gegenteil Sinn hat, läßt sich von jeder Aussage zeigen, daß sie relativ ist, und wenn diese Aussage die WIRKLICHKEIT zu erfassen behauptet, verstrickt sie sich selbst in einen Widerspruch.

Nun behaupten aber die Mādhyamika ganz und gar nicht, es gebe keine absolute Wirklichkeit. Sie sagen lediglich, daß keine Idee auf diese Wirklichkeit zutrifft. Mit der Widerlegung sämtlicher logischer Alternativen aus allen vier logischen Kategorien spricht der Mādhyamaka (wörtl. «mittlerer Weg») zugleich dem dualistischen Verstand jede Befähigung ab, die WIRKLICHKEIT zu begreifen. Verstand erzeugt Illusion, niemals WIRKLICHKEIT, und so heißt es im *Lankāvatāra-Sūtra*: «Die höchste Wirklichkeit ist das ewig Undenkbare.»

Alles Denkbare hat nur Sinn im Bezug zu seinem Gegenteil, und daher ist alles Gedachte *nicht* die WIRKLICHKEIT, die, wie Scotus Eriugena sagt, kein Gegenteil hat. In eben diesem Sinne bezeichnete Nikolaus von Kues Gott als die *Coincidentia oppositorum* – das Zusammenfallen der Gegensätze. Und in diese Richtung geht auch das Weltbild der modernen Astrophysik: Das Universum läuft wie eine Möbius-Schleife in sich selbst zurück und hat daher weder Innen- noch Außenseite, vielmehr: Die Innenseite *ist* die Außenseite. Auch das ist eine *Coincidentia oppositorum*, eine nicht-duale Welt. Unsere Alltagslogik sperrt sich gegen solche Aussagen, denn sie operiert von Grund auf dualistisch und kann daher unmöglich sehen, daß ein Innen ein Außen *ist*, daß ein Oben ein Unten *ist*, daß ein Gut ein Böse *ist*. Die Logik kann nur auf einer gleichsam ebenen Fläche Grenzen ziehen, etwa eine Kreislinie, und beharrt dann natürlich darauf, daß das Innere des Kreises vom Äußeren getrennt und verschieden ist:

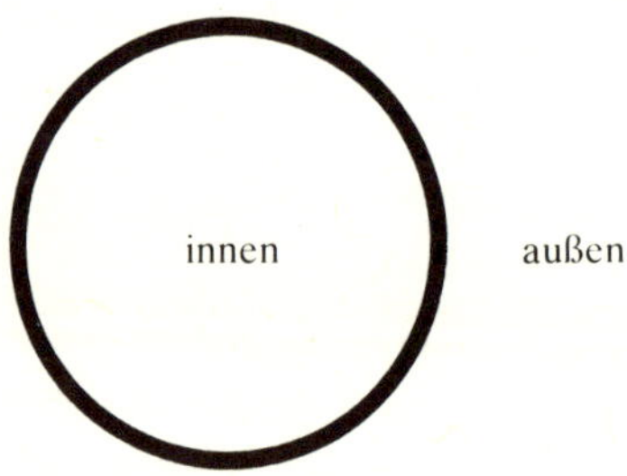

In der Ebene trifft das tatsächlich zu, aber das Universum ist nicht eben. Es scheint eher einem Torus ähnlich zu sein und wäre dann so etwas wie ein Reifenschlauch. Wenn wir darauf einen Kreis ziehen (gestrichelte Linie), so ist dessen Außenseite auch seine Innenseite:

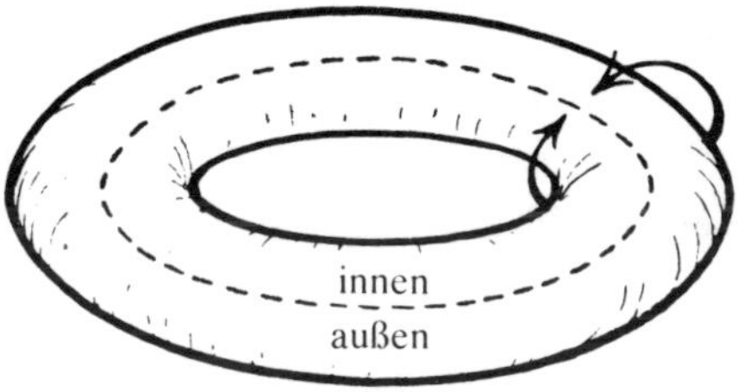

Wir können natürlich ein Innen und ein Außen unterscheiden, aber das ist dann nur unsere private Abmachung und liegt nicht in der Natur der Sache selbst. Daher lesen wir im *Lankāvatāra-Sūtra*:

> Zum anderen, Mahāmati, was bedeutet Nicht-Zweiheit? Es bedeutet, daß Licht und Schatten, lang und kurz, schwarz und weiß relative Begriffe sind und nicht unabhängig voneinander. Wie Samsāra und Nirvāna, so sind auch alle anderen Dinge nicht-zwei. Nirvāna ist nur da, wo Samsāra ist, und Samsāra ist nur da, wo Nirvāna ist, denn alles im Dasein ist von nicht-ausschließender Natur. Daher denn heißt es, daß alle Dinge nicht-zwei sind.[30]

«Dualität» und «Gegensatz» sind demnach Beziehungs- oder Denkbegriffe, aber keine in der Wirklichkeit anzutreffenden Gegebenheiten. Wir aber verdecken uns die Wirklichkeit im allgemeinen mit den Begriffen, in denen wir sie darstellen, und so versucht der Mādhyamika uns zu demonstrieren, daß unser dualistisches Denken auf die WIRKLICHKEIT überhaupt nicht anwendbar ist. Vielmehr kann sie erst sichtbar werden, wenn alle Verstandeskonstruktionen, seien sie apriorischer oder empirischer Natur, fortgeräumt sind und der von Natur aus dualistische Verstand endlich der nicht-dualen Einsicht Platz macht.

Aus diesem Grund ist der Mādhyamaka nicht irgendeine bestimmte Philosophie, sondern die Kritik aller Philosophien. Darin ähnelt sie der Kritik im Kantschen Sinne und der Kritik des logischen Positivismus, denn auch dort gilt, daß Aussagen über die WIRKLICHKEIT nicht das vermitteln, was sie zu vermitteln behaupten. Aber anders als Kant und die Positivisten bleibt der Mādhyamaka hier nicht stehen. Er demontiert die dualistischen Begriffe und Vorstellungen nicht einfach aus Gründen der Logik, sondern will uns damit allmählich von dem zur Gewohnheit gewordenen ausschließlichen Festhalten am symbolischen und dualistischen Erkennen befreien, um uns für die einzige Weise des Erkennens zu öffnen, die der WIRKLICHKEIT gemäß ist. Die totale Negation des Denkens ist nicht Nihilismus, sondern der Zugang zu Prajñā, der nichtdualen Einsicht.

> So wird Negation zur Kapitulation des Denkens, bahnt jedoch zugleich einen neuen Weg – den der Intuition. Negation ist die Schwelle zur Intuition. Shūnyatā [die «Leere»] ist nicht einfach die Negation von Drishti (Sehen, Anschauung), sondern ist Prajñā . . . Shūnyatā ist nur für das Denken etwas Negatives; in Wirklichkeit ist Shūnyatā das nicht relationale Erkennen des Absoluten . . . Diese auf Shūnyatā hinzielende Dialektik ist die Lösung aller Einschnürungen der Wirklichkeit durch unsere mit praktischer oder sentimentaler Voreingenommenheit durchsetzten Begriffe. Sie ist nicht die *Leugnung* der Wirklichkeit, sondern ihre *Befreiung* von den künstlichen und willkürlichen Einschnürungen. Shūnyatā ist Negation der Negationen und daher eine erneute Bekräftigung des grenzenlosen und nicht-ausdrückbar positiven Charakters des Wirklichen.[31]

Daß die WIRKLICHKEIT aller begrifflichen Erfaßbarkeit (*drishti*) bar (*shūnya)* ist, hat verblüffende Konsequenzen. Es mag noch einigermaßen leicht einzusehen sein, daß die WIRKLICHKEIT weder symbolisch darzustellen noch mit einer Idee zu erfassen ist, aber daß viele unsere Ideen *von* der Wirklichkeit auf einer unbewußten Ebene operieren, ist naturgemäß weit weniger offensichtlich. Unsere Wahrnehmung der Wirklichkeit ist von Vorstellungen gefärbt, und wir merken es nicht, weil sie unbewußt sind. Benjamin Lee Whorf, einer der Wegbereiter der modernen Linguistik, stellt das so dar:

> Wir sagen «Sieh die Welle» nach dem gleichen Satzschema wie «Sieh das Haus». Ohne die Projektion der Sprache hat aber noch nie jemand eine einzelne Welle gesehen. Wir sehen eine Oberfläche mit wechselnden wellenförmigen Bewegungen. Manche Sprachen können «eine Welle» gar nicht sagen. Sie sind in dieser Hinsicht der Wirklichkeit

> näher. Ein Hopi sagt *walalata*, «mehrfaches Wogen ereignet sich», und er kann die Aufmerksamkeit ebensogut auf eine Stelle in dem Wogen lenken wie wir. Da es in Wirklichkeit eine Welle für sich allein nicht gibt, ist die Form *wala*, die unserem Singular korrespondiert, dem englischen «a wave» nicht äquivalent, sondern bedeutet «ein plötzliches Schwanken ereignet sich», wie es bei einer Flüssigkeit in einem Gefäß der Fall ist, das plötzlich erschüttert wird...
> Meinen Sie nicht auch, es sei durchaus möglich, daß Wissenschaftler, ebenso wie [wir übrigen], unbemerkt die Strukturschemata eines partikulären Sprachtyps auf das Universum projizieren und sie dort, auf dem Antlitz der Natur selbst, *sehen*?[32]

Ein einfaches Spiel: Versuchen Sie, den Unterschied zwischen Ihren Fingern anzuschauen. Wir alle sind uns der Tatsache bewußt, daß unsere Finger sich voneinander unterscheiden, aber können Sie auf diesen Unterschied zeigen, können Sie *den Unterschied* sehen? Er ist nicht *in* ihren Fingern und auch nicht *zwischen* ihnen – er ist gar nicht da! Sie *sehen* den Unterschied nicht, weil er nichts als ein Begriff ist, ein Ausschnitt aus der Landkarte der Wirklichkeit, die wir angelegt haben, um miteinander reden und uns verständigen zu können. Niemals *sehen* wir diesen Begriff; wir gebrauchen ihn als etwas, *womit* wir sehen und somit die Wirklichkeit *interpretieren* können.

Gehen wir einen Schritt weiter: Versuchen Sie, ein «Ding» anzuschauen, irgendein Ding, einen Stuhl, einen Baum, ein Buch, ein Wort auf dieser Seite. Tatsächlich sehen Sie aber nie ein einzelnes Ding, so wie man auch nie *eine* Welle sieht, denn das Auge nimmt stets ein ganzes visuelles Feld, ein Kontinuum, eine Gestalt auf; wenn Sie etwa hier das Wort «Kuh» lesen, nimmt Ihr Auge nicht nur dieses Wort auf, sondern die ganze Seite und noch allerlei von der Umgebung. Beim Lesen wenden wir jedoch unsere ganze Aufmerksamkeit den Worten zu und ignorieren den Hintergrund. Wir wenden unsere Aufmerksamkeit selektiv nur einem Aspekt des ganzen Feldes zu, auf Kosten aller übrigen, und so abstrahieren wir durch einen unbewußten intellektuellen Prozeß «Dinge» aus dem visuellen Kontinuum – das heißt, wir *erschaffen* sie. William James verdeutlicht, was gemeint ist:

> Aus etwas, das an sich selbst ein unterschiedsloses Kontinuum ist,

> nichts wird hervorgehoben oder betont, machen unsere Sinne, die dieser Bewegung Aufmerksamkeit schenken, jener nicht, eine Welt voller Kontraste und scharfer Akzente und plötzlicher Veränderungen, ein kunterbuntes Spiel von Licht und Schatten.
> Helmholtz sagt, daß wir nur solche Empfindungen gewahren, die uns Zeichen für *Dinge* sind. Was aber sind Dinge? Nichts ... als besondere Gruppierungen von Sinnesqualitäten, die uns zufälligerweise praktisch oder ästhetisch interessieren, so daß wir ihnen Namen geben und sie so in den exklusiven Stand der Selbständigkeit und Würde erheben.[33]

In dem Maße also, in dem wir uns eine Welt diskreter und getrennter Dinge ein-bilden, sind unsere Vorstellungen zu Wahrnehmungen geworden, und wir haben das Universum mit nichts als Gespenstern bevölkert. Daher erklärt der Mādhyamaka, daß die WIRKLICHKEIT nicht nur aller intellektuellen Erfaßbarkeit bar ist, sondern auch keine getrennt existierenden Dinge enthält.

Kurz zusammengefaßt: Der Mādhyamaka nennt das Absolute Shūnyatā, Leere. Bar aller Dinge und Gedanken. Aber diese Leere ist kein Nichts, sondern einfach die WIRKLICHKEIT, bevor wir sie mit unserer Begrifflichkeit zerstückeln – das reine Territorium, vor allen Landkarten. Daher wird die Wirklichkeit im Buddhismus auch Tathatā genannt, «Soheit», die reale Welt, *wie sie ist*, nicht wie sie klassifiziert oder beschrieben wird. Auf die Soheit werden wir in einem späteren Kapitel noch näher eingehen; hier brauchen wir nur festzuhalten, daß die wirkliche Welt, die Soheit, auch Leere genannt wird, weil das nicht zu Beschreibende nun mal nicht beschrieben werden kann. Deshalb sind auch solche Ausdrücke wie «das reine Territorium» im Grunde verfehlt, nämlich dann, wenn sie uns dazu verleiten, die Leere für eine Idee oder ein Denkobjekt zu halten. Sie können die Leere nicht denken, ja nicht einmal über sie nachdenken – aber Sie schauen sie jetzt gerade an. Shūnyatā ist nicht Gegenstand des Denkens, sondern (auch hier zwingt uns die Sprache wieder zu einer dualistischen Formulierung) «Gegenstand »von Prajñā, oder richtiger: Shūnyatā *ist* Prajñā, da Erkenntnis und das WIRKLICHE nicht-zwei sind. Wo Shūnyatā als eine Idee aufgefaßt wird, muß diese Idee ausgeräumt werden:

Es kann weder leer noch nicht-leer genannt werden
Noch beides, noch keines von beiden;
Um jedoch darauf hindeuten zu können,
Nennt man es «die Leere».[34]

Wenn die WIRKLICHKEIT «unterschiedslos» ist, wie James und die Mādhyamika sagen, muß das, was wir «wohlunterschiedene Dinge» nennen, in gewissem Sinne mit allen anderen «wohlunterschiedenen Dingen» identisch sein, da die Unterscheidungen, die sie «trennen», lediglich Übereinkünfte sind. Wenn wir sagen, alle «Dinge» seien identisch, so heißt das nichts anderes, als daß es getrennte «Dinge» nicht gibt. Die Hua-yen-Schule des Mahāyāna-Buddhismus hat sich die erstere Auffassung der Leere zu eigen gemacht und daraus die tiefgründige Lehre von der Dharmadhātu entwickelt (Dharmadhātu: wörtl. «Sphäre des Dharma», wir können auch sagen «Bereich der WIRKLICHKEIT»). Diese Lehre enthält im wesentlichen folgendes: Wenn wir die Illusion der getrennten Dinge durchschauen, gelangen wir auf eine Ebene der Erfahrung, wo jedes «Ding» – da es in sich selbst unwirklich ist – alle anderen enthält, und diese Erfahrung wird *hu-ju* genannt, «gegenseitige Durchdringung». Das Universum wird mit einem kosmischen Netz verglichen, bei dem in jedem Knotenpunkt ein glitzernder Edelstein sitzt. Jeder Stein enthält die Spiegelung aller anderen und sein eigenes Spiegelbild ist in allen anderen Steinen enthalten: «Eines in allem, alles in einem» oder «Einheit in der Vielheit, Vielheit in der Einheit».

> In der unendlichen Dharmadhātu enthält ein jedes Ding zu jeder Zeit alle anderen in vollkommener Gänze, ohne den geringsten Fehler, ohne die geringste Auslassung. Ein Objekt sehen heißt daher alle Objekte sehen, und alle Objekte sehen heißt ein Objekt sehen. Das heißt aber, daß ein winziges Teilchen im Mikrokosmos des Atoms all die unzähligen Objekte und Prinzipien des Universums in vollkommener Gänze enthält, von der fernsten Vergangenheit bis in alle Zukunft.[35]

Ähnlich der vielzitierte Vers von William Blake:

Um eine Welt in einem Sandkorn zu sehen
Und einen Himmel in einer Wildblüte,
Halte die Unendlichkeit in deiner Hand
Und die Ewigkeit in einer Stunde.

Auch hier ist wieder anzumerken, daß die Dharmadhātu kein philosophischer Begriff ist, sondern Ausdruck einer Erfahrung auf der Grundlage von Prajñā, der nicht-dualen Weise des Erkennens; und Prajñā offenbart uns die WIRKLICHKEIT als Chittamatra, «Nur-Geist», oder Brahman, «das Eine ohne ein Zweites», oder Jehovah, «da ist keiner neben mir». Daher ist der GEIST die Wirklichkeit oder der Grund aller «getrennten Dinge», und daher ist jedes Ding, da es letztlich nichts anderes als GEIST ist, mit allen anderen Dingen, die ebenfalls GEIST sind, identisch. Jedes Innen *ist* ein Außen, die Welt *ist* ein Sandkorn, der Himmel *ist* eine Wildblüte.

Wird Wasser mit den Händen geschöpft,
So spiegelt sich der Mond in ihnen;
Wo mit Blumen hantiert wird,
Durchtränkt der Duft das Gewand.

Die Lehre von der gegenseitigen Durchdringung und Gleichheit aller Dinge in der Dharmadhātu repräsentiert das höchste Streben des Menschen, jene nicht-duale Erfahrung der WIRKLICHKEIT in Worte zu fassen, die selbst wortlos und unaussprechlich bleibt, ein namenloses Nichts.

Die Dharmadhātu ist dem westlichen Denken nicht gänzlich fremd, denn etwas ganz Ähnliches kristallisiert sich in der modernen Systemtheorie, der Gestaltpsychologie und der organismischen Philosophie Whiteheads heraus. Sagen wir ruhig: Die westliche Naturwissenschaft insgesamt bewegt sich rapide auf ein Dharmadhātu-Bild des Kosmos zu. So finden wir bei Ludwig von Bertalanffy:

> Wir können es als ein Charakteristikum der modernen Wissenschaft bezeichnen, daß das Funktionsmodell isolierbarer Einheiten, die in Einweg-Kausalität agieren, sich als unzureichend erwiesen hat. Darum treten jetzt auf allen Gebieten der Wissenschaft immer häufiger Begriffe wie «Ganzheit», «holistisch», «organismisch» oder «Gestalt»

auf; sie alle deuten darauf hin, daß wir letztlich in Systemen denken müssen – in Systemen von Elementen in Interaktion.[36]

Und Scott vertritt die Ansicht, der einzig sinnvolle Ansatz bestünde für die moderne Naturwissenschaft bei ihrer Erforschung der Organisation der Dinge darin, von einem «System wechselseitig voneinander abhängiger Variablen» auszugehen. «Interaktion» und «wechselseitige Abhängigkeit» sind aber die «gegenseitige Durchdringung» der Hua-yen-Lehre, denn wenn wir von zwei Variablen oder Dingen sagen, sie stünden in wechselseitiger Abhängigkeit, so heißt dies, daß sie letztlich untrennbar, nicht-zwei sind, und das ist gegenseitige Durchdringung. Nehmen Sie zum Beispiel das Wort KUH auf dieser Buchseite, ein Beispiel für das, was die Gestaltpsychologie «Figur» (KUH) und «Hintergrund» (die Seite) nennt. Die Figur ist zwar verschieden vom Hintergrund, aber ohne den Hintergrund der Seite würden wir die Figur, das Wort KUH nicht sehen. Figur und Grund sind daher verschieden, aber nicht trennbar, so wie auch Subjekt und Objekt, Ereignis und Beobachter, gut und böse, ja alle Gegensätze verschieden, aber nicht trennbar sind, sondern Ausdruck der Einheit in der Vielheit, der Vielheit in der Einheit. Das letzte Wort über die Rückkehr der modernen Naturwissenschaft und Philosophie zur Weisheit der Dharmadhātu gebührt Joseph Needham. Er schreibt über das Weltbild der Chinesen:

> Die harmonische Kooperation aller Wesen erwuchs nicht aus dem Gebot einer höheren und ihnen äußerlichen Autorität [«Gott»], sondern aus dem Umstand, daß sie allesamt Teile einer Hierarchie von Ganzheiten waren, welche ein kosmisches Muster bildeten, und so gehorchten sie nur dem inneren Diktat ihrer eigenen Natur. Die moderne Naturwissenschaft und die organismische Philosophie mit ihren integrativen Ebenen sind, bestärkt durch ein neues Verständnis der kosmischen, biologischen und sozialen Evolution, zu dieser Weisheit zurückgekehrt.[37]

Die letzte der Traditionen, die wir hier betrachten wollen, ist die Yogāchāra-Schule des indischen Mahāyāna-Buddhismus, die im 4. Jahrhundert von Maitreyanātha, Asanga und Vasubandhu begründet wurde. Wir wollen an der Yogāchāra-Lehre nur einen Punkt herausheben, nämlich daß sie den Subjekt-Objekt-Dualismus als das Prinzip betrachtet, das die Illusionen erzeugt und die Welt für sich selbst unkenntlich macht. Natürlich betonen alle genannten Traditionen die Bedeutung dieses Dualismus, doch das Yogāchāra entwickelte daraus eine tiefgründige und konsistente Psychologie. Die zentrale Einsicht des Yogāchāra läßt sich so formulieren: Alle Objektivierung ist Illusion, oder einfach, alle Objekte sind illusorisch; und alle Objekte sind *mentale* Objekte.

Nehmen wir ein Beispiel: Ich lese die Worte auf dieser Seite, und die Seite erscheint mir dabei als verschieden und getrennt von mir. Sie erscheint als ein Objekt «da draußen», ein Objekt meines Gesichtssinnes, meines Tastsinnes, kurz, meiner Wahrnehmung. Das Yogāchāra behauptet jedoch, die Trennung zwischen mir als Subjekt «hier drinnen» und dieser Seite als Objekt «da draußen» sei blanke Illusion. Vielleicht verstehen wir das besser, wenn wir uns eine weitere Einsicht Whiteheads vergegenwärtigen, nämlich daß «meine gegenwärtige Erfahrung das ist, was ich jetzt bin». Meine «gegenwärtige Erfahrung» und mein «Ich», das sind also zwei Ausdrücke für ein und dasselbe. Den meisten von uns wird das allerdings ziemlich verstiegen erscheinen, denn durch lange Gewöhnung an das dualistische Erkennen empfinde ich nicht etwa, daß ich meine gegenwärtige Erfahrung *bin*, sondern daß ich sie *mache*. Wäre das aber wirklich so, dann könnte ich überhaupt nichts erfahren! Denn wenn Erfahrungen etwas sind, was ich mache, oder Empfindungen etwas, das ich habe, Objekte also, was geschieht dann, wenn ich meiner selbst gewahr bin? «Ich selbst», das ist ein Konglomerat verschiedener Empfindungen, und wenn alle Empfindungen etwas sind, was ich *habe*, dann kann ich nicht mehr sagen, daß ich ein Ich bin, sondern muß sagen: «Ich *habe* ein Ich.» Und wer ist nun dieses Ich, das ein Ich hat? Ein zweites Ich? Und wer hat diese Empfindung eines zweiten Ich? Ein drittes Ich? Wie viele Ich muß ich postulieren?

Das Yogāchāra erklärt diesen Ringelrein ganz einfach für dualistischen Unsinn. Während ich diese Seite lese, ist da in Wirklichkeit nur *eine* Empfindung, die des gesamten visuellen Feldes, wie es in meinem Nervensystem existiert. Abstrahiere ich jedoch die «Seite» aus diesem visuellen Feld, indem ich einen mentalen Begriff von ihr bilde, so *erscheint* dieser Begriff getrennt von mir als ein Objekt in meinem Bewußtsein; alle Bilder scheinen in meinem Bewußtsein als Objekte an mir vorbeizudefilieren, so als hätte ich einen kleinen Filmprojektor im

Kopf, der mentale Bilder auf den Schirm meines Bewußtseins projiziert. Obgleich ich spüre, daß diese Ideen meine sind, empfinde ich sie doch als irgendwie von mir getrennt – ich beobachte sie als Objekte. Und da der Begriff «Seite», den ich aus dem visuellen Feld herauslöse, mir als Gegen-stand erscheint, als getrennt von mir, erscheint mir auch die Seite als Gegenstand und ebenso getrennt von mir. Von diesem Subjekt-Objekt-Dualismus sind wir – mit wenigen Ausnahmen – alle durchdrungen, aber das Yogāchāra erklärt ihn für illusorisch. Da ist nicht eine Empfindung namens Ich, die eine andere Empfindung namens Seite empfindet. Es gibt vielmehr nur *eine* Empfindung, die wir bei objektiver Betrachtung «Seite» nennen und bei subjektiver Betrachtung «das Ich». Das Innen *ist* das Außen, und in dem Maße, wie wir sie als getrennt empfinden, sind wir in Illusion befangen: Alle Objekte sind illusorisch, und alle Objekte sind mentale Objekte.

Sollte die Aussage, daß die Empfindung, die Sie «Ich» nennen, jetzt in diesem Augenblick dieselbe ist wie die, welche man «Seite» nennt – sollte diese Aussage Ihnen weit hergeholt erscheinen oder als das Produkt einer primitiven östlichen Denkweise, dann wollen wir William James dasselbe noch einmal sagen lassen:

> Betrachten wir unser Sehen des Papiers losgelöst von jedem anderen Ereignis, so als konstituierte es, für sich genommen, das Universum (was durchaus sein könnte angesichts dessen, was wir an Argumenten für das Gegenteil besitzen), so sind das gesehene Papier und das Sehen des Papiers nur zwei Namen für *ein* unteilbares Faktum, und nur dieses Faktum ist eigentlich das Datum, das Phänomen, die Erfahrung. Das Papier ist im Bewußtsein, und das Bewußtsein ist um das Papier: Papier und Bewußtsein sind nur zwei Namen, die der *einen* Erfahrung nachträglich gegeben werden.[38]

Wenn wir zutiefst erkennen, daß Subjekt und Objekt nicht zwei sind, so heißt es nun im Yogāchāra, dann ist das die Erweckung von Prajñā, der nicht-dualen Weise des Erkennens, und nur auf diese Weise enthüllt sich uns die Wirklichkeit des Nur-Geist. Denn wenn die Wirklichkeit, wie wir sagten, durch Aufspaltung des Universums in Subjekt und Objekt verlorengeht, so ist sie nur wiederzugewinnen, indem wir die Spaltung rückgängig machen.

Schließen wir unsere Betrachtung einiger Hauptzweige dieser universalen Tradition mit einigen Anmerkungen zum «Verfahren» in diesen Schulen ab. Bei der Erörterung verschiedener Ausdrucksformen, welche die Erfahrung von Nur-Geist in verschiedenen Kulturen und Epochen angenommen hat, sind wir vor allem auf den analogischen und den negativen Weg eingegangen – der injunktive Weg wird uns noch ausgiebig beschäftigen. Zum Zweck der Verdeutlichung haben wir einige dieser Traditionen so dargestellt, als bedienten sie sich mehr oder weniger ausschließlich jeweils nur eines dieser drei Wege, das aber ist selten der Fall. Bei den meisten Traditionen spielen alle drei Wege eine Rolle, wenn sie auch häufig unterschiedlich gewichtet werden. Bei der Einführung eines Schülers wird der Meister sich in der Regel zunächst der analogischen oder positiven Darstellungsweise bedienen und etwa von einer allmächtigen und allwissenden Absoluten Wirklichkeit sprechen, deren Entdeckung dem Schüler unzerstörbaren Frieden vermitteln wird. Das hilft dem Neuling, sich zu orientieren, und so macht er sich auf die Suche nach dem Höchsten. Allerdings wird er vermutlich nicht weit kommen, denn er klammert sich bewußt oder unbewußt an seine Ideen *von* der WIRKLICHKEIT und nimmt die Landkarte für das Territorium. Hier könnte der Meister nun zum negativen Weg übergehen und erklären, daß Ideen zwar hilfreich, aber nie die WIRKLICHKEIT selbst sein können. Der Schüler – durch den analogischen Weg inzwischen immerhin zum *Glauben* an das Absolute erwacht – unterzieht sich nun der Aufgabe, alle seine Ideen von der WIRKLICHKEIT zu negieren, denn sie behindern ihn letztlich nur. So schreibt Coomaraswamy:

> Es bleibt stets ein letzter Schritt zu tun, mit dem man alles Ritual und die relativen Wahrheiten der Theologie hinter sich läßt. Wie der Mensch durch die Erkenntnis des Guten und Bösen aus dem ersten Stand der Gnade fiel, so muß er schließlich von eben dieser Erkenntnis, vom moralischen Gesetz, befreit werden. Wie weit man auch gegangen sein mag, es bleibt stets ein letzter Schritt zu tun, mit dem die Auflösung aller früheren Werte einhergeht.[39]

Shrī Ramana Maharshi drückt es ganz knapp aus: «Die Zeit wird kommen, da man alles vergessen muß, was man gelernt hat.» Vielleicht ist das auch der Sinn hinter der biblischen Symbolik des: «Wahrlich,

wahrlich, ich sage euch: Es sei denn, daß das Weizenkorn in die Erde falle und ersterbe, so bleibt's allein; wo es aber erstirbt, so bringt es viele Früchte» (Joh. 12:24); oder des: «Es ist euch gut, daß ich hingehe» (Joh. 16:7); oder aufs äußerste verknappt in *Die Wolke des Nichtwissens*: «vergessen, vergessen, vergessen». Ähnlich auch Lao-tzu (48):

> Wer das Lernen übt, vermehrt täglich.
> Wer den Sinn [Tao] übt, vermindert täglich.

So gilt denn auch als die Essenz des Buddhismus die Formel «Entleere dich!» Zur Unterstützung dieser «Auflösung» oder «Entleerung», dieses «Verminderns» oder «Vergessens», wird der injunktive Weg beschritten: Der Schüler erhält «Experimentalanweisungen», und die führen ihn, korrekt befolgt, zur direkten Erfahrung der Wirklichkeit, wie sie ist, nicht wie sie mit Namen veranschaulicht wird.

Fassen wir zusammen: Unsere gewohnte Vorstellung, daß die Welt ein Komplex von im Raum ausgebreiteten und in der Zeit aufeinander folgenden Dingen ist, bildet nicht die Wirklichkeit ab, sondern ist nur eine aufgrund von Übereinkünften gezeichnete Landkarte. Dieses Bild ist nicht wirklich, weil es auf einer Trennung des Universums in raumzeitliche Dinge auf der einen und einen Beobachter dieser Dinge auf der anderen Seite basiert. Wenn das der Wirklichkeit entsprechen sollte, dann müßte man von der unsinnigen Ausnahme ausgehen, daß das Universum selbst sich in Beobachter und Beobachtetes spaltet, daß es sich von sich selbst unterscheiden und daher, um das Wort von G.S. Brown noch einmal anzuführen, für sich selbst unkenntlich werden muß. Daher sind unsere konventionellen, dualistischen, symbolischen Bilder letztlich Falsifikationen eben der Wirklichkeit, die sie zu erklären suchen.

Aber die Spaltung ist im Grunde weniger falsch als illusorisch, und die Philosophien, Psychologien und Naturwissenschaften, die sich auf sie berufen, sind eher unsinnig als falsch. Der Mensch kann sich ebensowenig vom Universum lostrennen und «Erkenntnisse» *aus* ihm gewinnen, wie eine Hand sich selbst ergreifen oder ein Auge sich selbst sehen kann. Der Mensch jedoch beharrt auf dem dualistischen Erkennen, versucht immer wieder das Unsinnige und Unmögliche und glaubt auch noch, es sei ihm gelungen. Nichts ist ihm gelungen außer einer Landkarte, die das Universum als Konglomerat von in Raum und Zeit getrennten Dingen abbildet, fremd und fern der ebenso isolierten Insel der Bewußtheit, als die er selbst sich jetzt betrachtet.

So hat er sich in seinem eigenen Schatten verlaufen und in eine abstrakte, dualistische Landkartenwelt eingesperrt – und dabei ganz vergessen, was die wirkliche Welt tatsächlich ist. Wenn aber das Universum sich durch die Spaltung von Sehendem und Gesehenem, Erkennendem und Erkanntem, Subjekt und Objekt von sich selbst scheidet und sich selbst unkenntlich wird, dann kann die Erkenntnis der tatsächlichen Welt nur aus der Einsicht hervorgehen, «daß Subjekt und Objekt eins sind» (Schrödinger), und nur dieser Erkenntnis gebührt der Titel «absolute Wahrheit».

Das ist nun freilich, was alle Traditionen der *Philosophia perennis* uns zu sagen versuchen.[40]

Erfahre den illusorischen Charakter aller dualistisch-symbolischen Erkenntnis und erwache dadurch für die Wirkliche Welt. Diese Wirkliche Welt hat kein Gegenteil und kann daher nicht definiert oder «erfaßt» werden, da alle Symbole, die dazu notwendig wären, ihren Sinn nur aus dem Verhältnis zu ihrem Gegenteil gewinnen. So wird die Wirkliche Welt Leere oder Shūnyatā oder Agnoia genannt – und das heißt, daß alle Aussagen oder Gedanken über die Wirklichkeit leer und nichtig sind. Zugleich heißt es aber auch, daß die Wirkliche Welt leer von vereinzelten Dingen ist, denn Dinge sind Produkte des Denkens und nicht Bestandteile der WIRKLICHKEIT. Und weil das so ist, weil also die WIRKLICHKEIT als ein «nahtloses Gewand» nicht in Subjekt und Objekt gespalten ist, wird durch die Entdeckung der Wirklichen Welt vollkommen offensichtlich, daß all die scheinbaren, voneinander entfremdeten Subjekte und Objekte, all die «vereinzelten Dinge» dieses eingebildeten Multiversums, nichts anderes sind als «Glieder *eines* Körpers».

Die WIRKLICHKEIT ist nicht darstellbar, aber doch erfahrbar. Da aber die Erfahrung der Wirklichen Welt ganz von unseren Vorstellungen *über* sie verschüttet ist und da diese Vorstellungen auf der Spaltung zwischen dem erkennenden Subjekt und den erkannten Objekten beruhen, vertreten diese Traditionen mit Nachdruck, daß die WIRKLICHKEIT nur nicht-dual, also ohne die Kluft zwischen Erkennendem und Erkanntem erfahren werden kann, denn nur so wird das Universum nicht zu einer Illusion gemacht. Erfahrung der WIRKLICHKEIT bedeutet demnach, daß die WIRKLICHKEIT und ihre Wahrnehmung ein und dasselbe sind; es ist, wie R.H. Blyth sagte, «eine Erfahrung des Universums durch das Universum». Wir haben das als nicht-duale Weise des Erkennens bezeichnet, ein Sich-selbst-Innesein des Universums. Nehmen wir noch hinzu, daß diese Weise des Erkennens einer Funktion, einem Zustand und einer Ebene des Bewußtseins entspricht, die wir GEIST nennen, und daß WIRKLICHKEIT *erkennen* gleichbedeutend ist mit WIRKLICHKEIT *sein*, so können wir das Wesen aller Überlieferungen, denen es um nicht-duales Erkennen geht, in einem Ausdruck zusammenfassen: «WIRKLICHKEIT als Bewußtseinsebene» oder einfach «WIRKLICHKEIT als Nur-Geist».

Ob die Wirklichkeit dabei als Brahman, Gott, Tao, Dharmakāya, Leere oder anderswie bezeichnet wird, ist ziemlich unwichtig, denn alle diese Ausdrücke benennen den nicht-dualen GEIST, das Universum, das nicht in Sehenden und Gesehenes gespalten ist. Diese Ebene des Bewußtseins ist aber weder schwer zu entdecken noch tief in der Psyche vergraben. Sie ist vielmehr sehr nahe, stets und überall gegenwärtig. Der GEIST ist nicht verschieden von dem, der jetzt dieses Buch in der Hand hält. Tatsächlich ist der GEIST sogar das, was in diesem Augenblick diese Seite liest.

Schauen wir nun, ob wir uns klarmachen können, in welchem besonderen Sinn dies so ist.

4. Zeit/Ewigkeit, Raum/Unendlichkeit

Wenn wir von Wirklichkeit als nicht-dualem Bewußtsein sprechen, verbindet sich für manche damit automatisch die Vorstellung, daß Bewußtsein irgendwie mit Subjektivität verknüpft ist. Das Bewußtsein, so sagt uns diese Empfindung, gehört nicht zu den «Objekten» wie etwa diese Seite, sondern zu mir als dem Subjekt, das sich dieser Seite «bewußt» ist. Das ist natürlich bis ins Mark dualistisch. Da aber das Bewußtsein die Wirklichkeit *ist* und die Wirklichkeit keine Zweiheit kennt, wäre es richtiger, das Bewußtsein nicht als relatives Subjekt *gegenüber* den Objekten zu sehen, sondern als absolute Subjektivität, die über dem Dualismus von Subjekt und Objekt steht. Als absolute Subjektivität gehört das Bewußtsein weder ausschließlich dem Subjekt noch ausschließlich dem Objekt an, sondern beschließt beide in sich. In diesem Sinne ist absolute Wirklichkeit absolute Subjektivität. So erklärt N.A. Berdjajew:

> Der Geist ist niemals Objekt, und die Realität des Geistes ist nicht die des Objekts. Es gibt kein Objekt, keine objektive Realität in der sogenannten objektiven Welt, die man Geist nennen dürfte. Darum kann man so leicht die Realität des Geistes leugnen. Gott ist Geist; er ist also kein Objekt. Gott ist Subjekt...
> In der Objektivierung kann man nur Symbole finden, keine fundamentale Realität. Der Geist ist real. Die Kultur ist symbolisch, das soziale Leben ist symbolisch. Im Objekt trifft man mit keiner Realität, sondern nur mit einem Symbol der Realität zusammen. Die Realität ist immer im Subjekt.[1]

Diese absolute Subjektivität ist nicht das Ego-Subjekt wie etwa im Subjekt-Objekt-Dualismus. Sie wird nur Subjekt genannt, weil dies darauf hindeutet, daß die WIRKLICHKEIT nun in einer Richtung zu liegen scheint, die wir «innen» nennen, subjektiv, auf die Mitte unseres Seins hin, die auch Gottes Mitte ist. Haben wir sie erst erreicht, so wird uns klar, daß sie keinerlei Dualismen enthält, weder den von Subjekt und Objekt noch den von innen und außen. Hier geschieht die Vermählung von Himmel und Hölle, und unsere dualistische Sprache läßt uns im Stich: «Wovon man nicht sprechen kann, darüber muß man schweigen», wie Wittgenstein sagt. Oder Berdjajew:

> In der letzten, tiefsten Tiefe ist das, was sich in mir ereignet, ein Ereignis in der Tiefe des göttlichen Lebens selber. Hier stoßen wir aber an das Reich des Schweigens. Hier versagt jede menschliche Sprache, jeder menschliche Begriff. Hier beginnt die Sphäre der Apophatik, die von unüberwindlichen Widersprüchen bewacht wird, an denen menschliches Denken zerschellt. Hier ist die letzte Schranke der befreiten und gereinigten Geistigkeit, die kein monistisches System überwinden kann. Der Dualismus, die Tragik, der Kampf, der Dialog des Menschen mit Gott, die Vielgestaltigkeit angesichts des Einen bleibt diesseits des Mysteriums. Zur absoluten Einheit mit Gott gelangt man nicht durch Verzicht auf das Prinzip der Person, sondern durch Versenkung in die geistige Tiefe der Person, die sich antinomisch mit der Einheit verbindet.[2]

Aus diesem Grund schlägt Paul Tillich vor, das Wort «Gott» als «Tiefe» zu verstehen, und diese Tiefe ist eben jene absolute Subjektivität, jener Zeuge in uns, der weder mit Subjekt noch mit Objekt identifiziert ist und doch beide einschließt. Oder in den Worten von Shrī Ramana Maharshi:

> Da das Selbst, welches reines Bewußtsein ist, alles erkennt, ist es der Höchste Seher [absolute Subjektivität]. Alles übrige, Ich, Geist, Körper und so weiter, ist nur sein Objekt. Also ist jedes dieser Dinge – außer dem Selbst oder reinen Bewußtsein – nur ein veräußerlichtes Objekt und kann nicht der wahre Seher sein. Da das Selbst nicht objektiviert oder durch irgend etwas anderes erkannt werden kann und da das Selbst der Seher ist, der alles andere sieht, existieren die

> Subjekt-Objekt-Beziehung und die scheinbare Subjektivität des Selbst nur auf der Ebene der Relativität und verschwinden im Absoluten. In Wahrheit ist da nichts anderes als das Selbst, und es ist weder der Seher noch das Gesehene, nicht als Subjekt oder Objekt involviert.[3]

Das ist nun ein entscheidend wichtiger Punkt, auf den wir immer wieder zurückkommen werden, der Angelpunkt unserer unermüdlichen Produktion von Dualismen, auf Grund derer wir «in unserem eigenen Schatten stehen und uns fragen, warum es so dunkel ist». Jeder von uns empfindet sein Ich durch lange Gewöhnung als das Subjekt seiner Erfahrungen, Gefühle und Gedanken und glaubt, dieses subjektive Ich nehme irgendwie die äußere Welt wahr, lese beispielsweise die Worte auf dieser Seite. Und dies drücken wir aus mit den Worten: «Ich bin mir meines lesenden Ich bewußt.» Aber der Umstand, daß etwas in mir ein subjektives Ich anschauen kann, daß also eben jetzt ein Gewahrsein meines lesenden Ich in mir vorhanden ist, sollte mich doch wohl darüber aufklären, daß mein angeblich subjektives Ich in Wahrheit ein *Objekt* meiner Wahrnehmung ist! Mein Ich ist überhaupt kein Subjekt, denn es kann *von mir* als Objekt wahrgenommen werden.

Aber was ist denn das «in» mir, das sich meines lesenden Ich bewußt ist? Im Zusammenhang mit dem Yogāchāra sahen wir, daß es nicht einfach ein weiteres «subjektives» Ich sein kann, denn wer oder was ist sich dann wiederum dieses Ich bewußt – noch ein Ich? Nein, denn dann wäre eine endlose Kette von Ichs zu postulieren. Dennoch: Was ist das in mir, das schaut und sieht und liest und hört und denkt? Es kann nicht mein subjektives Ego-Ich sein, das da schaut, denn es kann selbst angeschaut werden, und – wie Huang-po sagt – «das Wahrgenommene kann nicht wahrnehmen». Aber was in mir nimmt dann wahr? «Es ist in einem jeden *das, was erkennt*...», sagt Hui-neng, aber was ist es? Zen-Meister Bassui fragt:

> Mein Leib ist einem Wahngebilde gleich, gleich einer Wasserblase, gleich einem Schatten. Mein Geist, der in sich selbst blickt, ist formlos gleich Leerer Weite. Doch irgendwo im Innern werden Töne gehört. Wohlan denn, wer ist der Meister, der die Laute vernimmt?...
> Um diesen Meister zu erkennen, muß man eben hier und jetzt und

> entschlossenen Willens danach forschen: «Was ist es, das alles als Gut-und-Böse auffaßt, das Farben sieht und Laute hört?» Wenn Ihr Euch tiefschürfend also erforschet, werdet ihr gewißlich Erleuchtung finden und, erleuchtet, seid Ihr in einem Nu ein Buddha. Der Geist, den die Buddhas in ihrer Erleuchtung erkannten, ist der Geist aller Geschöpfe. Der Geist ist allumfassend gleich der Leeren Weite. Werden wir im Fleische geboren, so wird der Geist nicht neu erschaffen, und stirbt dieser Leib, geht jener nicht zugrunde. Und ist er auch gleich unsichtbar, so durchflutet er doch unseren Leib und jegliche Verrichtung; daß wir mit den Augen Farben sehen, mit den Ohren Laute hören, mit der Nase Gerüche wahrnehmen und mit dem Munde sprechen können, daß wir die Hände bewegen und die Füße setzen, ist nichts als das Wirken dieses Geistes.[4]

Shankara führt weiter aus über diese absolute Subjektivität, den Ātman:

> Nun aber will ich dir das Wesen des Ātman enthüllen. Wenn du es erkennst, dann bist du erlöst von den Banden der Unwissenheit und erlangst Befreiung.
> Es gibt eine aus sich selbst bestehende Wirklichkeit, die Grundlage unseres Ichbewußtseins ist. Diese Wirklichkeit ist Zuschauer der drei Zustände unseres Bewußtseins und ist von den fünf körperlichen Hüllen verschieden.
> Diese Wirklichkeit ist der Wissende in allen Bewußtseinszuständen, dem Zustand des Wachens, des Träumens und des traumlosen Schlafes. Sie ist der Gegenwart oder Abwesenheit des Denkorgans sowie seiner Funktionen gewahr. Sie ist der Ātman.
> Diese Wirklichkeit erschaut alles in ihrem eigenen Licht. Sie selbst kann niemand sehen. Sie gibt dem Denkorgan und dem Verstand Einsicht, aber niemand erleuchtet sie.
> Diese Wirklichkeit durchdringt das Weltall, aber nichts durchdringt sie. Sie allein leuchtet. Das Weltall erstrahlt im Widerschein ihres Lichtes.
> Ihre Gegenwart bewirkt die Tätigkeit des Körpers, der Sinne, des Denkorgans und Intellekts, als gehorchten diese ihrem Befehl. Ihr Wesen ist ewiges Bewußtsein. Sie weiß alles vom Gedanken bis zum Körper. Sie kennt Freude und Leid und alle Gegenstände der Sinnes-

> wahrnehmung. Sie weiß alles objektiv, so wie ein Mensch um das gegenständliche Sein eines Kruges weiß.
> Dies ist der Ātman, das Höchste Wesen, der Uralte. Niemals endet seine Erfahrung unendlicher Freude. Immer ist es der gleiche. Es ist Bewußtsein selbst.[5]

Weil es das ist, was unserem Ego oder individuellen Ich zuschaut, nannte Shrī Ramana Maharshi das Absolute «ICH-Ich» und das ist Plotins «was der Geist denkt, bevor er sich selbst denkt». Das ICH-Ich ist jene absolute Subjektivität, die wir nicht-duales Bewußtsein oder GEIST genannt haben. Betonen wir also noch einmal, daß wir hier zwar, um uns überhaupt mitteilen zu können, vom GEIST als absoluter Subjektivität oder Zuschauer sprechen, aber nicht vergessen dürfen, daß er in Wirklichkeit weder subjektiv noch objektiv ist, sondern nicht-duales Gewahrsein, welches aller Phänomene inne ist, ohne je von ihnen getrennt zu sein. Wir jedoch nehmen für gewöhnlich unser Ego-Ich als das wirkliche Subjekt, spalten damit dieses «Ich» von den «äußeren» Objekten ab und begeben uns auf den Weg des symbolischen oder «objektiven» Erkennens. Dies ist die psychische Grundstruktur aller Dualismen, und wir werden noch sehen, daß es die Wurzel aller Illusionen ist.

Bei unserer Betrachtung der verschiedenen Traditionen sahen wir, daß die WIRKLICHKEIT intellektuell nicht zu erfassen ist, und dies gilt natürlich auch für die absolute Subjektivität. Sie kann nicht gedacht werden, weil sie es ist, die denkt; sie kann nicht angeschaut werden, weil sie es ist, die anschaut; sie kann nicht erkannt werden, weil sie es ist, die erkennt. Hören wir dazu noch einmal Shankara:

> Bestimmte und definitive Erkenntnis ist möglich von allem, was Gegenstand der Erkenntnis werden kann, nicht möglich hingegen bei allem, was nicht zum Gegenstand werden kann. Das ist Brahman, denn Brahman ist das Erkennende, und das Erkennende kann zwar andere Dinge erkennen, sich selbst aber nicht zum Gegenstand seines eigenen Erkennens machen – ähnlich dem Feuer, das andere Dinge verbrennen kann, aber nicht sich selbst. Zum anderen kann nicht gesagt werden, der Brahman könne für etwas anderes als ihn selbst zum Gegenstand der Erkenntnis werden, denn außerhalb seiner gibt es nichts, was Erkenntnis besitzen kann.[6]

Da die absolute Subjektivität reines Bewußtsein ist, ihrer selbst nicht als Objekt bewußt, nennt man sie im Zen «Nicht-Bewußtsein» (chin. *wu-hsin*, jap. *mushin*), und im *Lankāvatāra-Sūtra* heißt es dazu: «Wie ein Schwert sich nicht selbst durchhauen und ein Finger seine eigene Spitze nicht berühren kann, so kann der Geist sich selbst nicht sehen.» Hier sind wir also wieder an dem Punkt, wo jeder Versuch, die WIRKLICHKEIT als Objekt-Begriff zu erkennen, diese WIRKLICHKEIT scheinbar in einen Erkennenden und ein Erkanntes spaltet, und in diesem Schritt muß sich die Wirklichkeit von sich selbst unterscheiden, wird sich selber fremd und damit erst recht unkenntlich.

Wie wir schon im Zusammenhang mit dem Yogāchāra angedeutet haben, liegt der Grund für unsere dualistischen Illusionen offenbar im Prozeß des *Objektivierens*, in dem Versuch, die WIRKLICHKEIT als Objekt zu erkennen – was unmöglich ist, denn absolute Subjektivität, zum Objekt gemacht, ist nicht mehr absolute Subjektivität. Bislang sagten wir jedoch, daß wir die Dualismen durch symbolisches Landkarten-Erkennen, durch *Begrifflichkeit*, erzeugen. Tatsächlich meinen aber *Begrifflichkeit* und *Objektivieren* eigentlich denselben Prozeß, denn indem wir uns Begriffe über das Universum bilden, versuchen wir es zum Objekt zu machen. «Begriff» und «Objekt» sind demnach in gewisser Weise synonym, und wenn wir aufhören, unsere Begriffe mit dem Universum selbst zu verwechseln, wird dieses Universum nicht länger als ein Objekt erscheinen.

Das heißt allerdings nicht, daß wir unsere symbolischen Konstruktionen ein für allemal aufgeben müssen und ein allgemeines Grunzen an die Stelle des wohlgesetzten gelehrten Diskurses treten soll. Es heißt jedoch, daß wir die Nicht-Dualität von Subjekt und Objekt zuerst gründlich erfassen müssen, bevor unsere Begrifflichkeit uns überhaupt etwas nützen kann, denn erst dann wird sie uns nicht mehr irreführen. Und solange wir das nicht erreicht haben, solange wir des Territoriums nicht gewahr sind, das unsere Objekt-Begriffe zu repräsentieren vorgeben, sind wir nur Hunde, die Schatten anbellen. Und wie es in einem chinesischen Sprichwort heißt: «Ein Hund bellt einen Schatten an, und tausend Hunde nehmen es für die Wirklichkeit.»

Überall auf der Welt treffen wir das Wissen um die nicht-duale Weise des Erkennens an, und so ist auch die Metapher der absoluten Subjektivität universal. Auf die Frage, wo das Himmlische Königreich zu finden sei, antwortet Christus: «In euch.» Dieses Innen ist eben dieser «Zuschauer», der im Hinduismus Ātman genannt wird, der Höchste Erkennende in jedem einzelnen von uns, der nichts anderes als Brahman ist, die alleinige Wirklichkeit des Universums. Im Erkennen dieses Innen, dieses Ātman, dieser absoluten Subjektivität, kann jeder von uns sagen: «Ich und der Vater sind eins»; und in der *Chāndogya-Upanishad* wird die absolute Subjektivität «Seele» oder «feinste Substanz» genannt, und sie «durchzieht das All, Das ist das Wahre, Das ist das Selbst [Ātman], Das bist du».[7]

Wie wir im Hinduismus den Ātman sozusagen als die individuelle Ausprägung oder Manifestation des Brahman antreffen, finden wir für diese Dimension des «Innen», der absoluten Subjektivität, im Buddhismus den Ausdruck Tathāgata-Garbha in Entsprechung zu dem bereits erörterten Begriff der Dharmadhātu. Wörtlich bedeutet Tathāgata-Garbha: «den Tathāgata [d.h. den Buddha] in sich enthaltend», und so bezeichnet dieser Begriff die jedem Wesen eigene Buddhaschaft in verborgener, nicht manifester, keimhafter Form. So sind sowohl Ātman und Brahman als auch Tathāgata-Garbha und Dharmadhātu letztlich identisch, aber Ātman und Tathāgata-Garbha besitzen einen eher psychologischen oder persönlichen Beiklang.

Im Ch'an-(Zen-)Buddhismus wird einer, der die absolute Subjektivität realisiert hat und die WIRKLICHKEIT auf nicht-duale Weise erkennt, «Gastgeber» genannt im Gegensatz zum «Gast», der die Wirklichkeit durch objektive Begriffe zu erkennen sucht. Im Taoismus heißt dieser Mensch, der die Gastgeberposition einnimmt, «der Erhabene», und Zen-Meister Rinzai nennt ihn «der Wahre Mensch ohne Rang». Aber «Mensch» ist hier nicht einfach Herr Jedermann, sondern Gottes Sohn, die zweite Person der Trinität, Al-insān al-Kāmil, Pneuma, Ruarch adonai, Nous, der Absolute Erkennende in uns allen, Ātman, Purusha, Adam-Kadmon, der Göttliche Mensch, der Universale Mensch und Nietzsches Übermensch; er ist «ohne Rang», weil nichts über ihn ausgesagt werden kann.

Was in der ganzen Erörterung der absoluten Subjektivität bereits mitschwang, kann jetzt ausgesprochen werden: Der Mensch als nicht-dual Erkennender, als «Zuschauer», Ātman, absolute Subjektivität, als Gastgeber, als Tathāgata-Garbha, als das DIES in Ihnen, das jetzt diese Seite liest, ist die Gottheit, Brahman, Dharmadhātu, der Universale

Mensch ohne Rang, ist Geist, ist die Wirklichkeit selbst; aber der Mensch als Objekt der Erkenntnis, als wahrgenommenes Phänomen, als Gast, ist das Ego, die individuelle Person (von lat. *persona*, «Maske»), das von allem anderen getrennte und entfremdete Ich.

Absolute Subjektivität oder Wirklichkeit werden nun gewöhnlich als unendlich und ewig beschrieben, aber auch das sind natürlich nur wieder zwei Begriffe *für* die Wirklichkeit, nicht die Wirklichkeit selbst. Das bereits bekannte Problem zeigt sich auch hier wieder: Wenn wir etwas über die Wirklichkeit sagen wollen, die ja nur dem nichtdualen Erkennen zugänglich ist, müssen wir Begriffe gebrauchen, und da alle unsere Begriffe dualistisch sind, liegen wir schon falsch, wenn wir auch nur den Mund aufmachen.

Das gilt zwar für alle Begriffe, doch bei «Unendlichkeit» und «Ewigkeit» wird das Problem besonders brennend. So stellen wir uns den Bereich des Unendlichen meist als irgendwie «anderswo», als über dem Endlichen liegend vor, aber damit ist es bereits seiner Unendlichkeit beraubt, denn wir unterstellen ihm eine Grenze, nämlich die Grenze zum Endlichen. «Das Endliche ist nicht das Gegenteil des Unendlichen, sondern nur sozusagen ein Auszug daraus.»[8] Begrifflich zu denken ist das Unendliche also nicht, aber wenn wir es umschreiben oder darauf hindeuten wollen, eignen sich Ausdrücke wie gestaltlos, raumlos, ausdehnungslos oder dimensionslos am besten. So ist dieses raumlose Unendliche in seiner Gesamtheit in jedem einzelnen Punkt des Raumes enthalten, und *für* die Unendlichkeit ist jeder einzelne Raumpunkt absolut Hier. Als eine ziemlich grobe und sogar irreführende Analogie können wir eine Farbe nehmen, etwa Blau. «Bläue» an sich ist ohne Gestalt und Raum, schließt aber die Form nicht aus; ich kann einen blauen Stift nehmen und verschiedene Formen zeichnen, und die Bläue ist dann in gleicher Weise und gänzlich in all diesen Formen gegenwärtig. So ist das Unendliche nicht das Gegenteil des Endlichen, sondern eher sein «Grund» – es gibt absolut keine Grenze zwischen ihnen.[9]

Die klarsten Geister haben das von jeher verstanden. In der Hua-yen-Schule zum Beispiel finden wir diese Einsicht als *shih li wu ai*, «zwischen dem Endlichen und dem Unendlichen ist kein Hindernis». Bei dem Zen-Meister Tung-shan (jap. Tōzan) finden wir den Ausdruck *pien chung chih*, etwa: «das Unendliche, durch endliche Einzelheiten begriffen». Weniger erklärend und daher viel direkter sagte es der große Zen-Meister Yün-men (jap. Ummon). Eines Tages zog er mit dem Stab eine Linie auf der Erde und sagte: «Alle Buddhas, zahllos wie Sandkörner, sind hier in endlosem Disput versammelt.» Das dürfte in etwa die buddhistische Entsprechung der im Christentum gestellten Frage sein: «Wieviele Engel haben Platz auf einer Nadelspitze?»

Eine Analogie, die häufig herangezogen wird, um uns die «Nicht-Idee» des Unendlichen nahezubringen, ist die des Spiegels und seiner Spiegelbilder. Er spiegelt Äpfel und Pferde, Menschen und Bäume, Stühle und Vögel gleichermaßen, ist aber selbst keines dieser Bilder und doch nicht von ihnen getrennt. Dasselbe meint Clemens von Alexandria, wenn er vom Geist Gottes spricht, der «unteilbar auf alles aufgeteilt» ist. Und Huang-po:

> Die wahre Buddha-Substanz ist eine vollkommen einheitliche, ohne Überfluß oder Mangel. Sie durchdringt die sechs Zustände der Existenz und ist dennoch überall ganzheitlich. So *ist* jede einzelne der Myriaden Erscheinungen im Weltall Buddha [das Absolute].[10]

Auch Nāgārjuna war, wie Murti darstellt, ganz entschieden dieser Auffassung:

> Das Absolute ist nicht *eine* Wirklichkeit, die einer anderen, dem Empirischen [und Endlichen] gegenübersteht. Das Absolute, durch Gedankenform betrachtet, ist Phänomen. Letzteres, von den darübergebreiteten Gedankenformen befreit, ist das Absolute. Der Unterschied ist epistemischer und nicht ontologischer Natur. Daher erklärt Nāgārjuna, es gebe nicht den geringsten Unterschied zwischen der Welt und dem absolut Wirklichen.[11]

Dies ist, trotz scheinbarer Ähnlichkeiten, etwas ganz anderes als Pantheismus, also die Behauptung, alle Dinge seien Gott.[12]

Denn erstens existieren gar keine Dinge. Zweitens ist dies keine Philosophie, sondern eine Bewußtseinsebene. Drittens wird mit dem Satz: «Zwischen dem Endlichen und dem Unendlichen ist kein Hindernis» gesagt, daß sie nicht gegeneinander gesetzt werden können, denn das würde dem Unendlichen eine Grenze ziehen. Paul Tillich wendete viel Zeit und Mühe daran, dies deutlich zu machen, und einer seiner Schüler, Rollo May, faßt es so zusammen:

> Gott kann nicht ein Wesen unter anderen sein. Ihn als ein Wesen «über» oder «unter» allen anderen zu bezeichnen, als ein «größtes Wesen», das irgendwo im Universum zwischen den Sternen existiert, macht ihn immer noch zu einem Wesen neben anderen und getrennt von ihnen. Wenn er ein Ding ist, müssen irgendwelche anderen Dinge im Universum seiner Kontrolle entzogen sein und er muß der Gesamtstruktur unterworfen sein. Da sind wir in ein Wespennest voll der absurdesten Probleme und Fragen geraten, etwa: «Womit verbrachte Gott seine Zeit, bevor er die Welt erschuf?» Paul Tillich erzählte uns einmal die Antwort, die seine Studenten in Deutschland darauf gegeben hatten: «Er dachte sich Strafen aus für die, die solche Fragen stellen.»[13]

Wenn wir von der Unendlichkeit als gestaltlos, dimensionslos und raumlos sprechen, so ist mit dem Raum, den es in der Unendlichkeit nicht gibt, in erster Linie der Raum zwischen Subjekt und Objekt gemeint – eben der Raum zwischen Ihnen und dieser Seite, zwischen Ihnen und den Gegenständen Ihrer Wahrnehmung. Dieser Raum scheint Sie als «Subjekt hier drinnen» zu trennen vom Rest des Universums als «Objekt da draußen». Dieser Raum erscheint Ihnen als real, weil Sie davon überzeugt sind, daß Ihr subjektives Ich real ist und daß es von den Gegenständen Ihrer Wahrnehmung wirklich getrennt ist.

Beide Anschauungen sind nachweislich falsch. Ihr «separates, subjektives» Ich ist überhaupt kein Subjekt, denn Sie können es ohne weiteres *selbst* wahrnehmen und beobachten, und so ist es einfach ein Komplex wahrnehmbarer Objekte, mit dem Sie sich aus irgendeinem dunklen Grund identifizieren – ein Pseudo-Subjekt. Was geschieht nun aber, wenn wir über dieses Pseudo-Subjekt hinaus nach innen weitergehen, um den wirklichen Wahrnehmenden, das Wahre Selbst, die absolute Subjektivität zu finden? Was finden wir? Hören wir dazu David Hume (*Treatise of Human Nature):*

> Was mich angeht, wenn ich mich ganz in das versenke, was ich mein Ich nenne, so stoße ich stets auf irgendeine bestimmte Wahrnehmung

von Wärme oder Kälte, Licht oder Schatten, Liebe oder Haß, Schmerz oder Behagen. Ich treffe mich niemals ohne eine Wahrnehmung an, und niemals kann ich etwas anderes beobachten als die Wahrnehmung.

Anders gesagt: Wenn ich nach meinem Wahren Selbst Ausschau halte, finde ich nichts als Wahrnehmungsobjekte, und dies ist der eindeutigste Beweis dafür, daß der *Raum* zwischen Subjekt und Objekt im «Zustand» der absoluten Subjektivität nicht vorhanden ist. So konnte Shrī Ramana Maharshi sagen: «Die Meinung, daß der Sehende vom Gesehenen verschieden ist, ist im Geist [d.h. im Denken] zu Hause. Für die, welche in [der absoluten Subjektivität] zu Hause sind, ist der Sehende dasselbe wie der Gesehene.» Oder kurz: Wir *sind* das, was wir wahrnehmen. Daher ist der Raum zwischen dem «Subjekt hier drinnen» und dem «Objekt da draußen» eine subtile Illusion. Das Wahre Selbst erkennt das Universum nicht von weitem, sondern indem es dieses Universum *ist*, und hier gibt es keine Nahtstelle, in die sich auch nur eine Spur von Raum hineindrängen könnte. Was aber raumlos ist, muß unendlich sein.

Ewigkeit ist für die Zeit, was Unendlichkeit für den Raum ist. Wie die gesamte Unendlichkeit in jedem Raumpunkt vollständig gegenwärtig ist, so auch die gesamte Ewigkeit in jedem Zeitpunkt. Für die Ewigkeit ist alle Zeit JETZT, für die Unendlichkeit ist aller Raum HIER. Vergangenheit und Zukunft sind Illusionen, und «die einzige Wirklichkeit ist die gegenwärtige Wirklichkeit». Meister Eckehart formulierte es sehr eindeutig:

> Das Nun, darin Gott den ersten Menschen schuf, und das Nun, darin der letzte Mensch vergehen wird, und das Nun, darin ich spreche, die sind gleich in Gott und sind nichts als *ein* Nun. Nun seht, dieser Mensch [dessen «Geist allezeit mit Gott . . . vereint» ist] wohnt in *einem* Lichte mit Gott; darum ist in ihm weder Leiden noch Zeitfolge, sondern eine gleichbleibende Ewigkeit.[14]

Deshalb auch spricht die Bibel von der Seele Tag in der Zeit und Gottes Tag in der Ewigkeit, was Dionysios veranlaßte zu sagen: «Wir sollten aber auch, so scheint es mir, das Wesen von Zeit und Aeon aus den Heiligen Schriften selbst näher zu erforschen suchen.»[15] Meister Eckehart erklärt dazu:

> Es liegt da mehr als nur *ein* Tag vor... (nämlich) der Seele Tag und Gottes Tag. Die Tage, die seit sechs oder sieben Tagen verflossen sind, und die Tage, die da waren vor sechstausend Jahren, die sind dem heutigen Tage so nahe wie der Tag, der gestern war. Warum? Weil da die Zeit in einem gegenwärtigen Nun ist... Dort ereignet sich in einem Nun der Seele Tag, und in ihrem natürlichen Lichte, in dem alle Dinge sind, da ist ein *ganzer* Tag: da ist Tag und Nacht eins. Da hingegen ist Gottes Tag, wo die Seele in dem Tage der Ewigkeit steht in einem wesenhaften Nun... Nun ist aber alles, was zeitlich ist, Gott fern und fremd... Solange der Mensch Zeit und Raum hat und Zahl und Vielheit und Menge, so ist er gar unrecht dran und ist Gott ihm fern und fremd.[16]

Auch Thomas von Aquin wußte, daß die Wirklichkeit ohne Zeit ist:

> Gott aber ist völlig ohne Bewegung... Er wird also nicht durch die Zeit gemessen. Somit ist in ihm kein Früher und kein Später anzunehmen. Er hat also weder Sein nach dem Nichtsein, noch kann er Nichtsein nach dem Sein haben, noch läßt sich irgendein Nacheinander in seinem Sein finden; denn all dies kann ohne Zeit nicht verstanden werden. Er ist also ohne Anfang und Ende, indem er sein ganzes Sein zugleich besitzt. Darin aber besteht das Wesen der Ewigkeit.[17]

Aus diesem Grund konnte Christus sagen: «Bevor Abraham war, bin ich.»

Die Einsicht, daß die WIRKLICHKEIT ewig ist, treffen wir beleibe nicht nur in der christlichen Theologie an, sondern überall, vom Hinduismus bis hin zur modernen Physik. So hören wir etwa von Shrī Ramana Maharshi:

> Außerhalb unseres Bewußtseins – wo ist da Zeit und wo ist Raum? Wenn wir Körper sind, existieren wir in Zeit und Raum, aber sind wir das? Wir sind zugleich und gleichermaßen Jetzt, dann und immer, hier, dort und überall. Nur wir, zeitlose und raumlose Wesen, sind... Ich sage damit, daß das Selbst hier und jetzt ist; und das Selbst allein ist.[18]

Für den Buddhismus kann man sagen, daß es das Hauptziel aller buddhistischen Praxis ist, zur Ewigen Gegenwart zu erwachen («Buddha» bedeutet «der Erwachte»). So heißt es bei Huang-po: «Die anfanglose Zeit und der gegenwärtige Augenblick sind dasselbe ... Du mußt einfach nur verstehen, daß Zeitperioden keine wirkliche Existenz besitzen.»[19] Und Chao-chou (jap. Jōshū), ein anderer großer Zen-Meister, sagt: «Bevor die Welt war, *ist* diese Wirklichkeit.» D.T. Suzuki erklärt im Rahmen seiner Erläuterung des *Ganda-Vyūha-Sūtra*: «In dieser spirituellen Welt gibt es keine Zeitunterschiede wie Vergangenheit, Gegenwart und Zukunft; sie haben sich zu dem einen Augenblick der Gegenwart zusammengezogen, wo das eigentliche Leben vibriert.»[20] Und im Sūtra selbst beschreibt Sudhana die WIRKLICHKEIT als «den Ort jener, die in der Lage sind, Milliarden von Jahren (*kalpas*) als in einem Augenblick (*kshana*) begriffen zu sehen ... und in einem Augenblick alle Vergangenheit, Gegenwart und Zukunft wahrnehmen». Und in der Schrift *Erweckung des Glaubens* heißt es schließlich: «Zu realisieren, daß der Geist ewig ist, das nennt man endgültige Erleuchtung.»[21]

So wenden die Ch'an-(Zen-)Meister denn alle nur erdenklichen Mittel (Skrt. *upāya*) an, um ihre Schüler zum ewigen Jetzt zu erwecken. «Dies ist der Kern der Ch'an-Lehre: Die Höchste Wirklichkeit liegt mitten im täglichen Dasein, wenn man den absoluten Augenblick nur zu ergreifen weiß.»[22] Auch der Buddha selbst erklärte: «Seht zu, daß ihr auf die andere Seite des Morastes gelangt, und laßt den Augenblick nicht verstreichen, denn jene, deren Augenblick verstrichen ist, werden zu beklagen sein.»[23] Im Zen wird durch direktes, unmittelbares Handeln verhindert, daß dieser Augenblick verstreicht, denn nur in diesem spontanen Handeln gibt es weder Vergangenheit noch Zukunft. So wird etwa in einem der großen Zen-Texte die folgende Begebenheit erzählt: «Als der große Meister Ma-tsu (jap. Baso) sich zusammen mit Pai-chang (Hyakujō) erging, sahen sie Wildenten vorbeifliegen. Der große Meister sagte: ‹Was ist das?› Pai-chang sagte: ‹Wildenten.› Der große Meister sagte: ‹Wohin sind sie geflogen?› Pai-chang sagte: ‹Sie sind weggeflogen.› Daraufhin kniff der große Meister Pai-chang in die Nasenspitze. Pai-chang schrie vor Schmerz auf. Der große Meister sagte: ‹Warum sind sie nicht weggeflogen?›»

Und Rumi, den wir als Repräsentanten des Sufismus, der mystischen Schule des Islam, nehmen können, sagt von Gott: «Seine Existenz in

Vergangenheit oder Zukunft besteht nur in Beziehung zu dir; für ihn sind beide dasselbe, du aber glaubst, sie seien zweierlei.»

Selbst die moderne Quantenphysik hat die alte Newtonsche Idee von der ablaufenden Zeit ein für allemal ausgeräumt und an ihre Stelle das absolute Hier-Jetzt des jeweiligen Individuums gesetzt. Schrödinger, der unter den Physikern vielleicht am besten verstanden hat, daß die WIRKLICHKEIT Nur-Geist ist, sagt darüber:

> Ich wage, den Geist unzerstörbar zu nennen, denn er hat sein eigenes und besonderes Zeitmaß; nämlich er ist jederzeit *jetzt*... Die Gegenwart ist das einzige, was kein Ende hat... Wir dürfen – zumindest glaube ich das – bei aller gebührenden Anerkennung, daß die physikalische Theorie zu allen Zeiten relativ ist, behaupten, sie lege in ihrem derzeitigen Zustande entschieden nahe, daß der Geist nicht durch die Zeit vernichtet werden kann.[24]

Von gleicher Tragweite ist noch eine weitere Einsicht, die aus der Quantenmechanik und der Relativitätstheorie erwuchs, nämlich daß Raum, Zeit und Objekte in gewissem Sinne ein *Kontinuum* bilden. Wir können uns das auf folgende Weise grob veranschaulichen: Den Raum darf man sich nicht als leeres Nichts vorstellen, sondern er ist das, was die Objekte umgibt, weshalb die Physiker ihm bestimmte Eigenschaften zuschreiben, etwa die, gekrümmt zu sein. Wenn wir Raum definieren als das, was die Objekte umgibt, so folgt daraus, daß es ohne Objekte keinen Raum geben kann. Objekte wiederum müssen von Raum umgeben sein, müssen Grenzen haben, sonst gäbe es sie ebenfalls nicht. In diesem Sinne sind Raum und Objekte eins.

Wenn wir den Objekten nun Existenz zuschreiben, so müssen sie auch Dauer haben. Zeit ist also notwendig für die Existenz von Objekten, denn ohne Dauer könnte es nichts geben, was Existenz besitzt. Nun hängt aber die Existenz der Dauer von den Objekten ab, denn ohne etwas, das dauert, gäbe es keine Dauer. In diesem Sinne sind Zeit und Objekte eins. Daraus folgt, daß auch Raum und Zeit eins sind. Raum, Zeit und Objekte hängen voneinander ab und sind untrennbar, und wenn eines von ihnen unwirklich ist, so sind es die anderen auch. Da nun Raum und Zeit illusorisch sind, haben wir hiermit die Mādhyamaka-Lehre von der Leerheit der Dinge untermauert, aber auch die Hua-yen-Lehre von der «wechselseitigen Durchdringung aller Dinge».

Die Einsicht des Thomas von Aquin, daß die WIRKLICHKEIT (von ihm natürlich «Gott» genannt) ihr «ganzes Sein zugleich besitzt», führt uns direkt zu einem Gedanken, der wohl den schwerwiegendsten Einwand gegen die «Zuständigkeit» des Verstandes für die WIRKLICHKEIT darstellt. Vereinfacht ausgedrückt: Das Denken geht linear vor, die Welt nicht. Das Denken geschieht in einer Abfolge, sukzessiv, eindimensional, und dies liegt in seiner Natur; die reale Welt hingegen ist ein vieldimensionales, nicht-sukzessives, simultanes Muster von unendlicher Vielgestaltigkeit. Der Versuch, dieses Muster mit dem Verstand zu erfassen, ähnelt dem Versuch, ein Gemälde von Renoir durch ein Mikroskop zu erfassen.

Erinnern wir uns, daß «Dinge» Produkte des Denkens sind und nicht etwa wirkliche Gegebenheiten, aus denen sich das Universum zusammensetzt. Ein «Ding» ist einfach die «Figur», welche die selektive Aufmerksamkeit – unter Mißachtung des unlösbar damit verbundenen «Hintergrunds» – aus der gesamten sensorischen Gestalt heraustrennt. Ein «Ding» entsteht, wie William James sagt, dadurch, daß wir «diesem Aufmerksamkeit schenken und jenem nicht». Diese Stückchen eingeengter Aufmerksamkeit, so fährt James fort, werden dann mit Worten, Namen oder anderen Symbolen bezeichnet und so in den imaginären Status realer und selbständiger «Dinge» erhoben. Und da alle Wörter, außer Eigennamen, dualistisch sind, verschärft dieser Prozeß die Illusion, daß die «Dinge» für sich selbst existierende Gegebenheiten sind, die herumliegen und darauf warten, wahrgenommen zu werden. Hier ist die heillose Verwechslung unserer Symbole mit der Wirklichkeit vollkommen, das Weiterbestehen der Illusion gewährleistet.

Tatsächlich aber bilden Figur und Grund eine unauflösbare Ganzheit von Einheit in der Vielheit und Vielheit in der Einheit, denn das eine kann ohne das andere nicht manifest sein, so wie es kein Konvexes ohne Konkaves gibt, keinen Käufer ohne einen Verkäufer, kein Oben ohne Unten, kein Innen ohne Außen. Noch einmal: Daß Dinge nicht existieren, heißt nicht, daß die Welt in Wirklichkeit ein einförmiger Brei ist; wie R. H. Blyth sagte, bedeutet «Leere» sowiel wie «nahtlos», aber nicht «ohne alle Züge». Jedenfalls liegt es allein an unserem eingefleischten Hang, die Aufmerksamkeit jeweils auf bestimmte Facetten des nahtlosen Wahrnehmungsfeldes einzuengen, daß das Denken uns die Illusion einer aus «da draußen» existierenden Einzeldingen zusammengesetzten Welt so überzeugend vorgaukeln kann.

Das Denken kann nur auf eine Weise mit diesen Bröckchen selektiver Aufmerksamkeit umgehen, nämlich indem es sie in eine lineare Ordnung bringt. Eine zerstückelte Welt kann man nicht mehr «mit einem Schluck austrinken», wie es in einem Zen-Text heißt, sondern muß sie Schlückchen für Schlückchen zu sich nehmen, so wie Sie diese Seiten hier Wort für Wort lesen müssen. Wie jedermann weiß, kann man nicht einmal zwei oder drei Dinge gleichzeitig denken, ohne in heillose Verwirrung zu geraten; um irgendwie ein wenig Zusammenhang und Ordnung zu schaffen, reiht der Denkprozeß (mit der Hilfe des Gedächtnisses) die getrennten Stückchen seiner selektiven Aufmerksamkeit hintereinander auf, so wie die Worte hier zu Druckzeilen gereiht sind – ja, er muß diese Reihung, die ja nicht in den Dingen selbst liegt, eigens einführen, um seiner Verwirrung Herr zu werden.

Und diese Reihung ist nichts anderes als *Zeit*. Zeit ist, anders gesagt, nicht mehr und nicht weniger als die sukzessive Betrachtung der Welt durch das Denken. Nachdem uns aber diese lineare, sukzessive, temporale Weise, die Natur zu betrachten, in Fleisch und Blut übergegangen ist, halten wir es für selbstverständlich und offensichtlich, daß die Natur selbst diese Reihung aufweist – von der Vergangenheit zur Zukunft, von der Ursache zur Wirkung –, während sie tatsächlich einzig und allein in unserer Betrachtungsweise liegt.

Die Natur selbst ereignet sich simultan, überall-zugleich. Der Beweis für diese Gleichzeitigkeit ist zum Greifen nah: Hören Sie auf zu lesen, schauen Sie auf, und Sie werden eine unendliche Menge von Vorgängen entdecken, die sich alle zugleich ereignen – die Sonne scheint, das Herz schlägt, die Vögel singen, Kinder spielen, die Lunge atmet, ein Hund bellt, der Wind weht, die Grillen zirpen, die Augen sehen, die Ohren hören, genügt das? Die Phänomene folgen einander nicht in der Zeit, sie geschehen überall zugleich, kein Zuvor, kein Hernach. Wenn wir sagen, daß die Natur nicht *linear* «abläuft», so heißt dies, daß sie nicht in der *Zeit* «abläuft»: sie besitzt ihr ganzes Sein zugleich, und darin besteht das Wesen der Ewigkeit.

Die Vorstellung, daß ein «Ding» dem anderen in der Zeit folgt, hängt direkt von unserem Erinnerungsvermögen ab, denn ohne Gedächtnis besäßen wir natürlich keinerlei Vorstellung von Zeit, weder von Vergangenheit noch von Zukunft. Die Frage ist nun, ob die Gedächtnisfunktion die Existenz eines realen Phänomens namens Zeit beweist oder einfach die Illusion der Zeit erschafft.

Auf den ersten Blick scheint unanfechtbar zu sein, daß das Gedächtnis uns ein sehr reales Bild von einer sehr realen Vergangenheit wiedergibt. Denn schließlich *haben* wir Erinnerungen, und so muß es eine entsprechende Vergangenheit gegeben haben; aus diesem Gedanken erwächst uns ein lebhaftes Zeitempfinden, und wir stellen uns vor, daß wir uns durch diese Zeit in die Zukunft bewegen. Unsere Zeitvorstellung hängt also direkt von der Idee ab, daß wir – vermittels des Erinnerungsvermögens – die wirkliche Vergangenheit ver-gegenwärtigen können.

Da hat sich jedoch eine subtile Täuschung eingeschlichen, die als erster wohl Augustinus ausgemacht und benannt hat und die später von Schrödinger, Watts und vielen anderen bestätigt wurde. Denn strenggenommen können wir uns niemals der wirklichen Vergangenheit bewußt sein, sondern eben nur eines Erinnerungs-*Bildes*, und zweitens existiert Erinnerung nur in der Gegenwart und als Gegenwart. Hören wir Alan Watts:

> Aber wie ist es mit den Erinnerungen? Indem ich mich erinnere, weiß ich doch, was geschehen ist. Nun gut, erinnere irgend etwas. Erinnere dich daran, wie du zufällig einen Freund die Straße entlanggehen sahst. Wessen bist du gewahr? Du beobachtest doch nicht tatsächlich, wie dein Freund die Straße entlanggeht? Du kannst nicht hingehen und ihm die Hand schütteln oder von ihm eine Antwort auf eine Frage bekommen, die du das letzte Mal, an das du dich erinnerst, zu stellen vergessen hast. Mit anderen Worten, du siehst überhaupt nicht auf die wirkliche Vergangenheit; du siehst eine gegenwärtige Spur der Vergangenheit...
> Aus Erinnerungen schließt du, daß es vergangene Vorfälle gegeben hat. Aber du gewahrst keine vergangenen Vorfälle. Du kennst die Vergangenheit nur in der Gegenwart und als Teil von dieser.[25]

Und dasselbe gilt auch für die Zukunft, denn jeder Gedanke an morgen ist ein *gegenwärtiger* Gedanke. Die einzige Zeit, deren wir uns jemals bewußt sind, ist *jetzt*! Deshalb konnte Schrödinger sagen: «Für ihn [den

Geist] gibt es in Wahrheit weder früher noch später, sondern nur ein Jetzt, in das die Erinnerungen und Erwartungen einbeschlossen sind.»[26] Auch Augustinus war dieser Ansicht, die Bertrand Russell so zusammenfaßt: «Vergangenheit und Zukunft können nur als gegenwärtig gedacht werden: ‹Vergangenheit› ist mit Erinnerung gleichzusetzen und ‹Zukunft› mit Erwartung; Erinnerung und Erwartung sind aber gegenwärtige Fakten.»[27] Irrtümlich halten wir also gegenwärtige Erinnerung für «vergangene Wirklichkeit», und so beschwören wir aus diesem gegenwärtigen Augenblick die ungeheure Illusion namens «Zeit» herauf.

Dies ist das *Wie* der Zeiterschaffung; auf das *Warum* der Zeiterschaffung – nämlich die Furcht vor dem Tode – werden wir noch zu sprechen kommen. Es sollte jedoch jetzt schon klargeworden sein, daß die Zeit-Illusion augenblicklich zusammenbricht, wenn Erinnerung nicht mehr mit dem Wissen um eine wirkliche Vergangenheit verwechselt, sondern als gegenwärtige Erfahrung verstanden wird. Vergangenheit und Zukunft fallen im Jetzt zusammen, Linearität löst sich auf zu Simultaneität, und Zeit geht auf in der Ewigkeit. Alle angeführten Zitate zu Zeit und Ewigkeit weisen also auf dieselbe Einsicht hin: Dieser gegenwärtige Augenblick enthält alle Zeit und ist daher selbst zeitlos; diese zeitlose Gegenwart ist die Ewigkeit, ein Augenblick ohne Datum und Dauer, Ausdehnung und Abfolge, Vergangenheit oder Zukunft, vorher oder nacher. So können wir mit René Guénon sagen:

> Wer den Standpunkt der zeitlichen Abfolge nicht zu verlassen in der Lage ist, um alle Dinge in ihrer Gleichzeitigkeit zu sehen, dem bleiben auch die einfachsten Vorstellungen metaphysischer Art verschlossen.[28]

Oder mit Wittgenstein:

> Wenn man unter Ewigkeit nicht unendliche Zeitdauer, sondern Unzeitlichkeit versteht, dann lebt der ewig, der in der Gegenwart lebt. Unser Leben ist ebenso endlos, wie unser Gesichtsfeld grenzenlos ist.[29]

Das ist es wert, noch einmal wiederholt zu werden: Wie die Unendlichkeit nicht groß oder klein, sondern gestaltlos und raumlos ist, so ist die Ewigkeit weder unaufhörliche Zeit noch ein Sekundenbruchteil, sondern «unzeitlich» oder zeitlos, ein Augenblick; sie ist hier und jetzt *in ihrer Gesamtheit* gegenwärtig. *Dieser* gegenwärtige Augenblick, der weder Vergangenheit noch Zukunft kennt, ist selbst zeitlos, und was zeitlos ist, ist ewig. Deshalb «lebt der ewig, der in der Gegenwart lebt».

Der unsägliche Irrtum, die Ewigkeit für endlose Zeit zu halten, der besonders im Christentum verbreitet ist und daher die Vorstellungswelt der meisten Abendländer beherrscht, muß als philosophische Katastrophe bezeichnet werden angesichts etwa der Fragen, die er hervorbrachte und -bringt: «Wie erkennt Gott die Zukunft?» Begreifen wir aber die Ewigkeit, dann liegt die Antwort offen zutage. Wie Boetius sagte, ist Gottes Wissen um die Zukunft «eher die Erkenntnis eines niemals vergehenden Augenblicks als ein Vorauswissen der Zukunft. Daher wird es nicht Voraus-sicht genannt, sondern An-sicht, da es ... sozusagen vom höchsten Gipfel der Dinge aus alle Dinge überblickt.»[30] Für «Ansicht» können wir heute Einsicht sagen – und Einsicht ist die «unzeitliche», nicht-duale Weise des Erkennens. Gott, der alle Dinge durch nicht-duale Einsicht erkennt, erkennt alle Zeit, Vergangenheit und Zukunft, als in diesem ewigen Augenblick existierend.

Aus derselben philosophischen Katastrophe erwächst noch eine weitere große Frage, der die Menschheit stets ratlos gegenübergestanden hat, weil sie eine Scheinfrage ist: «Wann wurde das Universum erschaffen?» oder «Wann entstand das Universum?» Viele der heutigen Astrophysiker antworten dann etwa so: «Vor soundsoviel Milliarden Jahren hat es einen Großen Knall gegeben, mit dem aus einem unvorstellbar dichten Plasmakern Materie in alle Richtungen geschleudert wurde. Das war der Anfang des Universums.» Fragt man sie aber, was vor dem Großen Knall war, dann kommt das Große Schulterzucken, allenfalls Mutmaßungen oder: «Wir wissen es nicht.» Niemand hat bislang den Anfang der Zeit gefunden, und so haben sich die Fachleute und gebildeten Laien auf die Anschauung geeinigt, daß es nicht entstanden ist und nicht enden wird – aber die unglaubliche Implikation dieser Aussage wird ihnen vielfach nicht klar: Was weder Anfang noch Ende hat, muß zeitlos, also ewig sein. Das heißt aber, daß das Universum und alle Dinge *jetzt* erschaffen werden, in Jakob Böhmes «immerwährendem Anfang». Wir finden diese Auffassung auch bei Meister Eckehart bestätigt:

> Würden wir sagen, daß Gott die Welt gestern oder morgen erschüfe, so würden wir uns töricht verhalten. Gott erschafft die Welt und alle Dinge in einem gegenwärtigen Nun ...[31]

Und Coomaraswamy erläutert:

> Gott erschafft die Welt stets «jetzt, in diesem Augenblick», und nur den Geschöpfen der Zeit stellt die Schöpfung sich als eine Abfolge von Ereignissen dar, als «Evolution».[32]

Die Schöpfung geht immerdar aus der Leerheit *dieses* zeitlosen Augenblicks hervor, und sie ist nicht die Erschaffung von Dingen, von Materie oder Substanz, sondern die Erschaffung von Dualismen. Dieser Art von Schöpfung werden wir uns nun bald zuzuwenden haben.

Zum Abschluß dieser Betrachtung von Ewigkeit und Unendlichkeit bleibt ein wichtiger Punkt hervorzuheben. Bei dem Vorhaben, die Welt richtig zu sehen, die absolute Subjektivität zu erfahren und sie als ewig und unendlich zu erkennen, geht es nicht darum, den zeitlichen Dualismus von Vergangenheit und Zukunft und den räumlichen Dualismus von Subjekt und Objekt irgendwie abzulegen. Diese Dualismen sind – wie alle anderen – nicht Irrtümer, sondern reine Einbildung, und daher ist der Versuch, sie abzuschaffen, nicht falsch, sondern unsinnig. Zeit und Raum kann man nicht abschaffen, denn sie existieren gar nicht! Denken Sie an die Vergangenheit – das ist ein Akt der Gegenwart; denken Sie an die Zukunft – das ist ein Akt der Gegenwart. Alle Anzeichen einer Vergangenheit existieren nur in der Gegenwart, und jeder Grund, an irgendeine Zukunft zu glauben, existiert ebenfalls nur in der Gegenwart. Als die wirkliche Vergangenheit sich ereignete, war sie nicht Vergangenheit, sondern Gegenwart, und wenn die wirkliche Zukunft da ist, wird sie nicht Zukunft sein, sondern Gegenwart. Die einzige Zeit, deren wir jemals gewahr sein können, ist dieser gegenwärtige Augenblick mit seinen Erinnerungen und Erwartungen.

Dasselbe gilt für den räumlichen Dualismus von Subjekt und Objekt. Denn können Sie – jetzt im Augenblick – ein separates Ich ausmachen, ein von seinem Objekt gesondertes Subjekt? Wenn Sie etwas hören, hören Sie dann sich selbst hören? Wenn Sie etwas schmecken, schmekken Sie dann auch den, der schmeckt? Riechen Sie den Riechenden?

Tasten Sie den Tastenden? Wenn Sie einen Baum sehen, sehen Sie dann den Sehenden sehen? Und während Sie jetzt über all das nachdenken, finden Sie einen Denkenden, der darüber nachdenkt? Liegt hierin nicht der denkbar klarste Beweis dafür, daß es dieses Gegenüber von Subjekt und Objekt gar nicht gibt? Die Empfindung «ich hier drinnen» und die Empfindung «Objekte da draußen» sind stets ein und dieselbe Empfindung. Sie sind in diesem Augenblick diese Seite, die sich selbst liest.

Diesen Zustand ununterbrochenen nicht-dualen Gewahrseins, worin der Beobachter das Beobachtete ist, haben wir GEIST genannt. Der GEIST allein ist alles, was es gibt, denn das Subjekt ist niemals wirklich vom Objekt getrennt – die Schranke existiert nicht, wie lebhaft wir sie uns auch vorstellen mögen. Wir haben die nicht-duale Bewußtheit in diesem Kapitel auch «absolute Subjektivität» genannt, und dies ist nicht als deskriptiver, sondern als injunktiver Begriff gemeint: Er soll eine Art Wegweiser oder Ariadnefaden sein, der uns aus dem Irrgarten der Dualität zum Nur-Geist zurückführt. Und es ist ein nützlicher Wegweiser, wie die Mystiker aller Zeiten bezeugen, denn er weist auf einen ganz wesentlichen Umstand hin: Wenn Sie hinter dem relativen Subjekt nach dem Zuschauer, dem Höchsten Erkennenden, der absoluten Subjektivität suchen, werden Sie nur *Wahrnehmungsobjekte* finden, und das ist der sicherste Hinweis darauf, daß der Erkennende eins ist mit dem Universum, das er erkennt. Deshalb können wir die wirkliche Welt ruhig Nur-Geist oder Nur-Bewußtsein oder absolute Subjektivität nennen, denn in Wahrheit sind das Bewußtsein und das Universum keine getrennten Wesenheiten. Wie «Leere» oder «Dharmadhātu» oder «Brahman» ist «absolute Subjektivität» nur ein weiterer Name für die wirkliche Welt, die nicht von sich selbst verschieden und daher im Einklang mit sich selbst ist.

Wenn wir sagen, daß die Dualismen von Vergangenheit und Zukunft, Subjekt und Objekt nicht einfach falsch, sondern illusorisch sind, so folgt daraus, daß wir bereits in der raum- und zeitlosen wirklichen Welt leben, mag dieser Umstand uns auch durch die Symbole unseres dualistischen Denkens völlig verdunkelt sein. Daher sind unsere Ausführungen über Nur-Geist, Brahman, Leere, Unendlichkeit, Ewigkeit, absolute Subjektivität keine analytischen Aussagen darüber, wie die Dinge sein sollten, sondern metaphorische Beschreibungen eines Zustands, der bereits gegeben ist. Unser Bewußtseinszustand, wie er jetzt gerade ist, ist stets identisch mit dem Höchsten, denn in eben diesem Augenblick ist kein von der Wirklichkeit getrenntes Subjekt aufzufinden und kein Zeitpunkt anzugeben, zu dem solch eine Trennung stattfinden könnte. Ob wir dies erkennen oder nicht, ändert nichts an der Tatsache der Identität, und so besteht unser Problem nicht darin, die WIRKLICHKEIT irgendwann in der Zukunft ins Werk zu setzen, sondern sie als gegenwärtiges Faktum zu begreifen. Deshalb bezeichnen die Buddhisten den GEIST auch als das «Nicht-zu-Erlangende»; was man schon hat, kann man nicht erlangen.

Doch die meisten von uns erkennen das nicht. Wir haben den GEIST vergessen – und vergessen, daß wir ihn vergessen haben. Deshalb müssen wir jetzt eine Reise antreten, aber nicht zurück in die Zeit, sondern tief hinab in die Gegenwart, um uns dessen zu erinnern, was wir wirklich sind. Wir werden die Entfaltung des Bewußtseinsspektrums verfolgen von seinem Grund im Nur-Geist, wo wir immer schon eins sind mit dem Unendlichen, bis zu dem Punkt, da wir glauben, wir seien ein von allem anderen getrenntes und entfremdetes Ego, an einen Körper gekettet und doch nicht eins mit ihm. Danach beginnt – von unserem jetzigen Standpunkt aus gesehen – ein langer und mühsamer Weg zurück zum GEIST, die langsame Überwindung aller Dualismen, die unsere wahre Identität verdunkeln, bis wir am Ende entdecken, daß sie gar nicht existierten. Wir werden entdecken, daß unsere Reise unnötig und doch unumgänglich war.

5. Die Evolution des Spektrums

Wir sind nun in der Lage, die Entstehung des Bewußtseinsspektrums «aus» der unendlichen und ewigen absoluten Subjektivität zu beschreiben. Wir haben bereits auf unsystematische Weise über die Bildung von Dualismen und ihr Verdunkeln der WIRKLICHKEIT gesprochen. Jetzt wollen wir die Entstehung der Haupt-Dualismen Schritt für Schritt *historisch* beschreiben, als wäre dieser Prozeß eine Evolution in der Zeit. Behalten wir dabei jedoch im Blick, daß diese Evolution in Wirklichkeit nicht der Vergangenheit angehört, sondern dem Augenblick. Jedem Dualismus entspricht eine bestimmte Ebene der Identifikation, und die Kennzeichnung dieser Ebenen haben wir sozusagen als roten Faden für unsere Darstellung genommen. Was damit gemeint ist, wird ein kurzer Abriß der «Geschichte» des Bewußtseinsspektrums deutlich machen.

In der WIRKLICHKEIT ist nur GEIST, allumfassend, nicht-dual, der zeitlose Grund aller zeitlichen Phänomene, «ohne Dualität, doch nicht ohne Beziehungen». Hier sind wir mit dem All identifiziert, sind eins mit der Grundenergie des Universums. Diese «Stufe» haben wir als erste Ebene des Bewußtseins, als Ebene des GEISTES bezeichnet. Durch den Prozeß des dualistischen Denkens kommen jedoch illusorische Dualitäten und Unterscheidungen ins Spiel, und wir «erschaffen zwei Welten aus einer». Die Unterschiede sind nicht Wirklichkeit, sondern Schein, doch der Mensch verhält sich ganz so, als wären sie real. Derart durch seine eigenen Einbildungen genarrt, klammert er sich an den ersten oder Ur-Dualismus von Subjekt und Objekt oder Ich und Nicht-Ich oder Organismus und Umwelt. Hier verschiebt sich die Identifikation von der kosmischen Identität mit dem All zur persönlichen Identität mit dem

Organismus, und so erzeugen wir die zweite Hauptebene des Bewußtseins, die Existentielle Ebene, das ist der mit seinem Organismus identifizierte Mensch.

Doch die Fragmentierung des Menschen setzt sich fort; die meisten von uns sind nicht mit der Gesamtheit ihres Organismus identifiziert – wir sagen nicht «ich bin ein Körper», sondern «ich habe einen Körper». Dieses «Ich», das einen Körper «hat», ist das, was wir als unsere Identität empfinden. Damit hat sich die Identifizierung von der Gesamtheit des Organismus zum Ego verschoben, und so bildet sich die dritte Hauptebene des Bewußtseins, die Ebene des Ego. Auf der nächsten Ebene versucht der Mensch sogar, sich von weniger vorteilhaften Teilen seines Ego loszusagen, indem er diese unerwünschten Aspekte aus dem Bewußtsein ausschließt. Wieder findet eine Verschiebung der Identität statt, diesmal zu bestimmten Facetten des Ego, während andere, die von nun an eine Art Schatten-Persönlichkeit bilden, ausgeschlossen bleiben. Eine weitere Ebene des Bewußtseinsspektrums entsteht, die Ebene des Schattens.

Das also ist die Evolution des Bewußtseinsspektrums. Jede Ebene des Spektrums entspricht – metaphorisch gesprochen – der scheinbaren Identifikation der absoluten Subjektivität mit jeweils bestimmten Dingen unter Ausschluß aller übrigen, und mit jeder neuen Ebene des Spektrums wird diese Identität enger und ausschließlicher. Natürlich enthält das Spektrum unzählige Ebenen und Bänder, aber für diese Darstellung wollen wir uns auf ein halbes Dutzend leicht erkennbarer Hauptebenen konzentrieren. Wir müssen die Entstehung dieser Bewußtseinsebenen nun detaillierter darstellen und vor allem die Ebenen selbst genauer beschreiben.

Das wird eine Studie dessen werden, was im Hinduismus und Buddhismus Māyā genannt wird, eine Studie der Unterscheidungen, die über die WIRKLICHKEIT gebreitet werden, so daß eine scheinbare Vielfalt von Phänomenen entsteht. Behalten wir dabei im Blick, was Māyā ihrem Wesen nach ist: die «Magie» oder «Kunst», mit der wir «zwei Welten aus einer erschaffen», ein dualistischer Prozeß, der zwar eine Schöpfung ist, aber eine illusorische Schöpfung, die nichts Reales hervorbringt, sondern nur Schein-Manifestationen des Absoluten, welches aufgrund dieser Als-ob-Schöpfung als die Phänomene *erscheint*. Māyā ist die Kraft des Göttlichen, sich als die Dinge zu projizieren, die Kraft der absoluten

Subjektivität, als Objekte zu erscheinen: das ist die «Erschaffung» der Dinge. In Wahrheit bleibt das Göttliche leer, erscheint jedoch oder nimmt Form an als die Dinge.

Das Wort «Māyā», meist als «Illusion» übersetzt, leitet sich von der Sanskrit-Wurzel *ma* ab, die sich auch in unseren Wörtern Mutter, Materie und Maß wiederfindet. Die Welt der Māyā, so könnten wir sagen, ist die Welt des Messens, der vom Intellekt hervorgebrachten symbolischen Landkarten, mit denen wir das Universum unterteilen und messen. Ebenso ist Māyā die Welt der Materie, denn materielle Dinge sind, wie wir gesehen haben, nichts anderes als das Produkt unseres Messens und Teilens. Da alles Messen bloße Abstraktion ist und stets einen Teil der Wahrheit ausläßt, ist die Welt des Maßes und der Materie – sofern man diese für letzte Wirklichkeit hält – in der Tat eine Welt der Illusion. Es kommt also darauf an, die wirkliche Welt nicht mit der nach allerlei Maßstäben gemessenen Welt zu verwechseln, die uns als ein Konglomerat der verschiedensten Kategorien entgegentritt: Raum, Zeit, Objekte, Klassen, Grenzen, Partikularien, Universalien, einzelnes und allgemeines. Alles Maß aber ist ein Produkt des Denkens und nicht etwa ein Zug, den die Wirklichkeit selbst aufweist; ein Baum etwa besteht nicht aus Festmetern Holz, sondern wird nur aus praktischen Gründen dieser völlig willkürlichen Maßeinheit unterworfen. Und so besteht auch die Welt nicht aus im Raum ausgebreiteten und in der Zeit aufeinander folgenden Einzeldingen, sondern erscheint nur so, wenn sie mit dem Auge der Māyā – der Illusion und des Messens – gesehen wird. Solange wir das nicht begreifen, sind wir zu dem stets vergeblichen Bemühen verdammt, uns die Dinge «meterweise» anzueignen und in Schubladen zu verstauen.

In diesem Sinne definiert Coomaraswamy Māyā als «das Maß und Mittel der Manifestation einer quantitativen und in diesem Sinne ‹materiellen› Welt der Erscheinungen, durch die wir erleuchtet oder irregeführt werden können, je nach dem Grad unserer Reife.»[1] So ist das Maß die Mutter der Materie, die Geburt einer Erscheinungswelt in Raum und Zeit ausgebreiteter Einzeldinge, einer Welt, in welcher der Mensch «das Maß aller Dinge» ist.

Wir können keine Gründe für das Entstehen von Māyā angeben, denn das, was Gründe angibt, der Verstand, ist selbst eine Māyā-Erscheinung und daher nicht fähig, sie zu betrachten. Was in der WIRKLICHKEIT geschieht, geschieht ohne Absicht und Ziel, ohne Bemühen und Willensanstrengung, ohne Motiv und Verlangen, ohne Ursache und Wirkung; all das würde Zielstrebigkeit voraussetzen, aber die WIRKLICHKEIT kennt weder Vergangenheit noch Zukunft, sondern nur das ewige Jetzt. Wir können nichts weiter tun, als die Welt der Māyā zu beschreiben, um so vielleicht den üblen Streich zu durchschauen, den wir uns selbst gespielt haben, und dann aus seinem Bann zu erwachen. Zu diesem Zweck wollen wir jetzt einen Überblick über verschiedene Darstellungen vom «Beginn» der Māyā geben. Wir werden mit einer mathematischen Darstellung beginnen und mit einer psychoanalytischen enden, gehen jedoch davon aus, daß der Prozeß, auf den diese Darstellungen sich beziehen, in allen Fällen im wesentlichen derselbe ist.

Im ersten Abschnitt seines Buches *Laws of Form* schreibt der glänzende Mathematiker George Spencer Brown:

> Wo auch immer ein Raum geteilt und getrennt wird, da entsteht ein Universum – das soll das Thema dieses Buches sein. Die Haut eines lebendigen Organismus trennt ein Außen von einem Innen. Gleiches geschieht durch eine ebene Kreislinie. Indem wir uns deutlich machen, wie wir solche Trennungen darstellen, können wir mit fast schon unheimlicher Treffsicherheit die Grundlagen der Linguistik, Mathematik, Physik und Biologie rekonstruieren und sehen dann auch schon, wie selbst die vertrauten Gesetze unserer eigenen Erfahrung samt und sonders Auswirkungen dieses Ur-Aktes der Trennung sind.[2]

Mit eben diesem «Ur-Akt der Trennung», der das phänomenale Universum erschafft, haben wir uns nun zu befassen, mit jener ersten Bewegung, durch die wir «einen Raum teilen», zwei Welten aus einer erschaffen und uns selbst geradewegs in eine Welt der Erscheinungen versetzen. Diesen Ur-Akt der Teilung werden wir *Primär-Dualismus* nennen: Erkenntnistheoretisch gesehen ist er die Trennung des Erkennenden vom Erkannten, ontologisch die Trennung des Unendlichen vom Endlichen, theologisch die Ursünde; ganz allgemein können wir ihn als die bloß eingebildete Spaltung zwischen Subjekt und Objekt bezeichnen. Über diesen primären Dualismus sagt G. S. Brown:

> Der Akt selbst ist, wenn auch unbewußt, unser erster Versuch, die

> Dinge zu unterscheiden in einer Welt, in der die Grenzen – zunächst jedenfalls – gezogen werden können, wie immer es uns beliebt. Hier ist das Universum noch nicht zu unterscheiden von unserem Handeln, und so mag die Welt uns wie lockerer Sand unter den Füßen erscheinen.[3]

Dies ist das nicht-duale Territorium, bevor wir Landkarten und Symbole einführen und durch sie willkürliche Grenzen ziehen. Ist das einmal geschehen, dann sind wir meist so in unsere Landkarten vernarrt, daß das wirkliche Gelände unsichtbar bleibt. Um es wieder aufzudecken, bedarf es, wie Brown fortfährt, eines neuen Verfahrens:

> Daß die Mathematik, ähnlich wie andere Kunstformen, uns über das normale Dasein hinaustragen und uns etwas von der Struktur des inneren Zusammenhanges der Schöpfung zeigen kann, ist kein neuer Gedanke. Mathematische Texte fangen mit der Geschichte jedoch meist irgendwo in der Mitte an und stellen dem Leser anheim, den Faden aufzunehmen, so gut er kann. Hier wollen wir die Geschichte von Anfang an verfolgen.[4]

Sodann zeigt Brown, daß sich die Ursprünge der Mathematik, aber auch der Physik, Philosophie, Linguistik und Biologie, ja des Universums selbst, auf einen Ur-Akt zurückverfolgen lassen, den er mit einem Satz umschreibt: «Es werde Unterschied.» «Wir haben hier», so fährt er fort, «eine so primitive Ebene erreicht, daß aktiv und passiv und etliche andere eher periphere Gegensätze längst in eins zusammengefallen sind.»[5]

Wir sind hier auf der Ebene des GEISTES, der reinen Nicht-Dualität, der *Coincidentia oppositorum*, der zeitlosen und raumlosen WIRKLICHKEIT. Aus einem nicht zu bezeichnenden Grund – denn der Gründe setzende Verstand existiert hier nicht – tut sich ein Dualismus auf («Es werde Unterschied»), und auf diesen primären Dualismus folgen mehrere «Ablösungen von der Leere», von denen Brown vier besonders hervorhebt: Leere zu Form, Form zu Hinweis, Hinweis zu Wahrheit und Wahrheit zu Existenz. «Wir verließen den zentralen Zustand der Form und schritten, von Bildvorstellungen geleitet, nach außen fort zu den peripheren Umständen des Daseins.»[6] Das aber ist der Prozeß, den wir

«Objektivierung durch Verbegrifflichung» genannt haben. Brown beschreibt hier mit anderen Worten in seiner Sprache die Bildung des Bewußtseinsspektrums, und seine «Ablösungen» von der Leere lassen sich als die verschiedenen Bänder des Spektrums auffassen. Für uns ist hier vor allem wichtig, daß das Universum entsteht, «wo auch immer ein Raum geteilt oder getrennt wird»; diesen Ur-Akt der Trennung bezeichnen wir als primären Dualismus.

Schauen wir uns nun an, wie dieser primäre Dualismus im Mahāyāna-Buddhismus dargestellt wird, insbesondere in zwei der tiefgründigsten Texte dieser Schule des Buddhismus, nämlich dem *Lankāvatāra-Sūtra* und der Schrift *Erweckung des Glaubens.*

Im letzteren Text lesen wir eine berühmte Aussage des Ashvaghosha:

> Den Geist, wenngleich er von Urbeginn an rein ist in seinem Selbst-Wesen, begleitet das Nicht-Wissen. Von Nicht-Wissen befleckt, tritt ein befleckter Geist ins Sein. Doch wenn er auch befleckt ist, der Geist selbst ist ewig und unwandelbar. Nur die Erleuchteten können dies verstehen. Was man «Wesensnatur des Geistes» nennt, übersteigt alles Denken. Daher wird sie als «unwandelbar» bezeichnet. Wo die Eine Welt der Wirklichkeit noch nicht gänzlich erfaßt wurde, da erscheint der Geist wandelbar, nicht in vollkommener Einheit. Plötzlich erhebt sich ein Gedanke; das nennt man Nicht-Wissen.[7]

Nicht-Wissen (Skrt. *avidyā*) im buddhistischen und hinduistischen Sinne ist das Nicht-Gewahrsein der WIRKLICHKEIT, hat also nichts mit mangelnder Bildung oder Intelligenz zu tun. So hören wir auch von Shrī Ramana Maharshi: «Ungebildetheit ist Nicht-Wissen, Bildung ist gelehrtes Nicht-Wissen. Beide wissen nicht um das wahre Ziel.» Das «wahre Ziel» aber ist das nicht-duale Erkennen, während vorhandene oder fehlende Bildung nur die symbolische und dualistische Weise des Erkennens betrifft. Nicht-Wissen ist mit anderen Worten das Nicht-Wissen um die nicht-duale und nicht-begriffliche Weise des Erkennens, welche uns das Universum augenblicklich als Nur-Geist enthüllen würde. Das Nicht-Wissen um den GEIST erschafft also das symbolische Schein-Universum mit seinen getrennt und in Raum und Zeit existierenden Schein-Dingen, und da das Denken das wichtigste Werkzeug des Nicht-Wissens ist, müssen wir die scheinbare Existenz dieses Universums vor allem auf das Denken zurückführen.

Das Wort «Denken» bezeichnet bei Ashvaghosha weniger das logische Schlußfolgern, wie wir es etwa für die Lösung einer mathematischen Aufgabe brauchen, als vielmehr jenen mentalen Grundprozeß, der Unterscheidungen und Dualismen erzeugt. Wenn Ashvaghosha sagt: «Plötzlich erhebt sich ein Gedanke», so spricht er den primären Dualismus an, den Brown mit den Worten «Es werde Unterschied» umschreibt. Denken, Begriffsbildung, Schlußfolgern, Unterscheidung, Dualismus, Maß, symbolische Landkarten-Erkenntnis – all das sind verschiedene Namen für jenen Māyā-Prozeß, mit dem wir das Eine in eine scheinbare Vielheit aufspalten und das Spektrum des Bewußtseins erzeugen.

Das wird vielleicht noch klarer in den Worten des *Lankāvatāra-Sūtra*, in dem wir immer wieder auf Stellen wie die folgende stoßen:

> Es ist wie ein Bild, das ein Spiegel zurückwirft, sichtbar und doch nicht wirklich; der Eine Geist wird von den Nicht-Wissenden als Zweiheit gesehen, wenn er sich in dem Spiegel, den ihre Erinnerung bildet, widerspiegelt... Das Vorhandensein des gesamten Universums geht auf Erinnerungen zurück, die seit anfangloser Vergangenheit angesammelt, doch falsch gedeutet wurden.[8]

Um diese «Spiegelung durch falsch gedeutete Erinnerung» zu verstehen, brauchen wir uns nur daran zu erinnern, daß wir die Zeit erschaffen, indem wir gegenwärtige Erinnerungen für wirkliches Wissen um eine wirkliche Vergangenheit halten. Dann projizieren wir diese Illusion in die andere Richtung und erzeugen die Zukunft – während in Wahrheit alle Erinnerung und alle Erwartung nur in diesem gegenwärtigen Augenblick existieren. Da aber «Zeit» eigentlich nur ein anderer Name für Raum und Objekte ist (denn sie gehen alle aus demselben Spaltungsprozeß hervor und bedingen sich, wie wir gesehen haben, gegenseitig), behauptet das *Lankāvatāra-Sūtra*, das ganze Universum getrennter, in Raum und Zeit existierender Dinge werde hervorgebracht durch Denk-Erinnerung, die falsch gedeutet wurde: durch Spiegelung des Einen Geistes wird dieser scheinbar geteilt, so wie auch ein Spiegel aus der einen Welt scheinbar zwei Welten macht.

Interessant ist an der Darstellung des *Lankāvatāra-Sūtra*, daß auch hier der Ur-Dualismus von Subjekt und Objekt als Wurzel aller weiteren Dualitäten betrachtet wird. Und eben diese Auffassung finden wir auch im Vedānta. Māyā ist hier, kurz gesagt, «alle Erfahrung, die durch die Unterscheidung von Subjekt und Objekt konstituiert wird und aus ihr folgt».[9]

Wenden wir uns jetzt den eher mythologischen Beschreibungen des primären Dualismus zu, wie wir sie im Hinduismus und im Christentum finden. Für den Hinduismus greifen wir wieder einmal auf Ananda K. Coomaraswamy zurück:

> In diesem ewigen Anfang ist nichts als die höchste Identität «Dieses Einen» (*tad ekam*) [d. h. des GEISTES], ohne Unterscheidung von Sein und Nichtsein, von Licht und Dunkelheit, ohne Trennung des Himmels von der Erde. Das All ist im ersten Prinzip enthalten, das man Person oder Erzeuger oder Berg oder Baum oder Drache oder endlose Schlange nennen kann.[10]

Und dann, nämlich eben jetzt, in diesem ewigen Anfang, ersteht die Leidenschaft.

> Die Leidenschaft ist ebenso eine Entleerung wie eine Zerstückelung. Die endlose Schlange, die unbesiegbar blieb, solange sie *eine* unerschöpfliche Fülle war, wird zerstückelt wie ein Baum, den man fällt und zersägt ... Aus diesem Großen Wesen dunsten hervor wie der Qualm aus feuchtem Feuerholz die Schriften, das Opfer, diese Welten und alle Wesen ... Der Erzeuger, dessen so entstandene Kinder wie schlafend sind, wie leblose Steine, faßt diesen Gedanken: «Ich will in sie eingehen und sie erwecken»; doch solange er eins ist, kann er es nicht, und so teilt er sich denn.[11]

Über diese Leidenschaft, die eine Entleerung und Zerstückelung ist, die Teilung des Brahman, sagt Coomaraswamy weiterhin:

> Ob wir ihn Person oder Sacerdotium oder Magna Mater nennen oder mit irgendeinem anderen grammatisch maskulinen oder femininen oder neutralen Namen – «Das» ... ist ein Syzygium ineinandergewirkter Prinzipien, ohne Teile, ohne Dualität. Diese Prinzipien werden nur

> dann zu Gegensätzen, wenn wir aus der Stille der Nicht-Dualität herabsteigen, um in der Subjekt-Objekt-Sprache zu sprechen und die vielen Einzelexistenzen zu erkennen, die das All oder Universum unseren physischen Wahrnehmungsorganen präsentiert. Und da diese endliche Totalität nur logisch und nicht in Wirklichkeit von ihrer unendlichen Quelle zu trennen ist, kann man «Dieses Eine» auch «Integrale Vielheit» oder «Omniformes Licht» nennen.[12]

In diesem Abstieg aus der Nicht-Dualität, dargestellt als die Zerstückelung des Brahman in die Welt der Dualitäten – und dies ist nichts anderes als die hinduistische Beschreibung des primären Dualismus –, ersteht das räumliche und zeitliche Universum getrennter, einzelner Dinge.

Auch im Christentum finden wir eine ähnlich vielgestaltige mythopoetische Bildlichkeit, die unserem begrenzten Verstand eine Ahnung vom unausdenklichen Unendlichen vermitteln soll. Vielen Christen ist deutlich ein Unbehagen anzusehen, wenn von der jungfräulichen Geburt, der Auferstehung oder dem Sündenfall als von mythischen Ereignissen die Rede ist. Das aber braucht niemanden zu beunruhigen, denn «mythisch» besagt keineswegs, daß von wirklichkeitsfernen Märchen die Rede ist; vielmehr ist der Mythos, wie wir bereits dargestellt haben, eine der drei Möglichkeiten, auf jene Wirklichkeit hinzudeuten, über die letztlich nichts ausgesagt werden kann. Der Mythos ist *eine* Art der analogischen Annäherung an das Absolute; er kleidet das Unendliche in positive, metaphorische und endliche Ausdrücke. Tatsächlich ist der Mythos, wie ein berühmter Philosoph gesagt hat, «die größte Annäherung an die absolute Wahrheit, die in Worten überhaupt möglich ist».[13]

Jede positive mentale Gottesvorstellung *muß* ein Mythos sein, denn schon Augustinus sagte: «Wer irgend, indem er Gottes ansichtig wird, sich im Geiste eine Vorstellung bildet, so ist dies nicht Gott, sondern eine von Gottes Wirkungen.» Man kann sich keine Gedanken über Gott machen, denn Gott ist der, der denkt, und wer es doch versucht, sieht nur Begriffe und Gegenstände, niemals Gott selbst. Wo es jedoch um Bilder des Bildlosen geht, wird der Mythos zu einem wichtigen Werkzeug – solange wir ihn nicht mit dem Tatsächlichen verwechseln. Wir brauchen uns bei der Betrachtung der christlichen Mythologie also nicht zu fragen, ob die berichteten Ereignisse historischen Charakter haben, sondern können zu erfassen versuchen, was die mythopoetischen Symbole *bedeuten*. Das ist der Zugang, den die großen Kirchenväter von Clemens über Augustinus bis hin zu Thomas von Aquin gesucht haben, und es ist der Ansatz, dessen auch wir uns bedienen wollen.

> Am Anfang schuf Gott Himmel und Erde. Und die Erde war wüst und leer, und es war finster auf der Tiefe. Und der Geist Gottes schwebte auf dem Wasser.

Das ist nicht die Schilderung einer historischen Begebenheit, denn «Am Anfang» bedeutet ewig, *jenseits* der Zeit, nicht *in* der Zeit. Wir müssen also ein wenig tiefer blicken, und dazu kann uns die universale Sprache der Mythologie verhelfen. Erinnern wir uns, daß Gott vor der «Zerstükkelung» ein «Syzygium ineinandergewirkter Prinzipien» ist, und verfolgen wir die Sache von dort aus weiter:

> Die ineinandergewirkten Prinzipien, zum Beispiel Himmel und Erde, Sonne und Mond, Mann und Frau, waren ursprünglich eins. Ontologisch gesehen ist diese innige Verbindung ein Vorgang von größter Bedeutung, denn aus ihr geht ein Drittes hervor, Ebenbild des ersten und von der Natur des zweiten.[14]

Das gilt gleichermaßen für die christliche Mythologie, denn auch hier entsteht alle Schöpfung aus der Verbindung von Geist (männlich) und Wasser (weiblich):

> Am Anfang zeugte der Geist, und die Wasser gebaren, und die Welt, die aus ihrer Verbindung hervorging, war das erste stoffliche Abbild des Wortes, des Sohnes, des Logos, welcher die Idealvorlage war, nach der die Schöpfung geformt wurde.[15]

Nun ist Logos einfach Wort-und-Gedanke, die Urkraft der Dualität, und als solchen treffen wir ihn in verschiedenen Formulierungen der Genesis an als den, der das Licht von der Finsternis scheidet (1:4), der die Wasser durch eine «Feste» scheidet (1:6), der Tag und Nacht scheidet (1:14); und in den Sprüchen Salomo (8:27) finden wir: «Da er die Himmel bereitete, war ich daselbst, da er die Tiefen mit seinem Ziel verfaßte [= ordnete].»

In diesem Ordnen klingt das Messen und Teilen an, das Zerstückeln, worin die Gottheit sich «unteilbar aufteilt» auf die ganze Schöpfung. Dieses Messen aber ist, wie wir gesehen haben, etymologisch verwandt mit Māyā, ebenso wie Meter, Matrix, Materie und Mutter, und so erklärt sich die Erschaffung der Welt aus Prima Materia oder jungfräulicher Materie, aber auch die jungfräuliche Christus-Geburt: Materie, Mutter, Māyā – Schöpfung durch Maß und Unterscheidung, ins Werk gesetzt durch Logos, den Höchsten Teiler.

An Adam wiederholt sich dieser Vorgang im mikrokosmischen Bereich; im Schlaf wird er geteilt in ein Männliches und ein Weibliches. Der Sinn dieser Teilung ist ein mythologischer:

> In der Mythologie ... stehen Männliches und Weibliches eher für Dualität als für Sexualität, und der Sündenfall zeigt an, daß der menschliche Geist der dualistischen Grundverfassung des Denkens und Fühlens unterliegt – dem unauflösbaren Konflikt zwischen Gut und Böse, Lust und Schmerz, Leben und Tod.[16]

Adams Teilung hat den Sündenfall zur Folge, das Essen vom Baum der Erkenntnis, und daß es sich hier um dualistische Erkenntnis handelt, sagen schon die Worte der Bibel: Erkenntnis des Guten und des Bösen. Der Sündenfall des Menschen ist ein Fall in die Dualität, und aus dem «Plötzlich ersteht ein Gedanke; dies nennt man Nicht-Wissen» wird hier ein «Plötzlich ersteht dualistisches Erkennen; dies nennt man den Sündenfall».

Heutzutage sind die Sündenfall-Kundigen im allgemeinen Psychologen oder Psychiater, und obgleich sie sich einer viel differenzierteren und komplizierteren Sprache bedienen, läuft ihre Darstellung letztlich auch auf die der Entstehung von Dualismen hinaus:

> An der Mutterbrust, um mit Freud zu sprechen, erfährt das Kind jenen von da an für alle Zeiten idealisierten Urzustand, «worin Objekt-Libido und Ego-Libido nicht unterschieden werden können»; die Glückseligkeit an der Mutterbrust wird, philosophisch gesprochen, durch keinen Subjekt-Objekt-Dualismus getrübt ... Die Ur-Erfahrung der Kindheit, so Freud, wird idealisiert, weil sie frei von allen Dualismen ist ... Die Psychoanalyse macht die eschatologische An-

> nahme, daß die Menschheit ihre Krankheit und ihr Ungenügen nicht ablegen wird, solange sie nicht alle Dualismen überwindet.[17]

Wir werden uns ausgiebig psychoanalytischer Einsichten bedienen, wenn der Dualismus zur Sprache kommt, der sich *im* Ich oder Subjekt auftut, nachdem es vom anderen oder Objekt abgespalten wurde; hier ist zunächst nur wichtig, daß der primäre Dualismus für die Psychoanalyse mit der Unterscheidung zwischen dem Ich und dem anderen entsteht; von da an, so lesen wir bei Freud, ist unser Ich-Gefühl nur noch der Überrest eines weit umfassenderen Gefühls, welches das Universum umspannte und Ausdruck der Untrennbarkeit von Ich und Außenwelt war.

Bevor wir uns nun der Bildung des Bewußtseinsspektrums zuwenden, die mit dem primären Dualismus «beginnt», ist noch darauf hinzuweisen, daß es für diesen primären Dualismus viele Namen gibt, von denen einige im Zusammenhang der vorliegenden Darstellung besonders nützlich sind – zum Beispiel Subjekt und Objekt, männlich und weiblich, innen und außen, Himmel und Erde, etwas und nichts, Sonne und Mond, Yin und Yang, Feuer und Wasser, das Ich und das andere, Ego-Libido und Objekt-Libido, Organismus und Umwelt. Drei davon sind im Zusammenhang der vorliegenden Darstellung besonders wichtig, und zwar unter dem Gesichtspunkt der Identifikation auf der jeweiligen Ebene des Bewußtseinsspektrums: Subjekt und Objekt, das Ich und das andere oder einfach Organismus und Umwelt. Denn mit dem primären Dualismus identifiziert der Mensch sich nun ausschließlich mit seinem Organismus, dem eine Um- oder Außenwelt gegenübersteht, und vergißt gänzlich, daß er diese illusorische Grenzziehung selbst vorgenommen hat. Es ist, wie wir sehen werden, diese Begrenzung, von welcher der Mensch sich zu befreien sucht.

> Es gibt wirklich keinen Grund dafür, daß Sie elend und unglücklich sind. Sie selbst erlegen dem grenzenlosen Sein, das Ihr wahres Wesen ist, Grenzen auf, und dann weinen Sie darüber, daß Sie ein endliches Wesen sind. Deshalb sage ich, erkennen Sie, daß Sie in Wahrheit grenzenloses reines Sein sind, das absolute Selbst. Sie sind stets dieses Selbst und nichts als das Selbst. Daher kann es letztlich nicht sein, daß Sie um das Selbst nicht wissen; Ihr Nicht-Wissen ist nur der Form nach Nicht-Wissen.[18]

Dennoch halten wir den primären Dualismus für real, und damit beginnt die Bildung des Bewußtseinsspektrums.

Um den primären Dualismus und seine Wirkkraft, Māyā, besser zu verstehen, mag die folgende Illustration von Nutzen sein. Wir repräsentieren den GEIST, die nicht-duale Leere durch eine leere Stelle auf dieser Seite:

Dieser leere Raum soll nicht bedeuten, daß der GEIST einfach ein Nichts ohne alle Züge ist, sondern daß die WIRKLICHKEIT nicht-begrifflich, nicht-dual und nicht-objektiv ist. Legen wir nun unser Begriffsraster über die Leere, hier in der Form eines Gitters:

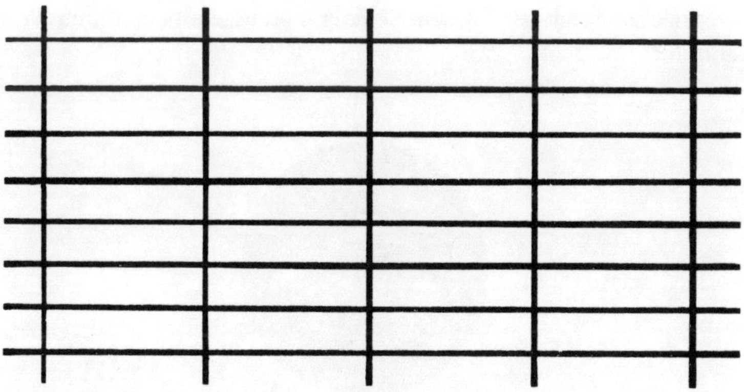

Über die Leerheit der Leere haben wir nun Linien der Unterscheidung gezogen, und unser Gitter repräsentiert somit den Logos, Wort-und-

Gedanke, symbolische Darstellung, Überlagerung, Zerstückelung, Māyā, Dualismus, Messen, Begriffsbildung, Landkarten – alles in dem Wort «Denken» Implizierte, denn mit dem Denken, der dualistischen Weise des Erkennens, treffen wir diese Unterscheidungen und zerstükkeln die WIRKLICHKEIT.

Die Einheit (besser gesagt die Nicht-Dualität) «unter» diesem Gitternetz ist jetzt nicht mehr direkt sichtbar; sie wird verdeckt – die Unterscheidungslinien haben die Einheit zerstückelt, und man bemerkt sie nicht mehr, sie wird implizit, sie wird *unterdrückt*. Die Einheit *erscheint* nun (oder manifestiert sich oder projiziert sich) als eine Welt getrennt existierender und in Raum und Zeit ausgebreiteter Dinge. Diese Dinge oder Objekte sind hier als die Rechtecke zwischen den sich überschneidenden Linien dargestellt, und jedes hat Grenzen, durch die es sich von den anderen absetzt. Mit anderen Worten, die Einheit wird nun als eine Vielheit separater Dinge projiziert: die Dualität – sofern wir die ihr zugrunde liegende Nicht-Dualität vergessen – unterdrückt diese Nicht-Dualität und projiziert sie als Vielheit. Dualität-Unterdrückung-Projektion, das ist der dreifache Māyā-Prozeß, und damit werden wir uns zu befassen haben.

Nun repräsentiert unser Gitternetz zahlreiche Grenzziehungen oder Unterscheidungen, und um den subtilen Māyā-Prozeß und seine Bedeutung ganz klarzumachen, werden wir eine dieser Unterscheidungen herausgreifen. Zeichnen wir also ein Ding, eine Kreisscheibe, aus der Seitenfläche durch *eine* Grenzziehung herausgehoben, durch ihren Rand:

Dualität ist Zweiteilung, und genau das scheint unsere Grenzziehung getan zu haben, sie teilt das Papier in zwei Teile: die Kreisscheibe vor dem Hintergrund der Seite. Man kann gar nicht umhin zu glauben, man könne das Ding namens Scheibe deutlich sehen. Das allerdings ist reine Einbildung, ein mentaler Kunstgriff, denn niemals bin ich eines für sich stehenden «Scheiben-Dinges» gewahr, und was ich tatsächlich sehe, ist ein ganzes Gesichtsfeld, eine Gestalt, Figur und Hintergrund, Scheibe und Seite (und noch ein wenig Umgebung). Mein Auge sieht keine Scheibe, es sieht Scheibe-Seite.

Dann sind also diese beiden «Dinge» zwar verschieden, aber nicht getrennt; sie bedingen einander und sind nicht einfach zweierlei. Die Grenze der Kreisscheibe ist gewiß vorhanden, doch sie trennt sie nicht eigentlich von der Seite, sondern verbindet sie eher mit ihr. So stellt die Wahrnehmung der «für sich existierenden» Scheibe also keine Entdeckung dar, sondern ist unsere Schöpfung, beruhend auf selektiver Aufmerksamkeit: wir richten sie auf die Scheibe, trennen sie von ihrem Hintergrund ab, ignorieren die Einheit oder Gestalt vollständig und glauben dann, dies sei der natürliche Zustand der Dinge. Damit haben wir einen Dualismus geschaffen, der die Nicht-Dualität des Feldes oder der Gestalt *unterdrückt* und sie als Scheibe versus Seite *projiziert*. Wie illusorisch das ist, wird an einem kleinen Experiment deutlich: Versuchen Sie, die Scheibe für sich allein zu sehen, ohne jeden Hintergrund. Oder versuchen Sie sich den Hintergrund vorzustellen, ohne jede kontrastierende Figur. Es geht nicht. Eines kann nicht ohne das andere existieren, sie sind von Natur aus eins und nur im Denken getrennt.

Zu jedem Dualismus gehört also eine *Unterdrückung* und eine *Projektion*. Ein Dualismus trennt eine Ganzheit, unterdrückt ihren nichtdualen Charakter und projiziert sie dann als die zwei Seiten eines Gegensatzpaares wie etwa die Kreisscheibe als Figur vor dem Hintergrund der Seite. Der primäre Dualismus ist also eigentlich die primäre Dualismus-Unterdrückung-Projektion. «Es werde Unterschied» – damit beginnt die Unterdrückung des nicht-dualen Gewahrseins (der absoluten Subjektivität), welches sich dann als Gegensatzpaare wie Subjekt-Objekt oder Organismus-Umwelt projiziert. Die Struktur dieses Dualismus-Unterdrückung-Projektion-Prozesses ist für uns von besonderer Bedeutung, denn sie wiederholt sich durch alle Ebenen des Bewußtseins, wobei sie immer neue Bänder des Spektrums erzeugt und das Nicht-Wissen des Menschen um seine höchste Identität mit jedem Schritt vergrößert.

Mit dem primären Dualismus bewegen wir uns von der Ebene des GEISTES aus sozusagen auf die Existentielle Ebene, wo der Organismus deutlich als von der Umwelt verschieden empfunden wird. Hier bleibt einzuflechten, daß wir die Bänder zwischen der Ebene des GEISTES und der Existentiellen Ebene als Transpersonale Bänder bezeichnen. Hier finden wir Phänomene wie Jungs kollektives Unbewußtes, außersinnliche Wahrnehmung, den transpersonalen Zuschauer oder Zeugen, Astral-Projektion, außerkörperliche Erfahrungen, Plateau-Erfahrungen, Hellsehen und dergleichen. Diese Phänomene treten demnach in Bändern des Spektrums auf, wo die Grenze zwischen Subjekt und Objekt noch weich und fließend ist. Ob es sie alle tatsächlich gibt, ist für uns von untergeordneter Bedeutung, aber wenn es sie gibt, sind sie jedenfalls auf den Transpersonalen Bändern anzusiedeln. Wir werden noch mehr über diese Bänder und die Schwierigkeiten ihrer Erforschung zu sagen haben, doch jetzt müssen wir uns zunächst der Existentiellen Ebene zuwenden, der ersten, die wir ohne Schwierigkeiten erkennen können.

Sie entsteht, wie wir sagten, durch die Spaltung des GEISTES, durch die Unterdrückung seiner Nicht-Dualität und seine Projektion als Organismus und Umwelt, wobei der Mensch seine Identität ausschließlich an seinem als raum-zeitlich empfundenen Organismus festmacht. Seine Identität verschiebt sich vom All zum Organismus. Der eingebildete Sündenfall des Menschen beinhaltet nun nicht nur den (scheinbaren) Abstieg aus der Nicht-Dualität in die Dualität, sondern auch aus der Ewigkeit in die Zeit, aus der Unendlichkeit in der Raum, aus der absoluten Subjektivität in eine Welt der Subjekte und Objekte und aus der kosmischen Identität in eine persönliche. Der Kosmische Mensch, uns allen gemeinsam, verliert sich so in seine Rolle, daß er vergißt, wer er wirklich ist, und so nimmt das Drama des Menschen seinen Lauf auf der Bühne von Raum und Zeit.

Denn auch der Raum entsteht mit dem primären Dualismus. Die absolute Subjektivität, sagten wir, ist gestaltlos und raumlos und daher unendlich; mit dem primären Dualismus entsteht nun eine «Kluft» zwischen Subjekt und Objekt, zwischen Sehendem und Gesehenem, und diese Kluft ist Raum. Indem der Mensch sich ausschließlich mit seinem

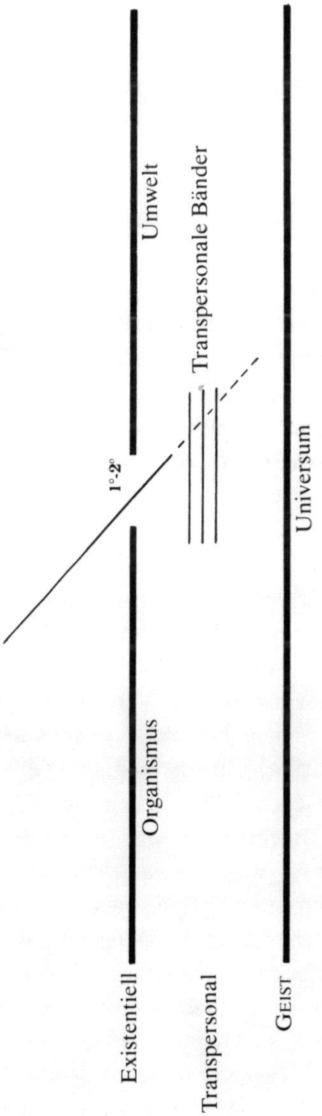
Umwelt
Transpersonale Bänder
1°-2°
Universum
Organismus
Existentiell
Transpersonal
GEIST

Diagramm 1

Organismus identifiziert und ihn als von der Umwelt getrennt erlebt, schafft er die ungeheure Illusion des Raumes, dessen, was zwischen ihm und seiner Welt ist.

Damit ist, da Raum und Zeit ein Kontinuum bilden, auch die Entstehung der Zeit verbunden. Das Wie dieser Zeit-Erschaffung haben wir bereits erörtert und stellten fest, daß die Zeit ein Nebenprodukt der linearen, reihenden, auf Erinnerung beruhenden Weltbetrachtung ist. Fragen wir nun also nach dem *Warum* der Zeit-Erschaffung.

Mit der Bildung der Existentiellen Ebene beginnt der elende Widerstreit von «sein oder nichtsein», denn sobald der Mensch seinen Organismus von der Umwelt scheidet,

> wird ihm plötzlich bewußt, daß *sein* Prinzip nicht dasjenige des Universums zu sein scheint, daß es «allerlei Dinge» gibt, die unabhängig von ihm selbst vorhanden sind. [Er] nimmt davon Kenntnis, leidet aber an der Begegnung mit den «Widerständen dieser Welt». Zugleich erwacht die bewußte Angst vor dem Tode, vor der Gefahr, die das Nicht-Ich für das Ich darstellt.[19]

Weil der Organismus durch den primären Dualismus von der Umwelt geschieden wird – und nur deshalb –, entsteht das, was man Existenzangst nennt, die Angst, die in der Spannung von Sein und Nichts, von Existenz und Nichtexistenz, von Leben und Tod liegt. Der Mensch kann die Möglichkeit seiner bevorstehenden Vernichtung nicht akzeptieren oder auch nur ins Auge fassen, und da er andererseits auch nicht begreift, daß Leben und Tod in Wirklichkeit eins sind, flieht er einen eingebildeten Tod, den er als das Gegenteil des Lebens ansieht.

Daß Leben und Tod «nicht-zwei» sind, ist in der Tat schwer zu verstehen, aber nicht etwa, weil die Angelegenheit so komplex ist, sondern weil sie so einfach ist und wir sie daher schon verfehlen, wenn wir zum Nachdenken auch nur ansetzen. Denn wir gehen davon aus, daß das Leben mit der Geburt beginnt und mit dem Tod endet: der Tod steht in unaufhebbarem Gegensatz zu Geburt und Leben. Tatsächlich aber sind Leben und Tod (oder besser Geburt und Tod) nur zwei verschiedene Weisen, die Wirklichkeit des gegenwärtigen Augenblicks zu betrachten. In der absoluten Gegenwart, so sagten wir, gibt es keine Vergangenheit, und was keine Vergangenheit besitzt, ist etwas, das gerade geboren wird.

Geburt ist Vergangenheitslosigkeit. In der absoluten Gegenwart gibt es aber auch keine Zukunft, und was keine Zukunft besitzt, ist etwas, das gerade gestorben ist. Tod ist Zukunftslosigkeit. Deshalb ist der gegenwärtige Augenblick sowohl neugeboren als auch tot. So sind Geburt und Tod nur zwei Weisen, über denselben zeitlosen Augenblick zu sprechen, und ihre Trennung ist nichts als Illusion.

Indem der Mensch sich ausschließlich mit seinem Organismus identifiziert, schafft er den eingebildeten Gegensatz von Sein und Nichtsein (welcher undenkbar ist, solange der Organismus eins ist mit der Umwelt), und nun erträgt er den Gedanken nicht, daß er der Vernichtung entgegengeht. So folgt aus dem primären Dualismus sogleich eine sekundäre Dualismus-Unterdrückung-Projektion: Der Mensch spaltet die Einheit von Leben und Tod, unterdrückt diese Einheit und projiziert sie als den Krieg des Lebens gegen den Tod.

Indem er aber die Einheit von Leben und Tod zerstört und leugnet, zerstört und leugnet er auch die Einheit des gegenwärtigen Augenblicks, denn Leben, Tod und das «Nun» sind eins. Und so entsteht die Zeit, denn indem der Mensch sich dem Tod verweigert, weigert er sich, keine Zukunft zu haben, und damit verschließt er sich der Wirklichkeit des zukunftslosen, weil zeitlosen Augenblicks: Er kann nicht mehr *jetzt* existieren, er muß in der Zeit existieren; er lebt nicht mehr freudig im Heute, denn er muß ja auch morgen leben. Emerson (in «Self-reliance») schildert diesen Zustand:

> Die Rosen unter meinem Fenster verweisen nicht auf frühere Rosen oder bessere; sie sind, was sie sind; sie existieren in Gott, heute. Zeit gibt es für sie nicht. Da ist nur die Rose; sie ist vollkommen, in jedem Augenblick ihres Daseins ... Der Mensch aber verschiebt oder erinnert; er lebt nicht in der Gegenwart, sondern beklagt mit rückwärtsgewandtem Blick die Vergangenheit oder steht, der Reichtümer, die ihn umgeben, nicht achtend, auf den Zehenspitzen, um die Zukunft vorauszusehen. Er kann nicht glücklich und stark sein, bis er mit der Natur in der Gegenwart lebt, außerhalb der Zeit.

Genau das ist jedoch das Problem, denn in der Gegenwart außerhalb der Zeit leben heißt keine Zukunft haben, und keine Zukunft haben heißt den Tod annehmen – das aber kann der Mensch nicht. Er kann weder den

Tod annehmen noch im Jetzt leben, und wenn er nicht jetzt lebt, lebt er gar nicht.

> Gerade diese Unfähigkeit zu sterben wirft den Menschen aus der Tatsächlichkeit des Lebens, das für alle normalen Tiere zugleich ein Sterben ist; und so widersinnig es klingt, aus dieser Unfähigkeit zu sterben folgt unweigerlich die Unterdrückung des Lebens: Der Todesinstinkt verkehrt sich in seine spezifisch menschliche und entschieden morbide Form. Weil das menschliche Leben so vom Krieg gegen den Tod absorbiert ist, gewinnt der Tod die Oberhand über das Leben. Dieser Krieg nimmt die Form eines ständigen Beschäftigtseins mit Vergangenheit und Zukunft an, und das Präsens, die Zeit des Lebens, geht verloren – das Präsens, von dem Whitehead sagte, es berge in sich «die Summe der Existenz, rückwärts und vorwärts, die ganze Amplitude der Zeit, also die Ewigkeit».[20]

Auf der Flucht vor dem Tod fällt der Mensch aus dem Jetzt in die Zeit; der Versuch, dem Tod des zeitlosen Augenblicks zu entkommen, mündet in blinde Jagd nach der Zukunft. Da der sekundäre Dualismus die Einheit von Leben und Tod zerstört, zerstört er auch die Einheit des ewigen Augenblicks, denn Leben, Tod und Ewigkeit sind eins in diesem zeitlosen Jetzt. Die Scheidung von Leben und Tod ist also letztlich dasselbe wie die Scheidung von Vergangenheit und Zukunft – und *das* ist die Zeit. Daher nennen wir den sekundären Dualismus den Erzeuger der Zeit. Das aber bedeutet, daß das Leben in der Zeit ein Leben in der Unterdrückung ist, genauer gesagt, in der sekundären Unterdrückung.

> Das Aufsprengen der Einheit von Leben und Tod macht den Menschen zum geschichtlichen Tier ... Der Mensch, das unzufriedene Tier, unbewußt auf der Suche nach dem für seine Spezies richtigen Leben, ist der Mensch in der Geschichte. Unterdrückung (Verdrängung) und Wiederholungszwang erzeugen die historische Zeit. Unterdrückung verwandelt den zeitlosen instinktiven Wiederholungszwang in die vorwärts gerichtete *recherche du temps perdu* ... Entsprechend ist das nicht unterdrückte Leben nicht in der Zeit ... sondern wäre zeitlos oder in der Ewigkeit.[21]

Hier, auf der Existentiellen Ebene erzeugt die Flucht vor dem Tod auch einen blinden Lebensdrang, der eigentlich eine blinde Panik der Zukunftslosigkeit ist. Doch die Flucht vor dem Tod hat zahlreiche andere Konsequenzen, denn sie färbt jede einzelne Handlung des Menschen; die wichtigste dieser Konsequenzen besteht darin, daß der Mensch sich ein idealisiertes Bild von sich selbst macht, und dieses Ich-Bild nennen wir «Ego». Die Angst, die mit der Todesflucht verbunden ist, wird zur Ursache einer weiteren Dualismus-Unterdrückung-Projektion: Das Leben des Organismus selbst wird durchtrennt, seine Einheit unterdrückt und dann projiziert als Psyche versus Soma, als Seele versus Körper, als Ego versus Fleisch.

Es gibt eine komplexe psychoanalytische Theorie dieses Zusammenhangs, aber für unsere Zwecke genügt es, sie hier auf einen ganz einfachen Nenner zu bringen: Im Widerstreit von Sein und Nichts, von Existenz und Nichtexistenz, von Leben und Tod – im sekundären Dualismus also – gibt der Mensch, da er den Tod nicht annehmen kann, seinen sterblichen Organismus auf und zieht sich zurück auf etwas weit Dauerhafteres als das Fleisch, nämlich Ideen. Indem er den Tod flieht, flieht er seinen unbeständigen Körper und identifiziert sich mit der scheinbar unsterblichen *Idee* seiner selbst. Diese Idee, sein Ego, nennt er sein «Ich».

> Da die beiden erwähnten Teile des Menschen [Psyche und Soma] sich nicht ihrer eigentlichen Bestimmung gemäß vereinen können, ... vergöttert [der Mensch] ein wesenloses Bild, das Ego. Mangels richtiger Liebe seines abstrakten Teils zum animalischen Teil muß sich der Mensch mit einem bloßen Ersatz dieser Liebe, nämlich der «Eigenliebe» begnügen, die die Liebe seines abstrakten Teils zum Idealbild seiner selbst darstellt.[22]

Dieses «Idealbild seiner selbst», das Ego, scheint dem Menschen etwas zu versprechen, was das Fleisch ihm verweigert: Unsterblichkeit, die kristallene Ewigkeit eines nie endenden Morgen, Gestalt geworden in reinen Ideen, die nicht sterben oder auch nur verwittern werden. Die Flucht vor dem Tod ist die Flucht vor dem Körper, und so kommt es zur dritten oder tertiären Dualismus-Unterdrückung-Projektion: Der Organismus wird zertrennt, seine Einheit wird unterdrückt und dann als Psyche versus Soma projiziert.

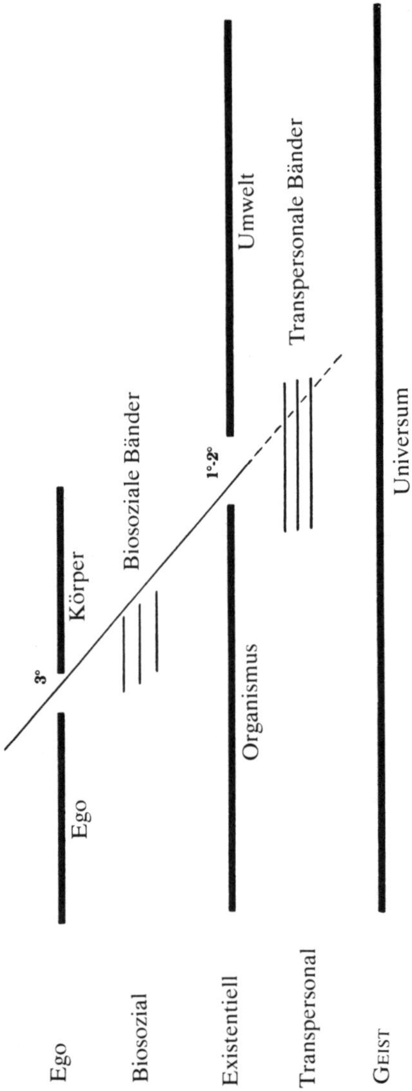
Ego
Biosozial
Existentiell
Transpersonal
Geist
Ego
Körper
3°
Biosoziale Bänder
Organismus
1°-2°
Umwelt
Transpersonale Bänder
Universum

Diagramm 2

So glaubt der Mensch auf der Ego-Ebene, daß er einen Körper *hat*, daß er ihn besitzt wie etwa ein Auto oder ein Haus. Hier, auf der Ego-Ebene besitzt der Mensch nur noch schwache Reste von etwas, das er jetzt «Körper-Bewußtsein» oder «Körper-Gewahrsein» nennt, und das ist alles, was von der Existentiellen Ebene übrigblieb, ja letztlich alles, was vom GEIST übrigblieb.

Die ausschließliche Identifikation mit dem Ego und die gleichzeitige Abwendung vom Körper zwingen den Menschen nun buchstäblich, sich ausschließlich der ersten Weise des Erkennens zu bedienen, der dualistischen, symbolischen, linearen und temporalen Weise des Erkennens. Natürlich hat dieser tertiäre Dualismus noch etliche andere und gleichfalls bedeutsame Konsequenzen, aber da wir so ausführlich über die erste Weise des Erkennens gesprochen haben, sollten wir ihre weitere Entwicklung bei der Bildung des Bewußtseinsspektrums verfolgen. Die erste Weise des Erkennens ist nämlich nichts weiter als die Negation viel umfassenderer Weisen des Erkennens.

Wir können diesen Prozeß verfolgen, wenn wir etwas verstanden haben, das ich *organismisches Gewahrsein* nennen möchte. Organismisches Gewahrsein ist das, was wir auf der Ego-Ebene ganz einfach als Sehen, Berühren, Schmecken, Riechen und Hören bezeichnen. In seiner reinsten Form ist dieses «sinnliche Gewahrsein» nicht-symbolisches, nicht-begriffliches Bewußtsein des Jetzt-Augenblicks. Die Vergangenheit kann man nicht schmecken, riechen, fühlen, sehen oder hören und die Zukunft ebensowenig. Organismisches Bewußtsein ist, anders gesagt, wahrhaft zeitlos und daher auch raumlos. Und wie es nicht Vergangenheit noch Zukunft kennt, so kennt es weder innen noch außen, weder ein Ich noch anderes. Das reine organismische Bewußtsein ist demnach einbezogen in das nicht-duale Gewahrsein, das wir absolute Subjektivität nannten.[23]

Somit sind organismisches Bewußtsein und kosmisches Bewußtsein ein und dasselbe, und nichts zwingt uns zu der Annahme, das organismische Bewußtsein sei eingekapselt in die Hautoberfläche des Organismus. Im Gegenteil, es gibt in Ihrer unmittelbaren Erfahrung nichts, was auf eine Grenze Ihres organismischen Gewahrseins hindeutet, denn *für Sie* gibt es nichts, was außerhalb Ihres Gewahrseins liegt, und deshalb – so seltsam das zunächst klingen mag – auch nichts innerhalb. Da ist nur Gewahrsein, ohne innen oder außen – vollkommen grenzenlos.

Nehmen wir ein fast lächerlich simples, aber doch sehr aufschlußreiches Beispiel: Können Sie einen Unterschied riechen zwischen innen und außen? Ist Ihnen solch ein Unterschied wirklich gegeben in Ihrer Wahrnehmung? Können Sie die Grenze zwischen dem Ich und dem anderen schmecken? Oder ist da einfach ein Schmecken ohne jede Spur von innen oder außen? Wenn Sie sich entspannen, die Augen schließen und auf die Geräusche in Ihrer «Umgebung» lauschen, hören Sie dann wirklich den Unterschied zwischen innen und außen, oder kommen die Geräusche nicht vielmehr genausogut von «innen» wie von «außen»? Und sollte es Ihnen doch so vorkommen, als gäbe es einen realen Unterschied zwischen innen und außen – können Sie ihn hören? Nein! Dieser primäre Dualismus von innen und außen ist lediglich eine Idee, die Ihnen eingetrichtert wurde, und mit dieser Idee interpretieren und entstellen Sie Ihr eigentliches Gewahrsein. Die angebliche Kluft oder Grenze gibt es gar nicht! Wie Schrödinger sagte: «Die Welt ist mir nur einmal gegeben, nicht eine existierende und eine wahrgenommene Welt. Nichts wird gespiegelt. Original und Spiegelbild sind identisch.» Organismisches Gewahrsein, kurz gesagt, ist nicht-duales Gewahrsein, es ist der GEIST selbst.

Die Unterdrückung des organismischen Gewahrseins beginnt mit dem primären und sekundären Dualismus, denn mit der eingebildeten Zweiheit von innen und außen, Vergangenheit und Zukunft erscheint die höchste Identität des Menschen nun als begrenzt: Die Identität verschiebt sich vom nicht-dualen Universum zu einem persönlichen Universum «hier drinnen». Sie schrumpft also auf den Bereich, den wir als «unseren Organismus» empfinden und bezeichnen, und alles übrige steht ihr nun gegenüber – obwohl diese Identität in unserem organismischen Gewahrsein nirgendwo gegeben ist.

Wenn wir also sagen, der Mensch sei auf der Existentiellen Ebene ausschließlich mit seinem Organismus identifiziert, so heißt das durchaus nicht, daß er unmittelbaren Anschluß an sein organismisches Gewahrsein hat. Das Bewußtsein auf dieser Ebene können wir als «existentielles Gewahrsein» bezeichnen: es wird scheinbar von der Hautoberfläche des Gesamtorganismus begrenzt und hat zum Kern das Gefühl der gesonderten Existenz in Raum und Zeit. Kurz – und in leider etwas trocken klingender Begriffssprache – gesagt: Der primäre und der sekundäre Dualismus verwandeln das grenzenlose organismische Gewahrsein (die absolute Subjektivität) in existentielles Gewahrsein, sie verwandeln das kosmische Bewußtsein in rudimentäres individuelles Bewußtsein.

Auf der Existentiellen Ebene, so sagten wir, flieht der Mensch den Tod. Er weigert sich, ohne Zukunft im zeitlosen Jetzt zu leben, und wünscht sich den *künftigen* Augenblick als das Versprechen, daß der Tod ihn *jetzt* nicht anrühren wird. Er wünscht sich weniger diese gegenwärtige Gegenwart als vielmehr die Garantie für eine Gegenwart, die *vor* ihm liegt. Daher hat er es eilig, diese Gegenwart in die nächste übergehen zu lassen, und insgeheim wünscht er sich, daß alle seine Augenblicke für immer und ewig in immer neue Augenblicke einmünden. Und aus genau diesem Grund wirkt keiner seiner Augenblicke je zeitlos, ewig und in sich selbst ganz und vollkommen. Sie scheinen nur weiterzudrängen, weiterzufliehen in andere Augenblicke. Und der ewige Augenblick, der stets *ist*, erscheint als eine Serie flüchtiger Augenblicke von wenigen Sekunden Dauer. Daher stellt sich uns das *nunc stans*, die ewige Gegenwart, nach dem Aufbrechen des sekundären Dualismus als *nunc fluens* dar, als flüchtige Gegenwart. Den Tod fliehend und eine Zukunft fordernd, lassen wir unsere Augenblicke vergehen.

Existentielles Gewahrsein ist also eng mit Raum und Zeit verknüpft, allerdings in einem sehr konkreten und hautnahen Sinn. Es ist ein Gewahrsein der verstreichenden Gegenwart, verliert sich jedoch nicht in Grübeleien über gestern und morgen. Auf dieser Ebene erfaßt der Mensch im flüchtigen Augenblick seine Existenz, aller symbolischen Landkarten außer den subtilsten und am tiefsten verwurzelten bar. Das Erkennen besteht auf dieser Ebene vornehmlich in einer Art globalem Erfassen oder einem von Augenblick zu Augenblick fortbestehenden unmittelbaren Gewahrsein der eigenen gesonderten Existenz in Raum und Zeit. Man erfaßt das eigene Sein (primärer Dualismus) und die eigene unmittelbare Dauer (sekundärer Dualismus), ohne daß dies von Abstraktionen und symbolischen Interpretationen überlagert wäre. Dieses Gewahrsein ist ein dreidimensionales Erfassen der verstreichenden Gegenwart in all ihren Möglichkeiten. Nur die ganz grundlegenden Dualismen verfälschen dieses Erfassen, und so sagen wir denn, daß die Existentielle Ebene nur einen Schritt, wenn auch häufig einen Riesenschritt, vom GEIST und der Zeitlosigkeit des organismischen Gewahrseins entfernt ist.

Die Erzeugung der Zeit auf der Existentiellen Ebene hängt eng mit der Bildung des Willens zusammen. Der Mensch, so sagten wir, *will* eine Zukunft haben als das Versprechen, daß der Tod ihn nicht anrühren wird; er *will* für immer in eine unmittelbare Zukunft aufbrechen können; er *will* der Ewigkeit ausweichen. Und dieser Wille ist das Urbild aller sich entwickelnden Wünsche, Neigungen, Absichten und Begierden, da sie alle eine Zeitkomponente besitzen. Deshalb sagen wir, die Existentielle Ebene sei auch der Ursprung des menschlichen Willens, insbesondere des gegen den Tod gerichteten Lebenswillens. Dieser *Wille* ist jedoch nicht zu verwechseln mit dem *Wollen*, das sich auf der Ego-Ebene ausbreitet. Das Wollen ist ein lineares Bemühen des Ego (oder der «Persona»), bestimmte Aspekte des Organismus oder der Umwelt zugunsten anderer zu unterdrücken. Der Wille ist dagegen etwas weit Grundlegenderes – das dreidimensionale Streben des *Gesamt*organismus, sich in der Zeit auf etwas Künftiges hinzubewegen. Das Wollen ist nur das, was nach dem tertiären Dualismus vom Willen übrigbleibt, während der Wille ein Akt des gesamten Seins einer Person ist. Der Wille ist bewegtes Erfassen.

Aber lassen wir es genug sein mit dem Theoretisieren. Mir kommt es hier darauf an zu zeigen, daß die Existentielle Ebene das ist, was nach dem primären und sekundären Dualismus vom GEIST übrigbleibt. Karunā (Mitgefühl, Erbarmen) wird scheinbar in Trishnā (Gier, Begehren) verwandelt, das *nunc stans* in ein *nunc fluens*, nicht-duales Gewahrsein in Erfassen, spontane Līlā in Willen und Intentionalität. Und auf der Ego-Ebene werden sie alle sich wieder in verschiedene Bewußtseinsdimensionen verwandeln.

Wir brauchen uns hier nur eines einzuprägen, nämlich daß existentielles Gewahrsein ein organismisches Gewahrsein ist, dem die Ur-Spaltung von innen und außen, Vergangenheit und Zukunft (primärer und sekundärer Dualismus) anhaftet. Auf dieser Ebene ist der Mensch jedoch immerhin noch mit seinem Gesamtorganismus identifiziert, mit seiner psychosomatischen Ganzheit, wenn er auch irrtümlich annimmt, diese Ganzheit sei von der Umwelt gesondert. Er empfindet sich also noch nicht als intelligente Seele, die sich mit einem törichten Tierkörper herumschlagen muß wie etwa ein Reiter mit einem störrischen Pferd. Vielmehr empfindet er sich noch als Geist-Körper, als wahrhaft ungeteiltes psychosomatisches Sein. Deshalb werden wir das existentielle Bewußtsein auch «Zentaur-Bewußtsein» nennen; das ist nicht das eines Reiters, der sich gegenüber seinem Pferd durchsetzen muß, sondern eben das Bewußtsein eines sich selbst regierenden Gesamtorganismus, ungeteilt wie ein Zentaur. Auf der Existentiellen Ebene ist der Mensch noch eins mit seinen Sinnen und seinem Körper, selbst wenn er sie aufgrund des primären und sekundären Dualismus mißversteht.

Doch mit dem tertiären Dualismus wird der Zentaur buchstäblich gebrochen; der Geist wird vom Körper losgetrennt, der Körper eilends aufgegeben. Auf der Flucht vor dem Tod gibt der Mensch sein sterbliches Fleisch preis und sucht Unterschlupf in einer Welt statischer Symbole. Jetzt identifiziert er sich nicht mehr mit seinem psychosomatischen Gesamtorganismus, sondern mit einer rein mentalen oder psychischen Repräsentation seines gesamten Seins. Kurz, er identifiziert sich mit seinem Ego. Eine tiefe Zerrissenheit tut sich auf im Zentauren, und nun fühlt sich der Mensch als Reiter und Lenker eines ihm fremden Pferdekörpers, eine fleischlose und daher leblose Psyche, die sich nur mühsam im Sattel hält auf einem Soma, das nun in seiner ganzen Begehrlichkeit höchst unbotmäßig zu sein scheint. Das ist der tertiäre Dualismus, der den Menschen gänzlich auf die Ego-Ebene versetzt.

Zentaur-Bewußtsein, so sagten wir, ist nur einen Schritt vom GEIST entfernt, vom nicht-dualen organismischen Bewußtsein. Die Spaltung des Zentauren zerschneidet nun endgültig die letzten Verbindungen zum organismischen Bewußtsein und vernichtet damit die Möglichkeit des nicht-dualen Gewahrseins. Der Mensch hat jetzt keinerlei Berührung mehr mit der Zeitlosigkeit des organismischen Gewahrseins. Nicht einmal die verstreichende Gegenwart ist ihm mehr gegenwärtig; er lebt ganz in der Zeit und zieht sich ganz auf die lineare, temporale, instrumentale und rein dualistische Weise des Erkennens zurück, indem er aus seinem Gedächtnis Begriffe und Symbole schöpft, die er zwischen sich selbst und die Wirklichkeit stellt. Anstelle des nicht-dualen organismischen Bewußtseins, ja, selbst anstelle des Erfassens im Augenblick, ist der Mensch nun auf faden Ersatz angewiesen: Verstandeswissen, Phantasie, Vorstellungen, symbolische Landkarten-Erkenntnis; und hier endlich ist die erste Weise des Erkennens gänzlich auskristallisiert.

> Der... Mechanismus, der aus dem Körper-Ego eine Seele macht, ist Phantasie... Die Phantasie – als Halluzination des Nichtvorhandenen

> bei gleichzeitiger dialektischer Negation des Vorhandenen – verleiht der Wirklichkeit eine verborgene Sinnebene und aller Erfahrung eine symbolische Qualität. Das *animal symbolicum* (Cassirers Definition des Menschen) ist ein *animal sublimans*, das wirkliche Instinktbefriedigung durch symbolische ersetzt... Das *animal symbolicum* ist ein Tier, das seine Welt und sein Leben verloren hat und in seinem Symbolsystem eine Landkarte der verlorenen Wirklichkeit bewahrt.[24]

Und Hubert Benoit ergänzt:

> Die doppelte Rolle, welche die Vorstellungskraft... spielt, liegt klar zutage. Sie übernimmt einerseits die Rolle des Beschützers in bezug auf die ich-bezogenen, illusorischen Forderungen des abstrakten Teils [Ego], andererseits die Rolle des Zerstörers in bezug auf den animalischen Organismus des Menschen, indem sie ihn der Todesangst ausliefert. Sie beschützt das Ego, das illusorisch ist, und greift den Organismus des Menschen an, dem tatsächliche Wirklichkeit innewohnt.[25]

Die Zerstörung des animalischen Organismus ist zugleich auch die endgültige Zerstörung des nicht-dualen Gewahrseins, der zweiten Weise des Erkennens, denn das organismische Bewußtsein und die zweite Weise des Erkennens sind ein und dasselbe. Auf der Ego-Ebene bleibt vom organismischen Bewußtsein nur ein zutiefst verarmtes Körperbewußtsein übrig. Hier weiß der Mensch nicht mehr – und kann nicht wissen –, daß sein Körperbewußtsein nur noch die unscheinbare Spitze des verschütteten und unendlich kostbaren Juwels der «Morgenerkenntnis» ist. Die Flucht vor dem Tod und dem Körper ist die Flucht vor der einzigen Weise des Erkennens, welche uns die WIRKLICHKEIT offenbaren kann. Die erste Weise des Erkennens, die symbolische, die im primären Dualismus als «Denken» (im Sinne Ashvaghoshas) angelegt war, reift nun zur vollen Funktionstüchtigkeit aus. Damit hat das Ego die Ausrüstung für sein Lebensprojekt beisammen, für die Umgehung des «Nun» durch symbolische Abbildung der Vergangenheit auf die Gegenwart. Die Identität des Menschen verschiebt sich von seinem psychosomatischen Gesamtorganismus auf ein mentales Abbild seiner selbst, das Ego, das gänzlich auf Vergangenheit gegründet und daher gänzlich tot ist.

Und so kommt es dazu, daß der Mensch sich schrittweise abtötet, um einem eingebildeten Tod zu entgehen.

Hier unterbrechen wir die Geschichte der Entstehung des Bewußtseinsspektrums, um später auf sie und die Ego-Ebene zurückzukommen. Zunächst müssen wir uns noch eingehender mit der Existentiellen Ebene befassen. Hier lebt der Mensch noch als Gesamtorganismus, als psychosomatische Einheit, als Zentaur. Allerdings ist diese Einheit bereits vom primären und sekundären Dualismus angekränkelt, und es besteht ein Bewußtsein der Dualität von Ich und Nicht-Ich (Organismus und Umwelt) und Leben und Tod.

Sie können die Existentielle Ebene selbst «lokalisieren», wenn Sie sich an einen Ort der Stille zurückziehen, an dem es keine Ablenkungen gibt, und alle Ideen und Gedanken über sich selbst verscheuchen. Vergessen Sie für den Augenblick, ob sie Mann oder Frau, intelligent oder dumm, glücklich oder bedrückt sind, und nehmen Sie das Gefühl wahr – nicht den Gedanken, sondern das Empfinden –, das «unter» oder «hinter» diesen Gedanken durchgängig besteht: eine Kern-Empfindung des Existierens und Lebendigseins in diesem Augenblick. Das ist die Existentielle Ebene, und dieses einfache Daseinsgefühl ist weder ein mentales noch ein physisches (denn der tertiäre Dualismus von Psyche und Soma ist auf dieser Ebene nicht wirksam), sondern ist schlichtes, klares, neutrales Dasein.

Dennoch gibt es hier Dualismen, und wenn Sie, in dieser Existentiellen Ebene ruhend, entspannt nach ihnen Ausschau halten, wird Ihnen vor allem der Dualismus von Ich und Nicht-Ich auffallen. Ihr Grundgefühl von Identität und Existenz sagt Ihnen, daß Ihr Ich vom übrigen Universum gesondert ist. Das ist der für die Existentielle Ebene kennzeichnende Dualismus von Organismus und Umwelt.[26] Würde Ihnen plötzlich aufgehen, daß Ihr Dasein mit dem des Universums identisch ist, so würde die Dualität von Ich und Nicht-Ich verschwinden und Sie wären – zumindest vorübergehend – auf der Ebene des GEISTES. Daß Sie aber sich selbst als «hier drinnen» und alles andere als «da draußen» empfinden, ist ein sicheres Anzeichen dafür, daß der primäre Dualismus besteht und Sie sich auf der Existentiellen Ebene befinden.

Der Dualismus von Ich und Nicht-Ich ist höchst interessant, denn er wird durch zahlreiche Faktoren – manche biologischer, die meisten soziologischer Art – geformt, gefärbt und ausgestaltet. Hier, im «oberen

Grenzbereich» der Existentiellen Ebene, empfängt der Organismus seine kulturell vermittelten Grund-Sätze, die fortan alle Transaktionen zwischen ihm und der Umwelt färben. Dieser «Pool» soziologischer Faktoren und kulturspezifischer Ideologien bestimmt weitgehend, wie der Organismus seine Umwelt wahrnimmt und wie er sich ihr gegenüber verhält.

Jedes Individuum trägt auf dieser Ebene ein gigantisches Beziehungsgeflecht, das internalisierte Abbild der Gesellschaft, mit sich herum. Von außerordentlich komplexer und noch kaum verstandener Natur, stellt es eine Matrix dar aus Sprache und Syntax, der verinnerlichten Familienstruktur des einzelnen, kulturellen Glaubenssätzen und Mythen, Regeln und Metaregeln. Ganz allgemein können wir es als Gesamtheit der soziologischen Grundinformation auffassen, welche der Organismus in sich aufnimmt. Diese internalisierte Gesellschaft wollen wir, da sie von der Gesellschaft auf den Einzelorganismus «abgebildet» oder übertragen wird, als *Biosoziales Band* bezeichnen. Es repräsentiert den oberen Bereich der Existentiellen Ebene, wo der Mensch sich von seinem Zentaur-Bewußtsein abzulösen beginnt, weil er versuchen muß, es in eine gesellschaftlich sinnvolle und akzeptable Form zu übersetzen.

Das meiste an diesem Biosozialen Band ist mehr oder weniger unbewußt: zu nah, als daß wir es deutlich erkennen könnten. Erst mit dem Studium anderer Kulturen beginnen wir zu begreifen, daß das, was wir unbewußt für die Wirklichkeit nahmen, in Wahrheit nichts als soziale Übereinkunft ist, eine «Abmachung», um es mit Castaneda zu sagen. Das sieht man am deutlichsten an der Sprache; sie dürfte das grundlegendste aller Beziehungsmuster sein, die das Biosoziale Band ausmachen. Kein anderer war sich der unbewußten Prägung unserer Erfahrung durch Sprache und Grammatik so bewußt wie Benjamin Lee Whorf:

> Wir alle machen uns Illusionen über das Sprechen, indem wir annehmen, es geschehe ganz ungezwungen und spontan und bringe lediglich zum Ausdruck, was auch immer wir gerade intendieren. Dieser illusionäre Anschein resultiert aus dem Umstand, daß die bindenden Phänomene im scheinbar so freien Redefluß so vollkommen autokratisch sind, daß Sprecher und Zuhörer ihnen – unbewußt – gänzlich unterworfen sind wie einem Naturgesetz. Die Phänomene der Sprache sind Hintergrundsphänomene, deren sich die Sprecher nicht oder

> bestenfalls sehr vage bewußt sind ... Die Form der Gedanken eines Menschen unterliegt der Kontrolle strikter Strukturgesetze, die ihm nicht bewußt sind. Und diese Strukturen oder Muster sind die nicht wahrgenommenen, äußerst fein gesponnenen Systematisierungen seiner eigenen Sprache.[27]

Sprache ist für uns wie das Wasser für einen Fisch – ein so konstantes Phänomen unserer Erfahrung, daß wir es gar nicht oder kaum bemerken. Gewiß, manche Funktionen der Sprache sind uns für gewöhnlich gegenwärtig, etwa die Auswahl der Symbole, mit deren Hilfe wir anderen etwas vermitteln, mitunter auch die grammatischen Regeln, nach denen wir unsere Sätze formulieren; die wichtigste und in allen Äußerungen gegenwärtige Funktion der Sprache entgeht uns dagegen völlig: der Umstand nämlich, daß sie Unterscheidungen schafft. Die Sprache und ihr Gegenstück, das abstrakte Denken, sind der wichtigste Ursprungsort unserer Dualismen.

> Die Segmentierung der Natur ist ein Aspekt der Grammatik ... Wenn wir den Strom der Ereignisse auf eine bestimmte Weise zerschneiden und organisieren, so geschieht das nicht deshalb, weil die Natur – für jedermann klar und deutlich zu erkennen – auf eben diese Weise gegliedert wäre, sondern weil unsere Muttersprache uns zu Mitträgern einer Abmachung macht, daß dies so zu geschehen hat ... Wir zerschneiden die Natur nach einem Schnittmuster, das unsere Muttersprache festlegt.[28]

Schon die Tatsache, daß die meisten Wörter der europäischen Sprachen in zwei Hauptklassen fallen, nämlich die Nomina und Verben, deutet, wie Whorf ergänzt, darauf hin, daß unsere Sprache uns ein «bipolares» also dualistisches Bild der Welt vermittelt. «Die Natur selbst ist jedoch nicht polarisiert.» Das sehr reale Problem besteht hier darin, daß die Form des Universums nicht unbedingt mit der Form unserer Sprache und Logik übereinstimmt: Wir biegen das Universum so zurecht, daß es zu unserer Sprache paßt, und tun der Natur auf subtile und für alle Teile schädliche Weise Gewalt an. «Dieses Verfahren», so bemerkt L. L. Whyte, «ist so paradox, daß nur lange Gewöhnung seine Absurdität überdecken kann.» Wir haben schon anderswo erörtert, wie Sprache und

Denken die Welt mit fiktiven Dingen und Gegenständen bevölkern, und brauchen das hier nicht weiter zu verfolgen. Halten wir aber fest, daß das Biosoziale Band, als Hort soziologischer Institutionen wie Sprache und Logik, grundsätzlich und vor allem eine *Matrix von Unterscheidungen* ist, von Formen und Mustern, die das «nahtlose Gewand des Universums» auftrennen.

So verstärkt das Biosoziale Band alle Dualismen, falls es nicht direkt für sie verantwortlich ist, und nährt damit Illusionen, die wir sonst vielleicht durchschauen würden. Wir wollen hier natürlich nicht die Nützlichkeit von Sprache und Logik bezweifeln, aber wenn wir das, was sie uns vermitteln, für die Wirklichkeit selbst halten, verdecken sie uns diese Wirklichkeit ganz und gar und wir tappen im Dunkeln unserer eigenen Schatten herum.

Drei weitere Funktionen des Biosozialen Bandes will ich noch kurz erwähnen. Zunächst macht es einen Teil jenes Kerngefühls aus, ein gesondertes und wohlunterschiedenes Einzelwesen zu sein, denn es gibt dem Organismus eine unbewußte Ausrichtung auf die Umwelt hin, formt und verstärkt die Dualität von Ich und Nicht-Ich. Indem es die Symbole, die Syntax und die Logik für das höhere Denken bereitstellt, ist es zweitens ein Reservoir abstrakter Verstandestätigkeit. Durch Reflexion über diese Matrix von Unterscheidungen erhalten wir «Unterscheidungen von Unterscheidungen», das heißt abstrakte Ideen. Drittens: Wie das Biosoziale Band dem Denken Nahrung gibt, so nährt es auch das Ego; es stellt eine Art Reservoir für die Ausgestaltung des Ego dar. Wie George Herbert Mead gezeigt hat, gewinnt der Mensch sein Ichbewußtsein dadurch, daß er sich selbst zum soziologischen Objekt wird und sich so zu betrachten versucht, wie andere (der sogenannte «generalisierte andere») ihn sehen würden. So schöpft das Ich aus dem Biosozialen Band seine Rollen-, Wert- und Statusvorstellungen.

Damit können wir nun die Entwicklung des Bewußtseinsspektrums weiterverfolgen. Wir hatten den primären Dualismus beschrieben, der den GEIST unterdrückt und ihn als Organismus versus Umwelt projiziert – das ist die Existentielle Ebene, auf der der Mensch sich mit seinem Organismus identifiziert und die Umwelt als außerhalb liegend betrachtet. Dadurch wird der sekundäre Dualismus von Leben und Tod ausgelöst, der wiederum den tertiären Dualismus von Psyche und Soma bedingt, und hiermit gelangen wir auf die Ebene des Ego (Diagramm 2).

Wir definierten die Existentielle Ebene (und das werden wir in späteren Kapiteln noch vertiefen) als die mehr oder weniger totale Identifizierung mit dem psychosomatischen Gesamtorganismus, wie er in Raum und Zeit existiert. Wir definierten das Ego als eine mehr oder weniger akkurate mentale und symbolische Repräsentation des (biosozialisierten) psychosomatischen Gesamtorganismus. Das Ego, so könnte man sagen, ist das, was vom Zentauren übrigbleibt, nachdem er biosozialisiert und ihm der tertiäre Dualismus auferlegt wurde. Kurz, das Ego ist (zumindest im Sinne der gesellschaftlichen Übereinkunft) ein einigermaßen zutreffendes, einigermaßen akzeptables und einigermaßen «gesundes» Ich-Bild.

Einer der herausragenden Züge des Ego besteht darin, daß es im wesentlichen nichts weiter als ein Sack voller zensierter Erinnerungen ist.

> Das «Ich» (im Sinne der gesellschaftlichen Übereinkunft), die «Person», wird vor allem von der Geschichte ausgewählter Erinnerungen gebildet, angefangen vom Augenblick der Geburt. Der Übereinkunft nach bin ich nicht einfach das, was ich jetzt tue. Ich bin auch das, was ich getan habe, und die nach Maßgabe der Übereinkunft bearbeitete Fassung meiner Vergangenheit ist beinah ein wirklicheres Ich, als was ich jetzt gerade bin. Denn was ich *bin*, scheint so flüchtig und ungreifbar, aber was ich war, steht ein für allemal fest. Es bildet eine solide Grundlage für Voraussagen über das, was ich künftig sein werde – und so kommt es, daß ich mit dem nicht mehr Existierenden mehr identifiziert bin als mit dem, was tatsächlich *ist*.[29]

Daß dem so ist, läßt sich leicht verifizieren: Fragen Sie sich selbst: «Wer bin ich?» Ihre Antwort wird hauptsächlich aus Dingen bestehen, die sich aus der Vergangenheit herleiten. Nur ganz vereinzelt wird einmal jemand antworten: «Das Lesen dieses Satzes ist, was ich jetzt bin.» Nun ist es eine Sache, sich der Vergangenheit zu erinnern, und eine ganz andere, sich mit ihr zu identifizieren. Kein Vogel, der eine imaginäre Linie über den Himmel zieht, ist so dumm, sich mit dieser Linie zu identifizieren. Die folgende kleine Geschichte, von einem amerikanischen Psychotherapeuten, mag das Gemeinte verdeutlichen:

> Ich stand auf und ging umher, die Füße schlenkernd, um die schmerzenden Gelenke zu normalisieren. Dann nahm ich wieder meine Sitzhaltung ein.
> Der Rōshi [Zen-Meister] blickte auf die Stelle, wo ich gegangen war.
> «Können Sie die Schritte sehen?» fragte der Rōshi.
> «Nein.»
> Er nickte. »Sie waren vorher nicht da und sind jetzt nicht da. Es ist nichts Vergangenes in Ihrem Leben und nichts Künftiges, nur» – und wieder brach es aus ihm hervor – «ah!»[30]

Wir dagegen haben uns mit unseren Spuren, unserem Pfad, unserer illusionären Vergangenheit identifiziert. Der Versuch, so zu leben, den Blick stets verstohlen über die Schulter auf das Gespenst des Gestern gewandt, ähnelt – wie Marshall McLuhan sagt – dem Versuch, mit unverwandt auf den Rückspiegel gerichtetem Blick ein Auto zu steuern. Die Angst, die wir so selbst erzeugen, kann uns dazu bringen, mit James Joyces Stephen (aus dem Roman *Ulysses*) auszurufen: «Die Geschichte ist ein Alptraum, aus dem ich zu erwachen suche.»

Die Illusion der Vergangenheit bietet keine Befriedigung, und so wendet das Ego sich der Zukunft zu in der Annahme, daß dort irgendwo ein höchstes Glück wartet, daß am Ende des Regenbogens der Zeit der große Fund zu machen ist. Doch auch das erweist sich als Scheinlösung, denn Glück im Hier und Jetzt gibt es dann immer noch nicht. Das Ego gibt sich notfalls damit zufrieden, eine «glanzvolle Zukunft» zu haben, und es nimmt unsägliches gegenwärtiges Leid auf sich für die Aussicht auf eine freudvolle Zukunft; nur wird es sich dieser Zukunft nie erfreuen, denn wenn sie tatsächlich eintritt, wird das Ego nur zufrieden sein, wenn ihm abermals eine glückliche Zukunft versprochen wird. Man fühlt sich an den Esel erinnert, dem man eine Mohrrübe an einer Schnur vor der Nase baumeln läßt, um ihn in Bewegung zu halten.

Das Ego verbringt überdies soviel Zeit mit der Jagd nach künftigem Glück, daß ihm das Rennen schließlich zum Selbstzweck wird. Hier beginnen wir, die Suche nach Glück mit dem Glück selbst zu verwechseln. Dann sind wir zu nichts anderem mehr fähig, als weiter zu suchen und zu rennen, und sollte das künftige Glück dann tatsächlich auftauchen, können wir nicht mehr anhalten und rennen vorbei. Wir leben nie ganz in der Gegenwart und ruhen nie zufrieden in uns selbst. Wer sich aber der Gegenwart nicht erfreuen kann, der wird sich auch der Zukunft nicht erfreuen können, wenn sie Gegenwart wird. Enttäuschung wird zum Dauerzustand, und die einzige Alternative scheint darin zu bestehen, noch schneller zu rennen und daher, da es sich um einen Teufelskreis handelt, noch eifriger an der eigenen Enttäuschung zu arbeiten. Aber sei's drum, der Fortschritt läßt sich nicht aufhalten. Nur fragt man sich allmählich, ob dieser Fortschritt nicht eher eine Art Krebs ist.

Die Crux dieser ganzen Sache besteht darin, daß das Ego niemals wirkliche Freude erfährt, denn Freude gibt es nur im gegenwärtigen Augenblick; was aber dem gegenwärtigen Augenblick angehört, kennt keine Zukunft, und was keine Zukunft kennt, ist Tod. Zu wirklicher Freude gehört demnach das Annehmen des Todes, und da das Ego dazu nicht fähig ist, bleiben ihm auch Freude und Glück verwehrt. Das sagen auch die bekannten Worte aus Goethes *West-östlichem Diwan*:

> Und so lang du das nicht hast,
> dieses Stirb und Werde,
> bist du nur ein trüber Gast
> auf der dunklen Erde.

So versucht der Mensch auf der Ego-Ebene, dem Tod des zeitlosen Augenblicks zu entgehen, indem er in einer Vergangenheit lebt, die nicht existiert, und eine Zukunft erstrebt, die niemals eintreffen wird. Das wichtigste Werkzeug dieses Unternehmens ist natürlich die symbolische Landkarten-Erkenntnis. Sagen wir es noch einmal: Diese Weise des Erkennens ist nur dann negativ und illusorisch, wenn wir ihre Resultate mit dem Territorium selbst verwechseln. Das aber haben wir getan. Wir haben uns so beharrlich auf Ideen über die Wirklichkeit versteift, daß uns kaum noch Spuren von direkter Erfahrung der Wirklichkeit geblieben sind. Doch selbst wenn uns die Wirklichkeit selbst nicht mehr gegenwärtig ist, hat die symbolische, also dualistische Weise des Erkennens doch große Fortschritte vorzuweisen, vor allem auf dem Gebiet der Naturwissenschaft und Medizin. Die katastrophalen Fehlentwicklungen freilich, etwa die Umweltkrise, sind wohl darauf zurückzuführen, daß wir das Territorium nicht sehr deutlich sahen und erst merkten, was wir taten, als es schon fast zu spät war. Doch wie dem auch sei, für uns kommt es darauf an, daß auf der Ego-Ebene das symbolische, dualistische, lineare, objektive und begriffliche Erkennen vorherrscht; ob es richtig oder falsch gebraucht wird, ist eine ganz andere Frage.

Symbolische Landkarten-Erkenntnis spielt auch eine entscheidende Rolle bei dem, was man gemeinhin Kommunikation nennt; diesem Kommunikationsprozeß müssen wir uns nun zuwenden, um die Entstehung des letzten Haupt-Dualismus und der letzten Haupt-Ebene des Bewußtseinsspektrums zu erklären.

Kommunikation kann ein sehr komplexes Phänomen sein, wie man etwa an der Informationstheorie oder der Kybernetik erkennen kann, aber diese Feinheiten brauchen wir hier nicht aufzurollen. Wichtig ist für uns dagegen die häufig übersehene Tatsache, daß Kommunikation auf etlichen verschiedenen Ebenen ablaufen kann. John sagt etwa zu Mary: «Du ödest mich an», aber dann fährt er fort: «Na, ich mach nur Spaß.» John hat Mary zwei Botschaften zukommen lassen, aber auf verschiedenen Ebenen, denn die zweite ist eine Aussage über die erste, sie sagt Mary, daß die erste nicht ernst gemeint war. Mitteilungen wie diese zweite, Botschaften über Botschaften, nennen wir «Meta-Botschaften»; sie operieren auf einer anderen Ebene als die Aussage, auf die sie sich beziehen, auf einer «Meta-Ebene». Wir alle sind mit diesem Phänomen vertraut, auch wenn wir es uns nicht auf diese Weise vergegenwärtigt haben. Die «Körpersprache», ein heute vieldiskutiertes Phänomen, kann solch eine Metasprache sein, die Botschaften *über* die eigentliche verbale Botschaft übermittelt. Wenn John ganz entspannt und lächelnd sagt: «Du ödest mich an», dann erkennt Mary an der Metasprache seiner Stimme und Gestik, daß er nur Spaß macht. Spannt er aber alle Muskeln an, wird rot und brüllt, dann weiß sie, daß jetzt höchste Vorsicht geboten ist. In beiden Fällen war die verbale Botschaft dieselbe, aber ihr Sinn kann von der Metabotschaft drastisch verändert werden. Und so ist es in vielen Fällen: Um eine Botschaft richtig zu verstehen, müssen wir ihren Kontext richtig einschätzen, das heißt, wir müssen ihr eine Metabotschaft zuordnen.

Normalerweise gelingt es uns mühelos, die richtigen Schlüsse zu ziehen; das läuft unbewußt und spontan ab. Manchmal bilden sich jedoch Knoten in den metakommunikativen Prozessen, und man hat Schwierigkeiten, mit eben den Metabotschaften umzugehen, die normalerweise das richtige Verstehen anderer Botschaften unterstützen. Der Betroffene vermag dann etwa keine Klarheit mehr darüber zu gewinnen, ob die

Welt für oder gegen ihn ist; oder es gelingt ihm nicht mehr, seine eigenen verbalen Botschaften durch geeignete Metabotschaften so zu ergänzen, daß deutlich wird, was er wirklich fühlt; umgekehrt kann er nun unfähig sein, dem Handeln anderer ihm gegenüber den richtigen Kontext zuzuschreiben. Das kann so weit gehen, daß er bei manchen Botschaften nicht mehr weiß, woher sie kommen – haben sie ihren Ursprung in ihm oder in der Außenwelt? Kurz, die metakommunikativen Prozesse sind seiner bisher unbewußt richtigen Kontrolle entglitten, und wir beobachten hier, wie der vierte oder quartäre Dualismus sich auftut.

Diese Verknotungen in der Kommunikation bilden sich meist in Situationen, die man *double bind* (Beziehungsfalle) nennt.[31] Für die richtige Einschätzung einer Situation, so sagten wir, brauchen wir Botschaften und Metabotschaften. Die Double-Bind-Situation besteht nun darin, daß Botschaft und Metabotschaft einander widersprechen. Wer in solch eine Situation gerät und nicht mehr weiß, was los ist, muß entweder die Botschaft oder die Metabotschaft – gelegentlich sogar beide – umdeuten oder verwerfen. Bringt das keine Klarheit, so wird sein eigener Kommunikationsprozeß sich hoffnungslos verknäulen. Nehmen wir ein Beispiel:

Ein kleiner Junge hat gerade etwas ganz Fürchterliches angestellt, zum Beispiel den Wohnzimmerteppich mit Honig verschmiert. Mutter ist verständlicherweise wütend und schnappt sich den kleinen Tunichtgut, um ihn ordentlich zu versohlen. Dabei sagt sie aber: «Du weißt ja, ich hab dich sehr lieb. Ich tu das nur zu deinem Besten, aber du sollst wissen, daß ich dich auch jetzt lieb habe.» Das ist ihre verbale Botschaft an das Kind, und sie scheint nichts als reine Liebe zu enthalten. Allerdings bebt ihre Stimme, ihr Gesicht ist rot angelaufen, und überdies schlägt sie den Kleinen. Die Metabotschaft enthält unmißverständlich Wut und – zumindest für den Augenblick – so etwas wie Haß: sie widerspricht der verbalen Botschaft.

Was soll der Kleine nun damit anfangen? Bekommt er mit, daß Mutter ihn in diesem Augenblick tatsächlich haßt, und sagt es ihr, so wird sie das ganze Gewicht ihrer Autorität und «Aufrichtigkeit» aufbieten, um ihn davon zu überzeugen, daß er irrt, daß sie ihn eben jetzt wirklich liebt, daß Mütter ihre Kinder immer und unter allen Umständen lieben. Er wird also glauben müssen, daß seine Einschätzung der Situation falsch ist. Was aber nun, wenn er glaubt, daß seine Mutter ihn in diesem Augenblick tatsächlich liebt, wenn er das «alles wieder gut» mit ihr feiern möchte? Dann wird sich zeigen, daß Mutter im Moment gar nicht nach Liebesbezeugungen zumute ist, und sie wird ihn abwimmeln: «Geh in dein Zimmer» oder «Sei still» oder «Laß mich in Ruhe». Nun hat er sich darauf eingelassen, ihren Zorn Liebe zu nennen, aber das bringt ihm überhaupt nichts ein. Er mag widersprechen oder zustimmen, ein höchst ungutes Gefühl bleibt ihm auf jeden Fall. Der einzige Ausweg aus dieser verfilzten Situation wäre zu sagen: «Also, irgendwas ist hier faul», aber für Mutter wären das nur «Widerworte». Dem Kind bleibt kein Ausweg – und das ist die Situation, die wir Double Bind nennen.

Treten solche Situationen häufig ein, so sind verschiedene Folgen möglich. Es könnte sein, daß der Betroffene lernt, Botschaften – eigene und fremde – falsch zu interpretieren; seine metakommunikativen Prozesse verheddern sich, und so kann er den Sinn bestimmter Botschaften nicht mehr richtig erfassen. In wirklich schweren und anhaltenden Double-Bind-Situationen kann es zum Aufgeben aller Versuche zur Metakommunikation kommen; da man auf jeden Fall verliert, ob man nun richtig handelt oder nicht, wozu dann überhaupt den Versuch unternehmen? Das kommt relativ selten vor, führt aber nach Bateson und anderen im allgemeinen in den Zustand, den man Schizophrenie nennt.

Wir werden unser Augenmerk einstweilen nur auf die erste Konsequenz richten, denn sie ist für die Entstehung des quartären Dualismus von besonderer Bedeutung. Metabotschaften geben der eigentlichen Botschaft häufig erst ihre Zuordnung, sie bilden sozusagen die «Interpunktion» im Erfahrungsstrom des Ego. Es genügt nicht, zu wissen, daß in diesem Erfahrungsstrom irgendwo Zorn vorhanden ist, man muß auch wissen, zu wem er gehört. Es ist nicht genug, daß der Erfahrungsstrom das Vorhandensein einer Emotion anzeigt (Botschaft), der Strom muß auch so «interpunktiert» werden (Metabotschaft), daß die Emotion als im Ego bestehend erkannt werden kann. So gibt es im Erfahrungsstrom vieler Menschen die Empfindung «Bösartigkeit» (Botschaft), aber aufgrund ihres metakommunikativen Wirrwarrs sind sie nicht in der Lage, diese Empfindungen als ihre eigenen zu sehen; sie nehmen die Botschaft unentstellt wahr, doch die Interpunktion des Erfahrungsstroms (Metabotschaft) mißlingt, und sie ordnen die Emotion falsch zu, nämlich nicht dem Ego, sondern der Außenwelt. Andere Leute wirken nun «bösartig»;

hier haben wir eine der Wurzeln der Hexenverfolgungen und ähnlicher Phänomene.

Nehmen wir ein weiteres Beispiel: Ein Kind setzt sich mit seinen Eltern zum Essen an den Tisch, sein Erfahrungsstrom enthält die Botschaft «Wunsch zu essen». Wenn die Eltern das Mahl jedoch einleiten mit Bemerkungen wie: «Du hast jetzt gefälligst zu essen», wird das Kind die Botschaft «Wunsch zu essen» mit der Zeit als etwas empfinden lernen, was von außerhalb seiner selbst kommt, und schließlich glauben, *nur* die Eltern hätten den Wunsch, daß es ißt. Sein metakommunikativer Prozeß gerät durcheinander, und nun interpunktiert es den Erfahrungsstrom so, daß der Wunsch zu essen außerhalb des Ego liegt. Natürlich wird es dann unlustig oder gar nicht essen.

Kommunikation und Metakommunikation gibt es natürlich nicht nur auf der Ego-Ebene, aber sie sind auf dieser Ebene von besonderer Bedeutung. Auch Double Binds, ausweglose Situationen, gibt es nicht nur auf dieser Ebene. Jeder Dualismus stellt das Bewußtsein, wie wir noch sehen werden, vor eine ausweglose Situation; jede Ebene des Spektrums, außer dem GEIST, besitzt ihre eigenen Dualismen und daher ihre eigenen Double Binds.

Wichtig ist für uns hier zunächst, daß die metakommunikativen Prozesse die Grenzen des Ego definieren, wenn sie den Erfahrungsstrom richtig interpunktieren, so daß die Inhalte dieses Stroms richtig zugeordnet werden können. Befindet sich das Ego jedoch wiederholt oder dauernd in ausweglosen Situationen, so verwirren sich die metakommunikativen Prozesse, und nun sieht das Ego bestimmte Aspekte seiner selbst als Bestandteile der Umwelt. Die Person spaltet Aspekte ihrer eigenen Psyche von sich ab und verlagert sie in die Umwelt, meist in andere Menschen. Sie nimmt die Ideen, Emotionen, Impulse und andere Botschaften zwar richtig wahr, lokalisiert ihren Ursprung jedoch falsch: Sie kann sich selbst nicht mehr als Träger oder Urheber dieser Aspekte erkennen, sondern verlagert oder projiziert sie in die Umwelt und nimmt sie dort als etwas ihr Äußerliches wahr.

Natürlich gewinnt die Person dadurch ein entstelltes und verarmtes Bild von sich selbst, das jetzt nur noch die Züge enthält, welche das Ego als sein eigen anerkennt. Bei dem Versuch, es akzeptabel zu gestalten, wird das Ich-Bild mehr oder weniger stark verfälscht. Dieses unzutreffende und verarmte Ich-Bild werden wir *Persona* nennen; die vom Ego abgelösten Facetten, die nach außen projiziert werden, nennen wir nach C. G. Jung *Schatten*.

Im letzten Akt der Spaltung und Fragmentierung schafft der Mensch sogar im eigenen Ego eine Dualität, unterdrückt die Einheit aller ichhaften Tendenzen und projiziert sie als Persona versus Schatten. Das also ist die Entstehung der quartären Dualismus-Unterdrückung-Projektion (siehe Diagramm 3).

Auch dieser quartäre Dualismus erzeugt – wie alle vorangegangenen Dualismen – das Bild einer scheinbaren oder bloß eingebildeten Wirklichkeit: Er kann die Dinge nicht so zeigen, wie sie wirklich sind. Die unterdrückten oder verdrängten Aspekte des Ego existieren nicht wirklich dort, wohin sie projiziert werden, sondern bleiben Bestandteil des Ego – so wie das Spiegelbild eines Baumes im Wasser dem Baum selbst nichts nimmt. Sie bleiben dem Ego erhalten, aber in verdrehter Form, nämlich als «neurotische» Symptome. Hier befinden wir uns nun auf der letzten Hauptebene des Bewußtseinsspektrums. Diese Ebene beherbergt all die unerwünschten Seiten unserer selbst, die wir gern loswerden möchten, die uns aber als unser Schatten folgen.

Damit hätten wir nun die gesamte Evolution des Spektrums skizzenhaft vorgeführt. Wie schon gesagt, läßt sich diese Evolution am besten anhand der Identifikation des Menschen auf jeder Ebene verfolgen, denn jede nächste Hauptebene unterscheidet sich von der vorhergehenden durch ein immer mehr eingeengtes und immer weiter beschnittenes Identitätsgefühl – vom Universum zum Organismus, zum Ego und schließlich zu Teilen des Ego. Es dürfte klar sein, daß es sich hier nicht um diskrete Ebenen handelt, sondern daß sie unmerklich ineinander übergehen; wir haben diese sechs Hauptebenen ausgewählt, weil sie charakteristische Bänder des gesamten Spektrums darstellen, die leicht zu erkennen sind. Zu sagen wäre noch, daß der Mensch nie auf nur eine Ebene des Spektrums festgelegt ist, sondern innerhalb eines Tages das ganze Spektrum durchlaufen kann; für gewöhnlich verbringen wir allerdings den größten Teil unseres wachen Lebens in einem engbegrenzten Bereich des Spektrums.

Einige Punkte müssen wir noch kurz ansprechen, um diese Erörterung der Evolution des Spektrums vom GEIST bis hin zum Schatten abzuschließen. Der erste betrifft das «Unbewußte», der zweite die Evolution der einzelnen Ebenen selbst und der dritte die chronologische Seite der

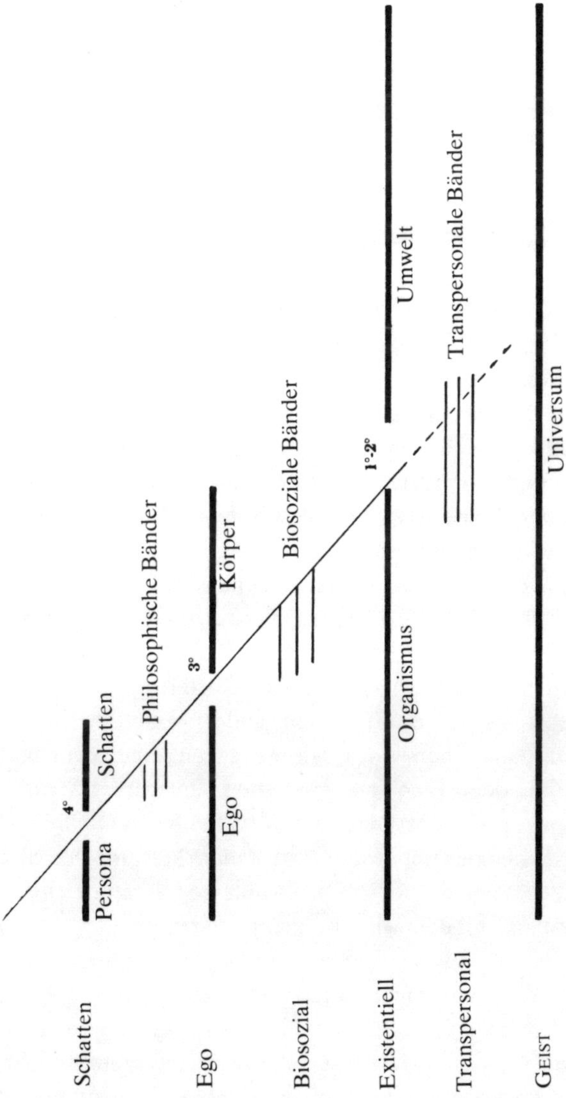

Schatten
Ego
Biosozial
Existentiell
Transpersonal
GEIST
Persona
Schatten
4°
Philosophische Bänder
Ego
Körper
3°
Biosoziale Bänder
Organismus
Umwelt
1°-2°
Transpersonale Bänder
Universum

Diagramm 3

Evolution des Spektrums. Aus Raumgründen werden wir uns mit diesen Punkten allerdings nur sehr summarisch befassen können.

Die Vorstellung des «Unbewußten» im Menschen ist sehr alt, und Freud selbst sagte, daß die Dichter ihm bei der Entdeckung des Unbewußten zuvorgekommen seien. Das Wort «unbewußt» wird auf eine Unzahl verschiedener Prozesse angewendet, doch ganz allgemein bezieht es sich auf Aspekte des Bewußtseins, die aus irgendeinem Grund unvollständig oder gar nicht wahrgenommen werden. So werden nicht nur gewisse Erinnerungen, Erfahrungen, Wünsche und Ideen als unbewußt bezeichnet, sondern auch organische Prozesse wie Verdauung, Körperwachstum und automatische motorische Funktionen, die wir normalerweise nicht bewußt steuern können. Psychoanalytisch betrachtet, enthält das Unbewußte Wünsche (und Ideen, sofern sie mit einem Wunsch verbunden sind), die unterdrückt oder, um den psychoanalytischen Fachausdruck zu gebrauchen, durch «Verdrängung» aus dem Bewußtsein verbannt werden. Allgemein können wir sagen: Wo auch immer eine Unterdrückung oder Verdrängung stattfindet, entsteht notwendig irgendeine Art von Unbewußtem. Unsere Analyse des Bewußtseinsspektrums legt den Gedanken nahe, daß die psychoanalytische Verdrängung nur einer von mehreren Typen der Unterdrückung ist und wir daher auch mit verschiedenen Typen des Unbewußten rechnen können. Zu jeder Ebene des Spektrums, die ja durch charakteristische Dualismus-Unterdrückung-Projektionen entstehen, gehören spezifische unbewußte Aspekte. Jede Ebene hat, anders gesagt, ihr eigenes Unbewußtes. Auf jeder Ebene wird, wie wir sahen, eine zuvor bestehende Nicht-Dualität oder Einheit aufgespalten, unterdrückt und dann als Gegensatzpaar projiziert. Diese unterdrückte Nicht-Dualität oder Einheit ist das, was nun unbewußt wird. Oder, aus einer etwas anderen Perspektive betrachtet: Jedes Unbewußte repräsentiert einen Aspekt des Universums, mit dem wir einst identifiziert waren, es aber nun nicht mehr sind, von dem wir uns also dis-identifiziert haben.

Dies und alles, was wir dazu jetzt noch sagen werden, läßt sich auf einen ganz einfachen Nenner bringen: Psychologisch gesehen bedeutet Dualismus soviel wie Unbewußtes. «Licht ist immer Licht in der Dunkelheit; das ist alles, was es mit dem Unbewußten auf sich hat.»[32] So ist es. Alle Gegensätze bestehen aus zwei Seiten, die in wechselseitiger Abhängigkeit stehen; sie sind nicht-dual und letztlich in der *Coincidentia oppositorum* eins – und wer es anders sehen will, muß dafür die Wirklichkeit verbannen.

In den meisten Fällen – wie etwa im Fall der schwarzen Kreisscheibe vor dem weißen Hintergrund der Seite – nehmen wir an, daß wir die Figur *für sich* wahrnehmen können, und aus dieser Vorstellung schließen wir, daß verschiedene Figuren, verschiedene Dinge, für sich selbst existieren. Doch das ist nur Einbildung, wie wir inzwischen wissen: Tatsächlich nehmen wir ein ganzes Feld war, die Figur vor einem unendlich vielgestaltigen Hintergrund. Dennoch glauben wir immer wieder, auch in anderen Bereichen, daß wir Figur und Grund voneinander trennen können, gut von böse, richtig von falsch, Wahrheit von Trug. Wir sind gerade noch bereit, die Untrennbarkeit von Scheibe und Seite einzusehen, denn das erscheint uns relativ harmlos; aber wie sehr schrecken wir zurück vor der tieferen Verbundenheit, der *Coniunctio oppositorum*, von Gott und Satan, Leben und Tod, Lust und Schmerz, Wollen und Nichtwollen, Tugend und Sünde. Doch wir müssen einsehen, und tief im Herzen wissen wir es bereits, daß das eine ohne das andere nicht nur sinnlos, sondern auch logisch unmöglich und nicht wahrnehmbar ist. Ebensogut könnte man versuchen, sich eine Kiste zu denken, die nur eine Innenseite besitzt, keine Außenseite. Wenn wir uns einreden, die Figur wirklich für sich betrachten zu können, ohne den Hintergrund, haben wir nur bestimmte Aspekte des Wahrnehmungsfeldes ausgeschnitten und unterdrückt: Die Wirklichkeit des nicht-dualen Feldes bleibt zwangsläufig unbewußt.

Zwischen dem, was wir sehen, und dem, was unsere dualistischen, symbolischen Wahrnehmungs- und Denkprozesse zu sehen glauben, klafft offenbar ein tiefer Abgrund, und dieser Abgrund ist der Stoff, aus dem das Unbewußte gemacht wird. Wir bezahlen für die Dualität mit dem Schlaf des Unbewußten – wie es auch schon unsere Väter und deren Väter taten.

Gehen wir nun das Bewußtseinsspektrum noch einmal durch, um die wichtigsten unbewußten Prozesse aufzuzeigen, die mit den vier Haupt-Dualismen verbunden sind. Dabei werden wir auch Gelegenheit haben, über einige unbewußte Prozesse zu sprechen, die sich aus diesen Dualismen *ableiten*, etwa das «philosophische Unbewußte» und das «biosoziale Unbewußte». An den entsprechenden Stellen unserer

Untersuchung werden wir auf diese Dinge näher eingehen und geben hier zunächst einmal nur einen summarischen Überblick.

Der primäre Dualismus, so sagten wir, unterdrückt die Einheit von Subjekt und Objekt und damit den GEIST selbst, der damit allerdings nicht verlorengeht, sondern sozusagen implizit wird: unbemerkt und unbewußt. GEIST ist das, was wir immer sind, nur sind wir dessen nicht gewahr. Dennoch ist die Erfahrung von Nur-Geist stets gegenwärtig – es ist sogar die einzige stets gegenwärtige Erfahrung –, aber aufgrund des primären Dualismus ignorieren, unterdrücken und vergessen wir sie und vergessen dann auch noch, daß wir vergaßen. Kurzum, wir verdrängen den GEIST ins Unbewußte.

Wenn wir aber sagen, der GEIST sei das grundlegende Unbewußte, so heißt das nicht, daß Erleuchtung – die Aufhebung aller Unterdrückung oder Verdrängung – darin besteht, den GEIST aus der Tiefe heraufzubaggern und ihn mutig, realistisch und objektiv zu betrachten. Das ist wahrhaftig unnötig, ja sogar unmöglich. Um die primäre Unterdrückung rückgängig zu machen, brauchen wir «nur» bewußt als GEIST zu leben (was wir allerdings in gewissem Sinne ohnehin schon tun). Der GEIST kann niemals ein Objekt des Bewußtseins werden, und so könnten wir ihn auch in diesem Sinn als ein «Unbewußtes» bezeichnen; halten wir uns aber vor Augen, daß dieser Begriff hier einen etwas anderen Sinn hat als der durch Unterdrückung unbewußt gewordene GEIST. Im letzteren Fall, so sagten wir, sind wir uns der Tatsache nicht bewußt, daß wir stets als GEIST existieren, und dieser Zustand wird durch Aufhebung der primären Unterdrückung «rückgängig gemacht». Der erstere Fall bezeichnet einen Zustand, der nicht rückgängig gemacht werden kann und bei dem das auch gar nicht nötig ist, denn der GEIST ist hier deshalb «unbewußt», weil er als absolute Subjektivität, als nicht-duales Gewahrsein, als der Höchste Erkennende nicht als *Objekt des Bewußtseins* erkannt werden kann. Dennoch ist der GEIST selbst höchst bewußt, er ist sogar reines Bewußtsein – nur ist er sich *seiner selbst* nicht bewußt, wie auch ein Auge sich nicht selbst sehen kann.

> Was also könnte, ja muß unbegreiflich sein? Nur das Begreifende selbst ist unbegreiflich, denn es kann, während es begreift, nicht sich selbst begreifen.[33]

In unserer Terminologie hieße das: Da die Ebene des GEISTES reines Bewußtsein ist, kann sie niemals ihrer selbst bewußt sein und ist demnach «unbewußt». Der Begreifende ist nicht begreifbar; der Denkende ist undenkbar; Bewußtsein ist «unbewußt». So ist der GEIST denn in zweierlei Sinn unbewußt: unbewußt, weil wir ihn verdrängt haben und seines Vorhandenseins nicht mehr inne sind; und «unbewußt», weil wir ihn nicht auf dualistische Weise erkennen können – wir können den GEIST einzig und allein dadurch erkennen, daß wir selbst GEIST *sind*.

Demnach macht der primäre Dualismus das «Unbewußte» unbewußt. Das impliziert aber, daß das Unbewußte in seiner tiefsten Schicht das Universum *ist*. Sonne, Mond und Sterne, Berge, Wolken und Gewässer, aber auch Autos, Flugzeuge und Eisenbahnen, das sind einige Inhalte unseres Grund-Unbewußten.

Hier sollten wir zumindest erwähnen, daß dieses Grund-Unbewußte nicht nur ein Produkt des primären, sondern auch des sekundären Dualismus ist. Der sekundäre Dualismus ist nämlich, wie wir noch eingehender darlegen werden, eigentlich die Kehrseite des primären Dualismus; ersterer konstituiert die Zeit, letzterer den Raum, so daß die Distanz zwischen Subjekt und Objekt, welche die Unendlichkeit unsichtbar macht, dasselbe ist wie die Distanz zwischen Vergangenheit und Zukunft, welche die Ewigkeit unerfahrbar macht. Hier genügt es jedoch, uns ins Gedächtnis zu rufen, daß der sekundäre Dualismus (der auf der Existentiellen Ebene auftritt) die Einheit von Leben und Tod, Vergangenheit und Zukunft, Sein und Nichts aufhebt; fortan lebt der Mensch in der Zeit und das *nunc stans*, die Ewigkeit des gegenwärtigen Augenblicks, die ungeheure Welt des Nicht-Historischen, wird ihm verdunkelt und unbewußt.

Das Grund-Unbewußte ist also das unendliche und ewige Universum, durch den primären und sekundären Dualismus unbewußt geworden: alle Welten – in Vergangenheit, Gegenwart und Zukunft –, im nicht gehörten Herzen des Menschen beschlossen.

> Das Unbewußte ist jenes unsterbliche Meer, das uns hierherbrachte; Ahnungen davon haben wir in Augenblicken des «ozeanischen Gefühls»; ein Meer der Energie oder des Instinkts; die ganze Menschheit umfangend, ohne Unterschied der Rasse, Sprache oder Kultur; alle Generationen Adams, vergangene, gegenwärtige und künftige, in

einem ... mystischen ... Körper umfangend ... Das Unbewußte ist die wahre psychische Wirklichkeit; und das Unbewußte ist der Heilige Geist.[34]

Wenn wir sagen, der primäre und sekundäre Dualismus lasse den GEIST unbewußt werden, so ist das nur ein anderer Ausdruck für den Umstand, daß diese beiden Dualismen die Unterdrückung des organismischen Bewußtseins anzeigen, denn wie wir bereits sahen, hat dieses organismische Bewußtsein aufgrund des Umstands, daß es raumlos und zeitlos ist, an der absoluten Subjektivität teil. Primärer und sekundärer Dualismus verdunkeln und unterdrücken dieses reine organismische Bewußtsein, weil sie Sie davon überzeugen, daß die Grenzen zwischen innen und außen, Vergangenheit und Zukunft ganz real sind – während sie doch in Wirklichkeit, wie alle Grenzen, nichts als symbolische Übereinkünfte darstellen.

So wird das organismische Bewußtsein in Zentaur-Bewußtsein verwandelt. Auch dieses Zentaur-Bewußtsein, dieses totale Erfassen des Daseins in der verstreichenden Gegenwart, fällt durch den tertiären Dualismus der Unterdrückung und Verdrängung anheim. Ebenfalls an diesem Prozeß beteiligt ist das Biosoziale Band, das wir zwischen der Existentiellen Ebene und der Ego-Ebene angesiedelt haben.

Als «internalisierte Gesellschaft» oder «Matrix von Unterscheidungen», wie wir es nannten, ist das Biosoziale Band gewiß ein Produkt des primären und sekundären Dualismus, denn die Kultur wird nicht nur durch die Entgegensetzung von Ich und Nicht-Ich (primärer Dualismus) geprägt und verstärkt selbst wiederum diese Dualität, sondern ist auch Ausdruck des Verhältnisses, welches der Mensch zum Tod hat (sekundärer Dualismus). So trägt das Biosoziale Band denn bei zur Unterdrükkung des existentiellen Gewahrseins, und das bedeutet, daß es als «Filter» der Wirklichkeit in Erscheinung tritt. Alle Aspekte der Erfahrung, die diesen sozialen Filter (aus Sprache, Gesetzen, Ethik, Tabus, Logik, Regeln und Metaregeln) nicht passieren können, bleiben unbewußt. Während wir also das Zentaur-Bewußtsein unterdrücken, um es mit den gesellschaftlichen Konventionen in Übereinstimmung zu bringen, verwüsten wir einen großen Teil der Wirklichkeit und verdrängen ihn ins Unbewußte. So lesen wir bei Erich Fromm:

> Die Wirkung der Gesellschaft besteht jedoch nicht nur darin, unserem Bewußtsein Fiktionen einzutrichtern, sondern auch darin, uns daran zu hindern, uns der Wirklichkeit bewußt zu sein ... Jede Gesellschaft bildet durch ihre Lebensweise und die Art ihres Bezogenseins, Fühlens und Wahrnehmens ein System von Kategorien, das die Formen des Bewußtseins bestimmt. Dieses System arbeitet sozusagen wie ein *gesellschaftlich bedingter Filter*. Eine Empfindung kann nur dann ins Bewußtsein dringen, wenn sie diesen Filter passiert ... Ich bin mir all meiner Gefühle und Gedanken bewußt, die den dreifachen Filter der (sozial bedingten) Sprache, der Logik und der Tabus (sozialer Charakter) passieren dürfen. Empfindungen, die nicht durch den Filter gehen, bleiben außerhalb des Bewußtseins; das heißt, sie bleiben unbewußt.[35]

Was vom Zentaur-Bewußtsein nach dieser Filterung durch das Biosoziale Band noch übrigbleibt, wird schließlich doch gänzlich ins Unbewußte abgedrängt, wenn wir die Ego-Ebene erreichen. Denn im Biosozialen Band, wo das existentielle Gewahrsein schon weitgehend verschüttet ist, handelt und empfindet der Mensch im Grunde noch als Zentaur, als Geist-Körper: sein Ich ist mehr oder weniger ein Körper-Ich, sein Denken mehr oder weniger ein Körper-Denken. Doch mit dem Aufbrechen des tertiären Dualismus gibt der Mensch den Körper preis und verwirkt alle bewußte Verbindung zum Zentaur-Bewußtsein. Nun erfährt der Mensch sich nicht mehr als geeintes Wesen, sondern als Reiter auf einem Pferd, das er schlägt oder lobt, damit es ihm seinen Willen tut: Dieses Pferd ist sein Körper, «der arme Bruder Esel». Der Zentaur ist jedoch nicht tot, nur lebendig begraben.

Das also ist die Geburt des Ego – letztlich die Frucht jenes mit dem primären Dualismus entstandenen Gefühls, eine gesonderte Wesenheit zu sein. Eng mit diesem Ego verknüpft ist nun etwas, das wir als das «philosophische Unbewußte» des einzelnen bezeichnen können; es besteht aus unseren nicht überprüften metaphysischen Annahmen, aus persönlichen, aber völlig impliziten philosophischen Paradigmen, aus intellektuellen Grundannahmen und Landkarten, die uns so selbstverständlich geworden sind, daß wir sie normalerweise keiner kritischen Betrachtung mehr unterziehen. Dieses Band der Ego-Ebene ist sozusagen analog dem gesellschaftlichen Filter des Biosozialen Bandes. So sagt Erich Fromm,

> daß es neben den sozialen Tabus noch individuelle Auslegungen dieser Tabus gibt, die von Familie zu Familie verschieden sind. Ein Kind, das fürchtet, von seinen Eltern «fallengelassen» zu werden, weil es sich solcher Empfindungen bewußt wird, die für sie persönlich tabu sind, wird außer der sozial normalen Verdrängung auch noch diese Gefühle verdrängen, die der individuelle Aspekt des Filters daran hindert, in das Bewußtsein zu dringen.[36]

Ganz allgemein gesagt, sind die Philosophischen Bänder eine *persönliche Matrix der Unterscheidungen* neben der sozialen Matrix der Unterscheidungen, die das Biosoziale Band bilden. Vielfach wirken die Philosophischen Bänder mit bei der Erzeugung der quartären Dualismus-Unterdrückung-Projektion, und an der Erhaltung dieses Dualismus sind sie grundsätzlich beteiligt. Wenn es sich bei einer Erfahrung, die dieser Filter nicht ins Bewußtsein gelangen läßt, um ein «äußeres» Ereignis handelt, wird die Wahrnehmung dieses Ereignisses entstellt sein; sollte sie aber persönlichen Ursprungs sein, so wird sie zu dem Stoff, aus dem der Schatten ist. Dies ist die Entstehung des quartären Dualismus.

Der quartäre Dualismus spaltet die Psyche, unterdrückt ihre wesenhafte Einheit und läßt damit den unbewußten Schatten entstehen. Was jetzt unbewußt wird, ist eigentlich die Einheit oder Harmonie aller psychischen Tendenzen; die verbannten Aspekte der Psyche bezeichnet man im allgemeinen, wenn auch nicht ganz treffend, als die «Inhalte» des Unbewußten. «Unbewußt» heißt hier freilich nicht, daß der Schatten uns in keiner Weise mehr gegenwärtig ist: Wir projizieren ihn auf Menschen und Dinge »da draußen« und wiegen uns in dem Gefühl, mit uns selbst habe er rein gar nichts zu tun.

Jede Ebene des Spektrums hat ihre ganz eigenen Charakteristika – eigene Bedürfnisse, eigene Symbole, Weisen des Erkennens, Motivationen, Kompensationen und so weiter. Wenn eine Ebene unbewußt wird, dann auch ihre Züge und Charakteristika. Da das Spektrum geschichtet ist, muß auch das Unbewußte geschichtet sein. Grundsätzlich aber, auf welcher Ebene des Spektrums wir uns auch befinden mögen, ist das Unbewußte die Summe all jener Aspekte des Universums, mit denen wir nicht länger identifiziert sind, aber auch die dualistischen Landkarten, die uns die Identität mit diesen Dingen so wirkungsvoll verbergen. Die Aspekte, die durch Verdrängung unbewußt wurden, treten in unserer

Erfahrung nur noch in indirekter und entstellter Form auf, als fremde und bedrohliche Objekte «da draußen» – verwaschene Spiegelungen eines verlorenen Paradieses, einer vergessenen Einheit.

Doch so verschieden die Ebenen des Unbewußten sein mögen, sie alle stammen letztlich vom primären Dualismus ab. Ist der Sehende erst vom Gesehenen gesondert, so wird er ein blinder Fleck im Universum, weil er sich selbst nicht sehen sieht. Kein Beobachtungssystem kann sich selbst *ganz* beobachten, und so muß, wo Dualität herrscht, immer etwas unberücksichtigt bleiben; dieses Faktum ist uns bereits als Unvollständigkeit und Unschärfe begegnet; hier sehen wir nun seine psychologische Wirkungsweise. Das Universum wendet sich sich selbst zu, aber dadurch erschafft es – scheinbar – das «andere»; es wird sich selbst zum Objekt und daher sich selbst fremd. Diese Urform des blinden Flecks bildet eine Art Kristallisationskern, um den sich mit jeder neuen Ebene des Spektrums immer neue Schichten des «Unberücksichtigten», des Unbewußten, ablagern, und jede Schicht vergrößert den ursprünglichen blinden Fleck durch immer neue Dualismen.

Kommen wir nun zur Entwicklung der einzelnen Ebenen selbst. Das Spektrum evolviert nicht nur insgesamt in einer Art vertikaler Bewegung aus der Ebene des GEISTES heraus, sondern auch die einzelnen Ebenen evolvieren und «expandieren» in einer Art horizontaler Bewegung. Wie unser Intellekt, unsere Sprachprozesse, unser Ich-Bild, unser Körperbewußtsein und andere Phänomene der verschiedenen Ebenen sich im einzelnen und in der Spezies entwickeln, wird von Naturwissenschaftlern und Erziehern, Anthropologen und Soziologen erforscht. Welche Bedeutung diese Veränderungen für unsere «Durchbrüche zum kosmischen Bewußtsein» haben, wurde von so bekannten Autoren wie Teilhard de Chardin, R. M. Bucke, Shrī Aurobindo, Jean Gebser, William I. Thompson, Theodore Roszak und Carl Friedrich von Weizsäcker dargestellt. Halten wir fest, daß der GEIST selbst, da er zeitlos und raumlos ist, nicht evolviert; seine – scheinbar – verschiedenen Weisen, sich zu manifestieren, vermitteln uns jedoch den Eindruck, daß die übrigen Ebenen ein sich entfaltendes Spektrum bilden.

Der dritte Punkt betrifft den chronologischen Aspekt dieser Entwicklung. Dieser Punkt ist schwer zu erfassen, weil der GEIST keine Vergangenheit oder Zukunft, kein Vorher oder Nachher kennt.[37] Deshalb ist die Entfaltung des Spektrums nicht die Evolution des GEISTES durch Raum und Zeit, sondern die scheinbare Evolution des GEISTES in Raum und Zeit hinein, seine Manifestation *als* Raum und Zeit. Wenn wir die Entwicklung des Spektrums und seiner vier Haupt-Dualismen so beschreiben, als geschähe sie in der Zeit, so ist das nur ein Zugeständnis an die ausgetretenen Wege unseres Denkens und unserer Sprache, die gar nicht anders können, als die Gleichzeitigkeit der Ereignisse im zeitlosen Augenblick als lineare und temporale Abläufe darzustellen. Für die hinduistische Wissenschaft vom Selbst stellt dieser Gedanke keine Schwierigkeit dar, denn er entspricht der Lehre von der Involution und Evolution des Selbst, des Ātman-Brahman.

> Man kann das oder die Leben des Menschen als eine Kurve betrachten, als einen Bogen der Zeiterfahrung, der sich über die Dauer des individuellen Lebenswillens hinspannt. Die Auswärtswölbung dieser Kurve – Evolution, Pravritti-Mārga, der «Pfad des Strebens» – ist durch Selbstbehauptung charakterisiert. Die Einwärtswölbung – Involution, Nivritti-Mārga, der «Pfad der Rückkehr» – durch wachsende Selbst-Verwirklichung. Die Religion des Menschen auf dem Auswärtspfad ist die Religion der Zeit; die Religion derer, die zurückkehren, ist die Religion der Ewigkeit.[38]

Evolution und Involution des Selbst werden hier als universales Drama des ewigen Spiels[39] (*līlā, krida, dolce gioco*), als Erschaffung und Tilgung, Manifestation und Auflösung gesehen, doch der einzige Akteur in diesem Drama ist das Selbst, das unendlich viele Rollen (wie Sie und mich) spielt und dabei doch nie etwas anderes ist als das Selbst, raum- und zeitlos, ganz und ungeteilt. In unserer zeitlichen und daher begrenzten Sicht glauben wir, in diesem Drama zwei Akte zu erkennen – Involution und Evolution –, doch handelt es sich hier nicht um zwei Phasen. Letztlich gibt es keine Involution und Evolution in der Zeit, denn das Selbst bleibt stets außerhalb der Zeit im ewigen Augenblick – ob wir dessen nun gewahr sind oder nicht. Das gilt auch für die scheinbare Evolution des Bewußtseinsspektrums, denn im Grunde haben wir nichts anderes getan, als den Pravritti-Mārga in modernen Begriffen zu erklären. Deswegen haben wir es mit Absicht vermieden, den vier Hauptdualismen eine Chronologie zuzuordnen; wir haben nur angedeutet, daß sie in der angegebenen Reihenfolge auftreten. Das heißt aber nicht, daß die geschichtliche Entfaltung dieser Dualismen kein legitimes Forschungsgebiet wäre; es ist im Gegenteil sogar außerordentlich wichtig.[40] Der primäre Dualismus wurde beispielsweise anthropologisch untersucht von Forschern, die sich mit jenem Abschnitt in der Evolution des Menschen befassen, in dem er lernte, sich selbst als von seiner Umwelt gesondert zu betrachten. Ähnliches geschieht in der individuellen Entwicklung des Kleinkindes, und die Einsichten, die etwa Freud, Piaget, Werner, Cassirer und Arieti auf diesem Gebiet gewonnen haben, sind von größtem Wert.

Für uns spielen diese zeitlichen Aspekte hier jedoch eine untergeordnete Rolle, denn *der Mensch vollzieht die Spaltungen, die zu den großen Dualismen führen, stets aufs neue in diesem gegenwärtigen Augenblick*, und nur weil er sie mit dem Zeit-Auge betrachtet, glaubt er eine Chronologie für dieses eigentlich Zeitlose aufstellen zu müssen. Wie wir uns *in eben diesem Augenblick* vom Universum, unserem Körper, ja selbst unseren Gedanken abspalten – darum soll es uns vor allem gehen. Diese Trennung, dieser Sündenfall, ist hineingewirkt in die implizite Überzeugung, daß das Universum nach einer eindimensionalen Sequenz namens «Zeit» abläuft; unsere Erlösung besteht also letztlich in der Befreiung von der Illusion der Geschichte, die uns glauben macht, die Ewigkeit sei eine Reihung nach einer Sequenz namens Vergangenheit-Gegenwart-Zukunft. Durch noch mehr Geschichte aber werden wir uns kaum von der Geschichte befreien können, von diesem Alptraum, aus dem Joyces Stephen und wir alle irgendwann erwachen müssen.

6. Die Traditionen der Philosophia perennis

Amerikas Meisterpsychologe und größter Philosoph, William James, hat unsere Grundaussage sehr präzise formuliert:

> Nehmen wir die äußere Wahrnehmung, den direkten Sinneseindruck, den uns etwa die Wände dieses Zimmers geben. Können wir sagen, das Psychische und das Physische seien absolut heterogen? Im Gegenteil: Wenn wir den Standpunkt des praktischen Verstandes einnehmen und alle zum Zweck der Erklärung eingeführten Hilfsgrößen außer acht lassen – etwa die Moleküle und Ätherwellen, die letztlich metaphysische Entitäten sind –, wenn wir also die Wirklichkeit ganz naiv nehmen, wie sie uns unmittelbar gegeben ist, dann ist diese sinnlich erfahrbare Wirklichkeit, der unsere vitalen Interessen gelten und von der all unser Handeln ausgeht, absolut identisch mit dem Sinneseindruck, den wir gerade von ihr haben. Die Wirklichkeit *ist* die Apperzeption ... Hier ist der Inhalt des Physischen nichts anderes als das Psychische. Subjekt und Objekt verschmelzen sozusagen.[1]

Daß die WIRKLICHKEIT diese «Apperzeption» ist, reines nicht-duales Gewahrsein, läßt sich relativ leicht verstehen; es wirklich zu *begreifen*, bleibt jedoch schwierig, denn das impliziert die Einsicht, daß unsere gewöhnliche Wahrnehmung der Welt und unserer selbst in gewissem Sinne illusorisch ist. Die Welt ist, wie G. S. Brown sagte, «unzweifelhaft sie selbst» (d. h. nicht verschieden von sich selbst), aber sobald der primäre Dualismus aufbricht, ist sie gezwungen, «sich von sich selbst zu unterscheiden und damit selbst irrezuführen». Indes kann diese «Irreführrung» nicht real sein, denn die Welt ist und bleibt unter allen Umständen sie selbst, nicht verschieden von sich selbst, und so muß diese Unterscheidung illusorisch sein – in diesem Sinne gebrauchen wir diesen Ausdruck hier.

Das hören wir nicht gerade gern, es widerspricht unserem «gesunden Menschenverstand», und wir weichen erschrocken zurück. Fügen wir hinzu, daß dieses nicht-duale Gewahrsein durchaus keine Idee ist, sondern vielmehr das, was wir «reine Erfahrung»[2] nennen können (und was sich mit Worten nie ganz benennen läßt, weil Worte selbst ein Teil der Erfahrung sind), so ziehen die meisten Menschen sich hastig in alle möglichen trostreichen Ideologien zurück. Und noch etwas vergrößert diese Schwierigkeiten: Wann immer ein Schrödinger oder Ramana Maharshi – in dem Versuch, uns aus diesem Traum zu erwecken – das nicht-duale Gewahrsein beschreibt, wohl wissend, daß das eine notwendige, aber letztlich vergebliche Geste ist, machen ihn die unvermeidlichen Paradoxe und Widersprüche zur Zielscheibe für alle Mitglieder der Durchblicker-Schule der Philosophie. Die folgende Anekdote, die von Shankara, dem großen indischen Weisen, erzählt wird, mag dies illustrieren:

> Der König unserer Geschichte, der ein Schüler des Philosophen Shankara wurde, konnte sich als Mann von gesundem, realistischem Verstand über die Tatsache seiner königlichen Pracht und Erlauchtheit nicht einfach hinwegsetzen. Als sein Lehrer ihn anwies, alle Dinge, einschließlich der Ausübung seiner Macht und des Genusses seiner königlichen Freuden, als nichts anderes zu betrachten denn als gleichermaßen unbedeutende, erscheinungsgebundene Widerspiegelungen der übersinnlichen Essenz, die identisch sei nicht nur mit seinem Selbst, sondern mit dem aller Dinge, sträubte er sich heftig dagegen. Und als ihm gesagt wurde, daß dieses eine und einzige Selbst ihm durch die Täuschungsgewalt seiner eigenen angeborenen Unwissenheit so vielfältig erscheine, beschloß er, seinen Guru einer Probe zu unterziehen und festzustellen, ob dieser sich tatsächlich wie ein völlig Unbeteiligter verhalten würde.
>
> Anderntags, als der Philosoph durch eine der herrlichen Palastalleen herankam, um dem König die nächste Unterrichtsstunde zu geben, wurde ein großer, gefährlicher, durch die Hitze rasend gewordener

Elefant auf ihn losgelassen. Shankara machte kehrt und floh im Augenblick, da er die Gefahr erkannte. Als das Tier ihm dicht auf den Fersen war, verschwand er völlig. Man fand ihn schließlich auf der Spitze einer hohen Palme, die er mit einer eher unter Matrosen als unter Intellektuellen anzutreffenden Behendigkeit erklettert hatte. Der Elefant wurde eingefangen, gefesselt und zu den Ställen zurückgeführt. Der große Shankara aber trat schweißüberströmt vor seinen Schüler.

Höflich entschuldigte sich der König bei dem Meister der geheimen Weisheit für diesen unglücklichen, fast verhängnisvollen Zwischenfall. Dann erkundigte er sich mit kaum verhohlenem Lächeln und halb gespieltem Ernst, warum der ehrwürdige Lehrer die körperliche Flucht ergriffen habe, da er sich doch bewußt gewesen sein müsse, daß der Elefant ein rein illusorisches, nur erscheinungsmäßiges Wesen war.

Der Weise erwiderte: «In der Tat, nach der höchsten Weisheit ist der Elefant unwirklich. Du aber und ich, wir sind ebenso unwirklich wie der Elefant. Nur deine Unwissenheit, welche die Wahrheit durch dieses Schauspiel einer unwirklichen Erscheinung verhüllte, sah mich scheinbar auf einen unwirklichen Baum klettern.»[3]

Im nicht-dualen Gewahrsein des Selbst wird die Welt eben nicht zu einem leuchtenden, undifferenzierten Brei. Sie existiert, solange wir sie mit nicht-dualem Auge sehen, genau so, wie wir sie wahrnehmen – aber keineswegs so, wie sie uns erscheint, wenn wir sie in raumzeitliche Dinge unterteilt und diese Dinge benannt haben. «Sehen! Sehen! Sehen!» ruft uns Rumi zu. Und dieses Sehen – bevor wir es auftrennen und einen Sehenden und ein Gesehenes daraus machen – ist das, was wir zu entdecken haben.

Um für diese Entdeckung eine Orientierungshilfe zu haben, wollen wir nun in bildlicher Weise darstellen, was wir bisher auf logische und eher lineare Weise erklärt haben. Wir werden Bilder, Diagramme und Schemata verwenden – also den imaginativen Typus der symbolischen Darstellung in seiner analogischen Anwendungsweise –, um die bisherigen Beschreibungen etwas plastischer zu machen. Diese bildlichen Darstellungen vor Augen, werden wir das Bewußtseinsspektrum anschließend mit den Psychologien der großen metaphysischen Traditionen vergleichen.

Das einfachste Diagramm des Bewußtseinsspektrums haben wir in Diagramm 3 vor uns (S. 151). Hier sind die vier Haupt-Dualismen und sechs der Bänder des Spektrums schematisch dargestellt und können leicht mit unseren linearen Beschreibungen verglichen werden. Ein großer Mangel dieses und jedes anderen Diagramms besteht darin, daß die Ebene des GEISTES als eine Ebene des Spektrums unter anderen erscheint – und das ist sie nicht. Vielleicht wäre es besser, das Papier als den GEIST zu nehmen und die Ebenen als Überlagerungen zu betrachten. (Das tat, wie wir sehen werden, einer der großen Zen-Meister unseres Jahrhunderts, Daiun Sōgaku Harada.) Dennoch kann das Diagramm uns nützliche Dienste leisten, solange wir uns des Umstands bewußt bleiben, daß die Ebene des GEISTES nicht eine Ebene unter anderen ist, sondern jene «Nicht-Ebene», die der Grund aller Ebenen ist.

Das dreidimensionale Diagramm 5 ist ein Versuch, das Spektrum – unter Abwandlung von Platons Höhlengleichnis – aus einer etwas anderen Perspektive darzustellen. Platon sagte über den «unerleuchteten» Menschen, er lebe wie in einer Höhle, mit dem Rücken zum Eingang. Draußen ist das Licht der ewigen WIRKLICHKEIT, doch der Mensch, da er dem Licht den Rücken kehrt, sieht nur die Schatten der Wirklichkeit, die über die rückwärtige Höhlenwand tanzen; seine Aufmerksamkeit ist gänzlich gefesselt davon, und so sieht er nur Träume und Spiegelungen, niemals die WIRKLICHKEIT selbst. So fasziniert ist er von diesen Schatten, daß er grandiose «wissenschaftliche» und philosophische Systeme um diese Phantomwelt errichtet. Dann entkommt eines Tages jemand aus der Höhle, sieht die Wirklichkeit, kehrt zurück und sagt: «Hört mal, ihr werdet es nicht glauben, aber...» In unserer Darstellung vertreten die Schatten die symbolische Landkarten-Erkenntnis, die Bilder, die wir uns von der WIRKLICHKEIT machen, die dualistische Weise des Erkennens; das Licht steht für das nicht-duale Gewahrsein, für absolute Subjektivität, ICH-Ich, Brahman (Diagramm 4).

Nun haben wir Platon insofern weitergedacht, als wir für die Schattenwirklichkeit Ebenen annehmen, repräsentiert durch die verschiedenen Bänder des Bewußtseinsspektrums. Diese Bänder (Diagramm 3) legen wir nun über Diagramm 4 und erhalten so die in Diagramm 5 dargestellte Figur. Die Bänder des Bewußtseinsspektrums sind im oberen Teil dieses «Stundenglases» abgebildet; sie repräsentieren die Identifikation der

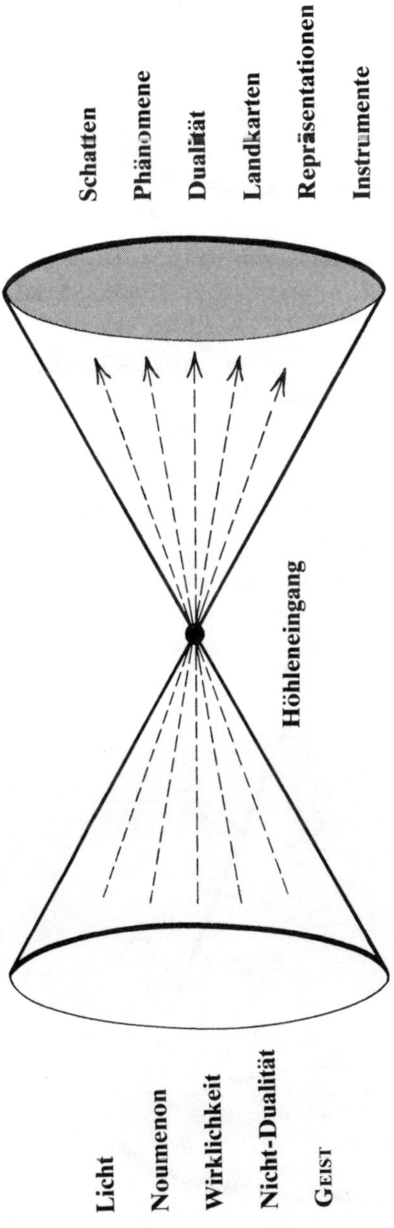
Licht
Noumenon
Wirklichkeit
Nicht-Dualität
Geist
Höhleneingang
Schatten
Phänomene
Dualität
Landkarten
Repräsentationen
Instrumente

Diagramm 4

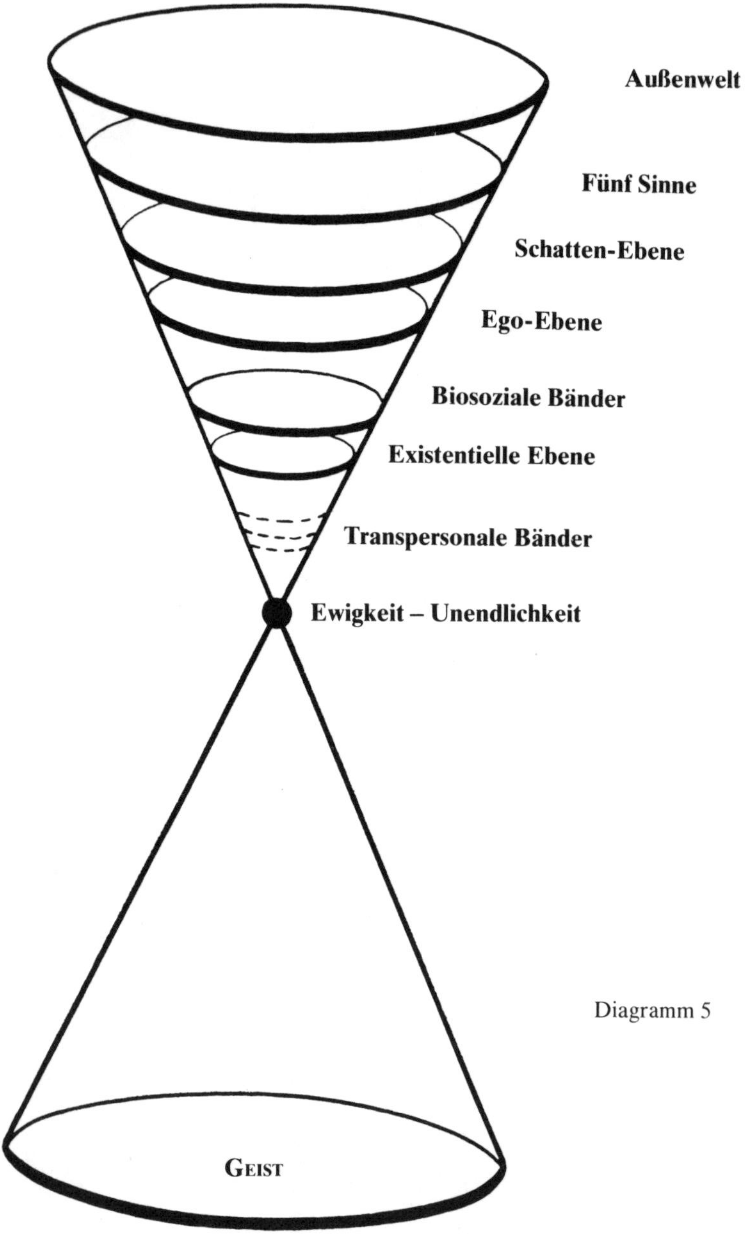
Außenwelt
Fünf Sinne
Schatten-Ebene
Ego-Ebene
Biosoziale Bänder
Existentielle Ebene
Transpersonale Bänder
Ewigkeit – Unendlichkeit
Geist

Diagramm 5

absoluten Subjektivität mit verschiedenen Objekten und Subjekten – eine Identifikation, die von den Transpersonalen Bändern nach «oben», zur Schatten-Ebene hin, immer enger, beschränkter und ausschließlicher wird. Die untere Hälfte des Stundenglases repräsentiert Licht, Noumenon, absolute Subjektivität, GEIST, Gottheit, Tao, Dharmadhātu, Shūnyatā, Brahman und was der Ausdrücke mehr sind. Auch diese Darstellung weist wiederum einen Mangel auf, nämlich daß der Geist von den Ebenen des Spektrums abgesetzt und zudem mit der räumlichen Dimension eines Kegels dargestellt wird. Um diese kaum zu umgehenden Schwierigkeiten etwas zu mildern, haben wir den Überschneidungspunkt in der Mitte Ewigkeit-Unendlichkeit genannt; er vertritt das absolute Hier-Jetzt des GEISTES, den «Kreis, dessen Zentrum überall und dessen Umfang nirgends ist», den »Ruhepunkt der sich drehenden Welt», einen «Punkt ohne Position und Dimension und ein Jetzt ohne Datum und Dauer». Wir hätten also den unteren Kegel ebensogut weglassen können, aber wir wollen uns die Anschaulichkeit von Platons Höhlengleichnis zunutze machen, und ohne den unteren Kegel müßten wir unsere Vorstellungskraft allzusehr strapazieren. Überall dort, wo auf diese Abbildung verwiesen wird, sollten wir uns diese Einschränkungen jedoch ins Gedächtnis zurückrufen.

Vergleichen wir unsere Beschreibung des Bewußtseinsspektrums nun anhand der Diagramme 3 und 5 mit dem, was die großen metaphysischen Traditionen – Zen, Yogāchāra-Buddhismus, Vedānta-Hinduismus und das tibetische Vajrayāna –, aber auch hervorragende Einzelpersönlichkeiten wie Hubert Benoit darüber sagen.[4] Beginnen wir mit dem Advaita-Vedānta.

Die Vedānta-Psychologie gründet sich auf die experimentell verifizierbare Einsicht, daß der Brahman-Ātman die einzige Wirklichkeit ist, und sie möchte vor allem ein pragmatisches Erklärungsmodell bieten für den (eigentlich erstaunlichen) Umstand, daß der Mensch seine vollkommene Identität mit Brahman nicht erkennt. Was den Menschen in eine Welt der Illusion (*māyā*) und daher des Leidens (*samsāra,* Kreislauf von Geburt und Tod) verstrickt, ist, allgemein gesagt, sein Nicht-Wissen, seine Verblendung (*avidyā*), die ihn alle Dualismen und Unterscheidungen blind annehmen läßt. Psychologisch stellt diese Verblendung sich dar als Überlagerung des Brahman-Ātman als der grundlegenden Wirklichkeit durch sogenannte Hüllen (*kosha*), mit denen der Mensch sich identifiziert und so seine Identität mit dem Absoluten – scheinbar – verdeckt. Die Vedānta-Psychologie ist eine akribische Beschreibung des universalen Phänomens falsch verstandener Identität. Wir erkennen einfach nicht, wer wir sind, aber was wir zu sein *glauben*, besteht aus mehreren Hüllen, mit denen wir uns in unserer Verblendung beharrlich identifizieren.

In der Vedānta-Psychologie werden die Hüllen als etwas den Schalen einer Zwiebel Ähnliches angesehen, wobei die Wirklichkeit des Ātman im Zentrum der Zwiebel verborgen liegt; die Befreiung besteht darin, diese Hüllen der Fehlidentifikation abzuschälen (oder zu durchschauen) und mit dem Kern zu verschmelzen, der letztlich der Grund aller bloß eingebildeten Schichten ist.[5] Die äußerste Hülle heißt Annamaya-Kosha, die grobstoffliche oder auch Nahrungs-Hülle. Sie steht für den physischen Körper (*sthūla-sharīra*) und das an ihn gebundene gewöhnliche Wachbewußtsein mit seiner Ego-Identifikation. Die nächsten drei Hüllen – Prānamaya-Kosha, die feinstoffliche oder Vitalhülle, Manomaya-Kosha, die Denkhülle, die alle Sinneseindrücke empfängt, und Vijñānamaya-Kosha, die Intelligenzhülle mit der Fähigkeit des Unterscheidens und Wollens – bilden zusammen den feinstofflichen Körper (*sūkshma-sharīra*). Die Vitalhülle entspricht etwa dem, was wir «Lebenswille» nennen könnten, dem blinden Überlebensdrang. Die Denk- und die Intelligenzhülle entsprechen unserer tief verwurzelten und teils angeborenen, teils durch Sprache und Logik erworbenen Neigung, alles Existierende zu dichotomisieren und das WIRKLICHE unter einem Wust von Dualismen und Unterscheidungen verschwinden zu lassen. Die innerste Schicht, die Seligkeitshülle (*ānandamaya-kosha*), bildet den Ursachen- oder Kausalkörper (*kārana-sharīra*); diese Ebene wird im traumlosen Tiefschlaf und bei bestimmten Formen der Meditation erfahren. Dualitäten und Unterscheidungen sind zwar auch hier noch nicht vollständig aufgelöst, aber so weit harmonisiert, daß man diesen Zustand als vollkommene Gelöstheit und Glückseligkeit (*ānanda*) erfährt. Diese Hülle wird auch deshalb «Kausalkörper» genannt, weil sie den Grund (in beiderlei Sinn) aller anderen Hüllen darstellt. Wenn schließlich diese letzte Schicht abgeschält wird, bleibt die reine WIRKLICHKEIT der Mitte übrig, die absolute Nicht-Dualität, das unaussprechliche, unbeschreibliche Brahman-Bewußtsein, das den fünf Hüllen und den drei Körpern zugrunde liegt.[6]

Diese advaitische Gliederung des Selbst in fünf Hüllen zeigt, wie Eliot Deutsch schreibt,

> daß es keine Diskontinuität des Bewußtseins gibt, sondern nur *ein* Bewußtsein, nämlich das dem Ātman zugehörige, das aufgrund verschiedener Upādhis oder Fehlidentifikationen des Selbst mit einem oder mehreren Aspekten der phänomenalen Ichhaftigkeit in verschiedenen Zuständen erscheint.[7]

Inzwischen wird deutlich geworden sein, daß diese Psychologie in vielem mit unserem Bewußtseinsspektrum übereinstimmt und daß die Hüllen den verschiedenen Ebenen des Spektrums entsprechen. Die äußerste Hülle, der grobstoffliche Körper, entspricht der Ego-Ebene, dem Ich, das sich vom physischen Körper losgesagt hat und daher sein Sklave geworden ist. Die drei mittleren Hüllen des Wollens und der Verstandesprozesse (der «feinstoffliche Körper») entsprechen der Existentiellen Ebene, wo die Unterdrückung des Todes den blinden Lebenswillen erzeugt (Vitalhülle) und die grundlegenden Unterscheidungsprozesse (Denk- und Intelligenzhülle) die Verhärtung der Dualismen einleiten. Die innerste Hülle (Seligkeitshülle oder Kausalkörper), in welcher der Mensch sein Ego und seinen physischen Körper transzendiert, entspricht den Transpersonalen Bändern, und die Mitte schließlich, der absolute Brahman-Ātman, entspricht unserer Nicht-Ebene des GEISTES.

Die Diagramme 6 und 7 zeigen die große Ähnlichkeit zwischen der Vedānta-Psychologie und dem Bewußtseinsspektrum. Diagramm 6 zeigt eine Skizze aus der Hand von Shrī Ramana Maharshi.[8] Die Legende enthält die Erläuterungen des Maharshi in Gegenüberstellung mit den entsprechenden Bändern des Bewußtseinsspektrums. Diagramm 7 zeigt die Gegenüberstellung von Bewußtseinsspektrum und den Hüllen und Körpern der Vedānta-Psychologie.

Natürlich gibt es Unterschiede zwischen der Vedānta-Psychologie und unserer Beschreibung des Spektrums, doch im wesentlichen stimmen sie vollkommen überein, sind beide ein Abbild der *Philosophia perennis,* jenes «philosophischen Konsensus von universaler Gültigkeit».

Daher überrascht es uns nicht, daß sich auch zwischen dem Mahāyāna-Buddhismus und dem Bewußtseinsspektrum eine ähnlich weitgehende Übereinstimmung feststellen läßt, insbesondere wenn wir von den

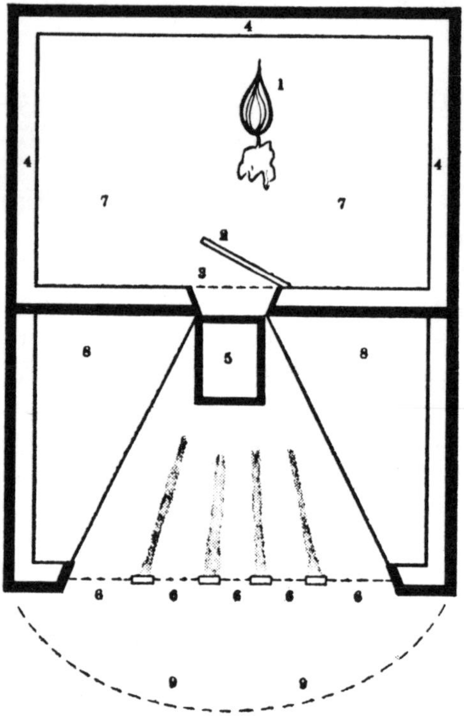

Ramanas Erläuterung		*Bewußtseinsspektrum*
1. Flamme	Selbst	Ebene des Geistes
2. Tür	Schlaf	Sushupti (Tiefschlaf) (transpersonale Bänder)
3. Eingang	Intellektuelles Prinzip	Unterscheidungsvermögen (existentielle Ebene)
4. Innere Mauer	Verblendung	Primärer Dualismus
5. Spiegel	Ego	Ego-Ebene
6. Fenster	Fünf Sinne	Fünf Sinne
7. Innere Kammer	Kausalkörper	Transpersonale Bänder
8. Mittlere Kammer	Feinstofflicher Körper	Existentielle Ebene
9. Vorhof	Grobstofflicher Körper	Ego-Ebene

Diagramm 6

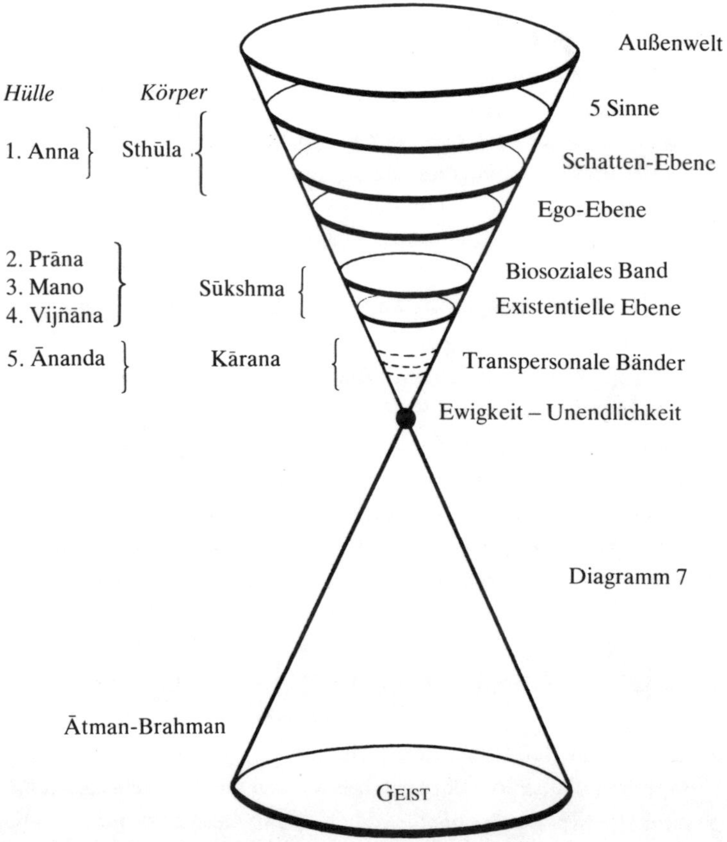

Diagramm 7

Darstellungen Asangas und Vasubandhus ausgehen, die in Texten wie dem *Lankāvatāra-Sūtra,* der *Erweckung des Glaubens* und dem *Plattform-Sūtra* vertieft wurden. D. T. Suzuki faßt die Grundzüge der Mahāyāna-Psychologie zusammen:

> Der Geist, einschließlich Chitta, Manas und der anderen sechs Vijñānas [das sind Ebenen des Bewußtseinsspektrums, wie wir noch sehen werden], ist in seinem ursprünglichen Wesen (*svabhāva*, wörtl. «Selbstnatur») still und rein und steht über dem Dualismus von

> Subjekt und Objekt. Hier tritt nun aber das Prinzip der Partikularisierung auf, das man Vishaya nennt; das Wort leitet sich ab aus der Wurzel *vish*, «handeln» oder «arbeiten». Und sobald sich dieser Wind des Handelns erhebt, wird die stille Oberfläche des Geistes aufgewühlt. Er differenziert sich oder evolviert (*vritti*) zu acht Vijñānas: Ālaya, Manas, Manovijñāna und die fünf Sinne. Mit dieser Entwicklung tritt auch das ganze Universum mit seinen vielfältigen Formen und endlosen Verwicklungen ins Dasein.[9]

Da sich diese Darstellung im wesentlichen mit unserer Beschreibung der Evolution des Bewußtseinsspektrums deckt, werden wir den acht Vijñānas der Mahāyāna-Psychologie im folgenden die entsprechenden Ebenen des Spektrums zuordnen. So entspricht Chitta oder Geist der Ebene des GEISTES, dem absoluten und nicht-dualen Bewußtsein. Mit dem Aufbrechen des primären Dualismus entfalten sich die acht Vijñānas, deren erstes das Ālaya-Vijñāna ist, das «Speicherbewußtsein», so genannt, weil hier die Anlagen oder Samen des Phänomenalen und die Archetypen allen menschlichen Handelns lagern, welche alles künftige Geschehen beeinflussen werden. Ālaya wäre demnach dem Kausalkörper des Vedānta zu vergleichen, und manche Forscher meinen, es entspräche in etwa dem kollektiven Unbewußten C. G. Jungs. Auf jeden Fall ist es überindividuell und daher im Bewußtseinsspektrum in den Transpersonalen Bändern anzusiedeln.

Vom reinen Chitta fortschreitend, erreichen wir als nächstes Manas, abgeleitet aus der Wurzel *man* – «denken», «beabsichtigen». Nach der Mahāyāna-Psychologie erfüllt Manas drei miteinander in Beziehung stehende Funktionen:

> Die Funktion von Manas besteht im wesentlichen darin, über den [GEIST] zu reflektieren und aus der reinen Einheit des [GEISTES] Subjekt und Objekt zu erschaffen und zu unterscheiden. Die in ihm gespeicherte Erinnerung wird nun in Dualitäten aller Formen und Arten aufgespalten.[10]

Die zweite Funktion von Manas leitet sich aus der ersten ab; es

> wird zu einer Quelle des Unheils, denn es erschafft aufgrund seiner

> falschen Urteile Begierden; es glaubt etwa an die Wirklichkeit einer Ich-Substanz und hält dann mit aller Kraft an dieser Substanz als der letzten Wahrheit fest. Manas ist nämlich nicht nur unterscheidende Intelligenz, sondern auch ein Prinzip des Willens und daher des Handelns.[11]

Insbesondere ist Manas der Ursprung des Lebenswillens, entspricht also unserem zweiten Hauptdualismus, worin der Mensch Leben und Tod voneinander sondert und dadurch einem blinden Überlebensdrang verfällt. Diesen beiden Funktionen von Manas, Unterscheiden und Wollen, entspringt die dritte Funktion, nämlich eine beständige Quelle des Ichbewußtseins zu sein, des unseligen Gefühls, daß «ich» als isoliertes Subjekt all meiner Erfahrungen existiere. So erkennen wir in Manas also unsere Existentielle Ebene wieder.

Weiter geht die Evolution der Vijñānas: «Sobald Manas den Subjekt-Objekt-Dualismus aus der absoluten Einheit entfaltet, treten Manovijñāna und alle anderen Vijñānas in Aktion.»[12] Manovijñāna, die nächste Ebene, wird im allgemeinen als «Intellekt» übersetzt, als Gesamtheit unserer Symbolisierungs- und Abstraktionskräfte. Das intellektuelle Erkennen, in Manas noch latent, kommt im Manovijñāna zur vollen Entfaltung. Nun identifiziert der Mensch sich mit seinem Intellekt und folglich mit der intellektuellen Einschätzung seiner selbst, also mit dem Ego. Daher entspricht Manovijñāna der Ego-Ebene. Die übrigen fünf Vijñānas entsprechen einfach den fünf Sinnen. Suzuki faßt die Psychologie der acht Vijñānas für uns zusammen:

> Am Anfang [gemeint ist der «immerwährende Anfang», der ewige Augenblick] steht, im Ālaya gespeichert, die Erinnerung, worin das ganze Universum und alle Einzeldinge mit geschlossenen Augen enthalten sind. Hier bricht nun Manas mit seiner unterscheidenden Intelligenz ein, und Subjekt wird von Objekt gesondert. Manovijñāna reflektiert über die Dualität, und so geht aus ihm eine ganze Kette von Urteilen mit den daraus folgenden Vorurteilen und Verhaftungen hervor, die von den übrigen fünf Vijñānas immer weiter verkompliziert werden, und zwar nicht nur intellektuell, sondern auch hinsichtlich der Affekte und Strebungen. Alle Resultate dieser Prozesse durchtränken nun wiederum das Ālaya; alte Erinnerungen werden

geweckt, und die neuen finden ihren Widerpart unter den alten. Das Ālaya bleibt dabei jedoch unbewegt und behält seine Identität.[13]

Wie der Ātman und die Ebene des GEISTES behält das Ālaya (das hier als Synonym für Chitta, das absolute Noumenon, gebraucht wird) seine Identität, während es sich scheinbar in etliche Ebenen auffächert – so wie eine Kerze, die sich in einem Spiegelsaal zu vervielfältigen scheint, ihre Identität behält. Diagramm 8 folgt einer Skizze des Zen-Meisters Daiun Sōgaku Harada und zeigt die Beziehungen zwischen den acht Vijñānas.

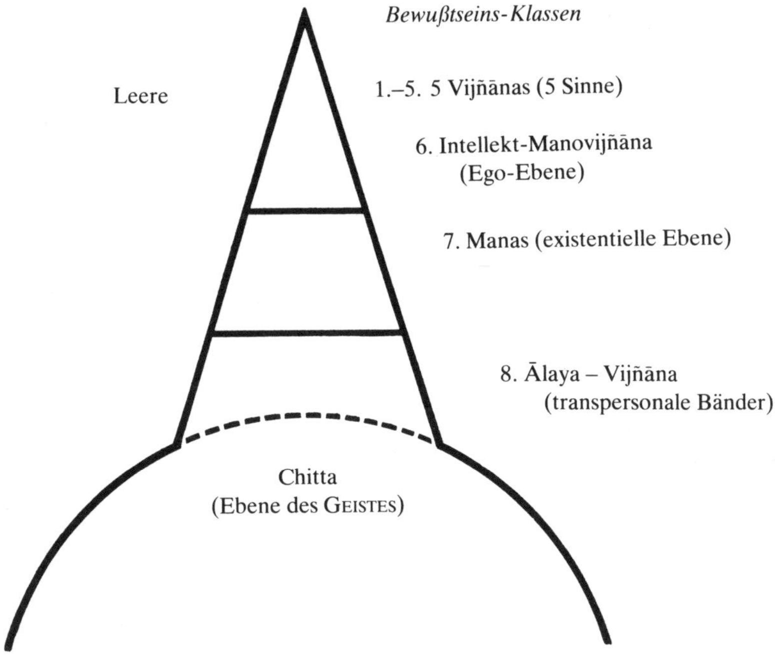

Diagramm 8

Die hierzu parallelen Ebenen des Bewußtseinsspektrums sind in Klammern hinzugefügt. Zur weiteren Verdeutlichung haben wir die Entsprechungen in Diagramm 9 auf unser Stundenglas-Diagramm übertragen.

Als Schule des Mahāyāna-Buddhismus steht das Zen zu dieser Psycho-

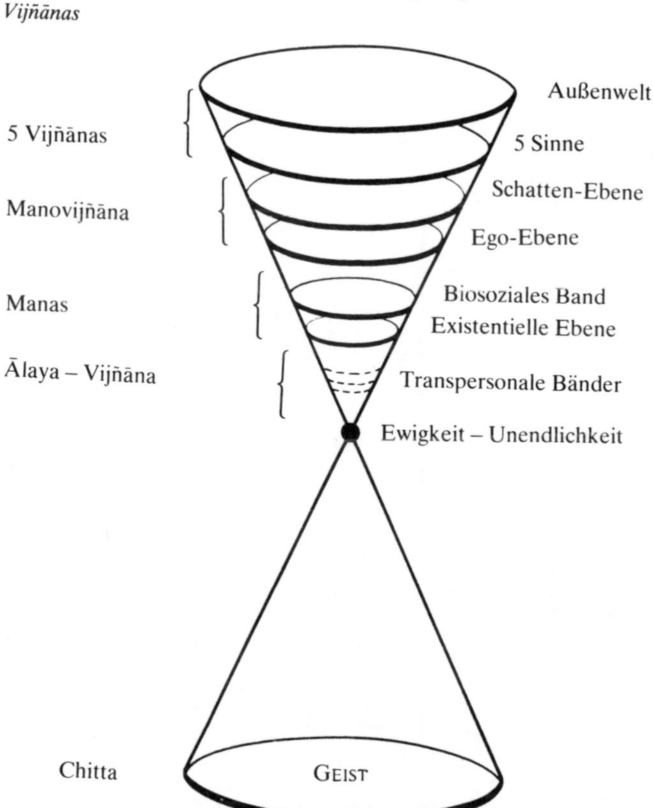

Diagramm 9

logie der acht Vijñānas grundsätzlich nicht im Widerspruch. Einzelne Zen-Meister haben dieser Psychologie jedoch im Laufe der Zeit immer wieder ihre eigene Interpretation gegeben und ihrer besonderen Art der Lehre und Schulung angepaßt. Einer dieser Meister war Hui-neng, der sechste Patriarch des Zen in China; seine tiefen psychologischen Einsichten finden sich in seinem *Sūtra (gesprochen) vom Hohen Sitz des Dharma-Schatzes,* das häufig einfach *Plattform-Sūtra* genannt wird. Die Kernpunkte dieser Psychologie haben wir in Diagramm 10 vor Augen; hier folgen wir einem Diagramm D. T. Suzukis.

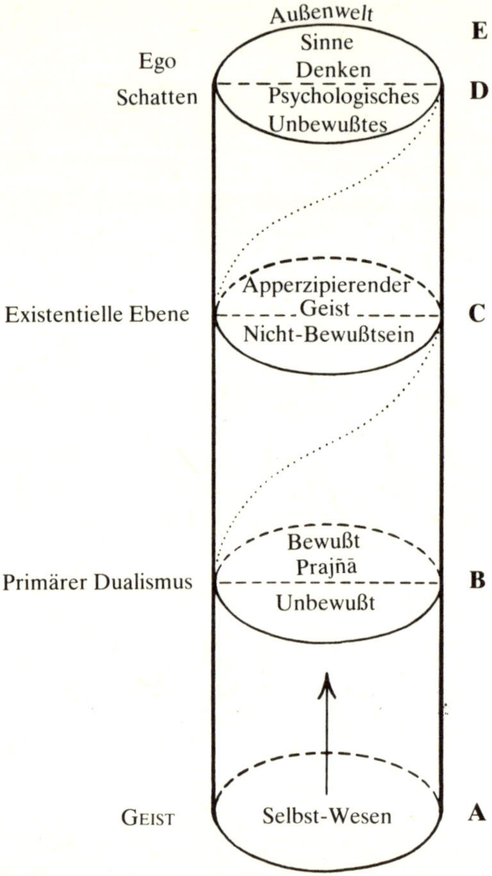

Diagramm 10

Beginnen wir mit Ebene A, die «Selbstwesen» genannt wird. «Selbstwesens-Schau» ist der Kernbegriff von Hui-nengs Lehre und bezeichnet bis heute das, worum es im Zen geht. «Selbstwesen» ist gleichbedeutend mit «Buddhawesen», und dieses wohnt allen Wesen inne; so ist Selbstwesensschau denn letztlich gleichbedeutend mit «Erlangen der Buddhaschaft». Diese Schau ist nur möglich auf der Grundlage von Prajñā, und so spielen diese beiden Begriffe, Selbstwesen und Prajñā, in Hui-nengs Denken eine wichtige Rolle. Letztlich sind Selbstwesen und Prajñā identisch, weil Erkennen und Sein in der Ewigkeit und Unendlichkeit der

Buddhaschaft zusammenfallen. Daher sind Ebene A und Ebene B eigentlich identisch («Selbstwesen ist Prajñā»[14]), und sie entsprechen der Ebene des GEISTES.

Die Aufteilung von Selbstwesen und Prajñā auf zwei Ebenen ist dennoch höchst bedeutsam, vor allem weil die Prajñā-Ebene durch eine gestrichelte Linie unterteilt ist. Diese Linie repräsentiert den primären Dualismus, der die Leere und das nicht-duale Selbstwesen *scheinbar* in Subjekt und Objekt spaltet. Da diese Dualität nur eingebildet ist, finden wir auf der Ebene des Selbstwesens keine solche Unterteilung. Suzuki bemerkt dazu in einer Arbeit über Hui-nengs Denken:

> Wenn wir eine Erfahrung machen, etwa das Sehen eines Baumes, so geschieht in dem Augenblick nichts weiter als das Wahrnehmen von etwas. Wir wissen weder, ob dieses Wahrnehmen zu uns gehört, noch erkennen wir das wahrgenommene Objekt als etwas außerhalb unserer selbst. Das Erfassen der Äußerlichkeit der Dinge setzt die Unterscheidung von innen und außen, Subjekt und Objekt, Wahrnehmendem und Wahrgenommenem voraus. Wenn diese Trennung stattfindet ... wird die ursprüngliche Natur der Erfahrung vergessen ... Diese ursprüngliche Natur, dieses Selbstwesen, verweist zurück auf eine Zeit vor der Trennung von Geist und Welt, da noch kein Geist einer äußeren Welt gegenübersteht und durch die Sinne ihre Eindrücke empfängt. Hier ist nicht nur der Geist, sondern auch die Welt noch nicht ins Dasein getreten. Dies, so können wir sagen, ist ein Zustand völliger Leere ... Inmitten der Leere steigt ein Gedanke auf; das ist ... die Trennung von Unbewußtheit und Bewußtheit oder, logisch ausgedrückt, der Beginn der grundlegenden dialektischen Antithese.[15]

Der aufsteigende Gedanke besagt dasselbe wie Ashvaghoshas «Plötzlich erhebt sich ein Gedanke» oder G. S. Browns «Es werde Unterschied»; und wie wir schon sagten, ist hier weniger das voll entwickelte diskursive Denken gemeint als vielmehr die Grundtendenz des Dichotomisierens, die zum primären Dualismus führt. Damit hat sich der Mensch von der Welt gesondert und befindet sich nun auf Ebene C, der Ebene des «apperzipierenden Geistes»:

> Prajñā, das Bewußte, entwickelt sich zum apperzipierenden Geist;

> hier tritt das Selbstwesen in Kommunikation mit der Außenwelt, die auf den psychologischen Geist einwirkt, selbst aber auch seinen Einwirkungen ausgesetzt ist. Der apperzipierende Geist ist der Ort, wo sich die Vorstellung der Ichheit bildet.[16]

Der «apperzipierende Geist» ist also die dualistische Grundtendenz, aufgrund derer wir uns als ein isoliertes Ich empfinden. Darin ist er Manas und dem feinstofflichen Körper sehr ähnlich und demzufolge der Existentiellen Ebene zuzuordnen.

Ebene D könnten wir als die Ebene des Mentalen (Geist im Sinne von lat. *mens*) bezeichnen; Suzuki nennt sie die Ebene der Sinne und des Denkens. Hier bilden wir unsere intellektuellen Abstraktionen über das Leben und die Wirklichkeit, also ist hier auch der Ursprung des Bildes, das wir von uns selbst haben. Ebene D entspricht mit anderen Worten der Ego-Ebene. «Der unbewußte Geist hat», wie Suzuki fortfährt,

> seine pathologischen Zustände auf der Ebene der Sinne und des Denkens, dem «Unbewußten» der analytischen Psychologie oder der Psychoanalyse entsprechend... Das psychoanalytische Unbewußte reicht nicht tief genug, um auch die Frage der Nicht-Geist-heit [Selbstwesen, GEIST] noch einbegreifen zu können.[17]

Diese «pathologischen Zustände» sind, wie sich noch zeigen wird, die Schatten-Ebene.

Auch in der Psychologie des tibetischen Buddhismus finden wir diese Übereinstimmungen mit dem Bewußtseinsspektrum. Tatsächlich ist diese Psychologie fast identisch mit der des Vedānta, denn beide fußen auf der Lehre von den fünf Hüllen.[18] Ohne die Einzelheiten noch einmal auszubreiten, können wir nun die Schlußfolgerung ziehen, daß die psychologischen Systeme der großen metaphysischen Traditionen von Vedānta bis Zen ihrem Aufbau nach im wesentlichen mit dem hier beschriebenen Bewußtseinsspektrum übereinstimmen. Dieser Umstand hat mich veranlaßt, neben der *Philosophia perennis* eine *Psychologia perennis*[19], eine «ewige Psychologie», anzunehmen, die, so scheint es, überall auf der Welt und in jeder Zeit Vertreter hatte und hat.

Das Bewußtseinsspektrum ist eine moderne Formulierung dieser ewigen Psychologie und beruft sich ebensosehr auf westliche wie auf östliche Einsichten. Unsere Darstellung stimmt zwar mit den Grundzügen dieser östlichen Psychologien überein, setzt jedoch andere Schwerpunkte. Auch für das östliche Denken existieren zwar die Ebenen «oberhalb» des GEISTES, doch nur als Illusionen, so wie etwa die Bilder auf einem Fernsehschirm, verglichen mit den tatsächlichen Ereignissen, unwirklich sind. Das östliche Denken hat sich stets mehr oder weniger ausschließlich um die Ebene des GEISTES gedreht, und so hat man sich nie systematisch mit den Pathologien befaßt, die auf den einzelnen Ebenen auftreten können. Der Westen andererseits hat – vor allem seit dem 17. Jahrhundert – die Ebene des GEISTES fast vollständig ignoriert, und so hat sich die abendländische Psychologie fast ausschließlich um die Abnormitäten auf den verschiedenen Ebenen – insbesondere natürlich auf der Ego-Ebene – gekümmert.

In letzter Zeit interessieren westliche Forscher sich zunehmend für die Pathologie der Existentiellen und der Biosozialen Ebene, wie an der Entwicklung neuer Spezialgebiete wie der Existentiellen Psychologie, der Familientherapie und der Kommunikationspsychiatrie deutlich wird. Alles in allem ergänzen der östliche und der westliche Ansatz einander auf erstaunliche Weise, denn die vom Westen bislang übersehene Ebene wurde im Osten genauestens erkundet, während sich über die im Osten weniger beachteten Ebenen im Westen ein vielfältiges Wissen angesammelt hat. Der Osten erkundete die Wege zum absoluten Noumenon, der Westen beschränkte sich auf die wissenschaftliche Erforschung des Phänomenalen. Der Mensch als absolute Subjektivität *ist* die Gottheit – darum geht es dem Osten; der Mensch als Gegenstand der Erkenntnis ist das phänomenale Ego – darum geht es dem Westen. Beide zusammen decken das gesamte Bewußtseinsspektrum ab.

Wenn westliche Wissenschaftler in ihrer zweifellos beschränkten Sicht meinen, sie hätten das letzte Wort zum Thema Bewußtsein, so wird das ihnen selbst und den Menschen, denen sie helfen wollen, nicht zum Vorteil gereichen. Dennoch muß gesagt werden, daß die Weisen des Ostens – denen zum Thema Bewußtsein gewiß eher das letzte Wort gebührt – die Ebenen des Spektrums vernachlässigen, auf denen die meisten von uns sich zeitlebens aufhalten werden. Obwohl wir also mit ihren Aussagen vollkommen übereinstimmen, haben wir die im Westen entstandenen psychologischen Systeme doch in unsere Überlegungen einbezogen. Der vom Überdruß gezeichnete Chemiker, der gehetzte

Geschäftsmann, die depressive Hausfrau – sie verstehen nichts von Erleuchtung und suchen sie nicht. Falls doch, um so besser; wenn aber nicht, sollte ihnen dann nicht dort geholfen werden, wo sie nun mal sind?

Bisher haben wir die gegenseitige Ergänzung des östlichen und des westlichen Ansatzes unter psychologischen Gesichtspunkten betrachtet; betrachten wir dasselbe jetzt noch einmal aus allgemeiner erkenntnistheoretischer Perspektive. Wir erinnern uns an die beiden Weisen des Erkennens, die dem Menschen zur Verfügung stehen: das symbolische Landkarten-Erkennen und das nicht-duale Gewahrsein. Die Mādhyamaka-Schule bezeichnet die erste als Samvritti, verantwortlich für die relativen Wahrheiten von Wissenschaft und Philosophie, und die zweite als Paramārtha, Erkenntnis der absoluten Wahrheit. Spätere Schulen wie etwa Yogāchāra und Vedānta erweiterten diese Anschauung und gelangten zu einer dreifachen Erkenntnislehre. In diesem System wird die erste Weise des Erkennens, die symbolische und dualistische, in zwei Klassen unterteilt: die eine, im Yogāchāra Parikalpita genannt, beinhaltet das bloß eingebildete Erkennen, wie es in dem Fall vorliegt, daß man ein Seil sieht, es aber für eine Schlange hält; die zweite Klasse, Paratantra, beinhaltet das objektiv richtige Erkennen etwa eines Seils als eines Seils. Die zweite Weise des Erkennens wird in beiden Schulen gleich aufgefaßt, nur verwendet das Yogāchāra hier den Ausdruck Parinishpanna für das, was die Mādhyamaka-Schule mit Paramārtha bezeichnet, nämlich die Erkenntnis der absoluten Wahrheit: das Seil zu sehen und zu wissen, daß man sein eigenes wahres Selbst sieht, das, was wir Nur-Geist genannt haben.

Wir haben im Yogāchāra demnach eine Unterteilung des dualistischen Erkennens (*samvritti*) in ein relativ falsches (*parikalpita*) und ein relativ richtiges (*paratantra*). Ein Wissenschaftler etwa arbeitet mit der relativ richtigen Form des instrumentellen Erkennens und gelangt zu adäquaten und brauchbaren symbolischen Darstellungen der Wirklichkeit. Doch so zutreffend das wissenschaftliche Erkennen auch sein mag, es bleibt eine Form des dualistischen Erkennens, des Samvritti, und vom Standpunkt des Absoluten aus gesehen ist es so illusorisch wie jede andere Form des dualistischen Erkennens.

Die intellektuellen Bestrebungen des Abendlandes, etwa Naturwissenschaft und Philosophie, sind nicht über den Bereich des Samvritti hinausgegangen, und in diesem Rahmen war es ihnen darum zu tun, dem relativ richtigen Erkennen (Paratantra oder «Seil») gegenüber dem relativ falschen Erkennen (Parikalpita oder «Schlange») Geltung zu verschaffen. Wirklichkeit, das ist für das Abendland seit jeher die «objektive Wahrheit», die das Paratantra-Erkennen vermittelt. Vedānta und Mahāyāna-Buddhismus, für die Paratantra relativ richtig, aber absolut unwirklich ist, sind statt dessen dem Pfad des Paramārtha, der absoluten Wahrheit, gefolgt. Was geschieht nun, wenn wir diese allgemeinen Zusammenhänge auf den Bereich der Psychopathologie übertragen?

Das Psychopathologische wurde schon immer – auf die eine oder andere Weise – auf eine verzerrte Sicht der Wirklichkeit zurückgeführt. Was man als psychopathologisch ansieht, hängt deshalb davon ab, was man für die Wirklichkeit hält. Und so kamen Ost und West mit ihren verschiedenen Anschauungen der Wirklichkeit zwangsläufig zu verschiedenen Auffassungen von Psychopathologie. Für den Westen war sie stets mit Parikalpita (Schlange) verbunden, mit einer Anschauung der Wirklichkeit, die für die Paratantra-Anhänger, die ein Seil als Seil erkannten, einfach falsch war. In der Tat ist ein Mensch wohl krank, wenn er beim Anblick eines Seils immer eine Schlange sieht, wenn er Haß empfindet und ihn Liebe nennt, wenn er seine Sexualität unterdrückt und als Hunger erlebt. Die «Heilung» besteht nun darin, daß er von der Parikalpita- zur Paratantra-Sicht übergeht, daß er also ein Seil als Seil erkennt, Haß als Haß und Sexualität als Sexualität. Der Unterschied zwischen diesen beiden Formen des dualistischen Erkennens ist mit anderen Worten der Unterschied zwischen geistiger Gesundheit und Wahn.

Aus östlicher Sicht ist es jedoch mit dem Übergang von relativ falschem Erkennen zu relativ richtigem Erkennen nicht getan, denn beide sind nur relatives und letztlich illusorisches symbolisches Erkennen, und so tauscht man eigentlich nur eiserne Ketten gegen goldene aus. Wirkliche Befreiung liegt nur in dem Schritt von Samvritti zu Paramārtha oder Parinishpanna, vom relativen Erkennen, sei es richtig oder falsch, zum absoluten Erkennen, in dem es solche Unterscheidungen nicht gibt. «Psychopathologie» ist demnach hier nicht an Parikalpita (Schlange) geknüpft, sondern an Samvritti (Schlange *und* Seil): Wer ein Seil als Seil zu erkennen vermag, ist im Grunde nicht weniger verblendet als einer, der das Seil als Schlange sieht, und geheilt sind sie beide erst dann, wenn sie das Seil als das sehen, was es wirklich ist – eine Manifestation des Brahman, eine Vergegenständlichung des GEISTES, während Schlange und Seil gleichermaßen Illusionen sind. In ähnlicher Weise unterscheidet Chuang-tzu zwischen «Traum» im herkömmlichen Sinne (hier gleichzusetzen mit «Schlange») und «großem Traum», der auch das einschließt, was wir «Wachzustand» nennen (also mit «Schlange» *und* «Seil» gleichzusetzen ist):

> So gibt es wohl auch ein großes Erwachen, und dann erkennen wir diesen großen Traum. Aber die Toren halten sich für wachend und maßen sich an zu wissen, ob sie in Wirklichkeit Fürsten sind oder Hirten ... Daß ich dich einen Träumenden nenne, ist auch ein Traum. Solche Worte nennt man paradox.[20]

Die meisten westlichen Forscher sehen in diesem großen Erwachen allerdings eher einen großen Nervenzusammenbruch, denn für sie gibt es nur die Samvritti-Erkenntnis, die ein Seil entweder richtig als Seil oder falsch als Schlange identifiziert, und folglich kann ein Mensch nur einer dieser beiden Erkenntnisformen zuzuordnen sein. Wenn nun aber jemandem absolute Erkenntnis (*paramārtha*) zuteil wird, so kann es dafür nur eine Erklärung geben: Er muß vollkommen verrückt geworden sein. R. D. Laing schreibt dazu:

> Versuche, vor unserer Zeit aufzuwachen, werden oft bestraft, vor allem von denen, die uns am meisten lieben. Weil sie, die Ahnungslosen, auch weiterhin schlafen. Sie glauben, daß jeder verrückt wird, der aufwacht oder der noch im Schlaf erkennt, daß das, was für real gehalten wird, ein Traum ist.[21]

Jetzt aber sollte es möglich sein, alle drei Formen der Erkenntnis zu berücksichtigen und sich klarzumachen, daß die Fähigkeit, zwischen Seil (*paratantra*) und Schlange (*parikalpita*) zu unterscheiden, eine Sache herkömmlich verstandener Normalität, also relativer geistiger Gesundheit ist, während der Schritt vom Relativen (*samvritti*) zum Absoluten (*paramārtha*) etwas ganz anderes bedeutet, nämlich Erleuchtung.

Um nun diese Sichtung der Traditionen abzuschließen, wollen wir noch kurz auf die Arbeit westlicher Bewußtseinsforscher eingehen und an einigen herausragenden Gestalten – G. I. Gurdjieff, Roland Fischer und Hubert Benoit – exemplarisch verdeutlichen. Gurdjieffs psychologisches System, das sich zum Teil aus sufischen Lehren ableitet, hatte seinen größten Vertreter in P. D. Ouspensky und ist in neuer Zeit von Forschern wie Oscar Ichazo und John Lilly aufgegriffen worden.[22] Nach Gurdjieff veranschaulicht man sich das Bewußtsein am besten als vielschichtiges Kontinuum verschiedener Schwingungsbänder oder -zustände. Zur leichteren Identifizierung wird jedem Band eine «Schwingungszahl» zugeordnet, nämlich 3, 6, 12, 24, 48, 96. Ebene 3 ist, nach Lilly, «Verschmelzung mit dem universalen Geist, Einheit mit Gott», und darin erkennen wir sofort die Ebene des GEISTES. Die nächste Ebene in Gurdjieffs Kontinuum, Schwingungszustand 6, bezeichnet «den Höchststand des Bewußtseins, Astralreise, Clairvoyance, Clairaudience, Verschmelzung mit anderen zeitlichen Wesenheiten», eine deutliche Übereinstimmung mit den Transpersonalen Bändern. Schwingungszustand 12 bezeichnet den unteren Bereich der Existentiellen Ebene, «hoher Grad von Körperbewußtsein, Verliebtsein», während Ebene 24 dem oberen Grenzbereich der Existentiellen Ebene, also dem Biosozialen Band entspricht, denn jetzt «sind alle benötigten Programme im Unbewußten des Biocomputers und arbeiten reibungslos, und das Ich verliert sich ganz in die lustvollen Aktivitäten, die es am besten kennt und denen es am liebsten nachgeht». Ebene 48 ist die Ego-Ebene, «der neutrale Biocomputer-Zustand, in dem neue Ideen aufgenommen und weitergeleitet, neue Programme und Daten eingespeist und verarbeitet werden». Schwingungszustand 96 schließlich ist ein «negativer Zustand; tun, was man zu tun hat, doch unter Schmerz-, Schuld- und Angstgefühlen», und wir erkennen ihn als den unteren Bereich der Schatten-Ebene.

Hier sollten wir einflechten, daß man auf der Schatten-Ebene ziemlich weit abgetrieben werden kann in die äußersten Randbereiche, etwa unter extremem Schmerz, in schizoiden Zuständen oder unter Drogeneinfluß. In Gurdjieffs System tragen diese oberen Ebenen die Schwingungszahlen 192, 384 und 768. In diesem oberen Grenzbereich der Schatten-Ebene kann ein sehr merkwürdiges Phänomen auftreten: Von hier aus kann man, wie über eine «Kurzschlußleitung» zurückkatapultiert werden auf eine viel tiefere Ebene des Bewußtseinsspektrums. Beispiele dafür finden wir in vielen Berichten von Erfahrungen der Todesnähe, bei denen die Betroffenen die Empfindung haben, die

Szenerie von einem Ort außerhalb ihres schmerzgepeinigten und leblos daliegenden Körpers zu betrachten – eindeutig ein transpersonales Phänomen. Dieser «Katapulteffekt», der die oberen Bänder der Schatten-Ebene mit korrespondierenden Transpersonalen Bändern verbindet, ist ein wohlbekanntes Phänomen, und so hat Lilly die Schwingungsbänder 96, 192, 384 und 768 (die Bänder der Schatten-Ebene) umbenannt in -24, -12, -6, -3, um die (potentielle) Korrespondenz zwischen diesen negativen Schatten-Zuständen und ihren Entsprechungen am anderen Ende des Spektrums deutlich zu machen. Diese potentielle Korrespondenz kann so eng sein, daß die oberen Bänder der Schatten-Ebene das Erscheinungsbild der entsprechenden Bänder im unteren Teil des Spektrums annehmen – nur sind diese Schattenbänder natürlich äußerst negativ und qualvoll, sozusagen bösartige Karikaturen der entsprechenden positiven Bänder. Deshalb sagt Lilly, daß etwa die Ebene -6 «so aussieht wie +6, nur eben extrem negativ ist».

Roland Fischer liefert uns nun mit seiner Forschungsarbeit am Maryland Psychiatric Institute sozusagen ein physiologisches Korrelat dieses Katapulteffekts, aber auch der spektrumartigen Natur des Bewußtseins.[23] Er fand nämlich eine Art «unwillkürlichen Abwehrmechanismus»: Wenn das Zentralnervensystem durch natürliche oder künstliche Reize in einen Zustand der Übererregung versetzt wird, kann es – automatisch – auf einen korrespondierenden Zustand der Untererregung zurückspringen. Eine Fülle von Experimentalergebnissen belegt überdies, daß das Bewußtsein als eine Art Kontinuum oder Spektrum existiert, wobei das absolute Selbst metaphorisch am einen Ende des Kontinuums angesiedelt wird (GEIST) und das normale Ichbewußtsein am anderen (Ego). «Jede nächsthöhere Schicht des Selbstgewahrseins, gekennzeichnet durch verminderte Objektivität ‹da draußen›, geht einher mit einer Vermehrung von subjektivem Ichbewußtsein», und so gibt es «viele Schichten des Selbstgewahrseins, jede mit ihrem charakteristischen Selbst-zu-Ich-Verhältnis» – und eben dies haben wir als «Ebenen der Identität» bezeichnet. Dies impliziert aber auch, daß es – wie wir schon andeuteten – mehrere Ebenen des Unbewußten gibt, und tatsächlich gelangt Fischer zu dieser Anschauung: «Anstatt *ein* Unterbewußtsein zu postulieren, nehme ich so viele Ebenen des Selbstgewahrseins an, wie es Ebenen der Erregung und im Interpretationsrepertoire des einzelnen entsprechende Ebenen symbolischer Interpretation gibt.»

Wenden wir uns zum Schluß Hubert Benoit zu, jenem klarsichtigen Psychoanalytiker und Interpreten östlicher Philosophie. Seine Gedanken sind so wohlerwogen und tiefgründig, daß wir ihnen mit einer bloßen Zusammenfassung kaum gerecht werden könnten. Deshalb wollen wir ihn lieber selbst ausgiebig zu Wort kommen lassen und unsere Kommentare zwischen die Zitate einstreuen. Seine Bewußtseinsebenen sind im wesentlichen mit denen des Spektrums identisch, und so gehen wir, um unnötige Wiederholungen zu vermeiden, darauf nicht näher ein, sondern erwähnen nur seine Terminologie: Was wir Ebene des GEISTES, Existentielle Ebene, Ego-Ebene und Schatten-Ebene genannt haben, heißt bei Benoit Absolutes Prinzip, Subjektbewußtsein (auch Tiefenbewußtsein oder organisches Bewußtsein), Objektbewußtsein (auch Oberflächenbewußtsein oder mentales Bewußtsein) und Teufel. Womit wir uns jedoch näher befassen müssen, ist Benoits Gebrauch des Begriffs «Energie» als Metapher für das Absolute, denn hier bekommen wir auf direktem Wege ein Gefühl für die Wirkungsweise des Bewußtseinsspektrums im täglichen Leben.

Benoit verdeutlicht seine Psychologie an einem einfachen Beispiel:

> Gehen wir dabei von einer konkreten Beobachtung aus: Jemand macht sich über mich lustig, ich gerate in Zorn und bekomme Lust, meinen Feind anzugreifen. Analysieren wir nun, was im Verlauf dieser Szene vor sich geht. Wir werden sehen, daß sich unsere inneren Vorgänge in zwei verschiedene Reaktionen aufteilen lassen, die wir «Primärreaktion» und «Sekundärreaktion» nennen wollen.[24]

Wir werden später sehen, daß diese beiden Reaktionen unseren beiden Grundformen des Erkennens entsprechen: die Primärreaktion dem nicht-dualen Erkennen, die Sekundärreaktion dem symbolischen Erkennen. In seiner Analyse der Mobilisierung des Zorns fährt Benoit fort:

> Bei der Primärreaktion wird eine bestimmte Menge von Lebensenergie in mir geweckt. Diese Energie schlummerte bisher latent in meiner zentralen Energiequelle, bis sie durch meine Wahrnehmung einer fremden Energie, die sich gegen das Ich richtete, geweckt wurde. Durch diese angreifende fremde Energie wurde in mir eine Kraft wachgerufen, die ein Gegengewicht zu der Kraft des Nicht-Ich dar-

> stellte. Diese Kraft ist noch keine Zornesregung, sie hat überhaupt noch keine festgelegte Form, sie ist vielmehr der Materie zu vergleichen, die in eine Form gegossen werden soll, diesen Vorgang aber noch vor sich hat. Für einen Augenblick ist die so entstandene Kraft, die nun in meinem Kräftezentrum in Erscheinung tritt, noch keine Kraft des Zornes, sondern nur reine, noch ungeformte Lebenskraft.[25]

Diese Primärreaktion, die «reine, noch ungeformte Lebenskraft», repräsentiert das nicht-duale Erkennen und natürlich das dazugehörige nicht-duale Bewußtsein:

> Diese erste Reaktion steht mit einer bestimmten Wahrnehmung der Außenwelt, mit einem bestimmten Erkennen im Zusammenhang. Sie entspricht also einer bestimmten Art von Bewußtsein, das jedoch vollständig verschieden ist von allem, was wir sonst so zu bezeichnen pflegen. Es handelt sich nicht um das erkenntnismäßige, geistige [mentale] Bewußtsein, also nicht um ein klares, durchsichtiges Bewußtsein. Es ist vielmehr ein verborgenes, ein reagierendes Bewußtsein der Tiefenschicht, also eine Art *organisches* Bewußtsein. Es ist das gleiche Bewußtsein, das bei der Auslösung des Kniescheibenreflexes in Kraft tritt. Jeder Reflex steht in Beziehung zu diesem organischen Bewußtsein, welches die Außenwelt auf anderem als intellektuellem Wege «erkennt». Diese Annahme wird gestützt durch Beobachtungen innerer Vorgänge: Ich fühle zum Beispiel, wie mir der Zorn zu Kopfe steigt, wo er anschließend tausend Bilder erzeugt. Ich fühle ihn aus der Tiefe, aus der organischen Schicht meines Daseins aufsteigen. Diese Primärreaktion erfolgt äußerst rasch und entzieht sich, wenn ich nicht besonders aufmerksam bin, meiner Beobachtung. Wenn ich jedoch nach einem solchen Zornesanfall untersuche, was im einzelnen in mir vorgegangen ist, so erkenne ich, daß eine rein organische, anonyme, aus einer organischen Bewußtseinsschicht aufgestiegene Kraft für einen kurzen Augenblick in Erscheinung trat, bevor das Wirken meines geistigen, Bilder des Zornes erzeugenden Bewußtseins einsetzte.[26]

Dieses organische oder primäre Bewußtsein haben wir organismisches Bewußtsein genannt, und da es «anonym», «rein», «noch ungeformt» ist, also frei von aller Verstandestätigkeit, hat es teil am kosmischen Bewußtsein, am GEIST. Es wird, wie Benoit sagt, «in einem Augenblick ohne Dauer» wirksam und ist daher von der Art des zeitlosen Augenblicks, der Ewigkeit, also des Brahman, des Tao, des GEISTES. Es ist die WIRKLICHKEIT selbst.

Zunächst mag es etwas sonderbar anmuten, die Gottheit als «Energie» zu beschreiben, aber wenn man es recht bedenkt, ist dieses Wort eigentlich genausogut und genausoschlecht geeignet wie jedes andere, denn alle sind aufgrund ihrer Begrenztheit und Dualität nicht in der Lage, das Unendliche und Nicht-duale zu erfassen. Selbst das Wort «Nicht-Dualität» ist dualistisch, weil es «Dualität» ausschließt. Wir gebrauchen «Nicht-Dualität» im «absoluten» Sinne von «nicht zwei, nicht eins» als Synonym für Shūnyatā, die Leere, und diesen Zweck erfüllt «Energie» ebensogut. Letztlich spielt es überhaupt keine Rolle, ob wir alle Dinge und Phänomene nun als Erscheinungsformen der Energie oder als Erscheinungsformen des Brahman bezeichnen.

Doch Benoits Umgang mit dem Energiebegriff erleichtert uns den Zugang zu dieser Wirklichkeit, denn wir alle haben, mehr oder weniger vage, ein Empfinden von dieser Energie-Mobilisierung, wie sie etwa im Falle des Zorns eintritt. Lassen wir Benoit mit der Schilderung seines Beispiels fortfahren:

> Durch die dynamische Veränderung meines Seins, die in der Primärreaktion ihren Ausdruck findet, das heißt durch jenes Freiwerden von Energie als Reaktion auf die drohende Energie der Umwelt, wird nun in meinem Innern eine zweite Reaktion ausgelöst. In der gleichen Weise wie die Bewegung der Außenwelt ein Reagieren meines organischen Bewußtseins ausgelöst hatte, löst nun dieses Reagieren seinerseits – das heißt die innere Bewegung, in der es zum Ausdruck kommt – das Reagieren meines geistigen [mentalen] Bewußtseins aus. Und diese Sekundärreaktion hat nun die Tendenz, die anfängliche Unbewegtheit in meinem Innern wiederherzustellen, indem sie die darin frei gewordene Energie wieder abzubauen versucht.[27]

Diese Sekundärreaktion entspricht unserer symbolischen Weise des Erkennens, jenem Prozeß also, in dem wir unser reines organismisches Bewußtsein in dualistisches Denken und Sprechen übersetzen. Benoits

Beschreibung dieser beiden Weisen des Erkennens ist für uns deshalb so interessant, weil sie uns zu verstehen erlaubt, wie unser organismisches und nicht-duales Erkennen in *diesem* Augenblick zu symbolischem Erkennen zerfällt, wodurch stets jene höchste Identität unsichtbar bleibt, die das reine organismische Bewußtsein offenbart. Wir werden auf diesen Punkt zurückkommen, vorerst jedoch Benoits Erläuterungen zu den zwei Weisen des Erkennens weiterverfolgen: Nachdem er dargestellt hat, daß das organische Bewußtsein ein nicht-unterscheidendes Erkennen begründet, während dem «geistigen» Bewußtsein (in der deutschen Ausgabe später zutreffender mit «mentales Bewußtsein» übersetzt), also dem unterscheidenden Erkennen, stets die unaufhebbare Dualität von Ich und Nicht-Ich zugrunde liegt, gelangt er zu einer äußerst wichtigen Schlußfolgerung:

> Für mein organisches Bewußtsein bin ich sowohl mit dem Nicht-Ich als auch mit dem Ich identisch. Für mein intellektuelles Bewußtsein hingegen bin ich nur mit dem Ich identisch, bejahe ich dessen alleinige Existenz. Mein intellektuelles Bewußtsein erkennt nur das Ich. Wenn ich mir also einbilde, eine intellektuelle Erkenntnis der Außenwelt zu besitzen, so lerne ich in Wirklichkeit doch immer nur abgewandelte Formen meines Ich im jeweiligen Kontakt mit der Außenwelt kennen. Die Philosophie spricht an dieser Stelle vom «Gefängnis unserer Subjektivität», jedoch läßt sie dabei das organische Bewußtsein außer acht, das zwischen Subjekt und Objekt nicht unterscheidet, kraft dessen ich im Ansatz schon frei bin.[28]

Ich bin «im Ansatz schon frei», weil mein reines organismisches Bewußtsein, diese Lebensenergie, die in mir aufwallt, die keinen primären Dualismus kennt, die unzeitlich und daher unendlich ist, am kosmischen Bewußtsein oder GEIST teilhat und ich dessen «nur noch» innewerden muß, um Befreiung (Skrt. *moksha*) zu finden.

Nun ist aber das organische oder organismische Bewußtsein – trotz seines Namens – nicht im Körper zu lokalisieren, denn das wäre höchst dualistisch; dasselbe gilt allerdings auch für die Annahme, es befinde sich außerhalb des Körpers (wie es bei Out-of-the-Body-Erfahrungen und ähnlichen Phänomenen, die auf den Transpersonalen Bändern auftreten können, aber nicht mit dem GEIST verwechselt werden dürfen, manchmal erlebt wird). Shrī Ramana Maharshi beschied solche Überlegungen sehr kurz und unmißverständlich:

> Innen oder außen für wen? Innen und außen existieren nur, solange es Subjekt und Objekt gibt... Bei genauerer Betrachtung werden Sie finden, daß sie zusammenfallen, daß da nur ein Subjekt ist. Schauen Sie, wer dieses Subjekt ist; und dieses Forschen führt Sie zum reinen Bewußtsein jenseits des Subjekts.[29]

Wenn Benoit das Bewußtsein also als Energie bezeichnet, die im Organismus freigesetzt wird, so ist das nur ein Zugeständnis an den allgemeinen Sprachgebrauch. In jenem «Augenblick ohne Dauer», da die reine, ungeformte, anonyme und nicht-duale Kraft in Aktion tritt, kennt sie weder innen noch außen und ist daher nicht lokalisierbar. Wenn diese Energie jedoch in Bilder zerfällt, wenn also der Intellekt über diesen *élan vital* reflektiert, ist der primäre Dualismus schon aufgebrochen, und so empfinden wir, daß diese Energie ihren Ursprung in unserem Körper hat. Das sollten wir uns immer dann vergegenwärtigen, wenn von der Mobilisierung organismischer Energie die Rede ist.

Lassen wir Benoit nun weiter darstellen, wie diese mobilisierte Energie, dieses organismische Bewußtsein, dieses nicht-duale Gewahrsein in Bilder, Begriffe und symbolisches Erkennen zerfällt:

> Im Verlauf meiner Primärreaktion war mein organisches Existenzverlangen von der Außenwelt her in Frage gestellt worden, daher war in mir jene Kraft, die ein Gegengewicht gegen die von außen kommende Kraft bildet. Im Verlauf der Sekundärreaktion wird mein geistiges «Seins»bedürfnis [die Vorstellung, daß mein Ego stark, unverrückbar und dauerhaft ist] durch die in mir freigewordene Energie bedroht, denn dieses Freiwerden von Energie impliziert ein Akzeptieren der Außenwelt [was aber aufgrund des primären Dualismus unmöglich geworden ist]... Und so muß sich die Sekundärreaktion auf das Freiwerden von Energie diesem Vorgang widersetzen. Doch kann diese Auflehnung gegen die kosmische Ordnung nicht zum Ziele führen. Die Kraft, die in meinem Innern freigeworden ist, kann nicht zurückkehren in den Bereich des noch nicht in Erscheinung Getretenen. Meine Ablehnung der freigewordenen Energie kann also zu

> nichts anderem führen als der Ausschaltung dieser Energie durch ihre Zertrümmerung.[30]

«Die Zertrümmerung der freigewordenen Energie», fügt Benoit hinzu, «geht durch die Vorstellungs- und Gefühlsabläufe vor sich.»[31] Die Energie zerfällt dabei in mentale Bilder und ihre entsprechenden Emotionen, ein Prozeß, welcher dem der Sublimierung in etwa äquivalent ist, denn das *animal symbolicum* ist, wie N. O. Brown sagt, das *animal sublimans*. Wir werden auf den Zerfall unserer Energie, unseres nicht-dualen Erkennens, unseres organismischen Bewußtseins zu symbolischem Erkennen, zu Begriffen, Bildern, Gedanken und Unterscheidungen noch sehr genau einzugehen haben, doch bleiben wir jetzt noch bei der Ebene des GEISTES, beim organismischen Bewußtsein, über das Benoit sagt:

> Wie weiter oben schon betont, entsprechen den beiden Reaktionen zwei verschiedene Bewußtseinsschichten, der Primärreaktion mein organisches Bewußtsein, der Sekundärreaktion mein mentales oder geistiges oder Vorstellungsbewußtsein... Mein Vorstellungsbewußtsein ist dualistisch angelegt, da die darin ablaufenden Vorstellungs- und Erregungsprozesse positiver oder negativer, erfreulicher oder unerfreulicher Art sein können. Mein organisches Bewußtsein dagegen ist nicht dualistisch angelegt, da die daraus aufsteigende Lebenskraft formlos, anonym, immer mit sich selbst identisch und unabhängig von den Formen ist, die sie später beleben wird... Andererseits haben wir auch gesehen, daß das organische Bewußtsein nicht zwischen Ich und Nicht-Ich unterscheidet, daß sein Wirken eine wesenhafte Identität zwischen diesen beiden Polen einschließt und daher die Möglichkeit für eine wahre Erkenntnis des Weltganzen in seiner Einheit enthält... Zusammenfassend können wir also sagen, daß allein das organische Bewußtsein eine echte Kenntnis des Weltganzen besitzt.[32]

Das organismische Bewußtsein erkennt das Universum in seiner Einheit; aber nur, weil es in seinem Wirken raumlos und zeitlos und daher unendlich und ewig ist und weil die Ewigkeit-Unendlichkeit in ihrer Gesamtheit an jedem Punkt von Raum und Zeit gegenwärtig ist, gilt der Satz: «Dies erkennend, erkennst du alles.» Das absolute Jetzt erkennend, erkennst du alle Zeit, das absolute Hier erkennend, erkennst du allen Raum – und sie beide erkennend (sie sind ohnehin nicht verschieden), erkennst du das Universum in seiner Einheit. Das heißt nun gewiß nicht, daß wir alle *Fakten* kennen werden, die durch symbolische Landkarten-Erkenntnis zu gewinnen sind, daß wir alle Informationen aller je geschriebenen Bücher präsent haben werden – beileibe nicht! Vielmehr werden wir die WIRKLICHKEIT aller Fakten erkennen und sein, die WIRKLICHKEIT, von der alle abstrakten Fakten nur Widerspiegelungen sind. Wir werden niemals alle diese Fakten, diese Spiegelungen, kennen – um so lebhafter jedoch die eine WIRKLICHKEIT, die sich dort widerspiegelt.[33] Die *Chāndogya-Upanishad* drückt dasselbe bildhaft aus:

> Mein Lieber, wie man an einem Lehmklumpen alles erkennt, was aus Lehm ist, die Umwandlung nur ein Behelf im Ausdruck, eine Bezeichnung, die Wirklichkeit aber «Lehm» ist . . . derart, mein Lieber, ist die Unterweisung.[34]

Von dieser WIRKLICHKEIT, der wir durch Faktenwissen nicht näherkommen, spricht auch Lao-tzu (47):

> Ohne aus der Tür zu gehen,
> kennt man die Welt.
> Ohne aus dem Fenster zu schauen,
> sieht man den SINN [Tao] des Himmels.
> Je weiter einer hinausgeht,
> desto geringer wird sein Wissen.
> Darum braucht der Berufene nicht zu gehen
> und weiß doch alles . . .

Den «Lehm», der im Sinne der *Chāndogya-Upanishad* die Wirklichkeit aller geistigen und körperlichen Phänomene ausmacht, nennt Benoit «Energie», und das ist ein sehr nützlicher Begriff, weil er auf das «in» uns hindeutet, was all den flüchtigen Gestaltungen in unserem Bewußtsein zugrunde liegt und sie mit Leben erfüllt; etwa in Benoits Beispiel des Zorns, wo die freiwerdende Energie zunächst formlos, rein und homogen ist, und erst wenn sie nach wenigen Augenblicken in Formen und Bilder zerfällt, empfinden wir Zorn. «Energie» ist hier eine Metapher mit einem ganz ähnlichen Inhalt wie «absolute Subjektivität» oder GEIST – «einer der Namen Gottes», wie Coomaraswamy sagt. Als der belebende Grund aller Bewußtseinsinhalte kann die Energie niemals zum Erkenntnisobjekt werden und liegt also jenseits aller begrifflichen Erfaßbarkeit; zu erkennen ist sie nur, wie der GEIST, auf direkte, nicht-dualistische, unmittelbare und nicht-begriffliche Weise.

Betrachten wir nun die Evolution des Bewußtseinsspektrums noch einmal anhand der Metapher der Energie und ihres Zerfalls (anstatt wie bisher der absoluten Subjektivität und ihrer Objektivierung). Die verschiedenen Ebenen des Spektrums, so sagten wir, stehen für die Identifizierung des Absoluten Erkennenden mit bestimmten Objekten. Aus der ursprünglichen Identität mit dem All wird eine immer weiter eingeschränkte Identifizierung, und jede weitere Einschränkung erzeugt eine neue Ebene des Spektrums. Unser Ziel besteht nun darin, die ausschließliche Identifikation mit bestimmten Objekten aufzugeben, um unsere höchste Identität mit dem All wiederzuentdecken. So sagt Benoit etwa über die Identifikation mit dem Organismus:

> Diese Identifizierung beruht nicht auf einem Irrtum, sie ist nur unvollständig, da sie eine gleiche Identifizierung meiner selbst mit dem übrigen Universum ausschließt. Nicht in der Identifizierung mit meinem Organismus besteht die durch meine Ichbezogenheit hervorgerufene Täuschung, sondern in der ausschließlichen Form, in der diese Identifizierung vorgenommen wird.[35]

Auf vereinfachte Weise können wir uns die Evolution des Spektrums anhand der Energie-Metapher folgendermaßen vergegenwärtigen: Auf der Ebene des GEISTES freiwerdende Energie ist rein, ohne Form (d. h. leer), unzeitlich, unendlich, doch wenn sie durch die Ebenen des Spektrums aufsteigt, zerfällt sie in dualistische Bilder und Formen. Jede Ebene ist gekennzeichnet durch die Art des auf ihr eintretenden dualistischen Zerfalls. Auf der Existentiellen Ebene zerfällt die Energie in Psyche/Soma-Energie und Umwelt-Energie; auf dem Biosozialen Band verfestigt sich die Form der Psyche/Soma-Energie durch die sozialen Prägungen, die sie hier erhält; auf der Ego-Ebene zerfällt sie weiter in psychische Energie und körperliche Energie, und auf der Schatten-Ebene zerfällt schließlich auch diese psychische Energie noch.

Betrachten wir den Vorgang noch einmal am Beispiel des aufsteigenden Zorns, etwa nach einer Ohrfeige. Der Schlag selbst ist zunächst nichts weiter als eine Bewegung des Universums, doch augenblicklich setzt der primäre Dualismus ein, und ich spüre in mir eine Energie aufwallen. In diesem Stadium – bevor der primäre Dualismus gänzlich «einrastet» – ist diese Energie noch rein, ungeformt, unzeitlich; sie erfüllt einen «Augenblick ohne Dauer», jenen Augenblick, in dem ich noch nicht benannt habe, was da geschieht. Das noch unzeitliche Freiwerden von Energie gewinnt jedoch Dauer beim «Durchgang» durch das Biosoziale Band, denn hier nimmt die Energie Form an, die des Zorns, und wird damit zeitlich. Diese Form wird ihr aufgeprägt durch die internalisierten familiären und sozialen Beziehungen, die das Biosoziale Band ausmachen. Nun steigt diese Energie mir als Zorn «zu Kopfe», wo ich sie verbalisiere: «Zorn». Tritt nun hier, auf der Ego-Ebene, auch noch der quartäre Dualismus ein, so werde ich Zorn und Aggression projizieren (Schatten) und daher Furcht empfinden (Persona). Durch solche oder ähnliche Mechanismen wird meine Energie schließlich gänzlich zerstükkelt und verstreut.

So also sehen das Freiwerden und der Zerfall der Energie aus, die Evolution und Involution des Brahman, ein ewiges Schauspiel: aus der Leere aufsteigend und in sie zurücksinkend, ohne Spuren, ohne Fährten zu hinterlassen, das ewige Spiel der Erschaffung und Auflösung, in diesem Augenblick und immer – aber nicht die Erschaffung und Auflösung von Materie, sondern von Dualismen, ein ewiges Auf und Ab im Bewußtseinsspektrum, von Augenblick zu Augenblick und doch immer *jetzt*. Zeitlich und psychologisch betrachtet, gibt uns das Freiwerden von Energie (die nicht-duale Weise des Erkennens) und ihr Zerfall zu Formen, Objekten und Begriffen ein genaues Abbild dieses Schöpfungsprozesses. Das *objektive* Universum wird demnach *jetzt* erschaffen durch den dualistischen Charakter meines Erkennens, denn «die Form unseres Erkennens zerstückelt es täglich».

Vergegenwärtigen wir uns die Kernpunkte noch einmal an Benoits Beispiel des Zorns: Jemand ärgert oder schlägt mich, aber ich werde nicht im selben Augenblick schon wütend, sondern empfinde eher eine stille, klare Wachheit; dann erst, vielleicht Sekunden später, brausen Gefühle und Gedanken auf, die man summarisch «Zorn» nennt, denn jetzt erst zerfällt meine Energie in bewegte Bilder. In diesem ersten

Augenblick klarer Stille bin ich eins mit der WIRKLICHKEIT, kein Schleier aus Gedanken und Begriffen trennt mich von ihr; es ist ein reines nicht-duales Gewahrsein, zeitlose organismische Energie, das «ursprüngliche Bewußtsein» des Zen, das nicht an die Dimensionen des Raumes und der Zeit gebunden ist. Es ist der GEIST selbst, die nicht-duale Weise des Erkennens. Doch dieses Bewußtsein zerfällt und manifestiert sich durch Projektion als mentale Objekte und Begriffe, läßt die Dualismen lebendige Gestalt annehmen und erschafft so die Welt der Phänomene «da draußen». Diese Geburt des symbolischen Universums, des dualistischen und schlußfolgernden Erkennens, die Geburt des Bewußtseinsspektrums, haben wir am Beispiel des Zorns erläutert, doch vollzieht sie sich natürlich nicht nur im emotionalen Bereich, sondern in allen Dimensionen – jetzt und in jedem Augenblick.

Mit dieser ungeformten Energie *vor* ihrem Zerfall in dualistische Formen (dem organismischen Bewußtsein) ist also die Bewußtseinsebene gemeint, auf der das Universum noch nicht durch den primären Dualismus in Beobachter und Beobachtetes zerfallen ist. Von absoluter Subjektivität oder GEIST zu sprechen, ist im Grunde dasselbe, denn diese beiden Begriffe bezeichnen nichts anderes als eben diese Energie oder dieses Gewahrsein vor der (scheinbaren) Aufspaltung in Subjekt und Objekt. Es spielt also keine Rolle, ob wir von Energie und ihrem Zerfall oder von absoluter Subjektivität und ihrer Objektivierung sprechen – es sind nur zwei Weisen, auf den GEIST hinzudeuten, auf jenes allgegenwärtige Bewußtsein, in dem das Universum noch nicht von sich selbst verschieden ist und sich daher noch nicht selbst verfälscht hat.

Wir werden darauf gleich zurückkommen, doch eines sollte inzwischen klargeworden sein: Wenn wir klar sehen, was geschieht, wenn wir gänzlich verstehen, wie wir unsere Ebenen oder Hüllen oder Schichten – unsere Dualismen – in jedem Augenblick unseres Lebens neu entstehen lassen und neu beleben, wenn wir erkennen, daß die WIRKLICHKEIT jenseits allen Begriffsvermögens liegt, dort, wo auch die Quelle unserer Energie ist – so dürfte das ein deutlicher Hinweis darauf sein, daß wir uns umwenden und *vor* die Höhle der Schatten treten müssen, wenn wir das Licht des Universums sehen wollen.

Zweiter Teil: Involution

Du sollst ihn [Gott] bildlos erkennen, unmittelbar und ohne Gleichnis. Soll ich aber Gott auf solche Weise unmittelbar erkennen, so muß ich *schlechthin* er, *und* er *muß* ich *werden...* *Denn, solange dieses «Er» und dieses «Ich», das heißt Gott und die Seele, nicht ein einziges Hier und ein einziges Nun sind, solange könnte dieses «Ich» mit dem «Er» nimmer wirken noch eins werden.*

MEISTER ECKEHART

Es gibt weder Schöpfung noch Zerstörung,
weder Bestimmung noch freien Willen,
weder einen Pfad noch ein Erlangen.
Das ist die letzte Wahrheit.

SHRĪ RAMANA MAHARSHI

Manche haben gesagt, es stehe uns die Möglichkeit offen, beständig in eine Welt noch größerer Schönheit und noch größeren Zaubers zu blicken. Jene meinen auch, die Experimente der Alchemisten im Mittelalter seien nicht auf die Transmutation der Metalle gerichtet gewesen, sondern auf die Transmutation des ganzen Universums. Diese Methode oder Kunst oder Wissenschaft oder welche Benennung wir auch immer wählen mögen in der Annahme, sie existiere oder habe existiert, will einfach die Glückseligkeit des Ur-Paradieses wiederherstellen und den Menschen, wenn er denn einwilligt, befähigen, in einer Welt der Freude und des Ganzen zu leben. Vielleicht gibt es wirklich solch ein Experiment, und vielleicht haben manche es durchgeführt.

HAMPOLE

7. Integration des Schattens

Am Beginn seiner Laufbahn als «Nervenarzt» reiste Sigmund Freud nach Nancy, um sich aus erster Hand einen Eindruck von der Arbeit des Hypnotiseurs Bernheim zu verschaffen. Was Freud dort sah, sollte alle späteren Hauptströmungen der abendländischen Psychologie prägen, von Adler und Jung bis hin zur Gestaltpsychologie und Abraham Maslow. Ein Experiment Bernheims konnte etwa so aussehen, daß er den Patienten in tiefe hypnotische Trance versetzte und ihm dann eingab, auf ein bestimmtes Zeichen hin einen an der Tür abgestellten Regenschirm zu ergreifen, zu öffnen und über sich zu halten. Wieder im normalen Wachbewußtsein, nahm der Patient dann auf das Zeichen hin tatsächlich den Schirm und öffnete ihn. Gefragt, weshalb er denn im Zimmer einen Schirm aufspanne, konnte er dann für gewöhnlich gute Gründe anführen, etwa: «Ich wollte sehen, wem er gehört» oder «Ich wollte mich vergewissern, daß er auch richtig funktioniert» oder «Mich interessiert, welche Marke das ist». Nun sind das wirklich alles gute Gründe, aber eben nicht der eigentliche Grund. In Wirklichkeit hatte der Patient keine Ahnung, weshalb er den Schirm aufspannte. Er *hatte* einen Grund dafür, aber er kannte ihn nicht; dieser eigentliche Grund war ihm nicht bewußt, und er wurde von Kräften bewegt, von denen er offenbar nichts ahnte.

Freud errichtete sein ganzes psychoanalytisches Lehrgebäude auf dieser Grundeinsicht, daß der Mensch Bedürfnisse und Motive hat, deren er sich nicht bewußt ist. Der Mensch weiß nicht, was er will; sein wahres Verlangen ist ihm unbewußt, und so kann es auch nie richtig befriedigt werden. Daraus erwachsen Neurosen und «Geisteskrankheiten» – so wie man gewiß auch krank würde, wenn man von seinem Bedürfnis nach Nahrung nichts wüßte und folglich nicht äße. Daß die große Grundidee Freuds richtig ist, hat sich im Laufe vieler Jahre an zahllosen Fällen bestätigt. So sind sich denn heute alle darin einig, *daß* der Mensch unbewußte Bedürfnisse hat; zu der Frage allerdings, *worin* diese bestehen, gehen die Meinungen weit auseinander.

Freud selbst legte den Grund für dieses Meinungschaos, weil er seine eigene Meinung von der Natur der unbewußten Bedürfnisse und Instinkte des Menschen zweimal grundlegend änderte. Zuerst glaubte er, Sexualität und Überlebenstrieb seien die gesuchten Größen; später benannte er Liebe und Aggression als die beiden Grundtriebe; und zuletzt kam er zu Lebens- und Todestrieb. Seither ist unter Psychotherapeuten die Diskussion um die «wirklichen»Bedürfnisse des Menschen nicht verstummt, und es macht keinen Unterschied, ob nun von Bedürfnissen, Instinkten, Wünschen, Trieben, Motivationen oder Begierden die Rede ist. Otto Rank meinte, ein starker und konstruktiver Wille sei das Grundverlangen des Menschen; für Alfred Adler war es das Streben nach Macht; für Sandor Ferenczi das Bedürfnis nach Liebe und Angenommensein; Karen Horney nannte das Bedürfnis nach Sicherheit; H. S. Sullivan biologische Befriedigung und Sicherheit; Erich Fromm das Bedürfnis nach Sinn; Frederick Perls das Bedürfnis, sich zu entwickeln und zu reifen; Carl Rogers Selbsterhaltung und Selbstverwirklichung; Glasser Liebe und Selbstwertgefühl – und so weiter *ad infinitum.*

Wir wollen diesen Wirrwarr nicht durch eigene Aussagen über die «wirklichen Bedürfnisse» des Menschen noch vergrößern, sondern richten unser Augenmerk auf das, worin all die verschiedenen Schulen der Psychologie und Psychotherapie übereinstimmen, nämlich den Umstand, daß der Mensch von bestimmten Seiten oder Zügen seiner selbst entfremdet ist, daß er ihrer nicht gewahr ist, kurz, daß sie ihm unbewußt sind. Diese uns selbst fremd oder unbewußt gewordenen Seiten unserer selbst haben wir «Schatten» genannt, und wir wollen hier weniger nach dessen Inhalt fragen als vielmehr nach brauchbaren Methoden, die Beziehung zum Schatten zurückzugewinnen und ihn schließlich wieder als unser eigen anzunehmen. Wir fragen, anders gesagt, nach Möglichkeiten der Wiedervereinigung von Persona und Schatten, also des verstümmelten und unzutreffenden Ich-Bildes und der entfremdeten Facetten des Ich, um zu einem zutreffenden Ich-Bild, dem Ego, zurückzukehren.

Natürlich können wir bei den Therapien für die Ego-Ebene nicht stehenbleiben, sondern müssen dann auch nach weiterführenden Möglichkeiten fragen. Es gibt ja heute einen regelrechten Zoo psychotherapeutischer Techniken, Systeme, Methoden, Schulen und Disziplinen; diese unübersehbare Vielfalt wird von manchen bedauert, doch wir werden bald sehen, daß es einen guten Grund für diese Vielfalt gibt. Das Problem – ein sehr drängendes Problem, sowohl für Therapeuten als auch für Klienten – besteht allerdings darin, in diesem Zoo sehr unterschiedlicher und teilweise sogar gegensätzlich wirkender Therapien so etwas wie Ordnung und Struktur zu erkennen. Wir glauben, daß es diese Struktur tatsächlich gibt und daß sie am Modell des Bewußtseinsspektrums demonstriert werden kann.

Unsere zentrale Aussage war ja, daß Bewußtsein (hier als das nichtduale Universum oder GEIST verstanden) sich auffächern kann in ein ganzes Kontinuum scheinbar verschiedener Bewußtseinstypen, -zustände und -ebenen. Wir behaupten nun, daß anhand dieses Modells eine integrierende Darstellung nicht nur der Hauptschulen westlicher Psychologie und Therapie, sondern auch der östlichen und westlichen Bewußtseinsdisziplinen möglich wird. Denn wenn dem Bewußtseinsspektrum und den großen metaphysischen Traditionen, die mit seinen Grundzügen übereinstimmen, überhaupt ein Wahrheitsgehalt zukommt, so folgt daraus unmittelbar, daß die verschiedenen Hauptschulen der «Psychotherapie» in Ost und West ganz einfach bei verschiedenen Ebenen des Spektrums ansetzen.

Daß es so viele verschiedene Schulen der Psychologie gibt (die alle gute Argumente für ihre Anschauungen vorbringen können), liegt also nicht daran, daß sie über ein und denselben Gegenstand, «die Psyche», zu unterschiedlichen oder gar gegensätzlichen Schlußfolgerungen kommen, sondern daran, daß sie verschiedene Ebenen des Bewußtseins ansprechen und deshalb im Grunde zu komplementären Schlußfolgerungen gelangen. Jetzt erkennen wir, daß der scheinbare Wahnsinn des Meinungswirrwarrs in der Psychologie doch Methode hat: Wenn wir nämlich – mit den großen metaphysischen Traditionen – davon ausgehen, daß das Bewußtsein vieldimensional (d. h. scheinbar aus zahlreichen Ebenen aufgebaut) ist, und die Einsicht hinzufügen, daß Pathologisches auf jeder dieser Ebenen (außer natürlich auf der Ebene des GEISTES) auftreten kann, wird uns klar, daß die verschiedenen Schulen der Psychotherapie in Ost und West so gestaffelt sind, daß sie das gesamte Bewußtseinsspektrum abdecken.

Auf diese Weise können wir uns einen wahrhaft umfassenden und integrativen Führer zu den heute verfügbaren Psychotherapien erarbeiten. Dazu werden wir uns in den nächsten Kapiteln mit den für die einzelnen Ebenen charakteristischen Formen des psychischen Unwohlseins und den entsprechenden Therapieformen befassen. Dies kann nur ein Abriß sein, der keineswegs erschöpfend oder endgültig sein will, denn täglich kommen neue psychologische Einsichten hinzu. Wir wollen aber die Grundstruktur aufzeigen, das Skelett, das dann mit wachsendem Wissen immer weiter auszufüllen sein wird.

Erinnern wir uns, daß jede Ebene des Bewußtseinsspektrums durch eine bestimmte Dualismus-Unterdrückung-Projektion erzeugt wird, wodurch (unter anderem) die Identität immer weiter eingeengt wird, vom Universum (GEIST) zum Organismus (Existentielle Ebene) zur Psyche (Ego) und schließlich zu Teilen der Psyche (Persona). Jede Ebene repräsentiert somit einen bestimmten Typ oder Grad der Entfremdung des Universums von sich selbst, und erzeugt daher auch typische psychische Störungen. Im großen und ganzen werden diese Störungen um so «schlimmer», je weiter man durch die Ebenen des Spektrums aufsteigt, denn auf jeder nächsthöheren Ebene gibt es wieder mehr Aspekte des Universums, mit denen man sich nicht mehr identifiziert und die einem daher als bedrohlich erscheinen. Auf der Existentiellen Ebene beispielsweise fühlt sich der Mensch von seiner Umwelt entfremdet und empfindet sie deshalb als potentielle Bedrohung. Auf der Ego-Ebene bildet der Mensch sich ein, sein eigener Körper sei etwas ihm Fremdes, und so erscheinen ihm sowohl die Umwelt als auch sein eigener Körper als mögliche Bedrohungen seiner Existenz. Auf der Schatten-Ebene scheint der Mensch sogar von Teilen seiner Psyche abgespalten zu sein, so daß ihm die Umwelt, sein Körper und sogar mehr oder weniger umfangreiche Teile seines Geistes als fremd und bedrohlich erscheinen. Daher sagen wir, daß jede Dualismus-Unterdrückung-Projektion spezifische Störungen hervorrufen kann.

Unsere Aufgabe wird nun darin bestehen, die für jede Ebene charakteristischen Störungstypen, aber auch die entsprechenden Therapieformen aufzuzeigen. Dabei werden wir auch Gelegenheit haben, etwas zu den «Bedürfnissen» und «Trieben», dem Entwicklungspotential, den positiven Seiten oder Stärken und den unbewußten Prozessen jeder einzelnen Ebene zu sagen. Die Therapien zielen natürlich darauf ab, die jeweilige Dualismus-Unterdrückung-Projektion, die ja auf jeder Ebene die Grundlage der für sie typischen psychischen Störungen bildet, wieder zusammenzufügen, also zu heilen. Darauf werden wir an den entsprechenden Stellen näher eingehen.

Noch ein letztes Wort vorweg: Wir werden uns in der Richtung voranarbeiten, die der Evolution des Spektrums entgegengesetzt ist, also von der Schatten-Ebene zur Ebene des GEISTES. Das ist der Pfad der Involution, der Rückkehr zum Ursprung, der Wiederentdeckung des GEISTES – ein Abstieg durch das Bewußtseinsspektrum. Wir beginnen also mit den Therapien, die sich um eine Rückkehr von der Schatten-Ebene zur Ego-Ebene bemühen.

Wenn wir die Methoden, die sich um die Reintegration von Schatten und Persona bemühen, ganz verstehen und richtig ausschöpfen wollen, müssen wir im Blick behalten, wie es überhaupt zur Entstehung der Schatten-Ebene kam. Mit der quartären Dualismus-Unterdrückung-Projektion wird das Ego gespalten, seine Einheit unterdrückt und der Schatten – einst integraler Bestandteil des Ego – als etwas Fremdes projiziert. Ganz allgemein können wir uns den Schatten als die Gesamtheit allen Ego-Potentials denken, zu dem unsere Verbindung abgerissen ist, das wir vergessen oder von uns gewiesen, also verdrängt haben. Und das müssen nicht unbedingt nur unsere bösen und schlimmen Seiten sein, sondern erfahrungsgemäß kommt uns dabei auch manches Gute und Edle abhanden, das heißt, wir vergessen es. Natürlich bleibt alles Verdrängte und Vergessene letztlich unser eigen, wie es ja auch wenig Sinn hat, sich etwa von einem Ellbogen loszusagen. Der Schatten bleibt unser eigen, und er bleibt wirksam; daher nehmen wir seine Regungen auch weiterhin wahr, glauben jedoch, daß es nicht unsere eigenen sind, sondern schreiben sie anderen Menschen zu. Und je mehr wir unsere Eigenschaften in andere Menschen hineinlesen, desto schwieriger wird es, sie in uns selbst überhaupt noch wahrzunehmen.

Die Entfremdung von bestimmten Aspekten unserer selbst hat also zwei Grundkonsequenzen. Zum einen empfinden wir diese Aspekte nicht mehr als unser eigen, und so können wir sie nicht mehr nutzen oder beeinflussen oder dafür sorgen, daß sie sich ihrer Natur gemäß entfalten; unsere Aktionsfähigkeit wird dadurch drastisch reduziert oder blockiert. Zum anderen scheinen diese Facetten nur in der Umwelt zu existieren; wir haben unsere Energie auf andere übertragen, und nun scheint sie sich *gegen* uns zu wenden. Wir verlieren sie in uns selbst und sehen sie in der Umwelt als etwas, das uns bedroht. Der Psychiater G. A. Young bemerkt dazu: «Dabei macht man sich geringer, als man ist, und die Umwelt größer, als sie ist.»[1] Der Entfremdungsprozeß führt dazu, daß wir mit der eigenen Energie auf uns selbst einschlagen, oder um es mit Fritz (Frederick) Perls zu sagen: «Sobald wir irgendein Potential projizieren, wendet dieses Potential sich gegen uns.»[2]

Nehmen wir an, im Innern entstehe irgendein Handlungsimpuls, etwa der Impuls zu arbeiten, zu essen, zu studieren oder zu spielen. Wie würde sich dieser Impuls nun anfühlen, wenn wir ihn (aufgrund des quartären Dualismus) projizierten? Regen würde er sich in uns natürlich auf dieselbe Weise, doch wir würden ihn nicht mehr als unser eigen empfinden; er würde sich scheinbar irgendwo außerhalb in der Umwelt regen, und so fühlen wir denn keinen in die Umwelt gerichteten Drang mehr, sondern fühlen uns von ihr bedrängt. Anstatt mit Lust an die Arbeit zu gehen, fühlen wir uns zur Arbeit angehalten oder gar angetrieben; statt unseres eigenen Interesses empfinden wir Druck, statt unseres eigenen Wunsches eine Verpflichtung. Unsere Energie bleibt unter allen Umständen unsere, doch jetzt scheint sie uns irgendwo außerhalb zu entspringen, und anstatt sie zu ergreifen und mit ihr ans Werk zu gehen, fühlen wir uns von ihr herumgestoßen – als wären wir eine Marionette und unsere Umgebung zöge an den Fäden.

Wir können aber nicht nur positive Regungen wie Interesse, Antrieb und Verlangen projizieren, sondern auch negative Gefühle wie Zorn, Haß, Ablehnung und so weiter, und zwar mit demselben Ergebnis: Anstatt auf jemanden böse zu sein, haben wir das Gefühl, daß die ganze Welt auf uns böse ist; wenn wir einmal einen Haß auf jemanden haben, werden wir statt dessen empfinden, daß er uns haßt; anstatt etwas, das uns unzumutbar erscheint, einfach abzulehnen, fühlen wir uns selbst abgelehnt. Wir erfahren unsere kleinen negativen Tendenzen nicht mehr als unser eigen, projizieren sie in die Umgebung und bevölkern unsere Welt so mit eingebildeten und daher um so bedrohlicheren Buhmännern, Teufeln und Gespenstern: Wir haben Angst vor unserem eigenen Schatten.

Außer positiven und negativen Emotionen können wir jedoch auch noch positive und negative Ideen oder Eigenschaften oder Züge projizieren. Wer seine eigenen positiven Qualitäten, sein Selbstwertgefühl, auf andere projiziert, sieht seine eigenen guten Seiten nun in anderen. Er fühlt sich wertlos im Vergleich zum anderen, der ihm nun als Superman erscheint, der nicht nur seine eigenen guten Seiten besitzt, sondern auch noch die auf ihn projizierten. Das geschieht nicht selten in der Verliebtheit, wo man all sein Potential dem geliebten Menschen überträgt und dann von seiner Güte, Weisheit und Schönheit überwältigt ist. Aber «Schönheit liegt im Auge des Betrachters», und ein solchermaßen verliebter Mensch ist eigentlich in die projizierten Aspekte seiner selbst verliebt, und er glaubt, diese Züge nur dadurch selbst bekommen zu können, daß er den geliebten Menschen zu seinem Besitz macht. Dasselbe geschieht bei blinder Bewunderung, die stets Neid zur Folge hat: Auch hier haben wir unser Potential «veräußert» und empfinden natürlich, daß uns alles Gute und Wertvolle mangelt. Wir selbst werden wertlos, aber um uns herum sehen wir lauter tüchtige und wichtige Leute, die uns haushoch überlegen sind.

So projizieren wir auch negative Eigenschaften, fühlen uns dann frei davon und die anderen damit behaftet. Das ist ein sehr häufiges Phänomen, denn die weniger erfreulichen Seiten unserer Persönlichkeit wären wir natürlich gern los. Wir drängen sie aus unserem Bewußtsein, aber das ist natürlich vergeblich; sie bleiben unser eigen, und so behelfen wir uns damit, daß wir sie auf andere projizieren. Und ist das überzeugend gelungen, so darf zur Hexenjagd geblasen werden: Kommunisten unter jedem Bett; der Teufel lauert an jeder Ecke; wir, die Guten, gegen sie, die Bösen. Unser passionierter Kampf gegen die Teufel dieser Welt ist nichts als Schattenboxen.

Wer sich mit diesen Projektionsmechanismen noch nicht beschäftigt hat, wird sie vielleicht zunächst verwirrend oder gar lachhaft finden, denn die logische Schlußfolgerung sieht doch so aus: Was mich an anderen Leuten am meisten stört, sind in Wirklichkeit unerkannte Aspekte meiner selbst. Man darf sich nicht wundern, wenn dieser Gedanke auf erbitterte Ablehnung stößt. Aber schon Freud wies darauf hin, daß heftige Ablehnung ein sicheres Anzeichen für Projektion ist; das heißt aber auch, daß wir dort *nicht* projizieren, wo wir nicht ablehnen! Bei unserer Kritik an anderen dürfte es sich zum größten Teil um unerkannte Stückchen unserer Autobiographie handeln. Wenn Sie wissen wollen, wie es um jemanden wirklich bestellt ist, dann hören Sie sich an, wie er über andere redet.

Die sogenannten Neurosen entstehen aus dem quartären Dualismus, der das Ego spaltet und Teile davon auf die Umwelt projiziert. Unbewußt weisen wir manche unserer Tendenzen von uns – wir vergessen sie, und dann vergessen wir, daß wir sie vergessen haben. Therapie auf dieser Ebene bedeutet ein Erinnern und Wiederannehmen des Verdrängten, eine Wiederidentifizierung mit allem Projizierten, die Wiedervereinigung mit unserem Schatten.

> Vieles von dem, was unser eigen ist, ein Teil unserer selbst, wurde dissoziiert und entfremdet, wir sagten uns davon los und warfen es hinaus. Nun steht es uns nicht mehr zur Verfügung. Aber ich glaube, daß es uns *doch* zur Verfügung steht, wenn auch in der Form von Projektionen. Vielleicht gehen wir am besten zunächst einmal von der Annahme aus, daß alles, was wir in einem anderen Menschen oder in der Welt zu sehen glauben, nichts als Projektion ist . . . Wir können unsere Projektionen zurückholen und wieder in uns aufnehmen, wenn wir uns selbst gänzlich in dieses andere oder diese andere Person hineinprojizieren . . . Das Gegenteil von Entfremdung tut not: Identifikation.[3]

Versuchen wir, diese Punkte an einigen Beispielen klarer zu machen. Den vier Hauptklassen von Projektionen folgend, werden wir die Beispiele in vier Gruppen vorlegen: positive Emotionen, negative Emotionen, positive Eigenschaften, negative Eigenschaften.

1. Projektion positiver Emotionen

Unter positiven Emotionen verstehen wir etwa Interesse, Verlangen, Antrieb, Motivation, Eifer, Angeregtsein und ähnliches. John hat ein Redezvous mit Mary. Er ist furchtbar aufgeregt und kann es kaum erwarten, sie endlich zu Hause abzuholen. Als er läutet, zittert er vor lauter Aufregung ein bißchen, aber dann öffnet Marys Vater, und John gerät fast in Panik, wird sehr nervös. Er vergißt seine ganze Begeisterung über das Treffen mit Mary, und während er eben noch hellwaches Interesse für seine Umwelt war, empfindet er jetzt, daß diese Umwelt – nämlich Marys Vater – sich für ihn interessiert. Anstatt zu schauen, fühlt er sich angeschaut und auf eine Weise exponiert, die ihm die Kehle zuschnürt. John schlägt mit seiner eigenen Energie auf sich selbst ein, wird aber alle Schuld an dieser unangenehmen Situation der Umwelt zuschieben, in diesem Fall dem «unguten Blick» von Marys Vater.

Zudem wird John auch noch in einen Teufelskreis geraten, denn für Projektionen auf der Ego-Ebene gilt: Je mehr man projiziert, desto mehr neigt man zum Projizieren. Je mehr John seine Erregung vergißt, desto mehr projiziert er und desto mehr glaubt er sich von der Umwelt in die Zange genommen, was wiederum zu noch mehr projizierter Erregung führt und so weiter. Der einzige Ausweg aus dieser mißlichen Lage wäre für John, sich mit seiner Erregung zu reidentifizieren und sie dann zu leben, anstatt von ihr gebeutelt zu werden. Das wird im Normalfall geschehen, sobald Mary das Zimmer betritt: John findet sofort zu seinem Interesse zurück und handelt entsprechend, geht also auf sie zu und begrüßt sie. Jetzt hat er sein entfremdetes Interesse zurückgewonnen, denn nun schaut er wieder die Umwelt an, anstatt sich von ihr angestarrt zu fühlen.

In dem Augenblick, als Panik und Angst in John aufstiegen, trennte er sich von seinem biologischen (nicht unbedingt sexuellen) Grund-Erregungszustand – er blockierte ihn, sagte sich los von ihm und projizierte ihn. Erregung wird unter diesen Umständen als Angst erlebt. Oder anders herum betrachtet: Wenn wir Angst empfinden, versagen wir uns ganz einfach, erregt, energiegeladen und lebendig zu sein. Der einzige Ausweg aus dieser Situation besteht darin, unser Interesse und unsere Erregung für uns zurückzugewinnen – die Erregung auf den Körper übergreifen zu lassen und tief durchzuatmen, anstatt die Brust zu verkrampfen und den Atem einzuschnüren; vor Energie zu vibrieren, anstatt sich gelassen zu geben, die Erregung zu unterdrücken und stocksteif zu werden.

Wenn wir Angst empfinden, brauchen wir uns nur zu fragen: «Worüber bin ich so erregt?» oder «Was tue ich gerade, um meine Erregung zu unterdrücken?» Ein Kind läßt sich von seiner Aufregung begeistert mitreißen, ein Erwachsener fühlt sich unbehaglich, weil er die aufwallende Energie aufhält und projiziert, während Kinder sie einfach fließen lassen. «Energie ist ewige Glückseligkeit», und Kinder sind glückselig – bis man ihnen den quartären Dualismus aufzwingt und sie sich ihrer natürlichen Erregung ebenso entfremden wie die Erwachsenen. Auch dann wird weiterhin Energie freigesetzt, doch aufgrund des quartären Dualismus scheint das nun irgendwo außerhalb zu geschehen und uns von dort her zu bedrohen. Angst ist nichts als Erregung und Interesse, die blockiert und projiziert wurden.

Damit kann man gut experimentieren, wenn man allein ist und sicher vor den abschätzigen Kommentaren engstirniger Zuschauer. Wenn Sie Angst empfinden, versuchen Sie nicht, sie loszuwerden (und sich ihr damit noch weiter zu entfremden), sondern lassen Sie sich ganz darauf ein – zitternd, schlotternd, japsend –, und folgen Sie dem körperlichen Geschehen. Lassen Sie die Angst an sich heran und schließlich aufbrechen zu dem, was sie eigentlich ist – Erregung. Spüren Sie die Energie auf, die geboren werden möchte, ertasten Sie sie, denn Angst ist Erregung, der die Geburt verweigert wird. Wenn wir zulassen, daß diese Energie geboren wird, wenn wir sie annehmen und wieder fließen lassen, wird sie pulsierender Energie weichen, die ungehindert frei wird und nach außen strömt, anstatt durch Projektion dorthin verlagert zu werden, um uns dann in Form von Angst als Bumerang zu treffen.

Betrachten wir an einem weiteren Beispiel – diesmal an einem Wunsch – die Folgen der Projektion einer positiven Emotion. Jack möchte unbedingt die Garage aufräumen und säubern; sie ist in einem ziemlich verkommenen Zustand, und der Plan zu dieser Aktion reift in Jack nun schon eine ganze Weile. Endlich beschließt er, am kommenden Sonntag zur Tat zu schreiten. Zu diesem Zeitpunkt ist er ganz beseelt von seinem Wunsch und möchte die Sache wirklich erledigen, aber als es dann soweit ist, kommt er doch nicht so recht in Schwung. Er wurstelt einige Stunden lang herum, halbherzig und mit den Gedanken ganz woanders – verliert immer mehr den direkten Bezug zu seinem Wunsch. Nun ist dieser Wunsch aber noch da, sonst würde Jack die Arbeit ja hinlegen und etwas anderes tun. Er möchte sie nach wie vor tun, fängt aber an, sich von diesem Wunsch loszusagen und ihn zu projizieren; jetzt fehlt ihm nur noch jemand, dem er ihn «anhängen» kann. Da kommt ihm seine Frau gerade recht, die im Vorbeigehen kurz hereinschaut, um zu sehen, wie die Sache läuft. Jack faucht sie an, sie solle ihn bloß in Ruhe lassen mit ihrer ewigen Antreiberei. Jetzt empfindet er auf einmal, daß nicht er, sondern seine Frau die Garage aufgeräumt haben will. Damit ist die Projektion abgeschlossen. Jack fühlt sich von seiner Frau unter Druck gesetzt, aber was er da tatsächlich erfährt, ist sein eigener, projizierter Wunsch: «Druck» ist entfremdeter Eifer.

An diesem Punkt werden die meisten einwenden, daß wir uns doch wirklich in Situationen befinden – etwa die Arbeit im Büro oder die «Verpflichtungen» des Familienlebens –, die einen enormen Druck auf uns ausüben; dieser Druck habe nichts mit projizierten Wünschen zu tun, sondern liege in der Natur dieser Situationen selbst, und deshalb hätten wir so wenig Freude an dem, was zu tun ist. Aber genau das ist es ja: Druck empfinden wir nur deshalb, weil wir des Wunsches, unsere Aufgaben zu erfüllen, nicht mehr gewahr sind. Darauf könnte man wieder antworten: Nun ja, es wäre natürlich schön, wirklich den Wunsch zu haben zu arbeiten, zu kochen, zu waschen und all das zu tun, aber dem ist nun mal nicht so. Tatsache ist jedoch, daß der Wunsch da ist, daß wir ihn aber als äußeren Druck, als den Wunsch anderer empfinden. Anders gesagt: Hätten wir den Wunsch nicht, würden wir keinen Druck empfinden. Wir würden uns vielleicht langweilen, würden energielos oder gar apathisch herumhängen – aber uns nicht unter Druck gesetzt fühlen. Wäre John (aus unserem ersten Beispiel) nicht wirklich brennend an seinem Rendezvous mit Mary interessiert, so würde er keine Angst empfinden, wenn er sie abholt; die ganze Situation würde einfach an ihm abprallen oder ihn allenfalls ein wenig nerven, aber könnte ihn nicht in Angst versetzen. Johns Angst ist nichts als projiziertes wirkliches Interesse an Mary; und Druck erfahren wir nur da, wo wir eigene Wünsche projizieren.

Jack wird sich von seiner Frau so lange unter Druck gesetzt fühlen, bis ihm dämmert, daß einzig und allein er selbst sich wegen der Garage unter Druck setzt, daß der Kampf zwischen Jack und Jack stattfindet und nicht zwischen Jack und seiner Frau. Wenn ihm das klar wird, wird er seinem Wunsch nachgeben, anstatt ihn abzuwehren, und die Garage aufräumen.

Wenn wir uns unter Druck gesetzt fühlen, brauchen wir nicht erst Wünsche und Antriebe zu erfinden oder zu erzeugen; wir erfahren diesen Antrieb ja bereits, nur haben wir ihm den falschen Namen «Druck» gegeben.

2. Projektion negativer Emotionen

Gemeint sind hier etwa Aggression, Zorn, Haß, Zurückweisung und Groll. Die Projektion negativer Emotionen ist unglaublich verbreitet, vor allem im christlich geprägten Abendland, wo die landläufige Moralvorstellung uns auferlegt, alles «Böse» und Negative in uns selbst und in anderen zu bekämpfen. Dabei ist diese Haltung ganz und gar nicht christlich, denn die Bibel gibt uns manchen Hinweis darauf, daß es eben nicht darum geht, das Böse niederzuringen; es ist ein Teil der Schöpfung, und wir haben uns durch Liebe mit ihm auszusöhnen. Wir aber verachten und verabscheuen unsere «bösen Neigungen», sie sind uns peinlich, und so versuchen wir nicht, sie zu integrieren, sondern verdrängen sie, so gut es geht. Der quartäre Dualismus macht es möglich. Vielmehr, er scheint es möglich zu machen, denn wenn wir diesen Neigungen auch den Zugang zum Bewußtsein verwehren, bleiben sie doch unser. Wir stoßen sie aus unserem Bewußtsein, und dann treten sie uns scheinbar aus der Umwelt entgegen: die Welt ist voll des Bösen, doch wenigstens wir selbst, gottlob, sind frei davon. Aber wenn wir die Leute so betrachten und uns über all das Böse entsetzen, das wir da «sehen», schauen wir in Wirklichkeit nur in den Spiegel unserer eigenen Seele.

Für die Gesundheit des Ego ist es daher erforderlich, die «bösen» und negativen Tendenzen wieder als unser eigen anzunehmen und zu integrieren. Dann geschieht etwas ganz Erstaunliches: Diese negativen Tendenzen, die zu besitzen wir bis dahin erbittert bestritten hätten, finden zu einem harmonischen Gleichgewicht mit unseren positiven Neigungen und verlieren dabei gänzlich den Geruch des Bösen. Tatsächlich werden Haß und Aggression nur dann wirklich böse und destruktiv, wenn wir sie zu verdrängen versuchen, wenn wir sie von den ausgleichenden positiven Tendenzen wie Liebe und Bejahungsbereitschaft abtrennen und in die Umwelt schleudern. Wenn wir dann annehmen, daß diese dämonischen Aspekte nur noch in der Umwelt existieren, empfinden wir sie natürlich als Bedrohung und reagieren heftig, notfalls auch gewalttätig und heimtückisch auf diese eingebildete Bedrohung; dann kommt es zu blindwütigen und häufig blutigen Kreuzzügen, da verbrennen wir «Hexen», zu ihrem eigenen Wohl natürlich, da führen wir Krieg, «um den Frieden zu erhalten», und veranstalten Inquisitionstribunale, um «Seelen zu retten». Kurzum, verdrängte und projizierte negative Tendenzen können ein wirklich sehr gefährliches Eigenleben entwickeln, während sie, in den Gesamtzusammenhang des Lebens eingebunden, also nicht verdrängt, sondern neben und mit den entsprechenden positiven Tendenzen existierend, von eher harmloser Natur sind, ein unverzichtbarer Anteil im Spiel der Kräfte. Sich mit dem Teufel auszusöhnen, das dürfte eher zur Nachfolge Christi gehören als der Kampf gegen das Böse.

Überdies machen wir uns kaum jemals klar, daß Gut und Böse einander nicht nur harmonisch ergänzen, sondern auch bedingen: das Böse ist notwendig, damit es das Gute überhaupt geben kann. So hören wir von Lao-tzu (2):

> Wenn auf Erden alle das Schöne als schön erkennen,
> so ist dadurch schon das Häßliche gesetzt.
> Wenn auf Erden alle das Gute als gut erkennen,
> so ist dadurch schon das Nichtgute gesetzt.
> Denn Sein und Nichtsein erzeugen einander,
> Schwer und Leicht vollenden einander.
> Lang und Kurz gestalten einander.
> Hoch und Tief verkehren einander...

So schätzt auch Chuang-tzu den Stellenwert des «Positiven» und «Negativen» ein:

> Wer sich zur Bejahung bekennt und nichts von der Verneinung weiß, wer sich zur Ordnung bekennt und nichts von der Verwirrung weiß, der hat noch nicht die Gesetze des Himmels und der Erde und die Verhältnisse der Welt durchschaut. Das ist, wie wenn man sich an den Himmel halten und nichts von der Erde wissen wollte, oder wie wenn man sich an die trübe Urkraft wenden und nichts von der lichten wissen wollte. Es ist klar, daß das nicht geht. Und nun doch ohne Aufhören so weiter zu reden, das ist entweder ein Zeichen von Torheit oder von Betrug.[4]

Wir hassen das Dunkel unserer negativen Tendenzen wie Kinder das Dunkel der Nacht, doch wie wir ohne das Dunkel der Nacht niemals das Licht des Tages erkennen könnten, würden wir auch unsere positiven Seiten nie erkennen, wenn wir keine negativen besäßen. Beides zusammen ist wie eine schöne Gebirgslandschaft: ohne Täler keine Berge, ohne Berge keine Täler; wer in seiner Verblendung die Täler verschwinden lassen möchte, muß auch die Berge einebnen.

Doch auch wenn wir sie verdrängen, bleiben unsere negativen Tendenzen stets unser eigen. Wenn wir die Augen vor ihnen verschließen, suchen sie uns in verdrehter Form heim als Depressivität und neurotische Angst. Aus dem Bewußtsein verbannt, werden sie zu ungeheuren dräuenden Schatten, während sie in Wirklichkeit eher harmlos sind. Wir können das Böse nur zähmen, indem wir es uns zum Freund machen, und wir lassen es über Gebühr groß und stark werden, indem wir es verdrängen. Das integrierte Böse ist eher mild und unschädlich; sobald es projiziert wird, kann es sehr tückisch werden, und alle, die je für die Ausrottung des Bösen kämpften, haben ihm eher zum Sieg verholfen. Daher die Mahnung von Ronald Fraser:

> Ich bitte Sie, sich eines Tages daran zu erinnern, daß ich Ihnen sagte: Das Böse zu hassen, stärkt das Böse; wogegen wir Widerstand leisten, das wird durch diesen Widerstand stärker. Dies ist ein Gesetz, in seiner unbedingten Gültigkeit den Gesetzen der Mathematik ebenbürtig.[5]

Und sehr einprägsam bekräftigt Nikolai Berdjajew:

> Der Teufel freut sich, wenn es ihm gelingt, uns böse, das heißt teuflische Gefühle ihm gegenüber einzugeben. Der Teufel feiert Siege, wenn man auf böse, diabolische Art gegen ihn ankämpft... Wenn man überall das Böse und die Bösen verurteilt, mehrt man das Böse in der Welt. Im Evangelium ist das hinreichend deutlich offenbart, doch wollen wir das nicht hören.[6]

Nehmen wir als Beispiel für die Projektion negativer Emotionen zunächst einmal Haß oder Feindseligkeit. Martha geht von zu Hause fort, um eines der «besseren» Colleges im Osten zu besuchen. Auf der High School waren ihre negativen Emotionen ihr noch sehr nahe, und so war ihre Feindseligkeit keineswegs heftig oder bösartig, sondern locker und natürlich auf eine Art, die wir boshaft, aufmüpfig, launisch oder spitzzüngig nennen würden, eine Art «sanfter Zynismus».

> Dieser sanfte Zynismus war schon immer das Kennzeichen besonders kultivierter und gebildeter Menschen und findet sich dort, wo man einander so vertraut ist, daß in den Worten: «Na, du alter Halunke», tiefste Freundschaft zum Ausdruck kommt. Die Möglichkeit großer Zuneigung zueinander hängt davon ab, ob wir anerkennen und akzeptieren können, daß immer auch eine gewisse Boshaftigkeit in uns selbst und im anderen gegenwärtig ist...
> Die Kraft des Fanatismus, so «effektiv» sie sein mag, wird stets mit Unbewußtheit bezahlt, und gleichgültig, ob gute oder schlechte Absichten hinter ihr stehen, sie wirkt stets destruktiv, denn sie arbeitet gegen das Leben: sie verleugnet die Ambivalenz der wirklichen Welt.[7]

Solange wir uns des bißchen Feindseligkeit bewußt sind, das immer in uns ist, kann man eigentlich gar nicht von Feindseligkeit sprechen, denn sie verbindet sich harmonisch mit positiven Emotionen wie Zuneigung und Freundlichkeit und nimmt insgesamt eine sanfte und humorvolle Tönung an.

Martha also war sich ihrer launischen und boshaften Seite, ihrer integrierten Feindseligkeit, voll bewußt, und so bildete sie einen sehr konstruktiven Teil ihres Charakters. Am College jedoch gerät sie in einen Freundeskreis besonders strebsamer und «ordentlicher» Studenten, die überhaupt keinen Sinn für boshafte Launen haben. Sehr bald verliert Martha die Beziehung zu ihrer Feindseligkeit und fängt an, sie zu projizieren. Anstatt die Welt spielerisch und sanft zu hassen wie bisher, sieht sie nun plötzlich Feindseligkeit, die ihr von außen entgegenschlägt. Wie nicht anders zu erwarten, verliert sie ihren Humor und wird von dem mulmigen Gefühl geplagt, daß niemand sie mag. «Ich hasse die Welt» wurde «Die Welt haßt mich» – doch wo ersteres dem Leben Würze und Frische gab, erfüllt letzteres es mit Trübsinn und Härte.

Viele von uns gehen mit dem «Keiner mag mich»-Gefühl durchs Leben (oder zumindest durchs Schulleben), und wir halten das für schrecklich ungerecht, denn wir selbst hegen natürlich keinerlei Abneigung. Genau das sind jedoch die beiden untrüglichen Anzeichen für

Projektion: Wir sehen es in jedem anderen und bilden uns ein, selbst frei davon zu sein. Nur deshalb empfinden wir, daß die Welt uns ablehnt, weil wir unsere eigene sanfte Feindseligkeit gegenüber der Welt nicht sehen wollen.

Ähnliches geschieht bei der Projektion anderer negativer Emotionen wie Aggression, Zorn und Ablehnung. Wir können dann die Welt nicht mehr humorvoll und mit leichter Hand attackieren, sondern empfinden, daß die Welt über uns herfällt, und zwar in böser Absicht. Aggression ist ein sehr nützlicher Zug, wenn sie uns voll bewußt ist, denn sie erlaubt uns, der Welt entgegenzutreten und uns fruchtbar mit ihr auseinanderzusetzen. So schreibt Fritz Perls:

> Wenn Sie die Notwendigkeit einer aggressiven, destruktiven und rekonstruktiven Haltung gegenüber den Erfahrungen einsehen, die wirklich Ihr eigen werden sollen, werden Sie auch verstehen, weshalb es notwendig ist... Aggressionen positiv zu bewerten und nicht vorschnell als «anti-sozial» zu verteufeln.[8]

Tatsächlich ist gerade die gewalttätige und wirklich antisoziale Aggressivität das Resultat verdrängter Aggressionen, denn verdrängte und unter Verschluß gehaltene Aggression wird so explosiv wie ein überhitzter Drucktopf.

Deshalb ist es so wichtig, aggressive Tendenzen bewußt zu machen und zu integrieren. Dennoch tun wir meist das Gegenteil: Wir versuchen unsere aggressiven Tendenzen zu verleugnen und aus dem Bewußtsein zu drängen. Wie projizierte Erregung als Angst und projizierter Antrieb als Druck erlebt wird, so erfahren wir projizierte Aggression als Furcht.

«Nun ja», wird mancher vielleicht sagen, «ich fürchte mich wirklich manchmal, aber ich bin halt einfach nicht der aggressive Typ. Furcht empfinde ich häufig, aber Aggressivität nie.» Genau! Wir empfinden keine Aggressionen mehr, weil wir sie projiziert haben und nun als Furcht erfahren. Wir müssen Aggression also nicht eigens erfinden oder einführen – sie ist schon da als Furcht, muß nur noch bei ihrem richtigen Namen genannt werden.

Wo projizierte Aggression als Furcht erlebt wird, empfinden wir projizierten Zorn als Depression. Zornige Ablehnung der Welt – jeder kennt das zumindest als vorübergehende Erfahrung – ist durchaus nützlich, um uns zu konstruktivem Handeln anzutreiben, aber wenn sie verdrängt und projiziert wird, fühlen wir uns selbst von der Welt abgelehnt. Die Welt erscheint uns dann sehr düster, und so kann es nicht ausbleiben, daß wir depressiv werden. Wut nach außen wird ein Wüten nach innen, und wir leiden schrecklich darunter. Wer deprimiert ist, sollte sich fragen: «Worauf bin ich eigentlich so wütend?»

3. Projektion positiver Eigenschaften

Wir sprechen hier von Güte, Stärke, Weisheit, Schönheit und ähnlichem. Wenn wir solche Eigenschaften projizieren, sind wir überzeugt, daß sie uns selbst gänzlich abgehen, während alle Welt sie überreichlich zu besitzen scheint. Staunend stehen wir nun all diesen prachtvollen Menschen gegenüber, nicht wissend, daß wir selbst sie mit all ihren Vorzügen ausgestattet haben.

Hier haben wir die Grundlage dessen, was wir als romantisch übersteigerte Verliebtheit kennen, aber auch in Ehen und Freundschaften, in Beziehungen zwischen Lehrer und Schüler oder Therapeut und Patient spielen Projektionen dieser Art sehr oft eine große Rolle. Irgendwo wird der Fall einer Frau erzählt, die sich einer Psychotherapie unterzog. Sie hatte alle ihre guten Seiten auf den Therapeuten projiziert, den sie folglich blind und rückhaltlos bewunderte, ja anbetete. Als Zeichen ihres Dankes kaufte sie ihm eines Tages eine prachtvolle blaue Krawatte, weil sie, nach ihren eigenen Worten, «so gut zu Ihren wunderbaren blauen Augen paßt, die so voller Weisheit sind». Nun hatte der Therapeut aber *braune* Augen, und er nahm einen Spiegel und hielt ihn ihr vors Gesicht mit der Frage: «Also, wer hat hier die wunderbaren blauen Weisheitsaugen?» Sie war es natürlich selbst.

Schönheit und auch Weisheit, wiederholen wir es, liegen stets im Auge des Betrachters, und wo immer wir allzu große Bewunderung für jemanden hegen, haben wir ihm höchstwahrscheinlich aus unseren eigenen Anlagen ein Piedestal errichtet.

4. Projektion negativer Eigenschaften

Gemeint sind etwa Voreingenommenheit, Versnobtheit, Heimtücke, Prüderie, Gemeinheit und dergleichen. Die Projektion negativer Eigenschaften ist in unserer Gesellschaft so verbreitet wie die Projektion negativer Emotionen, denn wir alle haben uns weismachen lassen, «negativ» bedeute soviel wie «abzulehnen». Anstatt uns also mit unseren negativen Zügen anzufreunden und sie zu integrieren, verdrängen und projizieren wir sie und sehen sie in jedermann außer in uns selbst. Jedoch:

> Die Vorwürfe, die A seinem Gegenüber B entgegenschleudert, sind letztlich nur Stücke aus A's Autobiographie. So weit, wie er B's Motive durchschaut, wird seine eigene Motivation sichtbar, denn man versteht einen anderen nur in Analogie zur eigenen Erfahrung. Ob die Projektionen nun passen oder nicht, die Vorwürfe und die Einsichten treffen am ehesten dort zu, wo sie entspringen – im Ich.[9]

Nehmen wir ein Beispiel: In einer Clique von zehn Mädchen sind neun, die Jill mögen, aber die zehnte, Betty, kann Jill nicht ausstehen, weil sie, wie Betty findet, prüde ist. Und Betty haßt Prüderie. Sie gibt sich alle Mühe, ihre Freundinnen von Jills Prüderie zu überzeugen, aber es gelingt ihr nicht, und das bringt sie nur noch mehr auf. Es springt wohl ins Auge, daß Betty Jill nur deshalb haßt, weil sie sich ihrer eigenen versteckten Prüderie nicht bewußt ist; und indem sie diese Tendenzen auf Jill projiziert, wird der Konflikt zwischen Betty und Betty ein Konflikt zwischen Betty und Jill. Jill hat mit dem Ganzen natürlich überhaupt nichts zu tun – sie ist einfach ein unfreiwilliger Spiegel für Bettys Selbsthaß.

Wir alle haben blinde Flecken – Tendenzen und Züge, die wir weit von uns weisen, die wir nicht akzeptieren wollen und deshalb in die Umwelt verlagern, um sie dort, mit aller Entrüstung und allem ach so gerechten Zorn zu bekämpfen, blind für die Tatsache, daß der Feind im eigenen Lager sitzt. Und dabei bedarf es für die Eingliederung dieser Tendenzen nicht mehr, als daß wir uns selbst ebenso verständnisvoll und gütig behandeln wie unsere Freunde. Wie Jung sehr treffend formuliert,

> ist das Sich-selbst-Annehmen der Inbegriff des moralischen Problems und der Kern einer ganzen Weltanschauung. Daß ich den Bettler bewirte, daß ich dem Beleidiger vergebe, daß ich den Feind sogar liebe im Namen Christi, ist unzweifelhaft hohe Tugend. Was ich dem geringsten unter meinen Brüdern tue, das habe ich Christo getan. Wenn ich nun aber entdecken sollte, daß der Geringste von allen, der ärmste aller Bettler, der frechste aller Beleidiger, ja der Feind selber in mir ist, ja, daß ich selber des Almosens meiner Güte bedarf, daß ich mir selber der zu liebende Feind bin, was dann?[10]

Fassen wir diese Erörterung zusammen, um sie in den Kontext des Bewußtseinsspektrums stellen zu können. Unsere Energie (Brahman, GEIST) wird frei und steigt auf durch die Transpersonalen Bänder zur Existentiellen Ebene, um noch etwas höher, auf dem Biosozialen Band, als Idee Form anzunehmen und als Emotion Richtung zu gewinnen. In Ideen und Emotionen gekleidet, erreicht unsere Energie die Ego-Ebene, wo diese Ideen, Eigenschaften und Emotionen nach dem Aufbrechen des quartären Dualismus verdrängt und projiziert werden, so daß sie nun nicht mehr im Ich, sondern in der Umwelt zu entspringen scheinen. Um diesen letzten Haupt-Dualismus, der die Schatten-Ebene erzeugt, geht es uns hier. Wo immer dieser quartäre Dualismus eintritt, ergeben sich daraus zwei Konsequenzen. Erstens: Wir bilden uns ein, daß das, was wir projizieren, uns selbst vollkommen abgeht; tatsächlich ist es uns dann auch nicht mehr verfügbar, was zu chronischer Frustration und Spannung führt. Zweitens: Das Projizierte gibt es für uns nur in der Umwelt, und dort wird es (in unserer Einbildung) übermächtig und bedrohlich, und so schlagen wir am Ende mit unserer eigenen Energie auf uns selbst ein.

Diese Projektion aufgrund des quartären Dualismus ist leicht zu erkennen: Wenn etwas an einer Person oder in unserer Umgebung uns lediglich *informiert*, projizieren wir wahrscheinlich nicht; wenn es uns aber *affiziert*, besteht der Verdacht, daß wir ein Opfer unserer Projektionen sind. Jill zum Beispiel könnte ja tatsächlich prüde sein, aber wäre das dann der wirkliche Grund für Bettys Aversion? Gewiß nicht, denn Jills Prüderie hätte dann ja einfach eine *Information* für Betty sein können; die Heftigkeit ihrer Reaktion zeigt jedoch, daß ihre Abneigung gegen Jill nur projizierter, nach außen gekehrter Selbsthaß war – und dafür spielt es keine Rolle, ob Jill nun wirklich prüde ist oder nicht. Oder nehmen wir Jack, der auf die harmlose Frage seiner Frau so gänzlich übertrieben aufbrauste. Die Frage war für ihn keine Information, die er gelassen hätte beantworten können, vielmehr stellte sie in diesem Augenblick einen Affront dar, weil er den schon fast ganz verdrängten, aber eben doch noch vorhandenen Wunsch, die Garage aufzuräumen, projizierte, das heißt, als den Wunsch seiner Frau betrachtete. Die heftige Reaktion verrät ihn. Daher kann man das eben Gesagte wohl als Faustregel nehmen: Was mich informiert, sehe ich mehr oder weniger richtig; wenn es starke Affekte bei mir auslöst, liegt mit ziemlicher Sicherheit eine Projektion vor. Wenn wir also allzusehr an etwas oder jemandem hängen oder wenn wir allzu heftig ablehnen oder hassen, ist mit Sicherheit der quartäre Dualismus aufgebrochen und wir umarmen oder bekämpfen nichts als Schatten.

Die Rücknahme einer Projektion stellt einen Schritt der «Rückkehr» im Bewußtseinsspektrum dar, von der Schatten-Ebene zur Ego-Ebene; indem wir nämlich die verdrängten und projizierten Aspekte unserer selbst wieder als unser eigen annehmen, erweitern wir den Bereich unserer Identifizierung oder kurz: unsere Identität. Und der erste Schritt hierzu besteht immer in der Einsicht, daß nicht die Umwelt uns etwas antut, sondern wir es selbst tun, daß wir selbst verantwortlich sind. So schreibt Ronald D. Laing über den psychoanalytischen Begriff der «Abwehrmechanismen», der Phänomene der Selbstentfremdung wie Verdrängung und Projektion umschreibt:

> Es ist ... phänomenologisch gewiß begründet, solche «Abwehr» mit dem Ausdruck «Mechanismus» zu belegen. Aber wir dürfen hier nicht haltmachen. Abwehr hat mechanische Qualität, weil der Mensch, so wie er sich erfährt, von ihr dissoziiert ist. Vor sich und anderen scheint er unter ihr zu leiden ...
> Das sieht jedoch nur aus der Perspektive seiner eigenen entfremdeten Erfahrung so aus. Wenn er ent-entfremdet wird, kann er zunächst einmal diese «Mechanismen» erkennen (falls er sie nicht schon vorher erkannt hat). Dann kann er den zweiten, entscheidenden Schritt tun: Er durchschaut sie zunehmend als etwas, das er sich selbst zufügt oder zugefügt hat.[11]

Wenn ich Angst empfinde, gehe ich also normalerweise davon aus, daß ich ein hilfloses Opfer dieser Angst bin, weil irgendwelche Leute oder Situationen mir eben angst *machen.* Dann geht es zunächst darum, dieser Angst vollkommen innezuwerden, sie hautnah zu erfahren, zu zittern und nach Luft zu schnappen, die Angst zuzulassen und ihr Ausdruck zu geben – und darin zu erkennen, daß ich selbst verantwortlich bin, daß *ich* mich verkrampfe, daß *ich* meine Erregung unterdrücke und daher als Angst erfahre. Diese Umkehr der Blickrichtung von der Opfer-Perspektive zur Selbstverantwortungs-Perspektive können wir an einem Gespräch zwischen dem Gestalttherapeuten Fritz Perls (F) und seinem «Patienten» Max (M) verfolgen. Max selbst scheint zunächst mit seinen Symptomen gar nichts zu tun zu haben:

> M: Ich bin verkrampft. Meine Hände sind verkrampft.
> F: Ihre Hände sind verkrampft. Sie haben mit Ihnen nichts zu tun.
> M: *Ich* bin verkrampft.
> F: Sie sind verkrampft. Wie machen Sie das? Da haben wir diesen hartnäckigen Hang zur Vergegenständlichung – aus einem Vorgang immer schnell ein Ding machen ...
> M: Ich verkrampfe mich.
> F: Das ist es! Schauen Sie sich den Unterschied an zwischen: «Ich verkrampfe mich» und: «Hier ist was verkrampft». Wenn Sie sagen: «Ich empfinde Verkrampfung», dann sind Sie dafür nicht verantwortlich, sind machtlos dagegen und können nichts daran ändern. Die Welt soll gefälligst was tun, Ihnen Aspirin geben oder was gerade fehlt. Aber wenn Sie sagen: «Ich verkrampfe mich», dann fühlen Sie sich verantwortlich dafür, und wir erspähen zum erstenmal, wie aufregend dieses Leben sein kann.[12]

Maxens Spannung und Angst schlagen bald in diese Erregung um, und Perls bemerkt dazu:

> Die Verantwortung für das eigene Leben zu übernehmen, bedeutet natürlich ein Mehr an Erfahrungen und Möglichkeiten. Und was ich in diesem kurzen Seminar erreichen möchte, ist dies: Ich möchte, daß Sie verstehen lernen, wie viel Sie gewinnen, wenn Sie für jede Emotion, jede Bewegung, jeden Gedanken selbst die Verantwortung überneh-

> men – und sich für niemand anderen verantwortlich fühlen. Die Welt ist nicht hier, um Ihre Erwartungen zu befriedigen, und Sie leben nicht, um die Erwartungen der Welt zu befriedigen. Wir berühren einander, wenn wir unverstellt sind, was wir sind, aber nicht dadurch, daß wir den Kontakt *herstellen*.[13]

Dann formuliert Perls die Zielrichtung seiner Arbeit sehr präzise:

> Solange Sie gegen ein Symptom ankämpfen, wird es schlimmer. Wenn Sie aber die Verantwortung übernehmen für das, was Sie sich selbst antun – wie Sie Ihre Symptome erzeugen, wie Sie Ihre Krankheit erzeugen, wie Sie Ihr Dasein erzeugen –, in diesem Augenblick, wo Sie Kontakt zu sich selbst aufnehmen, beginnt Wachstum, beginnt Integration.[14]

Wenn der erste Schritt zur «Heilung» der Schattenprojektion darin besteht, die Verantwortung für die Projektionen zu übernehmen, so muß im zweiten nun einfach die Richtung der Projektion umgekehrt werden, und daraus ergibt sich sofort eine Reihe von Richtigstellungen: «Die Welt lehnt mich ab» wird zu: «Ich lehne, zumindest jetzt im Moment, diese ganze verdammte Welt ab»; «Meine Eltern möchten, daß ich studiere» wird zu: «Ich möchte studieren»; «Meine arme Mutter braucht mich» wird zu: «Ich brauche ihre Nähe»; «Ich habe Angst, allein gelassen zu werden» wird zu: «Die können mir alle den Buckel runterrutschen»; «Alle sehen mich immer so kritisch an» wird zu: «Ich kritisiere andere gern».

Bevor wir nun auf die Umkehr der Projektion näher eingehen, wollen wir uns in wenigen Sätzen noch einmal vergegenwärtigen, was bei der Schatten-Projektion geschieht: Bei dem Versuch, unser Ich-Bild annehmbar zu gestalten, verfälschen wir es. Alle Facetten unseres Ich-Bildes oder Ego, die nicht unseren Vorstellungen entsprechen – weil sie mit den Inhalten der Philosophischen Bänder nicht zu vereinbaren sind oder weil wir sie in Streß- und Double-Bind-Situationen verdrängten oder aus welchem Grund auch immer –, werden preisgegeben. Unsere Identität schrumpft dabei auf einen Bruchteil unseres Ego, den wir *Persona* genannt haben. Obwohl wir uns von nun an weigern, dem Schatten auch nur Gehör zu schenken, werden wir doch ständig von ihm verfolgt, denn er *verschafft* sich einfach Gehör als Angst, Schuldgefühle, Furcht und Depression. Der Schatten wird Symptom und haftet an uns wie ein Blutegel.

Wir haben die Einheit der Psyche in zahlreiche Polaritäten und Gegensätze aufgespalten, und alle diese Spaltungen bezeichnen wir hier kollektiv als den quartären Dualismus, die Spaltung von Persona und Schatten. In jedem dieser Fälle identifizieren wir uns nur mit einer Hälfte der Dualität und verbannen die andere ins Schattenreich. *Der Schatten ist demnach das Gegenteil dessen, was die Persona für gegeben hält.*

Und so könnte folgendes Experiment durchaus vernünftig sein: Wenn Sie wissen wollen, wie Ihr Schatten die Welt sieht, nehmen Sie einfach das genaue Gegenteil dessen an, was Sie bewußt wünschen, fühlen, mögen, beabsichtigen oder glauben. Auf diese Weise kann es gelingen, mit den verdrängten Gegenteilen Kontakt aufzunehmen, ihnen Ausdruck zu verschaffen, sie zu spielen und sie letztlich wieder anzunehmen. Denn entweder nehmen Sie sie als Ihr eigen an, oder Sie werden ihr Eigentum – der Schatten verschafft sich stets Gehör.

Der Gegenteile gewahr zu sein, sie zu spielen und schließlich wieder anzunehmen, heißt nun nicht, daß man sich mit ihnen *auseinandersetzen* muß. Wie es scheint, setzen wir uns den Gegenteilen deswegen so ungern aus, weil wir von ihnen überrannt zu werden fürchten. Dabei ist in Wirklichkeit eher das Gegenteil der Fall: Nur solange der Schatten unbewußt bleibt, folgen wir – ganz gegen unseren Willen – seinem Diktat.

Nehmen wir wieder ein einfaches Beispiel: Ann ist zutiefst überzeugt, es sei ihr Lebenswunsch, Rechtsanwältin zu werden. In dieser Sache läßt sie nicht den geringsten Zweifel zu. Sie malt sich ihre Karriere in den schönsten Farben aus, und man sollte annehmen, daß sie voller freudiger Zukunftshoffnung ist. Statt dessen ist sie jedoch völlig niedergeschlagen, denn sie sagt sich, daß ihr Mann ja doch dagegen wäre. Natürlich steht es ihm überhaupt nicht zu, Einwände zu erheben, und Ann weiß auch, daß er nicht ernsthaft versuchen würde, sie am Jurastudium zu hindern. Aber sie ist sich ganz sicher, daß er es mißbilligen würde, und das würde ihr einfach alles verderben, würde einen schwierigen Beruf zu einem unmöglichen machen.

Und so hält sie es denn gar nicht erst für nötig, ihren Mann überhaupt zu fragen – sie weiß ja, was er sagen wird. Ann lebt eine ganze Weile –

daß solche Situationen sich über Jahre so hinschleppen, ist gar nicht ungewöhnlich – in dieser Zerrissenheit, einerseits ihrem Mann grollend, andererseits die Märtyrerrolle spielend – und Männe weiß natürlich nicht, wie ihm geschieht. Endlich bricht der schwelende Konflikt dann doch offen aus, und Ann macht ihrem Mann bittere Vorwürfe, weil er ihr das Jurastudium verweigerte – aber da stellt sich heraus, daß er wirklich und reinen Herzens nicht das geringste gegen ihre Wünsche einzuwenden hat, und das stürzt Ann in tiefe Verwirrung. Fast jeder erkennt hierin wohl den Grundaufbau eines Dramas, bei dem er in dieser oder jener Form selbst schon einmal mitgespielt hat.

Aber was, fragen wir uns, steckte denn nun eigentlich hinter dieser Tragödie? Für Ann war es doch offenbar ohne jeden Zweifel klar, daß sie Rechtsanwältin werden wollte. Dennoch: Kein Ding steht im Bewußtsein für sich allein da, sondern braucht einen Hintergrund, von dem es sich abhebt; und so konnte Ann von ihrer Vorliebe für Jura nur wissen, weil auch das Gegenteil, eine Abneigung gegen Jura, vorhanden war. («Blau», so sagten wir an anderer Stelle einmal, hat nur Sinn, wenn nicht *alles* blau ist, sondern auch andere Farben existieren.) Ann konnte sich aber dieses kleine bißchen «zum Teufel damit» nicht bewußtmachen, weil sie (ebenso unbewußt) fürchtete, sich dann nur noch damit herumschlagen zu müssen. Daher versuchte sie, ihre geringfügige, aber notwendige Abneigung gegen die Juristerei zu verleugnen, aber – wie das bei allen Projektionen ist – es gelang ihr nur, zu verleugnen, daß *sie* diese Abneigung hegte. Die Abneigung selbst blieb, und irgendwer mußte nun her als ihr Urheber, aber die Abneigung gegen ihr Studium, die sie dann an ihrem Mann «entdeckte», war nichts als das Gesicht ihres eigenen Schattens.

Weil Ann sich ihrem Gegenteil nicht stellte, sondern es projizierte, behielt es das letzte Wort: Sie studierte nicht. Und als endlich herauskam, daß ihr Mann ihr Vorhaben ganz großartig fand, hing ihre Projektion hilflos in der Luft. Wenn sie an diesem Punkt die Geistesgegenwart besitzt, sich ihrem Gegenteil zu stellen, wird sie zum erstenmal die Möglichkeit haben, ihre Lage realistisch einzuschätzen, ihre Neigungen abzuwägen und eine vernünftige Entscheidung zu treffen. Und wie diese Entscheidung auch aussehen mag, sie wird sie frei und nicht unter unbewußten Zwängen treffen.

Um eine gültige Wahl oder Entscheidung treffen zu können, müssen wir uns beider Seiten des Gegensatzes voll bewußt sein. Auf allen Gebieten des psychischen Lebens, das dürften die Beispiele dieses Kapitels gezeigt haben, müssen wir uns den Gegenteilen stellen und sie als unser eigen annehmen, und das erfordert nicht unbedingt, daß wir uns mit ihnen auseinandersetzen, sondern daß wir ihrer einfach gewahr werden. Dabei wird dann immer deutlicher – dies kann gar nicht oft genug betont werden –, daß der Schatten unter allen Umständen ein Bestandteil des Ego bleibt und daß alles, was er uns anzutun scheint, in Wahrheit unser eigenes Tun ist, wie entschieden wir uns dagegen auch verwahren mögen. Daraus folgt, so unglaublich es auch klingen mag, daß ich das oft schmerzhafte Symptom ebensosehr behalten wie loswerden möchte. Ihren ersten Versuch, sich solch einem Gegenteil zu stellen, könnten Sie vielleicht mit Ihrem heimlichen Schatten-Wunsch machen, Ihre Symptome zu behalten. Und wenn Ihnen das ganz und gar lächerlich erscheint, könnte es dann nicht sein, daß Sie gänzlich die Verbindung zu Ihrem Schatten verloren haben?

Die Frage: «Wie kann ich mein Symptom loswerden?» ist demnach schon im Ansatz falsch, denn sie geht davon aus, daß *nicht Sie* es erzeugen. Solange Sie *fragen*, wie Sie damit aufhören können, solange Sie *versuchen*, damit aufzuhören, haben Sie offensichtlich noch nicht begriffen, daß *Sie* es sind, der das Symptom erzeugt. Denn wenn Sie klar und deutlich sehen, daß Sie es selbst machen, dann fragen Sie nicht mehr lange, sondern hören einfach auf damit, augenblicklich. Ganz direkt gesagt: Das Symptom verschwindet deswegen nicht, weil Sie *machen* wollen, daß es verschwindet. Darum sagte Perls, daß ein Symptom so lange schlimmer wird, wie Sie gegen es ankämpfen. Gewollte Veränderung führt zu nichts, denn sie schließt den Schatten aus.

Es hat also keinen Sinn, sich eines Symptoms entledigen zu wollen; viel besser ist es, das Symptom erst einmal bewußt zu verstärken, um es dann ganz bewußt und voll zu erleben. Wenn Sie depressiv sind, dann versuchen Sie, noch depressiver zu sein. Wenn Sie verspannt sind, spannen Sie sich noch mehr. Empfinden Sie Schuldgefühle, so verstärken Sie sie. Dadurch nehmen Sie zum erstenmal Ihren Schatten zur Kenntnis und bringen sich in Einklang mit ihm: Sie tun jetzt bewußt, was Sie bisher unbewußt getan haben, und Persona und Schatten arbeiten – zumindest im Rahmen dieses Experiments – Hand in Hand.

Verstärken Sie also bewußt jedes gerade vorhandene Symptom bis zu dem Punkt, an dem Sie *sehen*, daß Sie es selbst erzeugen und schon immer selbst erzeugt haben – dann steht Ihnen zum erstenmal die Möglichkeit offen, damit aufzuhören. Erst als Max ganz deutlich sah, daß er sich selbst verkrampfte, konnte er damit aufhören. Wenn Sie Ihre Schuldgefühle *selbst* verstärken können, liegt der Schluß nahe, daß Sie sie auch vermindern können, und sind Sie erst so weit, dann geschieht das auf ganz spontane Weise. Wenn es bei Ihnen liegt, deprimiert zu sein, liegt es auch bei Ihnen, nicht deprimiert zu sein. Wenn in meiner Familie jemand den Schluckauf hatte, zog mein Vater einen Zwanzigdollarschein hervor und bot ihn dem Befallenen, falls der auf der Stelle noch einen Schlucker machen könne. Natürlich konnte er nicht. Ebenso ist auch zugelassene Angst keine Angst mehr, und um einen Menschen zu entkrampfen, braucht man ihm nur zu raten, sich nach besten Kräften zu verkrampfen. In all diesen Fällen ist die bewußte Bindung an das Symptom das, was uns von ihm befreit.

Aber kümmern Sie sich nicht weiter darum, ob das Symptom nun verschwindet oder nicht – es *wird* verschwinden! Wenn Sie das Gegenteilspiel spielen, *um* ein Symptom loszuwerden, dann werden Sie es wahrscheinlich halbherzig spielen und immer wieder danach schielen, ob das Symptom nun schon weg ist. Wenn Sie sich sagen hören: «Also, ich hab versucht, das Symptom zu verschlimmern, aber es wollte einfach nicht weggehen – wo ich es mir doch so sehr wünsche!», dann haben Sie sich nicht wirklich mit dem Schatten in Verbindung gesetzt, sondern nur ganz mechanisch eine Anweisung befolgt, um die Götter oder Dämonen zu beschwichtigen. Sie müssen diese Dämonen *werden*, absichtlich und bewußt mit ganzer Kraft die Symptome verstärken – und zwar ohne dabei an den beabsichtigten Effekt zu denken. Gehen Sie also zunächst ganz *in* die Richtung des Symptoms, ohne schon an die Gegenrichtung, seine Beseitigung, zu denken. Es wird, wenn wir uns nur wirklich auf den Schatten einlassen, zur rechten Zeit spontan verschwinden, ohne daß wir es dazu bewegen müssen. Und das liegt einfach daran, daß die Psyche sich spontan, also ohne unser bewußtes Zutun, selbst reguliert, wenn wir sie nicht daran hindern: Wenn sie endlich die richtige «Information» (natürlich nicht einfach in Form einer Aussage, sondern als Erfahrung) erhält, daß sie sich selbst weh tut, hört sie automatisch auf damit.

Dies ist, in Grundzügen, der erste Schritt der «Rückkehr» – das Gegenteilspiel, bei dem Sie die Verantwortung für Ihren Schatten, Ihre

Symptome, selbst übernehmen. Je bewußter Ihnen Ihre Gegenteile werden – Ihre Liebe und Ihr Haß, Ihre Vorlieben und Abneigungen, guten und schlechten Eigenschaften, positiven und negativen Emotionen – und je direkter Sie Ihre Symptome erfahren – Ihre Stimmungen und Ihre Furcht, Ihre Depressionen und Ängste –, desto eher werden Sie zum zweiten Schritt übergehen und die Richtung der Projektion umkehren können.

Das ist im allgemeinen allerdings nur bei projizierten Emotionen notwendig, denn nur sie besitzen, anders als Eigenschaften, außer einer *Qualität* auch noch eine *Richtung*. Ich projiziere also nicht nur die Qualität einer Emotion, etwa Haß, und fühle mich selbst dann frei davon, sondern auch ihre Richtung, so daß ich mich dann von anderen gehaßt fühle. Oder nehmen wir an, ich sei furchtbar verletzt durch etwas, was Herr X zu mir gesagt hat. Obgleich ich selbst mir nur des reinsten Wohlwollens gegenüber Herrn X bewußt bin, muß ich mir nun klarmachen, daß ich mir diesen Tort selbst angetan habe. Damit übernehme ich selbst die Verantwortung für meine Emotionen, kann nun in Richtung der Projektion umkehren und sehe, daß meine Verletztheit nichts anderes ist als der Schatten meines Wunsches, X zu verletzen. Das muß nun aber nicht darauf hinauslaufen, daß ich Herrn X zusammenschlage, sondern das Gewahrsein meines Grolls genügt, diesen zu integrieren (oder an einem Kissen auszulassen). Hier wird deutlich, daß mein Symptom, der Schmerz, nicht nur die entgegengesetzte Qualität, sondern auch die entgegengesetzte Richtung hat. Ich muß also nicht nur für meinen Zorn (die meinem vermeintlichen Wohlwollen entgegengesetzte Qualität) einstehen, sondern auch für die Tatsache, daß er von mir zu X geht (also entgegen der Richtung, die ich annahm).

Dieser zweite Schritt, die Umkehr, ist unverzichtbar, denn wenn die Emotion sich nicht in der richtigen Richtung ganz entlädt, werden Sie sehr schnell in die ausgetretenen Pfade zurückfallen und sie wieder gegen sich selbst richten. Wenn Sie also einer Emotion gewahr werden, etwa Haß, und dann merken, daß Sie ihn gegen sich richten («es ist nicht *mein* Haß, sondern er ist da draußen und hat mich zum Ziel»), so drehen Sie den Spieß einfach um: Kehren Sie ihn nach außen. Angreifen oder angegriffen werden, schauen oder angeschaut werden, ablehnen oder abgelehnt werden – Sie haben die Wahl.

Projizierte Eigenschaften, Züge und Ideen zurückzunehmen, ist weniger kompliziert (wenn auch nicht unbedingt leichter), denn sie haben, für sich genommen, keine Richtung, jedenfalls nicht so deutlich wie die Emotionen. Wenn solch eine positive oder negative Eigenschaft erst projiziert ist, können wir natürlich sehr emotional auf sie reagieren, die Reaktion projizieren und so weiter, bis alles zu einem Strudel wird, in dem nichts mehr zu erkennen ist. Es könnte auch sein, daß nur Eigenschaften projiziert werden, die schon emotional aufgeladen sind. Doch wie dem auch sei, wir können jedenfalls schon einiges an Reintegration allein dadurch erreichen, daß wir die projizierte Eigenschaft ganz für sich betrachten.

Wie bei projizierten Emotionen handelt es sich bei den projizierten Eigenschaften um Dinge «an anderen», die uns nicht nur informieren, sondern stark affizieren. Meist wird es sich um Eigenschaften handeln, die wir entschieden verabscheuen, die wir anderen nur allzu gern anhängen und dann lautstark verdammen – ohne zu bemerken, daß wir die Urteile nur gegen unser eigenes kleines schwarzes Herz schleudern, um das Böse auszutreiben. Mitunter projizieren wir jedoch auch unsere guten Eigenschaften und heften uns dann an die, denen wir sie übertragen haben, häufig mit dem Wunsch, diese Person ganz für uns allein zu besitzen.

Projektionen treten in einer unübersehbaren Vielfalt von Varianten auf, doch in jedem Fall ist die projizierte Eigenschaft oder Emotion das Gegenteil dessen, was wir selbst zu besitzen *meinen*. Die Reintegration projizierter Eigenschaften erfordert, da sie keine Richtung besitzen, eigentlich nur den ersten Schritt, die Kontaktaufnahme mit dem Schatten. Beim Gegenteilspiel werden Sie entdecken, daß alle Eigenschaften, die Sie an anderen lieben oder verabscheuen, nur die Eigenschaften Ihres eigenen Schattens sind. Hier geschieht nichts zwischen Ihnen und anderen, sondern nur zwischen Ihnen und Ihnen. Beim Gegenteilspiel kommen Sie in Berührung mit dem Schatten; im selben Augenblick begreifen Sie, daß Sie sich selbst weh tun – und hören einfach auf damit.

Wenn wir so allmählich lernen, den Schatten immer mehr zuzulassen, weiten wir unsere Identität und damit unsere Verantwortung Schritt für Schritt über den engumgrenzten Bereich der Persona hinaus auf die gesamte Psyche aus. So schließt sich die Kluft zwischen Persona und Schatten, wird «geheilt», und damit bildet sich spontan ein zutreffendes und daher akzeptierbares einheitliches Ich-Bild, das heißt eine zutreffende mentale Repräsentation meines psychosomatischen Gesamtorganismus – und so steige ich ab von der Schatten-Ebene zur Ego-Ebene.[15]

Die meisten westlichen Psychotherapien haben vor allem diesen Abstieg zur Ego-Ebene zum Ziel, befassen sich also auf diese oder jene Weise mit der quartären Dualismus-Unterdrückung-Projektion, mit sogenannten innerpsychischen Konflikten: Integration des Schattens (wie auch immer das, was wir hier «Schatten» nennen, jeweils definiert sein mag). Vereinfachend können wir sagen, daß alle diese Ansätze – bei aller realen Verschiedenheit in Form und Inhalten und bei aller zumindest scheinbaren Verschiedenheit in Wirkungsweise und Wirksamkeit – sich im wesentlichen um den vierten Hauptdualismus kümmern und versuchen, «das Unbewußte bewußtzumachen», «das Ego zu kräftigen», ein zutreffendes Ich-Bild zu erzeugen und so weiter. In der Gestalttherapie ebenso wie in der Psychoanalyse, der Realitätstherapie, der rationalen Therapie, der Transaktionsanalyse, dem Psychodrama und vielen anderen Ego-Psychologien finden wir dieses Element: Sich dem Schatten stellen, ihn wieder als sein eigen annehmen und dann sehen, was wir zuvor nicht sehen wollten – daß der alte Widersacher ein Freund ist.

8. Der große Filter

Kaum hatte Sigmund Freud einen Kreis von Anhängern und Mitarbeitern um sich geschart, da begann auch schon die Auseinandersetzung um die richtige Lehrmeinung, und diese Probleme verschärften sich derart, daß viele Schüler, von Adler bis Jung, den Meister schließlich verließen. Es gab sicher viele Gründe für diese Rebellion, doch eine Frage stand immer wieder im Vordergrund, und dort steht sie heute noch: Wieviel Bedeutung soll man der gesellschaftlichen Konditionierung – neben den von Freud vertretenen rein biologischen Kräften – für die Bildung der Persönlichkeit einräumen? Therapeuten wie Alfred Adler und Otto Rank, später dann H. S. Sullivan, Karen Horney und Erich Fromm, richteten ihr Augenmerk immer mehr auf die soziologischen Faktoren, die ihrer Ansicht nach an der Formung der Persönlichkeit beteiligt sind. Adler etwa meinte, das Individuum lasse sich besser anhand seiner Lebensziele als aufgrund seiner infantilen Vergangenheit verstehen; Rank betonte die Bedeutung sozialer Beziehungen für die Entstehung emotionaler Störungen. Sullivan ging mit seiner «interpersonellen Therapie» noch weiter und behauptete, der Prozeß der Menschwerdung sei der Prozeß der Sozialisierung. Fromm schließlich hat das Beziehungsgeflecht zwischen psychischer Verfassung und Gesellschaftsstruktur im einzelnen aufgezeigt. In neuerer Zeit zeigt ein wachsendes Interesse etwa an Sozialphänomenologie, Familientherapie, interpersoneller Therapie und Transaktionsanalyse, daß das Biosoziale Band des Bewußtseinsspektrums immer mehr Bedeutung gewinnt.

Wir wollen nun an einigen Beispielen betrachten, welche Einsichten die Erforscher des Biosozialen Bandes gewonnen haben. Da es uns hier in erster Linie um Therapien geht, werden wir natürlich betrachten, was auf dem Biosozialen Band «schiefgehen» kann; das soll allerdings keinesweg auf eine Anklage gegen dieses Band hinauslaufen, denn ohne es wäre die Menschheit wohl nicht in der Lage, Kulturen, Zivilisationen und Gesellschaften zu bilden. Das Biosoziale Band selbst soll also nicht in Frage gestellt werden – wohl aber sein Mißbrauch.

Es liegt, wie wir sagten, direkt über der Existentiellen Ebene oder bildet deren oberen Grenzbereich. Deshalb sind hier die Dualismen Leben versus Tod (oder Vergangenheit versus Zukunft) und Ich versus Nicht-Ich (oder Organismus versus Umwelt) von besonderer Bedeutung. Hier empfindet der Mensch sich als gesondert existierenden Organismus in Raum und Zeit. Die Erforscher des Biosozialen Bandes befassen sich daher einerseits mit den biologischen und vor allem soziologischen Faktoren, die dieses grundlegende existentielle Bewußtsein formen, und andererseits mit allem, was die Interaktion oder Transaktion zwischen Ich und Nicht-Ich, zwischen zwei oder mehr Leuten, zwischen Person und Umwelt beeinflußt. Auf der Ego-Ebene haben wir es mit dem «Ich» zu tun; im Biosozialen Band mit «Ich und Du».

Wir können uns nicht leisten, dieses Gebiet zu übergehen, denn wie wir die Welt und uns selbst erfahren, wird sehr stark von soziologischen Faktoren mitbestimmt – durch die Sprachstruktur, durch das gesellschaftliche Wertesystem, durch die impliziten und unbewußten Regeln der Kommunikation und manches andere –, von den Landkarten also, die die Gesellschaft uns in die Hand drückt, damit wir uns das «richtige» Bild von der Wirklichkeit machen. Was jeder einzelne nun mit diesen Landkarten anfängt, ist ein Phänomen der Ego-Ebene, aber die Landkarten selbst sind eine Ausgeburt des Biosozialen Bandes.

Dort findet sich eine Unmenge solcher symbolischer Landkarten, etwa die besondere Sprachstruktur und Syntax einer Kultur, ihre Logik, ihre Gesetze, ihre Alltags-Ethik, ihre religiöse Grundhaltung, ihre Familienstruktur, ihre zentralen Tabus, ihre Ziele, ihre Kommunikations- und Spielregeln, ihre Grundannahmen über die Wirklichkeit, ihre Sinn-, Wert-, Selbstwert- und Prestigevorstellungen – all die symbolischen Beziehungen, die für eine bestimmte Gesellschaft kennzeichnend sind und die jeder einzelne aufgrund seiner Zugehörigkeit zu dieser Gesellschaft mehr oder weniger stark internalisiert. Das Biosoziale Band markiert also die erste wirklich massive Anhäufung von Symbolen im Bewußtsein des Menschen.

Diese verinnerlichten oder besser eingefleischten symbolischen Landkarten, so verschieden sie sein mögen, dienen alle demselben Zweck: Sie pressen das noch nicht festgelegte Bewußtsein jedes einzelnen in die Formen, die in dieser Gesellschaft durch Übereinkunft als akzeptabel festgelegt wurden. Das wiederum hat tiefgreifende Auswirkungen auf unsere Wahrnehmung (und wir fangen gerade erst an, uns über diese Auswirkungen Klarheit zu verschaffen). Der einzelne lernt, kurz gesagt, die Wirklichkeit zu bearbeiten und zu übersetzen und damit auf den Nenner zu bringen, der in seiner Gesellschaft der gemeinsame ist. Er muß lernen, seine Erfahrung zu allseits verständlichen Einheiten zurechtzustutzen, denn sonst gäbe es keine Kommunikation zwischen ihm und anderen. Das ist sogar der Sinn des Ausdrucks «Mitgliedschaft» oder «Zugehörigkeit» zu einer Gesellschaft (oder Kultur, oder Subkultur, oder Gruppe oder Familie), denn Angehöriger einer Gesellschaft wird man dadurch, daß man die Landkarten dieser Gesellschaft internalisiert. Einfach ausgedrückt: Ein Mensch ist in der Gesellschaft, wenn die Gesellschaft in ihm ist.

Wir können das, womit wir auf diesem Band des Spektrums überwiegend beschäftigt sind, als Sozialisation des existentiellen oder Zentaur-Bewußtseins bezeichnen; damit meinen wir das Einwirken auf Erfahrung und Wirklichkeit durch symbolische Landkarten, um sie in gesellschaftlich anerkannte Formen zu bringen. Das bedeutet: die Welt so sehen zu lernen und auf sie zu reagieren, wie wir glauben, daß andere es von uns erwarten.

Zu dieser «Konventionalisierung» der Wirklichkeit scheint zu gehören, daß man lernt, zwischen dem Symbol und dem Symbolisierten, zwischen der Welt und ihrer Beschreibung eine von jedermann nachvollziehbare Eins-zu-eins-Relation herzustellen. Wir müssen zum Beispiel lernen, bestimmten Dingen die «richtigen» Worte zuzuordnen. Wenn ich Sie etwa um ein Glas Wasser bitte, dann wissen Sie, daß ich ein Gefäß voll mit jener klaren, geschmacklosen, geruchlosen Flüssigkeit haben möchte, für deren Bezeichnung wir uns auf das stimmliche Lautgebilde *'vasv* geeinigt haben. Wir lernen im Laufe der Zeit eine erstaunliche Zahl solcher Assoziationen, aufgrund derer wir dann nicht nur auf grundsätzlich gleiche Weise wahrnehmen, sondern uns auch auf eine füreinander verständliche Weise verhalten können. Schließlich würden Sie und ich wohl nicht lange miteinander auskommen, wenn Sie mir auf meine Bitte um ein Glas Wasser die Zuckerdose reichen würden.

Durch diesen Assoziationsprozeß lernen wir, solchen für sich genommen sinnlosen Klanggebilden wie *'vasv* einen bestimmten Sinn zu unterlegen. Das Klanggebilde selbst trägt keine Bedeutung, weist nicht über sich hinaus, bezeichnet nichts. Es ist ein Geräusch, eine Tonschwingung, für sich genommen ebenso sinnlos wie Pfraumel, Knirstader oder Argeldrunstei. Wenn Ihnen das noch nicht ganz klar ist, dann sagen Sie dreißig Sekunden lang: «Wasserwasserwasser...», und es wird aller Assoziationen beraubt sein, reine, sinnlose Tonschwingung. Wir geben dieser neutralen Schwingung jedoch eine Bedeutung, indem wir uns darauf einigen, daß sie stellvertretend für «wirkliches» Wasser stehen soll. Sinn oder Bedeutung entsteht einfach dadurch, daß wir übereinkommen, ein sinnloses Lautgebilde solle auf etwas Wirkliches, etwa das Wasser, das wir aus Erfahrung kennen, *hindeuten*.

Die hindeutende Schwingung bezeichnen wir nun im allgemeinen als *Symbol*, das, worauf hingedeutet wird, als *Sinn* oder *Bedeutung*. Natürlich liegt diesen beiden Komponenten ein und dieselbe Erfahrung zugrunde, doch um so etwas wie einen symbolisch kommunizierbaren Sinn zu schaffen, müssen wir diese eine Erfahrung in zwei Teile spalten, deren einer auf den anderen hindeutet. Wenn irgend etwas einen Sinn annehmen, also über sich selbst hinausdeuten soll, muß notwendigerweise eine Spaltung entstehen, denn worauf sollte es sonst hindeuten? Hier kommen wir auf eines unserer Grundthemen zurück, nämlich daß symbolische Repräsentation oder, wie wir jetzt auch sagen können, Sinn Dualität schafft, das Universum aufspaltet und für sich selbst unkenntlich macht. Wenn ich mir für mein Leben einen Sinn wünsche, so wünsche ich mir damit letztlich eine Zerstückelung meiner Erfahrung und meiner Wirklichkeit.

Die wirkliche Welt, soviel dürfte jetzt klar sein, kann keinen Sinn, keine Bedeutung haben, denn sie ist eins, ungeteilt, und da ist nichts, worauf sie deuten könnte. Die wirkliche Welt ist be-deutungs-los. So sagt auch Wittgenstein: «In der Welt ist alles, wie es ist, und geschieht, wie es geschieht. *In* ihr gibt es keinen Wert – und gäbe es einen, so wäre er ohne Wert.» Das klingt gewiß zunächst etwas schockierend, denn Bedeutungslosigkeit oder Sinnlosigkeit identifizieren wir normalerweise mit

Unwirklichkeit, Absurdität und dergleichen. Das ist jedoch nur ein vorübergehendes Erschrecken vor dem Gedanken, unsere Erfahrung nicht mehr zu interpretieren und zu bewerten. Daß die Welt sinn-los, bedeutungs-los und wert-los sei, soll nun aber nicht besagen, daß sie unsinnig, chaotisch oder absurd ist, denn das sind wieder nur Werte und Bedeutungen, nur eben negativer Art. Es soll vielmehr heißen, daß die wirkliche Welt auf nichts deutet und daß nicht auf sie gedeutet werden kann: Sie steht jenseits von Sinn und Bewertung, seien sie positiver oder negativer Art.

Die wirkliche Welt ist ohne Zweck und Ziel, ohne Zukunft und Ergebnis, ohne Sinn und Wert – sie läuft auf nichts als den gegenwärtigen Augenblick hinaus. Diese Einsicht umschreibt man im Buddhismus mit dem Ausdruck Tathatā, «Soheit», die Welt, wie sie ist, gleichbedeutend mit Meister Eckeharts «Istigkeit», dem *tzu-jan* («von-selbst-so-seiend») des Taoismus, dem hinduistischen Sahaja und dem, was Korzybski «das Unaussprechliche» nennt. Die wirkliche Welt, da sie leer von Begriffen, Symbolen und Landkarten ist, muß zwangsläufig auch leer von Sinn, Wert und Bedeutung sein. Tathatā ist daher eigentlich nur ein anderer Name für das Absolute, Shūnyatā, GEIST. Wenn wir aber sagen, die WIRKLICHKEIT sei leer von Begriffen, so heißt das nicht, daß in ihr alle Begriffe einfach verschwinden; es heißt nur, daß unsere Begriffe und Ideen die WIRKLICHKEIT nicht, wie wir so naiv annehmen, abbilden, und daher nicht den Sinn tragen, den wir ihnen zuschreiben. Die WIRKLICHKEIT ist eins, reines nicht-duales Territorium, worin nichts auf etwas deuten kann und daher nichts einen Sinn besitzt; wir könnten auch sagen, daß es keinen Sinn, keine Bedeutung gibt, weil alles auf alles deutet. Alles, was existiert, ist einfach nur das, was es ist, in seiner Soheit, und verweist auf nichts. So können wir zwar sagen, die Bedeutung des Wortes «Baum» sei der wirkliche Baum, den wir sehen und anfassen können, aber dieser «wirkliche Baum» hat keine Bedeutung, deutet auf nichts hin. Nach der Essenz des Buddhismus gefragt, sagte ein Zen-Meister: «Ah, dies!»

Andererseits sind ja unsere Ideen und Begriffe auch Aspekte dieses nicht-dualen Territoriums, und in ihrer Soheit deuten sie ebenfalls auf nichts hin. Sie tauchen im Bewußtsein auf wie Wolken am Himmel. Ist es nicht seltsam, daß wir gewisse – «Ideen» genannte – Aspekte der Wirklichkeit zwingen, andere Aspekte namens «Dinge und Vorgänge» zu repräsentieren? Ist das nicht so willkürlich, als wollten wir eine Blume einen Berg repräsentieren lassen und sagten, die Bedeutung des Fisches sei das Kaninchen? Man könnte durchaus behaupten (bei zugegeben schwieriger Beweislage), dieses Fabrizieren von Bedeutungen und Werten sei die einzige Quelle aller fundamentalen Probleme, seien sie logischer oder psychologischer Art. Nichts ist gut oder böse, so sagte Shakespeare, bis das Denken es dazu macht. Oder Seng-ts'an: «Die Sorge um recht und unrecht ist die Krankheit des Geistes.»

Sinn oder Bedeutung können wir also in der reinen Soheit des Territoriums nur durch Fragmentierung schaffen, denn Bedeutung heißt hindeuten, und hindeuten ist Zweiheit. Das ist der Prozeß der Symbolisierung. Eine Landkarte, jedes Symbol, entsteht durch Grenzziehung, durch Teilung.

Und genau das ist das Wesen und die Funktion aller sozialen Landkarten: durch Dichotomisierung Sinn, Bedeutung und Wert zu schaffen. Eine Landkarte ist etwas, das auf etwas anderes hindeutet, und ihr Sinn besteht allein in dieser Fähigkeit. Dieselbe Dichotomisierung wie hier die Aufspaltung der einen WIRKLICHKEIT in Bezeichnendes und Bezeichnetes finden wir nun überall als die Dualität von Handelndem und Handlung, Ursache und Wirkung, Vorher und Nachher, gut und böse, richtig und falsch, innen und außen, in allen Gegensätzen – und diese sind untrennbar mit Sprache, Logik und anderen sozialen Landkarten verwachsen.

Bedeutungen, Symbole und Landkarten gehen also Hand in Hand mit der Illusion, daß die Welt aus Teilen besteht. Durch die Verinnerlichung der verschiedenen sozialen Landkarten gelangen wir schließlich zu der Überzeugung, daß die Welt eine Ansammlung von Einzeldingen ist, von denen einige eine Bedeutung haben, weil sie auf andere hindeuten. Aber die Welt ist nicht so; sie erscheint uns nur so, weil wir sie so wahrnehmen. Wir zerstückeln sie und behaupten dann, daß sie von sich aus und seit jeher so ist. So wird aus sozialen Vorstellungen individuelle Wahrnehmung.

Indem wir die Landkarten mit dem Territorium verwechseln, haben wir auch ihre Nützlichkeit fast gänzlich zunichte gemacht. Unsere Landkarten sind Fiktionen, so real oder irreal wie die Längengrade und Breitengrade, mit denen wir die Oberfläche der Erde unterteilen, oder wie die Stunden und Minuten, in die wir den Tag einteilen. Und so nützlich diese Fiktionen auch sein mögen, sie führen zu unsäglicher Verwirrung, wenn man sie für Fakten nimmt. Im Jahre 1752 stellte die britische Regierung den Standardkalender um und machte den 2. September zum 14. September. Westminster wurde von Leuten geradezu gestürmt, die zutiefst bestürzt darüber waren, daß man ihnen elf Tage ihres Lebens einfach weggenommen hatte. Es soll auch, und gar nicht selten, den Fall geben, daß alte Damen nach der sommerlichen Zeitumstellung im Rathaus vorsprechen und sich darüber beschweren, daß ihre Begonien nun jeden Tag eine Stunde weniger Sonne bekommen.

Solche Einbildungen mögen noch leicht zu durchschauen sein, aber andere, wie etwa die Entgegensetzung von Leben und Tod oder die Existenz einer objektiven Welt «da draußen», sind so selbstverständlich geworden und so tief verwurzelt, daß ihnen kaum noch beizukommen ist. Wir haben alle eine gründliche Gehirnwäsche hinter uns, vorgenommen von wohlmeinenden Eltern, deren Gehirne ebenso gründlich gewaschen wurden, und nehmen nun die Beschreibung einer Welt für die Welt, wie sie wirklich ist. Das sagt uns auch der Yaqui-Indianer Don Juan, der durch Carlos Castanedas Bücher so bekannt geworden ist:

> Für einen Zauberer [ist] die Wirklichkeit oder die Welt, die wir alle kennen, nur eine Beschreibung.
> Um diese Prämisse zu begründen, gab Don Juan sich alle Mühe, mich davon zu überzeugen, daß das, was in meinen Augen die wirklich vorhandene Welt war, nur eine Beschreibung der Welt sei; eine Beschreibung, die mir seit dem Augenblick meiner Geburt eingehämmert worden sei.
> Jeder, der mit einem Kind in Kontakt komme, erklärte er, sei ein Lehrer, der unaufhörlich die Welt beschreibe, bis zu dem Augenblick, wo das Kind die Welt so wahrnehmen könne, wie sie ihm beschrieben wird. Nach Don Juan haben wir keine Erinnerung an diesen folgenschweren Augenblick, einfach weil wir keinen Bezugsrahmen hatten, in dem wir ihn mit etwas anderem hätten vergleichen können ...
> Für Don Juan besteht die Wirklichkeit unseres alltäglichen Lebens demnach aus einem endlosen Fluß von Wahrnehmungsinterpretationen, welche wir, die Individuen, denen eine bestimmte Mitgliedschaft gemeinsam ist, gemeinsam anzustellen gelernt haben.[1]

Haben wir die Beschreibung der Welt erst als die Wirklichkeit selbst akzeptiert, gelingt es nur noch unter allergrößten Schwierigkeiten, an diesen Beschreibungen vorbeizuschauen. Unsere Augen kleben sozusagen an den Landkarten, und so können wir gar nicht mehr bemerken, was eigentlich geschehen ist. Alle Aspekte der Erfahrung und Wirklichkeit, die nicht mit den gesellschaftlichen Rastern und Schablonen übereinstimmen, werden durch die beschriebenen Mechanismen ausgeblendet; sie werden verdrängt, unbewußt gemacht, und das hat natürlich nur einen Sinn, wenn *alle* Angehörigen einer Gesellschaft dem gleichermaßen unterworfen werden, wenn sie sich also alle zum Weltbild dieser Gesellschaft bekennen, zu ihrer Sprache, ihrer Logik, ihrer Ethik und ihren Gesetzen.

Und so kommt es, daß das Biosoziale Band, das etliche Funktionen erfüllt, in der Hauptsache als ein großer Filter wirkt, als der große Unterdrücker des existentiellen oder Zentaur-Bewußtseins. R. D. Laing geht sogar noch einen Schritt weiter und sagt, daß die Inhalte, die im Filter hängenbleiben, nicht sozusagen mechanisch ausgesondert werden, sondern ganz gezielt, weil sie nicht dem Gesetz entsprechen und daher geächtet und exkommuniziert sind.

Aber so geächtet und exkommuniziert diese Erfahrungen auch sein mögen, sie verschwinden dadurch natürlich nicht. Sie gehen sozusagen in den Untergrund und bilden das biosoziale Unbewußte. Es kann uns daher nicht überraschen, daß Lévi-Strauss das Unbewußte als den Ort des Symbolischen definiert und Jacques Lacan behauptet, es sei «strukturiert wie eine Sprache». Unsere sozialen Landkarten, Wörter und Symbole sind zutiefst dualistisch, und Dualität führt, wie wir ausführlich erörtert haben, in jedem Fall dazu, daß etwas unbewußt wird.

Stark verallgemeinernd können wir daher sagen, daß das biosoziale Unbewußte die ungeheure Kluft zwischen dem Territorium des existentiellen Gewahrseins und jenen abstrakten Landkarten und Bedeutungen darstellt, von denen wir so selbstverständlich annehmen, daß sie das Territorium wiedergeben. Hören wir, was Fromm über die «Inhalte» des Unbewußten sagt (wobei allerdings zu berücksichtigen ist, daß seine Aussagen nur für das Biosoziale Band gelten, nicht für das gesamte Bewußtseinsspektrum):

Der einzelne kann es sich nicht gestatten, Gedanken oder Gefühle

> bewußt werden zu lassen, die mit den Schemata seiner Kultur unvereinbar sind, und er ist daher gezwungen, sie zu verdrängen. In formaler Hinsicht hängt es also (außer von den individuellen, familienbedingten Elementen und dem Einfluß des humanistischen Gewissens) von der Struktur der Gesellschaft und von den Normen für Gefühle und Gedanken ab, die sie aufstellt, was bewußt und was unbewußt ist. Was den *Inhalt des Unbewußten* betrifft, so ist keine Verallgemeinerung möglich. Eines jedoch kann man sagen: Das Unbewußte repräsentiert stets den ganzen Menschen mit all seinen Möglichkeiten für Licht und Dunkelheit; es enthält stets die Grundlage für die verschiedenen Antworten, die der Mensch auf die Frage des Lebens geben kann ... Das Unbewußte ist der ganze Mensch – abzüglich des Teils, der seiner Gesellschaft entspricht.[2]

Erinnern wir uns, daß die Identität des Menschen sich nach dem Aufstieg zur Existentiellen Ebene (also mit dem Aufbrechen des primären und sekundären Dualismus) vom Kosmos zu seinem psycho-physischen Gesamtorganismus verschiebt, so daß der Mensch sich jetzt als gesondertes Ich in Raum und Zeit erfährt. Immerhin *ist* er jedoch noch der Zentaur, wenn er auch der Illusion unterliegt, er sei von seiner Umwelt getrennt. Noch einen Schritt weiter, im Biosozialen Band, kann der Zentaur seine Ganzheit unter dem erdrückenden Gewicht allgegenwärtiger sozialer Fiktionen jedoch nicht mehr wahren.

Doch die Sozialisation des Bewußtseins exkommuniziert nicht nur den Zentauren, sondern auch viele jener Aspekte der Wirklichkeit, die den primären und sekundären Dualismus bislang noch recht und schlecht überlebt haben. Die Sprache «filtert» die sogenannte Außenwelt ebenso wie den Zentauren, und das wiederum vertieft den primären und sekundären Dualismus. Nach dem Aufbrechen dieser Dualismen erscheint die Welt als äußerlich, als etwas «da draußen», und der Organismus findet sich allein in Raum und Zeit. In unserer Ausdrucksweise heißt das: Das nicht-duale organismische Gewahrsein, das weder Raum noch Zeit kennt, wird vom primären und sekundären Dualismus in existentielles Bewußtsein oder Zentaur-Bewußtsein verwandelt. Und im Filter des Biosozialen Bandes geht nun selbst dieses Zentaur-Bewußtsein noch zugrunde. Das heißt mit anderen Worten, daß soziale Faktoren unser Daseinsgefühl tiefgreifend prägen. Und natürlich verstärkt die Sozialisierung und Symbolisierung den primären und sekundären Dualismus, denn alle Landkarten bekennen sich zum primären Dualismus von innen und außen und zum sekundären Dualismus von vorher und nachher. Diese beiden Dualismen werden also endgültig festgeschrieben, während der Zentaur unter dem Druck der Sozialisation seine Ganzheit aufgibt: Ein Gespenst namens Ego geht aus ihm hervor und winkt dem «armen Bruder Esel» Lebewohl. Damit ist der Zentaur endgültig begraben, und der Mensch glaubt nun, das Engel-Tier sei gespalten; der tertiäre Dualismus schafft eine scheinbar unüberbrückbare Kluft zwischen Psyche und Soma.

Fassen wir zusammen: Aus der reinen Soheit oder Leere der Wirklichen Welt fabrizieren wir Bedeutung und Wert und entwerfen komplexe Spiele, in denen alle Dinge Spielsteine sind, denen wir bestimmte Werte beimessen – und dann behaupten wir einhellig, dieser sonderbare *contrat social* sei die Wirklichkeit selbst. Erfahrungen, die den Spielregeln nicht entsprechen, werden geächtet. Dieser Prozeß beginnt natürlich auf der Existentiellen Ebene mit dem primären und sekundären Dualismus, erfährt aber seine Besiegelung erst mit der Bildung des biosozialen Unbewußten.

Es würde nun allerdings den Rahmen dieses Kapitels sprengen, die endlosen Verwicklungen des biosozialen Unbewußten aufzuzeigen; sie sind zu zahlreich und zu komplex. Wir haben uns daher ein sehr allgemeines Bild von ihm verschafft: Das Biosoziale Band, eine Matrix sozialer Unterscheidungen und Landkarten, blendet oder filtert bestimmte Aspekte aus dem Bewußtsein aus, denn es liegt wohl auf der Hand, daß der Organismus in seiner Ganzheit viel reicher an Erfahrung ist als jede soziale Abstraktion oder Definition dieses Organismus. Die Aspekte der Erfahrung also, die nicht in den sozialen Landkarten vorkommen, bilden die «Inhalte» des biosozialen Unbewußten. Das Problem liegt nicht in dieser oder jener Landkarte, sondern im Wesen solcher Landkarten überhaupt. Landkarten bedeuten Dualismus, und Dualismus bedeutet Unbewußtes.

Hier kommt nun eine weitere Konsequenz der wesenhaft dualistischen Natur sozialer Landkarten ins Spiel. Diese Landkarten, so sagten wir, formen und prägen das Bewußtsein, aber sie tun es häufig auf widersprüchliche Weise – eben *weil* sie dualistisch sind. Wenn man in die nichtduale Soheit dualistische Bedeutungen hineinliest, müssen zwangsläufig irgendwelche Entgleisungen die Folge sein. Auf einen kurzen Nenner gebracht: Dualität schafft nicht nur Unbewußtes, sondern auch Double-Bind-Situationen. Am Ende stehen wir da in einem Wust von Landkarten und Bedeutungen, die nicht nur paradox, sondern sogar widersprüchlich sind, weil sie *implizit* (und daher in der Regel unbemerkt) in zwei entgegengesetzte Richtungen weisen. Das hat, vorsichtig ausgedrückt, dramatische Auswirkungen. Es ist eine komische Situation – nur sind *wir* es, wir alle, die in dieser Situation die Witzfiguren abgeben.

Um diesem Effekt auf die Spur zu kommen, wollen wir uns zunächst noch einmal vergegenwärtigen, daß das Biosoziale Band ein Geflecht oder eine Matrix durch Übereinkunft getroffener Unterscheidungen ist. Unseren Symbolen, Landkarten, Grundannahmen und den gesellschaftlich festgelegten Bedeutungen eignet ein gemeinsamer Zug: Sie bestimmen, auf welche Weise wir die Wirklichkeit aufteilen und beschreiben. Die Beziehung zwischen dieser Matrix und dem Verhalten einer Person ist leicht zu erkennen, wenn wir uns klarmachen, daß eine Teilung oder Unterscheidung in Aktion eine *Regel* ist[3] und eine Regel das Handeln bestimmt. Wenn wir etwa davon ausgehen, daß der Geist vom Körper gesondert oder sogar gänzlich von ihm verschieden ist, so wird das zu der Regel führen, daß wir den Körper ignorieren können, wenn wir den Geist studieren, und als Handeln wird sich daraus ergeben, daß wir eben nur den Geist studieren (oder es zumindest versuchen). Durch diesen Mechanismus wird das Biosoziale Band zu einer tiefgreifenden und allgegenwärtigen Prägeform nicht nur unseres Bewußtseins, sondern auch unseres Verhaltens: *Wie einer die* WIRKLICHKEIT *teilt, so handelt er.*

Gehen wir einen Schritt weiter: Aktivität, die von einem bestimmten Regelsystem regiert wird, ist ein *Spiel*. Wir wollen den Ausdruck «Spiel» hier aber nicht im Sinne von trivialem Zeitvertreib gebrauchen, sondern im weitesten Sinne: Alle gesellschaftlichen Aktivitäten sind Spiele insofern, als sie auf Regeln beruhen, die sich wiederum aus gewissen Unterscheidungen ableiten. Man treffe eine Unterscheidung zwischen dem allerlösenden Gott und dem durch und durch sündigen Menschen, und schon hat man die Regel, daß der Mensch nur erlöst werden kann, wenn er durch Mittler Kontakt zu Gott aufnimmt: Das ist das Religionsspiel. Man unterscheide zwischen erstrebenswertem Erfolg und demütigendem Versagen, und schon lautet die Regel, daß man den Mißerfolg meiden muß, wenn man ein wertvoller Mensch sein will: Das ist das

Konkurrenzspiel. Kurz, aus Unterscheidungen entstehen Regeln und aus Regeln Spiele.

Worauf das hinaussoll, wird sofort schlagend deutlich, wenn wir nun eine schlichte Frage stellen: Was geschieht, wenn wir unangemessene Unterscheidungen treffen? Eine unangemessene Unterscheidung führt zu paradoxen oder widersprüchlichen Regeln, und in den Spielen, die nach diesen Regeln gespielt werden, ist kein Gewinnen möglich. Eine Gesellschaft, die sich auf solche aussichtslosen Spiele gründet, ist geradezu eine Brutstätte für Neurosen und Psychosen. Die Unterscheidungen, Regeln und Spiele einer Gesellschaft können so voller heimtückisch verschleierter Widersprüche und Paradoxe stecken, daß jeder Klärungsversuch uns in eine unentrinnbare Double-Bind-Situation bringt, denn diese Art Spiele hat Regeln, die dafür garantieren, daß niemand je gewinnt. Hören wir dazu Alan Watts:

> In der heutigen Gesellschaft wird jedes Kind vom Säuglingsalter an auf diese Weise an der Nase herumgeführt. Zunächst bringt man ihm bei, daß es in seinem Handeln frei ist, eine selbständige Quelle des Denkens und Handelns – sozusagen eine Erste Ursache *en miniature*. Natürlich akzeptiert es diese heuchlerischen Versicherungen; es kann gar nicht anders, als die Mitgliedschaft in dieser Gemeinschaft, in der es geboren wurde, zu akzeptieren. Es hat keinerlei Möglichkeit, dieser gesellschaftlichen Indoktrination irgendeinen Widerstand entgegenzusetzen. Belohnung und Strafe tun das ihre, diese Indoktrination zu festigen und zu sichern. Sie prägt schon die Grundstruktur der Sprache, die das Kind erlernt. Und sie wird immer von neuem aufgetischt mit Bemerkungen wie: «Das sieht dir gar nicht ähnlich, so etwas zu tun.» Oder: «Sei kein Nachäffer; sei du selbst.» Oder wenn ein Kind etwa das Gehabe eines anderen annimmt: «Johnny, das bist nicht du. Das ist Peter.» Das unschuldige Opfer dieser Indoktrination durchschaut das Paradox nicht. Man sagt ihm, es *müsse* frei sein. Mit gewaltigem Druck versucht man ihm beizubringen, daß kein solcher Druck existiert. Die Gemeinschaft, von der es zwangsläufig abhängig ist, erklärt es zum unabhängigen Mitglied.
>
> Und da es in seinem Handeln ja frei ist, wird man nunmehr von ihm verlangen, Dinge zu tun, die nur akzeptiert werden, wenn man sie freiwillig tut. «Du *solltest* uns wirklich liebhaben», sagen Eltern,

> Tanten, Onkel, Brüder und Schwestern. «Alle guten Kinder haben ihre Familie gern und tun etwas für sie, ohne daß man sie darum bitten muß.» Mit anderen Worten: «Wir verlangen, daß du uns liebst, weil du das willst, und nicht weil wir sagen, daß du es sollst.» ... Die Gesellschaft, wie wir sie kennen, spielt also ein Spiel mit widersprüchlichen Regeln ... mit dem Ergebnis, daß Kinder, die in solch einer Umgebung aufwachsen, ständig verwirrenden Erfahrungen ausgesetzt sind.[4]

«Ein Spiel mit widersprüchlichen Regeln» ist ein anderer Ausdruck für Double Bind, für eine unhaltbare Lage also, die einen idealen Nährboden für psychische Störungen darstellt. Hier sprechen wir jedoch nicht von den Double-Bind-Situationen, in die ein Mensch einen anderen bringt, sondern von solchen, denen wir alle unterliegen, weil sie in einige unserer sozialen Institutionen zutiefst hineingewirkt sind. Wenn dem so ist, führt kein Weg an der Schlußfolgerung vorbei, daß die gegenwärtige Gesellschaft zumindest in diesem Sinne verrückt ist. Oder um es noch einmal mit Watts zu sagen: «So muß man denn wohl folgern, daß wir eine Definition geistiger Gesundheit akzeptieren, die irrsinnig ist.»[5] Daß Wahnsinn bei einzelnen relativ selten vorkomme, in Gruppen, Parteien, Nationen und Epochen aber die Regel sei, fand auch Friedrich Nietzsche. Und H. S. Sullivan schärfte seinen Psychiatrie-Studenten ein: «Denken Sie bitte stets daran: Im gegenwärtigen Zustand unserer Gesellschaft ist der Patient im Recht, und Sie sind im Unrecht.»[6] Niemand hat es wohl drastischer gesagt als der Psychoanalytiker R. D. Laing:

> Lange bevor ein thermonuklearer Krieg ausbrechen kann, haben wir unseren eigenen Verstand verwüsten müssen. Wir fangen bei den Kindern an. Man muß sie rechtzeitig erwischen. Ohne eine gründliche und schnelle Gehirnwäsche würde ihr schmutziges Hirn unsere schmutzigen Tricks durchschauen. Kinder sind noch keine Narren, aber wir werden sie zu uns ähnlichen Imbezilen machen – mit hohem I. Q., falls möglich.
>
> Vom Augenblick der Geburt an, wenn das Steinzeit-Baby sich der Mutter des 20. Jahrhunderts gegenübersieht, ist es jenen Kräften der Gewalt unterworfen, die man Liebe nennt – wie sein Vater und seine

> Mutter und deren Eltern und deren Eltern zuvor. Diesen Kräften geht es vor allem darum, den größten Teil seiner Anlagen zu zerstören, und im allgemeinen verläuft das Unternehmen erfolgreich. Mit fünfzehn ist daraus ein Wesen wie wir entstanden – eine halbtolle Kreatur, mehr oder weniger angepaßt an eine verrückte Welt. Das ist die Normalität in unserer Zeit ...
>
> Der Zustand der Entfremdung, des Schlafens, des Nicht-bewußt-Seins, des Nicht-bei-Sinnen-Seins ist der Zustand des normalen Menschen.
>
> Die Gesellschaft schätzt ihre normalen Menschen. Sie erzieht Kinder dazu, sich selbst zu verlieren, absurd zu werden und so normal zu sein. Normale Menschen haben in den letzten fünfzig Jahren vielleicht hundert Millionen normale Menschen getötet.[7]

Normale Menschen haben natürlich stets gute Gründe für ihr Verhalten. *Unsere* Perspektive ist die einzig realistische – zumindest versichern wir das einander pausenlos. Vielleicht kann man darauf nur mit Schrödinger sagen: «Realität? Eine sonderbare Realität. Irgend etwas fehlt offenbar.»

Lassen wir uns aber nicht zu der Annahme verleiten, es gebe da irgendwo «Verrückte», die so täten, als seien sie normale Menschen. Auf dieser Ebene, dem Biosozialen Band, betrifft das Problem nicht einzelne, sondern die sozialen Institutionen, die allen Egos zugrunde liegen. So schreiben die Putneys im Vorwort ihres Buches zu diesem Thema:

> Dies ist kein Buch über *sie* (deren Defekte wir distanziert und auch ein wenig genüßlich betrachten können); es ist ein Buch über *uns* – die Normalen, die Angepaßten unserer Gesellschaft. Sein Hauptaugenmerk gilt gewissen Neurosen, die normal sind ...»[8]

Die Ziegel in der Mauer unseres Ego werden vom Mörtel des Wahnsinns zusammengehalten, und mit diesem universalen Mörtel, nicht mit irgendwelchen jeweiligen Mauern, haben wir uns zu befassen.

Nehmen wir ein Beispiel für solch ein «Gesellschafts-Spiel» mit widersprüchlichen Regeln: Wenn wir eine klare, harte Unterscheidung von Organismus und Umwelt treffen – und das ist in unserer Gesellschaft zweifellos der Fall –, wird das zu dem Schluß führen, daß man bei der

Suche nach persönlichem Erfolg die Umwelt ignorieren darf. Das ist die Grundlage des Konkurrenz-Spiels, des endlosen Bestrebens, allen anderen überlegen zu sein, und dieses Spiel wird den Kindern von einem sehr frühen Alter an eingeimpft. Der Anthropologe und Soziologe Jules Henry beschreibt, wie wir etwa in der Schule erlernen, das Versagen der anderen als unseren eigenen Erfolg zu empfinden. Fortan ist das für uns der «naturgegebene» Normalzustand, aber:

> Einem Zuni-, Hopi- oder Dakota-Indianer würde [dieses Verhalten] unfaßbar grausam erscheinen, denn Konkurrenzkampf – das Versagen eines Menschen als eigenen Erfolg zu verbuchen – ist eine Form der Folter, die diesen Kulturen fremd ist.[9]

Aber auch für uns liegen tiefe, unlösbare Widersprüche darin verborgen, denn natürlich lauert hinter jedem Erfolgsjubel die Versagensangst:

> Solche Erfahrungen zwingen jeden Menschen, der in unserer Kultur aufwächst, immer wieder, Nacht für Nacht und auch noch auf dem Gipfel des Erfolgs, nicht vom Erfolg zu träumen, sondern vom Versagen. In der Schule wird dieser Außenwelt-Alptraum fürs Leben verinnerlicht ...
> In einer Gesellschaft, in der sich alles um den Konkurrenzkampf ... dreht, kann man die Menschen nicht lehren, einander zu lieben. So sind die Schulen denn gezwungen, die Kinder das Hassen zu lehren, aber so, daß der Schein gewahrt bleibt, denn der Gedanke, daß unsere Kinderchen einander hassen, ist natürlich unerträglich. Wie gelingt der Schule diese Quadratur des Kreises?[10]

Nun, sie gelingt ihr eben nicht, weil der Widerspruch sich nicht auflösen läßt. Nichts ist ein solcher Fehlschlag wie der Erfolg, hat jemand einmal gesagt. Das Bestreben, anderen überlegen zu sein, ist letztlich der Versuch, sich selbst überlegen zu sein, denn das Ich und die Umwelt sind *ein* kontinuierliches Geschehen. Man könnte ebensogut versuchen, sich durch Ziehen an den eigenen Waden vom Erdboden zu lösen. Wir lassen uns überlisten und spielen das Spiel mit, aber niemand sagt uns, daß wir niemals gewinnen können: Wenn wir spielen, verlieren wir, und wenn wir aufhören zu spielen, verlieren wir. Das ist die Double-Bind-Situation, das Spiel mit den widersprüchlichen Regeln.

In dieser Situation ist es kaum noch möglich, Klarheit zu gewinnen, denn alles sieht doch so aus, als läge der Fehler allein in unserer eigenen Unfähigkeit. Immer wieder kauen wir das Problem durch, ohne daß sich ein Erfolg einstellt – aber nicht weil wir zu dumm sind, zu einer Antwort zu finden, sondern weil da keine Antwort ist. Das Problem, würde Wittgenstein sagen, ist unsinnig, und so treiben wir uns auf der Suche nach der nicht-existierenden Antwort in die Neurose oder gar in die Psychose. Unser Problem hat keine «objektive» Basis. Die Schwierigkeit liegt in der Wirrnis unseres Denkens, nicht in der Wirklichkeit.

Doch anstatt die Regeln offenzulegen, sorgen Familienmitglieder und Lehrer dafür, daß sie implizit, unbewußt, unter Verschluß bleiben, denn sie selbst wurden auch auf diese Weise genarrt. Und so enthält die «internalisierte Gesellschaft», die das Biosoziale Band ausmacht, neben den nützlichen und unnützen Regeln, Botschaften und Metabotschaften viele andere, die paradox und widersprüchlich sind. Double Binds, Situationen, aus denen es kein Entrinnen gibt, gehören zum Wesen des Biosozialen Bandes, und wo auch immer solche Situationen bestehen, können Verwirrung, Neurosen und Psychosen daraus entstehen.

Behalten wir stets im Blick, daß wir diesen Double Binds allein schon durch die Mitgliedschaft in der Gesellschaft ausgesetzt sind. Sie entspringen unmittelbar der Morphologie und Syntax unserer Sprache, unserem Rechtssystem, unserer Logik und Ethik –, der grammatikalischen Konvention, die die Natur in die Dualitäten von Nomina und Verben, Subjekten und Objekten aufspaltet. Sie entspringen der Logik des «gesunden Menschenverstandes», die sich weigert, die *Coincidentia oppositorum* zu sehen; der auf den Satz: «Tue stets das Gute und meide das Böse» eingekürzten Ethik (die etwa so sinnvoll ist wie der Versuch, sich nach der Anweisung: «Biege stets nach links ab und meide das Rechtsabbiegen», in einer Stadt zurechtzufinden). Sie liegen in unseren Rollen, unserem Status, unserem Wertsystem, in den Grundannahmen unserer Alltagsphilosophie: für eine Zukunft leben, die nicht existiert, aber gerade weil wir nur für das Morgen leben, werden wir uns seiner nie erfreuen können; uns mit abstrakten, oberflächlichen Rollen identifizieren, aber je mehr «Identität» wir haben, desto verlorener fühlen wir uns;

auf der Flucht vor dem Versagen den Erfolg suchen, so daß wir um so panischer fliehen, je mehr Erfolg wir haben – all die Spiele, die nirgendwohin führen, wenn sie richtig laufen, und die wir verlieren, wenn wir gewinnen.

Wir könnten sagen, daß die Double Binds, die auf der Ego-Ebene tiefe Probleme und starke Projektionen erzeugen, einfach Knotenpunkte im Biosozialen Band sind, wo die Widersprüche am größten sind; oder daß akute emotionale Störungen dort entstehen, wo zu den gesellschaftlichen Double Binds noch solche hinzukommen, wie sie etwa in Familie und Schule entstehen. Jedenfalls ist das Biosoziale Band Ursprung vieler unserer emotional-intellektuellen Störungen, unserer «normalen Neurosen», unseres kollektiven Wahnsinns, und hier liegt der Ansatzpunkt für Kommunikationspsychiater, Familientherapeuten, Sozialphänomenologen und andere, die sich mit diesen gestörten Kommunikationsprozessen befassen.

Die Schwierigkeit reicht allerdings tiefer als die Spiele mit widersprüchlichen Regeln selbst, denn widersprüchliche Regeln beruhen, wie wir sagten, auf unangemessenen Unterscheidungen. Unsere Unterscheidungen, die wir mit Hilfe von Sprache, Logik und symbolischen Landkarten vornehmen, können die WIRKLICHKEIT selbst nicht wiedergeben, sondern vermitteln uns eine «Bearbeitung», und darin besteht das eigentliche Problem. Da zum Beispiel unser Handeln das Handeln des Universums *ist*, hat es keinen Sinn, *auf* das Universum einwirken zu wollen – dazu müßten wir außerhalb stehen, und das ist nicht der Fall. Wenn wir die Wirklichkeit aber so bearbeiten und verfälschen, daß unser Handeln uns vom Handeln der übrigen Welt getrennt erscheint, verschaffen wir uns die angenehme Illusion, unabhängig von der Umwelt handeln zu können. Diese unangemessene Unterscheidung erzeugt die widersprüchlichen Regeln des Konkurrenzspiels und davon abgeleiteter Spiele.

Wir gehen diesem Unsinn auf den Leim, weil wir durch unser symbolisches Erkennen hypnotisiert sind. Wir sagen, ein Meteor schlage auf den Mond auf, doch ebenso richtig wäre, zu sagen, der Mond treffe auf einen Meteor; wir sagen, ein Zug fahre über die Erde, doch ebenso könnten wir sagen, die Erde bewege sich unter dem Zug weg. Da ist nur *ein* Geschehen; doch, wenn wir es mit *einer* Aussage zu erfassen versuchen, kann ein Widerspruch entstehen, weil wir zwei Perspektiven zugleich erfassen wollen – unsere Sprache und Logik sind dazu nicht in der Lage. Weil aber die Wirklichkeit nicht-dual ist, führen unsere unangemessenen Unterscheidungen unweigerlich zu Regeln, die ein widersprüchliches Handeln mit entsprechenden Resultaten bedingen, denn jedes ausgeschlossene Gegenteil kehrt als seine eigene Verkehrung wieder. Ein Beispiel: Wir trennen das Leben vom Tod, eine unangemessene Unterscheidung, die zu der widersprüchlichen Regel führt, daß wir weiterleben *müssen*, daß wir mit Zähnen und Klauen kämpfen müssen, um den Tod niederzuringen. Da aber Leben und Tod in Wahrheit eins sind, würde ein Gewinnen in diesem Spiel den Verlust des Lebens bedeuten: Unser Erfolg wird unsere Niederlage. Das ist wie mit einer Tür, sie dient als Ausgang und als Eingang; blockieren wir den Ausgang, so ist auch der Eingang blockiert. Der Tod tötet uns in dem Augenblick, da wir ihm entkommen.

Unangemessene Unterscheidungen liegen also den widersprüchlichen Regeln und den Verlierspielen vieler sozialer Institutionen zugrunde, und diese wiederum sind der Brennstoff für die Feuer unseres kollektiven Wahnsinns. Wir haben in diesem Text vier Hauptdualismen oder unangemessene Unterscheidungen und zahlreiche davon abgeleitete aufgezeigt; fügen wir nun hinzu, daß *jede* Unterscheidung, die wir für letzte Wirklichkeit halten, unangemessen ist. Unterscheidungen, Trennungen, Teilungen sind in Ordnung, solange wir die Wirklichkeit, die wir da teilen, kennen und fühlen. Doch ach, eben das tun wir nicht, und so werden unsere Unterscheidungen unangemessen, führen zu Double Binds und allem, was daraus folgt – Māyā wird Wahnsinn.

Es liegt wohl auf der Hand, daß wir um so mehr dazu neigen, unsere unangemessenen Unterscheidungen für letztgültig zu halten, je weniger wir bemerken, daß *wir* es sind, die sie treffen. So schreibt etwa Sullivan über die Unterscheidung von Raum und Zeit: «Die Natur, so scheint es, weiß nichts von dem Unterschied, den wir zwischen Raum und Zeit machen. Diese Unterscheidung ist letztlich nichts als eine unserer psychologischen Eigentümlichkeiten.» Wir können ruhig hinzufügen, daß die Natur selbst *keine* unserer Unterscheidungen kennt, von ihnen aber unkenntlich gemacht wird auf eine Weise, die uns kaum bewußt ist. Wir sehen die WIRKLICHKEIT nicht, weil wir nicht sehen, wie wir sie uns verdecken. Das heißt mit anderen Worten, daß auch diese Landkarten uns meistenteils unbewußt sind – denn wüßten wir, daß sie wirklich nichts als Landkarten sind, dann würden wir sofort nach dem Gelände

Ausschau halten. Das aber ist nicht erlaubt. Es gibt ja sogar Karten, die die Existenz anderer Karten leugnen. Es bestehen Tabus gegen das Erkennen bestimmter Tabus, Gesetze, die das Erkennen anderer Gesetze verbieten, Regeln gegen das Erkennen von Regeln und schließlich, wie Laing formuliert, Regeln gegen die Regeln gegen das Erkennen von Regeln, denn «die Regeln zur Kenntnis zu nehmen, würde bedeuten, auch das zur Kenntnis zu nehmen, was die Regeln und Operationen nichtexistent machen wollen». Und das wäre natürlich fürchterlich – wir könnten ja aufwachen!

Familientherapie, Kommunikationspsychiatrie, Semantische Therapie, manche Formen sehr tiefreichender interpersoneller Therapie, Sozialphänomenologie und ähnliches – sie alle versuchen, jede auf ihre Weise, diese unbewußten Landkarten bewußtzumachen, so daß man zumindest bemerkt, daß die Wirklichkeit verschleiert wird, auch wenn das noch nicht hinreicht, den Schleier zu lüften. «Wer weiß, daß er ein großer Narr ist, der ist kein gar so großer Narr«, sagte Chuang-tzu. Wenn wir unsere Landkarten als Landkarten erkennen, sind wir endlich in der Lage, den Blick von ihnen weg auf das Territorium zu richten, die Macht dieser gesellschaftlichen Träume über uns zu brechen und, wie Laing schreibt, die kollektive Halluzination, die wir Wirklichkeit nennen, zu durchschauen. Gelingt uns das nicht, so werden die sozialen Fiktionen für bare Münze genommen: «Den Pseudo-Ereignissen um uns passen wir uns an im falschen Bewußtsein, sie seien wahr, real und sogar schön.»[11] Das Ergebnis ist, wie ein Analytiker einmal sagte, «ein institutionalisierter Alptraum, den alle zugleich haben», und zwar «weil jeder glaubt, jeder andere glaube ihm».

Gegenstand dieser Therapien ist also das Geschehen auf dem Biosozialen Band, das zwar nicht der einzige Ursprungsort von Unterscheidungen und Dualismen ist, aber als die Heimat von Sprache und Logik doch sehr weitreichende Bedeutung besitzt. Diese Matrix der Unterscheidungen verwandelt, wenn sie für bare Münze genommen wird, nicht nur das organismische Bewußtsein in selektives Gewahrsein, sondern läßt auch widersprüchliche Regeln entstehen und Spiele, bei denen man nur verlieren kann; diese wiederum führen zu Neurosen und Psychosen. Zweifellos spielt sie also eine wichtige Rolle für das Verhalten. Denn wie einer die WIRKLICHKEIT teilt, so handelt er.

9. Der Mensch als Zentaur

Orientieren wir uns noch einmal, bevor wir zur Existentiellen Ebene fortschreiten: Im oberen Grenzbereich dieser Ebene liegt das Biosoziale Band, «darüber» die Ego- und die Schatten-Ebene; «unter» der Existentiellen Ebene liegen die Transpersonalen Bänder und die Ebene des GEISTES. Die Hauptdualismen dieser Ebene sind der primäre Dualismus von Ich und Umwelt und der sekundäre Dualismus von Leben und Tod; identifiziert sind wir auf dieser Ebene mit dem Gesamtorganismus, wie er in Raum und Zeit existiert. Wichtig ist noch, daß der tertiäre Dualismus von Psyche und Soma oder Geist und Körper hier noch nicht aufgebrochen ist – oder zumindest nicht im Vordergrund steht – und deshalb noch ein totales Erfassen *der* gesamten Existenz möglich ist, das erst auf der Ego-Ebene durch dualistische Ideen *über* die Existenz verdrängt wird.

Da wir aufgrund des tertiären Dualismus von Geist und Körper von der Existentiellen Ebene auf die Ego-Ebene gelangen, liegt der Schluß nahe, daß die Heilung dieser Gespaltenheit uns zu jenem Gesamtorganismus von Geist und Körper macht, der auf der Existentiellen Ebene unsere Identität darstellt – ähnlich wie wir durch die Heilung des quartären Dualismus von Ego und Schatten von der Schatten-Ebene zur Ego-Ebene gelangten. Wir erwähnten bereits, daß dieser Wechsel zur Existentiellen Ebene vorübergehend durch bloßes Zur-Ruhe-Kommen eintreten kann, wenn alle Vorstellungen von uns selbst verschwinden und wir nur noch das Grundgefühl des Daseins empfinden. Wollen wir jedoch eine mehr oder weniger dauerhafte Identität auf dieser Ebene gewinnen, so ist dafür im allgemeinen irgendeine Form existentieller

«Therapie» erforderlich – etwa Hatha-Yoga, Bioenergetik, Strukturelle Integration («Rolfing»), Existentielle Psychologie, Polaritätstherapie, Humanistische Psychologie, Logotherapie, bestimmte Massageformen und manches andere. Alle diese Therapien, so verschieden sie auch in der Form sein mögen, zielen darauf ab, uns durch Reintegration des tertiären Dualismus zum «authentischen Sein» unseres Gesamtorganismus zurückzuführen.

Da diese Therapien die Existentielle Ebene von «oben» , von der Ego-Ebene her, ansteuern und die Heilung des tertiären Dualismus (Geist und Körper) zum Ziel haben, können wir hier zwei Klassen von Therapien unterscheiden: solche, die beim Geist ansetzen, etwa Existentialanalyse, humanistische Therapien, Logotherapie, und solche, die beim Körper ansetzen, wie Strukturelle Integration, Hatha-Yoga, Polaritätstherapie. Manche Methoden «fahren zweigleisig», etwa die bioenergetische Analyse oder die Orgon-Therapie. Doch ob sie nun vom Körper, vom Geist oder von beidem ausgehen, sie haben alle das gleiche Ziel: den integrierten Organismus, die Existentielle Ebene, den Menschen als Zentaur.

Beide Wege – über den Körper oder über den Geist – haben ihre besonderen Stärken und Schwächen. Beiden liegt jedoch dasselbe Prinzip zugrunde, ein Prinzip, das uns heute immer deutlicher wird und das wir etwa so formulieren können: Zu jedem geistigen Problem oder mentalen «Knoten» gehört ein entsprechender körperlicher «Knoten» *et vice versa* (da Körper und Geist ja letztlich nicht zweierlei sind).

Nehmen wir als Beispiel die folgende Begebenheit aus dem Leben John Lillys. Als Junge hatte er sich eine Axt tief in den Fuß geschlagen, und dieser Unfall stellte ein so schweres Trauma dar, daß er den Schmerz noch im selben Augenblick verdrängte: Er sah die Axt in den Fuß eindringen, empfand jedoch keinen Schmerz. Sein Geist registrierte natürlich den ganzen Vorfall und den damit verbundenen Schmerz, ließ jedoch nicht zu, daß das Trauma ins Bewußtsein gelangte. Jahre später unterzog Lilly sich einer Rolfing-Behandlung, und sein Therapeut bemerkte sofort die furchtbare Narbe an seinem Fuß. Als die systematische Durcharbeitung des Körpers, die eingefleischte Fehlhaltungen in allen Geweben des Körpers löst und behebt, sich allmählich dem Fuß näherte, geriet Lilly in sichtbare Angst- und Spannungszustände. Und als schließlich die Narbe selbst behandelt werden mußte, brach das ganze

Geschehen von damals in Lilly auf, und jetzt erst empfand er wirklich den Schmerz, der all die Jahre in seinem Unbewußten vergraben gewesen war:

> Plötzlich wurde mir klar, daß ich den Schmerz der ursprünglichen Erfahrung abgeblockt hatte. Und diese Narbe hatte den Schmerz seitdem als Potential enthalten. Es war auch eine traumatische Erinnerung ... damit verbunden. Ich hatte diesen Fuß und diese Stelle am Fuß bevorzugt, aber das Loch nicht gefüllt, das in meinem Körper-Bild dort klaffte. Durch das Rolfing konnte dieses Loch sich füllen ...[1]

Worauf es ankommt, ist der Umstand, daß sich durch die Behandlung des Körpers ein psychischer Knoten löste.

Für den umgekehrten Fall, daß psychische Knoten entsprechende körperliche Knoten erzeugen, brauchen wir nur an Wilhelm Reichs Arbeit über die Charakterpanzerung oder auf Fritz Perls' Begriff der Retroflektion zu verweisen. Im wesentlichen behaupten diese beiden Forscher, daß ein Mensch, der an einer Neurose leidet, seine eigene Muskulatur unbewußt manipuliert und verspannt als Ausdruck dessen, was er eigentlich anderen antun möchte. Reich fiel besonders auf, daß Neurotiker ihre sexuellen Impulse ersticken, indem sie die Beckenmuskulatur ständig verkrampfen, wodurch wahre sexuelle Entladung praktisch unmöglich wird; Perls meint, daß verdrängte Aggression sich körperlich als Verspannung der jeweils betroffenen Muskeln manifestiert, etwa als ein Stottern bei jemandem, der einen anderen erwürgen möchte. Psychisch entledigt man sich der Aggression demnach durch Verdrängung und Projektion; der Körper verdrängt Aggression jedoch, indem er Muskeln anspannt und unter ständiger Spannung hält, die dem Geschehen, wie es bei einer Entladung der Emotion ablaufen würde, entgegenwirken. Dabei kann natürlich nichts als Stagnation und Krampf herauskommen – gewaltige Kräfte ziehen in entgegengesetzte Richtungen, und die tatsächliche Bewegung ist gleich Null.

Was im Geist ein Krieg der Impulse ist, wird also im Körper zum Krieg der Muskeln. Wer sein Interesse und seine Erregung verdrängt, muß natürlich auch seinen Atem unterdrücken, muß Brustkorb, Zwerchfell und Bauch versteifen und die Zähne zusammenbeißen. Wer seinen Zorn verdrängt, muß die Antagonisten jener Muskeln anspannen, die sonst gegen die Welt losschlagen würden, muß Schultern und Brust einziehen und die Arme versteifen. Wer sein Bedürfnis, zu weinen oder zu schreien, verdrängt, muß seine Augen-, Hals- und Kehlkopfmuskeln verkrampfen, muß den Atem einschränken und alle Empfindungen aus dem Bauchraum abblocken. Um sexuelle Impulse zu verdrängen, muß man die Becken- und Kreuzmuskulatur verkrampfen und jedes Gewahrsein der Körpermitte strikt meiden. In all diesen Fällen hat ein psychischer Knoten einen körperlichen Knoten erzeugt. (Im Grunde hat es allerdings wenig Sinn zu sagen, ein psychischer Knoten erzeuge einen körperlichen oder umgekehrt; gehen wir lieber davon aus, daß sie miteinander entstehen. Zu lösen sind sie jedenfalls von beiden Seiten her.)

Lilly, der selbst über ausgiebige Erfahrung auf der Existentiellen Ebene verfügt, sieht diese beiden Ansätze – über den Geist oder über den Körper – sehr deutlich:

> So wurde mir klar, daß der menschliche Biocomputer auch die Muskelsysteme einschließt: Wie diese von Aktionsmustern des Zentralnervensystems in bestimmten Spannungszuständen gehalten werden, hängt von Fixierungen ab, die sich in der Kindheit bildeten. Ein Trauma führt dazu, daß wir uns seine Ursache selbst verbergen, und damit setzen wir im Zentralnervensystem eine Rückkopplungsschleife in Gang, die sich selbst anregt und dadurch ununterbrochen weiterläuft, bis man sie vom Hirnende oder vom Muskelende her aufbricht.[2]

Der einfacheren Verständigung halber wollen wir «Therapien» wie Hatha-Yoga, Polaritätstherapie und Strukturelle Integration, die den tertiären Dualismus von Geist und Körper über den Körper oder «vom Muskelende her» zu heilen versuchen, künftig als *somatischen Existentialismus* bezeichnen; existentielle Analyse, Logotherapie und andere Formen, die beim Geist oder am «Hirnende» ansetzen, nennen wir *noetischen Existentialismus*. Theoretisch kann jeder somatische oder noetische Ansatz, wenn er nur konsequent genug durchgeführt wird, zu einer tiefen Berührung mit der Existentiellen Ebene führen; besonders wirkungsvoll ist jedoch eine Kombination beider Ansätze.

Die Strukturelle Integration, nach Ida Rolf, der Begründerin dieser Therapieform, «Rolfing» genannt, ist ein typisches Beispiel des somatisch-existentiellen Ansatzes. So schreibt Ida Rolf selbst:

> Bei jedem Versuch, ein integriertes Individuum zu schaffen, ist der Körper ein naheliegender Ansatzpunkt – und sei es auch nur zur Überprüfung der alten Annahme, daß ein Mensch nur projizieren kann, was in ihm ist. Für den Mediziner ist dieser Körper ein Mensch, und zwar der ganze Mensch. Für den Psychiater ist dieser Körper weniger als der Mensch, nur die äußere Erscheinungsform der Persönlichkeit. Keiner dieser Spezialisten faßt ein Drittes als reale Möglichkeit ins Auge: daß der Körper auf eine bestimmte, noch nicht ausreichend geklärte Weise tatsächlich die Persönlichkeit *ist* und nicht einfach ihr Ausdruck; er ist die Energie-Einheit, die wir «Mensch» nennen ...[3]

Das Ziel des Rolfing besteht in der Erfahrung des integrierten Organismus, worin der Geist der Körper *ist* und der Körper der Geist *ist*, und das bezieht sich eindeutig auf die Heilung des tertiären Dualismus. Das wird für manchen schwer zu verstehen sein, denn wir sind ja gewohnt, unseren Geist, unser Bewußtsein, im Kopf anzusiedeln und den Körper mehr oder weniger als etwas zu erfahren, das wir hinter uns herschleppen. Doch wer sich auf Rolfing, Hatha-Yoga oder Massagen einläßt, wird bald erfahren, daß er nicht *in* seinem Körper lebt, sondern *als* sein Körper, und damit hat er bereits begonnen, den tertiären Dualismus zu heilen und auf der Existentiellen Ebene heimisch zu werden. (Albert Einstein behauptete allen Ernstes, er denke mit seinen Muskeln.)

Das Rolfing selbst besteht aus einer Serie fortschreitender Tiefen-Massagen, die den normalerweise betäubten Körper aufwecken, so daß wir damit beginnen können, ihn zu reintegrieren, ihn wieder in Besitz zu nehmen und uns seiner zu erfreuen, wie wir es in der Kindheit taten – bevor uns der tertiäre Dualismus aufgezwungen wurde, bevor man uns beibrachte, daß im Körper animalische und abstoßende Begierden hausten, daß man ihn durch möglichst einschnürende Kleidung verbergen und bändigen müsse, daß nur der Geist Edles hervorbringen könne, während der Körper früher oder später unter uns wegfaulen würde, zerfressen von so unsagbar grauenhaften Dingen wie Krebs. Das ganze Gewicht unserer sozialen Indoktrination liegt darauf, möglichst viel Abstand zwischen Geist und Körper zu schaffen. Doch dieses betrügerische Manöver rächt sich mit tödlicher Sicherheit, denn alle Freude ist Freude des Körpers und der Sinne, und wenn wir unseren Körper verdammen und verbannen, nehmen wir uns die Möglichkeit, wahre Freude und wahres Glück zu erfahren. Um uns diese Möglichkeit neu zu erschließen, müssen wir von der Ego-Ebene zur Existentiellen Ebene absteigen und dort die Lebendigkeit und Energie des Körpers erwecken.

Das streben neben dem Rolfing auch andere somatisch-existentielle Therapieformen an, mögen sie auch von ihren Techniken und ihrer «Philosophie» her ein ganz anderes Erscheinungsbild bieten. Im Hatha-Yoga (nicht zu verwechseln mit höheren Formen des Yoga wie etwa dem Rāja-Yoga, die die Ebene des GEISTES zum Ziel haben) geht es beispielsweise darum, den Körper zu erwecken und mit der Psyche zu vereinigen. Hier wird insbesondere der Atem zum Gegenstand der Aufmerksamkeit, denn er ist ein Angelpunkt für Körper *und* Geist, der Punkt, an dem bewußte Kontrolle und unbewußter Körperprozeß zusammenfallen; in diesem Doppelcharakter kann der Atem eine *Via regia* zur Vereinigung von Geist und Körper werden. Das Wort «Yoga» selbst bedeutet ja «Einheit» oder «Vereinigung», und der Hatha-Yoga ist insbesondere auf die Vereinigung von Geist und Körper zu einem integrierten psychophysischen Organismus abgestellt. Wir können ihn daher als den Inbegriff des somatischen Existentialismus betrachten.

Wenden wir uns nun einigen Aspekten der noetisch existentiellen Psychologie zu. Wie gesagt, setzt sie bei derselben Ebene an wie der somatische Existentialismus, unterscheidet sich von diesem jedoch durch ihre Techniken und ihre Philosophie – jedoch nicht im Sinne eines Gegensatzes, sondern einer Ergänzung. Es gibt eine Unzahl noetisch-existentieller Ansätze, aber jedem ist es auf seine Weise darum zu tun, das «authentische Sein» des Gesamtorganismus zu verwirklichen, den tertiären Dualismus zu unterlaufen und sich dem Dasein zu stellen, wie es ist, aller ichhaften Ideen, aller Erkenntnisobjekte und intellektuellen Krücken entledigt. Jean-Paul Sartre, ein brillanter, aber fanatischer noetischer Existentialist, legt überzeugend dar, daß das isolierte Ego, das einsame Ich, eine trügerische Fiktion ist, die wir heraufbeschwören, um uns nicht dem beständigen Strom des wirklichen Daseins anvertrauen zu müssen. Die Ego-Ebene wird hier als ein existentielles Verbluten verstanden, bei dem immer mehr Aberglaube sich vor das wirkliche Dasein schiebt. Sartre hat sehr klar erkannt, daß Abstraktion und Vergegenständlichung höchst gefährliche Mittel der

Erkenntnis sind, weil wir mit ihnen «versuchen, die menschliche Realität zu einer Form zu konstituieren, die ihrem eigenen Wesen Gewalt antut».[4]

Diese menschliche Realität, die nicht in Psyche und Soma «zerfällt», ist das erklärte Ziel der noetischen Existentialisten. Wenn wir die Existentielle Ebene wirklich ganz erreichen wollen, muß die herkömmliche Psychotherapie, in der die Persönlichkeit als isoliertes Ego oder als Komplex der verschiedensten Egos aufgefaßt wird, einem umfassenderen Ansatz weichen. So sagt Rollo May, einer der führenden Existentialpsychologen:

> Das Ego mit seiner vielfachen Aufspaltbarkeit in die verschiedensten Egos stellt für die experimentelle Psychologie ein verlockendes Objekt dar, denn es kommt der «Teile und beherrsche»-Untersuchungsmethode entgegen, die wir aus der seit jeher dichotomisierten naturwissenschaftlichen Methodik übernommen haben ...
> Hielte man dem entgegen, dieses Bild von einer Vielzahl von Egos reflektiere nur die Fragmentierung des heutigen Menschen, so würde ich antworten, daß der bloße Begriff der Fragmentierung eine Einheit voraussetzt, die fragmentiert wird ... Denn weder das Ego noch das Unbewußte, noch der Körper kann für sich allein bestehen. Solche Autonomie kann ihrer Natur nach nur im geeinten Selbst zu finden sein ... Wir müssen logisch wie psychologisch über das Ich-Es-Überich-System hinausgehen und das Sein zu verstehen trachten, von dem diese drei nur Ausdrucksformen sind.[5]

Was May als «Ausdrucksformen» des gesamten Seins bezeichnet, haben wir als Projektionen des Gesamtorganismus aufgrund der tertiären Dualismus-Unterdrückung-Projektion interpretiert. Hinter diesen Projektionen, Ausdrucksformen, Manifestationen, hinter der Ego-Ebene liegt die Existentielle Ebene, unser geeintes Selbst, unser gesamtes Sein, und um dieses gesamte Sein geht es den noetischen Existentialisten. Wir müssen die Ego-Ebene verlassen, unsere geliebten Ideen über das Dasein wegstecken, zu unserem Körper zurückkehren – und *leben*.

> Wir wissen ja nicht einmal, wo das Lebendige jetzt lebt, was es eigentlich ist, wie es heißt. Man versuche es doch: Laßt uns allein,

> nehmt uns die Bücher, und wir würden uns sofort verlieren und verirren, würden nicht wissen, an wen uns anschließen, an wen uns halten, was lieben und was hassen, was hochachten und was verachten. Es ist uns ja sogar schon lästig, Menschen zu sein, Menschen mit wirklichem, *eigenem* Leib und Blut; wir schämen uns dessen, halten es für Schande und drängen uns dazu, irgendwelche noch nie dagewesene Allmenschen zu sein. Wir sind Totgeborene – werden wir doch schon lange nicht mehr von lebendigen Vätern gezeugt, und das gefällt uns ja sogar immer mehr. Wir fangen an, in Geschmack zu kommen. Bald werden wir uns ausdenken, irgendwie aus der Idee gezeugt zu werden.[6]

Der Schritt von der Ego-Ebene zur Existentiellen Ebene ist eine Erweiterung der Identität vom Ego auf den Zentauren, den Gesamtorganismus. All denen, die ihr waches Leben auf der Ego-Ebene verbringen, wird dieses Vorhaben natürlich unverständlich erscheinen, denn sie neigen dazu, sich entweder schon ganz und gar mit ihrem Körper identisch zu fühlen (und die ganze humanistische Bewegung als viel Lärm um nichts abzutun) oder zu behaupten, so etwas sei theoretisch ja ganz nett, aber eben unmöglich, weil der Mensch nun einmal Geist sei und damit basta. Die Angehörigen der ersten Gruppe werden erwidern, sie widmeten ihrem Körper ohnehin schon ungeheuer viel Aufmerksamkeit – aber das gilt wohl vor allem für die Sexualität und zeigt im übrigen, daß sie nicht mit ihrem Körper identifiziert, sondern von ihm besessen sind. Die anderen, die behaupten, der Mensch sei Geist, fügen für gewöhnlich hinzu, daß in ihrem Körper aber auch gar nichts Bemerkenswertes vorgehe und die Sammlung der Aufmerksamkeit auf diesen Körper fürwahr ein ödes Abenteuer sei – und das wiederum zeigt, wie sehr sie ihr Daseinsgefühl schon betäubt haben.

Diese Vorurteile wurzeln derart tief im philosophischen und biosozialen Unbewußten, daß ihre Infragestellung selbst bei «nüchternen» Gelehrten im allgemeinen nichts als emotionale Panik auslöst. Medizin, Erziehung, Sport und leider auch die Schulpsychologie sind zutiefst vom tertiären Dualismus geprägt. Die schulische Ausbildung, so heißt es, ertüchtigt den Geist, Sport den Körper; Psychologie heilt den Geist, Medizin den Körper. Diese Antagonismen zeigen uns mit schlagender Deutlichkeit, wie tief der Graben zwischen Geist und Körper in unserem

Bewußtsein ist. Daran ändert auch die Tatsache nichts, daß man sich heute darin gefällt, erbärmlich oberflächliche Lippenbekenntnisse zur psychosomatischen Medizin abzulegen. Man bescheinigt den Ansätzen, die die beiden «Enden» des Menschen wieder zu verknüpfen versuchen, zwar gern ihre gute Absicht, hält sie aber letztlich doch für unfruchtbare Hirngespinste. Wir haben den Zentauren wirklich gründlich verdrängt.

Heute beginnen sich jedoch die Umrisse einer Wissenschaft der Existentiellen Ebene ganz allmählich abzuzeichnen. So erklärt Thomas Hanna:

> Dieser Bewegung liegt die Einsicht zugrunde, daß menschliches Selbstgewahrsein keine leere, entkörperte Nebenerscheinung ist, sondern ein verkörpertes und seiner Verkörperung stets bewußtes ganzheitliches Gewahrsein des Selbst. Dieses Selbstgewahrsein ... beruht auf der Erfahrung des Gesamtzustandes unserer organischen Struktur. Wandelt sich diese organische Struktur, so wandelt sich auch unser Selbstgewahrsein – und umgekehrt.

Auf der Existentiellen Ebene ist das Bewußtsein des Menschen, sein Zentaur-Bewußtsein,

> ein lebendiger, integraler Bestandteil seiner somatischen, organischen Ganzheit ...; ein seiner selbst bewußter, sich selbst kontrollierender und regulierender Organismus, eine organische Einheit vieler Funktionen, die man sich bislang getrennt als «körperlich» und «geistig» gedacht hat.[7]

Kehren wir mit diesen Aussagen vor Augen zum Abstieg von der Ego-Ebene zur Existentiellen Ebene zurück. Wie wir beim Abstieg von der Schatten-Ebene zur Ego-Ebene die entfremdeten und verdrängten Anteile unserer Psyche, den Schatten, zurücknahmen und so zu einem zutreffenden Ich-Bild gelangten, zu einer Identität, die auch all das umschließt, was uns bis dahin fremd, bedrohlich und unkontrollierbar erschien, so erweitern wir auch beim nächsten Schritt, der Rückkehr zur Existentiellen Ebene, die Grenzen unserer Identifikation. Sie umfangen nun alle Aspekte unseres Gesamtorganismus, die uns einst fremd, bedrohlich oder zumindest unkontrollierbar erschienen. Wir nehmen unseren Körper wieder an und erwecken den Zentauren zu neuem Leben.

Das ist Ziel des noetischen ebenso wie des somatischen Existentialismus, wie Perls und andere sehr klar zum Ausdruck bringen: «Es geht darum, die Grenze dessen, was Sie als Ihr ‹Ich› empfinden, so zu weiten, daß sie alle organische Aktivität umfaßt.»[8] Es ist schon ganz schön, wenn man ein zutreffendes Bild seines psychosomatischen Gesamtorganismus besitzt und sich mit ihm identisch fühlt – aber noch viel besser ist es, dieser Gesamtorganismus wirklich zu *sein*. Perls formulierte die Zielsetzung der Existentiellen Therapie daher noch knapper und direkter: «Verlier den Verstand und komm zur Besinnung» – das heißt zu den Sinnen, zum Körper, also zum Zentauren. Denn, so schreibt Alexander Lowen: «Solange der Körper für das Ego ein Objekt bleibt, mag er dessen Stolz wohl befriedigen, wird ihm aber nie die Freude und Erfüllung verschaffen, die ein lebendiger Körper bieten kann.» Zu dem rein Ego-orientierten therapeutischen Ansatz bemerkt er:

> Wenn ein Mensch das Irrationale in seiner Persönlichkeit bewußt annehmen kann, so hofft man hier, wird er die Freiheit gewinnen, natürlich und spontan auf die Situationen des Lebens zu reagieren. Die Schwäche dieses Konzepts besteht darin, daß bewußtes Annehmen eines Gefühls einen noch nicht unbedingt befähigt, es zum Ausdruck zu bringen. Zu erkennen, daß man traurig ist, ist eine Sache, aber tatsächlich weinen können ist eine ganz andere. Zu wissen, daß man zornig ist, genügt noch nicht für das wirkliche Empfinden des Zorns. Das Wissen um die inzestuöse Beziehung zu einem Elternteil setzt nicht das verdrängte, im Körper eingefrorene sexuelle Gefühl frei.[9]

Damit bringt Lowen den Hauptunterschied zwischen Ego-Psychologien und existentiellen Ansätzen zum Ausdruck: Erstere erzeugen ein zutreffendes *Bild* des Gesamtorganismus, während letztere uns dazu verhelfen wollen, dieser Gesamtorganismus zu *sein*. Dem Ego mag dieser Unterschied trivial erscheinen; für die tatsächliche Erfahrung ist es jedoch ein ungeheurer Unterschied.

Das heißt aber durchaus nicht, daß die Therapien für die Existentielle Ebene die Arbeit verwerfen, die auf den oberen Ebenen des Spektrums getan wird. Im Gegenteil, sie verwenden eine ganze Reihe von Techniken für die Heilung des quartären Dualismus, für die Integration des Schattens – aber das geschieht im Hinblick auf eine Weiterführung des Integrationsprozesses zu wirklich *empfundener* Identität mit dem Gesamtorganismus.

Das sieht man sehr deutlich an der Arbeit von Frederick (Fritz) Perls, der auch Techniken der Schatten-Ebene wirkungsvoll einsetzte, aber mit dem Ziel, den «Patienten» in eine von der Existentiellen Ebene ausgehende Explosion hineinzusteuern, worin Ego und Körper, Psyche und Soma im Gewahrsein des geeinten Selbst verschmelzen. Während man also auf der Ego-Ebene hilfreiche Erkenntnisse *über* seinen verdrängten Zorn gewinnen kann, *wird* man auf der Existentiellen Ebene dieser Zorn, und Körper und Seele vereinigen sich zu der jetzt freigesetzten Spontaneität des Zentauren.

Dieses Freiwerden kann dramatisch sein. Für Perls sind diese Explosionen – das Freiwerden der im tertiären Dualismus gebundenen Energie – Ausdruck des Gesamtorganismus, des geeinten Selbst, also weder bloß geistiger noch bloß körperlicher Art. Sie sind, in unserer Ausdrucksweise, Zeugnisse für das Erwachen des Zentauren. Perls machte bei diesen Explosionen vier Grundtypen aus: Zorn, Freude, Orgasmus und Traurigkeit. Wenn wir die Erkenntnisse anderer Forscher hinzunehmen, so wären als kennzeichnend für das existentielle Gewahrsein noch zu nennen: Spontaneität, organisches Vertrauen, existentieller Sinn, unmittelbares Erfassen, Intentionalität und manches andere, wie wir es etwa bei Carl Rogers und Abraham Maslow finden.

Wir sollten hier zumindest erwähnen, daß jede echte existentielle Therapie die Filter- und Verdrängungswirkung des Biosozialen Bandes berücksichtigen muß. Die Bemühungen, das Biosoziale Band zu unterlaufen, werden wiederum in der Arbeit von Perls besonders deutlich; er focht einen ständigen Kampf gegen die Verhexung des Zentauren durch Sprache und Logik. «Es-Sprache» muß zu «Ich-Sprache» werden, «Ding-Sprache» zu «Prozeß-Sprache»; Entweder/Oder-Logik muß Direktheit der Erfahrung werden, Frage zu Forderung, Trauminterpretation zu Traumidentifikation, Geschwätz zu Konfrontation. All das waren direkte Versuche, den Schleier des Biosozialen Bandes wegzuziehen und in die Unmittelbarkeit des existentiellen Gewahrseins einzutauchen. Wenn der Schleier weggezogen ist, kann man ihn natürlich immer noch benutzen, wann immer das angebracht ist – nur ist man jetzt nicht länger dazu gezwungen.

Der erste Schritt zur Annahme des Körpers und zur Wiederbelebung des Zentauren besteht darin, zum Körper Kontakt aufzunehmen, ihm Gehör zu schenken, seine Empfindungen, Impulse und Reaktionen, seine Schwingungen zu erkunden:

> Ein Körper wird aufgegeben, wenn statt Lust und Stolz nur noch Schmerz und Demütigung von ihm ausgehen. Unter diesen Umständen weigert der Mensch sich, ihn zu akzeptieren und sich mit ihm zu identifizieren. Er wendet sich gegen ihn ...
>
> Ich habe immer wieder hervorgehoben, wie sehr die Leute sich fürchten, ihren Körper zu empfinden. Auf irgendeiner Ebene wissen sie, daß der Körper eine Rumpelkammer unterdrückter Gefühle ist, und sie wüßten zwar gern etwas über diese unterdrückten Gefühle, scheuen aber entsetzt davor zurück, ihnen dort, im Fleisch, unmittelbar zu begegnen. Doch in ihrer verzweifelten Suche nach einer Identität werden sie nicht umhin können, sich dem Zustand ihres Körpers zu stellen.[10]

Das ist zwar zunächst eine Übung der Ego-Ebene – Sie als Ego empfinden sich als verschieden vom Körper –, aber doch der erste Schritt zur Wiedervereinigung mit dem Körper, zum Abstieg auf die Existentielle Ebene. Stellen Sie sich also dem Zustand Ihres Körpers. Legen Sie sich hin, schließen Sie die Augen, erkunden Sie. Erkunden Sie die Empfindungen des Körpers, seine Impulse und Energien, seinen Muskeltonus und vor allem seine Atmung. Geben Sie acht darauf, wie das Ego dieses einfache Experiment in Körper-Gewahrsein zu unterlaufen versucht: Sie werden schläfrig oder schlafen sogar ein; Langeweile, Ruhelosigkeit und Ablenkungen stellen sich ein; und nach zwei Minuten des Experimentierens verkündet das Ego: «Alles in Ordnung», und will gleich wieder aufhören.

Früher oder später werden Sie auf eine ebenso unerwartete wie unerfreuliche Tatsache stoßen: Es gibt Körperregionen, in denen Sie kaum etwas oder gar nichts empfinden. Da ist nur etwas Taubes, Leeres, ein Loch in ihrem Körpergewahrsein – das sind die Schauplätze körperlicher Projektionen, der somatischen Entsprechungen mentaler Schatten-

Projektionen. Manche Leute haben keine Augen, andere keine Genitalien oder kein Herz, keine Eingeweide, keine Ohren, keine Wirbelsäule, keine Brüste, keine Beine, keinen Kopf, keine Hände, keinen Mund. Um diese Lücken zu finden, genügt es, einfach die Aufmerksamkeit auf sie zu richten. Versuchen Sie nicht, die Situation zu ändern, sondern empfinden Sie sie einfach; wenn etwas zu korrigieren ist, wird das durch bloße Aufmerksamkeit von selbst geschehen. Eine Stunde pro Tag oder mehr für dieses Körpergewahrsein aufzuwenden, ist durchaus keine Zeitverschwendung. Wenige verlieren den Verstand, aber schon viele haben ihren Körper verloren.

In anderen Körpergegenden werden sie Muskelverspannungen entdecken, Muskeln, die in regungslosem Ringen ineinander verkrampft sind – das sind die Schauplätze körperlicher Retroflektionen, der motorischen Anker vieler Schattenprojektionen. Stößt man auf eine solche Stelle, so bildet sich sofort der natürliche Impuls, sie zu entspannen, was auch funktionieren kann – für vielleicht eine Minute. Nein, der in den Muskeln festgehaltene Impuls muß ertastet, mobilisiert und unter Umständen verstärkt werden, bevor er sich entladen kann durch etwas, wonach dem Körper gerade zumute ist: weinen, lachen, schreien, schlagen, zittern, vor Freude hüpfen oder mit jemandem schlafen. Wenn man diese Spannungen einfach zu lösen versucht, damit sie «weggehen», so heißt das, daß man *selbst* sich nicht verantwortlich fühlt für sie, nicht mit ihnen identifiziert ist. Die Identität und Verantwortung auf alle organische Aktivität auszudehnen, das ist unser Ziel.

Für diesen Abstieg auf die Existentielle Ebene müssen wir also nicht nur all das als unser eigen annehmen, was wir bewußt und absichtsvoll tun, sondern auch alles, was unser Organismus, außerhalb unserer Kontrolle, «von selbst» zu tun scheint. Sie werden dann irgendwann empfinden, daß Sie nicht «Kopfschmerzen haben», sondern sich «selbst im Kopf weh tun»; nicht: «Mein Herz pumpt Blut», sondern: «Ich pumpe Blut mit meinem Herzen.» Sie werden, kurz gesagt, empfinden, daß Sie nicht *in* Ihrem Körper, sondern *als* Ihr Körper leben. Das ist wiederum das Gegenteilspiel, tiefer gehend als auf der rein mentalen Persona-Ebene, aber mit derselben Zielrichtung.

Es wird inzwischen klargeworden sein, daß noetischer und somatischer Existentialismus einander ergänzen können und wohl in dieser Weise angewendet werden sollten; beide streben danach, den Zentauren, den psychophysischen Gesamtorganismus, zu verwirklichen und die Eigenverantwortlichkeit auf alle organische Aktivität auszudehnen. In der Praxis geschieht dieses Hand-in-Hand-Arbeiten allerdings relativ selten. Viele noetische Existentialisten, so wohlmeinend sie sein mögen und so zupackend sie auf ihre Art auch mit dem ganzen Menschen arbeiten mögen, neigen doch deutlich der Gesprächspsychotherapie zu und der Auffassung, «bloße Körperarbeit» oder auch Körperbewußtsein seien relativ wertlos. Sie übersehen offenbar weitgehend, wie sehr Yoga, Rolfing oder Sensory Awareness dazu beitragen können, einen Menschen zur Identität mit seinem ganzen Sein zu führen. Überdies gehen manche psychischen Probleme derart in Fleisch und Blut über, daß man sie einfach über Körpertechniken angehen *muß*, weil der Patient sonst womöglich viele Jahre lang auf der Couch liegt und redet, ohne daß sich Entscheidendes tut. Manche somatischen Existentialisten machen andererseits den umgekehrten Fehler, noetische Ansätze als «bloß heiße Luft» abzulehnen, und so kommt es leicht zum Abgleiten in einen somatischen Purismus, der dann kaum noch mehr als Gymnastik ist und mit wirklichem Existentialismus nichts mehr zu tun hat, weil er den tertiären Dualismus eher verstärkt, als ihn zu heilen. Hier wird nicht die Zentaur-Natur des Menschen freigelegt, sondern seine alte Rolle als Reiter (Ego) auf einem ganz von ihm gesonderten Pferd (Körper) bestätigt: ein Engel, den Gott in einen verderbten Körper pflanzte, ein Geist in der Maschine.

Echter noetischer und somatischer Existentialismus werden einander stets als komplementär erkennen, auch da, wo keine Vermischung oder Kombination der Techniken angestrebt wird. Es gibt ermutigende Anzeichen dafür, daß die Therapeuten beider Richtungen die achselzukkende Gleichgültigkeit, mit der sie einander lange Zeit gegenüberstanden, allmählich aufgeben. Angesichts der Umstände, von denen Wilhelm Reichs erste Versuche einer Verknüpfung von Psychoanalyse und Körperarbeit begleitet waren, mag diese Haltung bisher verständlich gewesen sein. Heute erleben wir ein wiederauflebendes Interesse an Wilhelm Reich, und gar nicht so sehr an seinen psychoanalytischen Theorien, die zum Teil tatsächlich etwas verstiegen wirken, sondern weil er deutlich erkannte, daß somatische und noetische Ansätze einander ergänzen.

Manche existentiellen Analytiker nehmen den Faden nun da auf, wo Reich ihn aus der Hand legte, und hier zeichnet sich die Bildung eines echten *Amphi-Existentialismus* ab, eine wirkliche Vereinigung noetischer und somatischer Ansätze für die Rückkehr zur Existentiellen Ebene. Gerade die Existentialisten könnten von ihrer theoretischen Position her in der Lage sein, diese Verschmelzung zu bewirken; eines der Kern-Konzepte des noetischen Existentialismus nennt drei Dimensionen der persönlichen Wirklichkeit, nämlich die *Umwelt* oder biologische Welt, einschließlich des eigenen Körpers, die *Mitwelt* oder soziale Welt und die *Eigenwelt* der psychischen, ichhaften Prozesse. Ein konsequent durchgeführter Existentialismus wird daher nicht nur die soziale Welt und die Ego-Welt einer Person berücksichtigen (wie es die meisten noetischen Existentialisten tun), sondern auch seine biologische Umwelt, seinen eigenen Körper. Alexander Lowens Bioenergetik ist ein hervorragendes Beispiel für diesen Amphi-Existentalismus, denn hier stehen dem noetischen Zugang zur Mitwelt und Eigenwelt hochwirksame Übungen und Analysetechniken für die Erforschung der Umwelt zur Seite – eine Annäherung an den Zentauren «von beiden Enden her».

Wenn wir nach dem philosophischen Gehalt des noetischen Existentialismus fragen, nach dem also, was man gemeinhin unter «Existenzphilosophie» versteht, so stehen wir zunächst vor einem verwirrenden Konglomerat aus Begriffen, Definitionen und Ideen. Für die Existenzphilosophie steht das Individuum im Mittelpunkt, insbesondere seine subjektive Erfahrung der existentiellen Wahrheit, und sie behauptet, jede objektive Aussage, jede Verallgemeinerung sei unrichtig. Daher hat jeder Existentialist seine eigene Terminologie und Methodik und zieht seine eigenen Schlüsse – und im Vergleich zu anderen Existentialisten sind meist nicht ohne weiteres Übereinstimmungen zu erkennen. Die Existentialisten behaupten zwar im allgemeinen, unter ihnen herrsche im Grunde Einhelligkeit, aber außer ihnen versteht niemand so recht, worin. Dennoch gibt es in der Existenzphilosophie einige durchgängige Themen, deren Betrachtung wir uns einfacher machen können, indem wir berücksichtigen, daß diese Geistesströmung in der Existentiellen Ebene wurzelt und diese Ebene durch zwei Hauptdualismen gekennzeichnet ist: Ich versus Nicht-Ich und Sein versus Nichts. Die Grundhaltung des noetischen Existentialismus, so können wir sagen, besteht darin, sich mit diesen Dualismen auseinanderzusetzen. Er kann diese Dualismen nicht gänzlich ausschalten, aber auf sehr vernünftige Weise mit ihnen umgehen.

Daß der Existentialismus – zumindest was die Existentielle Psychologie angeht – vom primären und sekundären Dualismus ausgeht, zeigt sich in seinen beiden zentralen Motiven: das In-der-Welt-Sein und der Gegensatz von Sein und Nichts. Das In-der-Welt-Sein bezieht sich auf die Begegnung des Menschen in seiner Gesamtheit mit seiner Umwelt, die Begegnung der beiden Seiten des primären Dualismus, Organismus und Umwelt. Der Gegensatz von Sein und Nichts bezieht sich auf die Begegnung der beiden Seiten des sekundären Dualismus und insbesondere auf die Möglichkeit, daß man bei dieser Begegnung von der negativen Seite des Dualismus, vom Gefühl der Leere und Nichtigkeit, von der «Krankheit zum Tode», überwältigt werden kann.

So richtig diese Beschreibungen im einzelnen sein mögen, letzte Wahrheit darf man sich von der Existenzphilosophie nicht erhoffen, denn sie verkennt die Tatsache, daß hier nicht wirkliche, sondern nur eingebildete Gegensätze aufeinanderprallen: Hier finden letztlich keine «Begegnungen» statt, sondern die beiden Seiten der Gegensätze sind identisch. Natürlich ereignet sich in unserer subjektiven Erfahrung tatsächlich ein Zusammenprall von Gegensätzen, aber das macht sie noch nicht zu Grundtatsachen der Wirklichkeit. Sie sind ein Phänomen der Existentiellen Ebene, und hier muß man sich auch mit ihnen auseinandersetzen. Die Existentialisten haben die Hauptdualismen dieser Ebene sehr klar erkannt, auch die Angst, die mit diesen subjektiv erfahrenen Gegensätzlichkeiten einhergeht, doch sie übersahen, daß die Gegensätze nur illusorischen Charakter haben und uns nur dann Angst einflößen, wenn wir glauben, daß es sie wirklich gibt.

Dennoch, die Existentialisten haben einiges für die «Wiedervereinigung» dieser eingebildeten Gegensätze geleistet. Und wenn sie auch nicht sehen, daß mein Sein die Welt *ist*, so sehen sie mein Sein doch zumindest als In-der-Welt-Sein. Und wenn sie auch die vollkommene Nicht-Dualität von Leben und Tod nicht sehen, so betonen sie doch, daß der Tod mein Sein vollendet und authentisch macht.

Wir könnten auch sagen, daß die Schwächen des Existentialismus gerade seine Stärken sind, daß die heutige Existentielle Psychologie – vertreten etwa durch Rollo May, den frühen Maslow (bevor er sich den Transpersonalen Bändern zuwandte), Rogers, Lowen, Perls, Boss und Binswanger – die einzig vernünftige Auffassung vom Leben auf der Existentiellen Ebene darstellt. Auf dieser Ebene scheinen der primäre und sekundäre Dualismus das nahtlose Gewand der WIRKLICHKEIT zu zerreißen, und wir glauben uns in der Gefahr, von der dunklen Seite des Lebens überwältigt zu werden, von der Welt als bedrohlichem anderen, von der würgenden Schwärze unserer bevorstehenden Auslöschung. Und gerade hier ist der Rat der Existentialisten von besonderem Wert, denn sie zeigen auf, daß ich – zumindest auf dieser Ebene – nur dann einen Sinn in meinem Leben finde, wenn ich mich diesen beiden Dualismen in einem Willensakt stelle (was nicht überraschend ist, da der Wille auf dieser Ebene erzeugt wird). Daher: Wenn ich mein Schicksal schon nicht bestimmen kann, so doch meine Einstellung zu ihm – und hierin liegt meine existentielle Freiheit. Ich entscheide mich dafür, zu sein, was ich bin, und das «ändert zwar am Schicksal nichts, aber sehr viel am Menschen».[11] Die Frage, wie das zu erreichen sei, ist sinnlos; man tut es einfach, denn das ist unsere Freiheit.

Im Kontext des Bewußtseinsspektrums stellt der Existentialismus damit den Versuch dar, eine weitere Fragmentierung über den primären und sekundären Dualismus hinaus zur Ego- und Schatten-Ebene zu verhindern; diese weitere Zersplitterung entsteht ja, wie wir gesehen haben, dadurch, daß wir uns jeder Auseinandersetzung mit dem primären und sekundären Dualismus verweigern, und eben diese Verweigerung sucht der Existentialismus rückgängig zu machen. Wenn man sich der Angst stellt, die zwangsläufig mit dem sekundären Dualismus von Sein und Nichts einhergeht, wird sie nicht weitergetrieben in den tertiären und quartären Dualismus. Der Existentialismus nimmt sich der Angst an, sobald sie entsteht, und so bleibt der Mensch ganz und findet seinen «Mut zum Sein». Wenn ich etwa die Unausweichlichkeit meiner Vernichtung annehme, werde ich weniger dazu neigen, mich in die fadenscheinige Unsterblichkeit der Ideen zu flüchten. Ich bin dann von der Ego-Ebene zur Existentiellen Ebene zurückgekehrt.

Damit kommen wir zu einer anderen Hauptströmung, die von der Existentiellen Ebene ausgeht – ich meine die exoterische Religion. Religion und Existentialismus entspringen unmittelbar der Reaktion des Menschen auf den sekundären Dualismus. Vielleicht sind deshalb so viele Existentialisten – zum Beispiel Paul Tillich, Karl Jaspers, Gabriel Marcel – theistische Existentialisten. Wo der Existentialismus den primären Dualismus, den Gegensatz zwischen dem Ich und dem anderen, durch Teilnahme am anderen aufzuheben versucht, geht die exoterische Religion den Weg der Beschwichtigung des anderen (hier des

Großen Anderen, nämlich Gottes). Und wo der Existentialismus sich dem Tod stellt, um mit dem sekundären Dualismus von Leben und Tod fertig zu werden, überspringt die exoterische Religion diesen Dualismus, indem sie den Tod leugnet. Die exoterische Religion, der Versuch des Menschen, über den primären Dualismus hinweg eine Beziehung zu einem allmächtigen, allwissenden und allgegenwärtigen Großen Anderen (das ist stets die Gestalt, in welcher sich der GEIST nach dem Aufbrechen des primären Dualismus darstellt) zu knüpfen, ist also auch ein Phänomen der Existentiellen Ebene.

Um die Betrachtung zu vereinfachen, wollen wir uns die von Schuon, Guénon und Coomaraswamy vertretene These von der «transzendenten Einheit der Religionen» zu eigen machen und dann auf das Bewußtseinsspektrum übertragen. Beginnen wir mit einer Aussage von Huston Smith über das Werk Frithjof Schuons:

> Es ist a priori evident, daß alles sowohl allem anderen ähnlich als auch von allem anderen verschieden ist: ähnlich zumindest darin, daß es existiert; verschieden, weil es sonst gar nichts Vergleichbares gäbe. So auch die Religionen: Hätten sie nichts Gemeinsames, so gäbe es kein Wort, mit dem wir sie alle bezeichnen könnten; wären sie nicht verschieden, so würden wir nicht im Plural von ihnen sprechen. Alles hängt nun davon ab, wie diese leere Wahrheit mit Inhalt gefüllt wird. Wo ist die Linie zwischen Einheit und Pluralität zu ziehen, und wie sind die beiden Bereiche zueinander in Beziehung zu setzen?
> Schuon zieht die Linie zwischen dem Esoterischen und dem Exoterischen [siehe Diagramm 11]. Der grundlegende Unterschied besteht nicht zwischen den Religionen. Es ist keine wiederkehrende Linie, welche die großen historischen Manifestationen der Religion vertikal unterteilt – Hindus von Buddhisten, Christen von Moslems sondert. Die Linie verläuft horizontal, quer durch alle Religionen, und es gibt nur eine. Unterhalb liegt das Esoterische, oberhalb das Exoterische.[12]

In den Begriffen des Bewußtseinsspektrums ist nun diese Trennlinie zwischen dem Esoterischen und dem Exoterischen der primäre Dualismus. «Über» dem primären Dualismus liegt die Existentiell-Biosoziale Ebene, «darunter» die Ebene des GEISTES. Wer die Ebene des GEISTES erfährt und dann zur Existentiell-Biosozialen Ebene aufsteigt, um

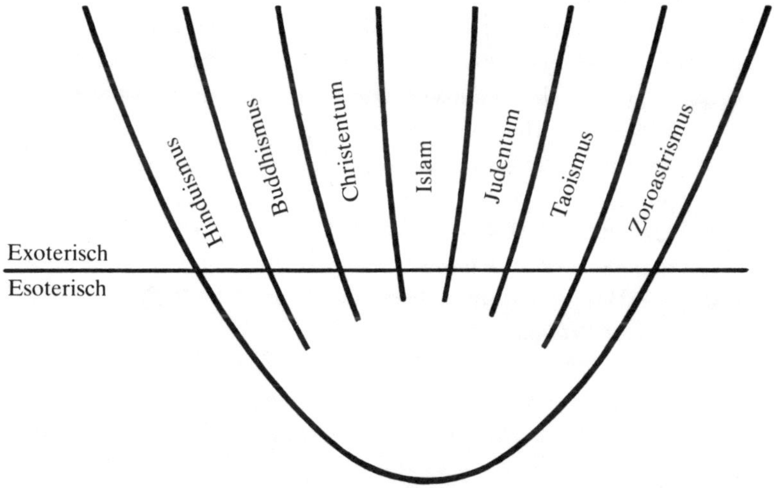

Diagramm 11

darüber zu sprechen, wird diese «religiöse» Erfahrung in die Symbole kleiden müssen, die das Biosoziale Band ihm bereitstellt. Die Vielfalt exoterischer Religionen ist somit die Widerspiegelung einer Vielfalt von Biosozialen Bändern, also von kulturell bedingten Ideologien, Idiosynkrasien und Paradigmen. Menschen, die den GEIST erfahren haben, wie etwa Schrödinger, Christus und Shankara, äußern sich natürlich in verschiedenen Ausdrücken darüber, aber das heißt nicht, daß der GEIST hier jeweils anders auftritt, sondern zeugt nur von Unterschieden der symbolischen Darstellung. Die Existentielle Ebene ist also die Ebene der verschiedenen exoterischen Religionen, während der GEIST die Ebene der «transzendenten Einheit» esoterischer Religion darstellt. Religionen divergieren auf der Existentiellen Ebene und konvergieren auf der Ebene des GEISTES.

Fundamentalistische Christen werden im allgemeinen stocksteif vor Entsetzen, wenn man ihnen sagt, alle Religionen seien in ihrer esoterischen Essenz identisch – denn das würde ja heißen, daß das Christentum *nicht der einzige Weg* ist und alle Bekehrungswut daher sinnlos. Zum Fallstrick wird diesen Leuten der Glaube, daß Jesus Christus ein historisches Ereignis war, welches all denen Erlösung verspricht, die an seine historische Wirklichkeit glauben. Aber wer Christus geschichtlich nennt, der verlegt ihn in die Vergangenheit, und die Vergangenheit ist tot. Hier wird der Heilige Geist zum Heiligen Gespenst, zum Spuk. Christus war nie, noch wird er jemals sein. Er *ist*, jenseits der Geschichte, außerhalb der Zeit, ewig: «Bevor Abraham war, bin ich.»

> Gott sprach zu Mose: Ich werde sein, der ich sein werde. Und sprach: Also sollst du zu den Kindern Israel sagen: ICH WERDE SEIN hat mich zu euch gesandt. (2. Mose, 3:14)

Und da Christus nicht in der Zeit ist, kann er auch nicht im Raum lokalisiert werden, und keine Religion kann alleinigen Anspruch auf ihn erheben:

> Es sind mancherlei Gaben; aber es ist *ein* Geist.
> Und es sind mancherlei Ämter; aber es ist *ein* Herr.
> Und es sind mancherlei Kräfte; aber es ist *ein* Gott, der da wirket alles in allen. (1. Korinther, 12:4-6)

Für Schuon liegt der transzendenten Einheit der Religionen nun ein anderer Gedanke zugrunde, nämlich daß «die Existenz und damit auch das Erkennen Abstufungen aufweist».[13] Und genau das ist ja die Crux des Bewußtseinsspektrums – daß die Existenz mehrere Ebenen hat und zu jeder Ebene eine besondere Weise des Erkennens gehört, vom reinen nicht-dualen Gewahrsein (GEIST) bis zur reinen symbolischen Repräsentation (Ego). Dadurch können wir die Einheit der Religionen auch erkenntnistheoretisch begründen. Mit dem Aufbrechen des primären Dualismus wird aus dem nicht-dualen Gewahrsein das dualistische Erkennen, dessen Symbole und Inhalte das Biosoziale Band bereitstellt. An die Stelle des esoterischen nicht-dualen Erkennens tritt das exoterische symbolische Erkennen. Huston Smiths Kommentar zu Schuons Werk: «Das Problem der Einheit und Vielheit in den Religionen wandelt sich zu einem Problem psychologischer Typen: esoterisch und exote-

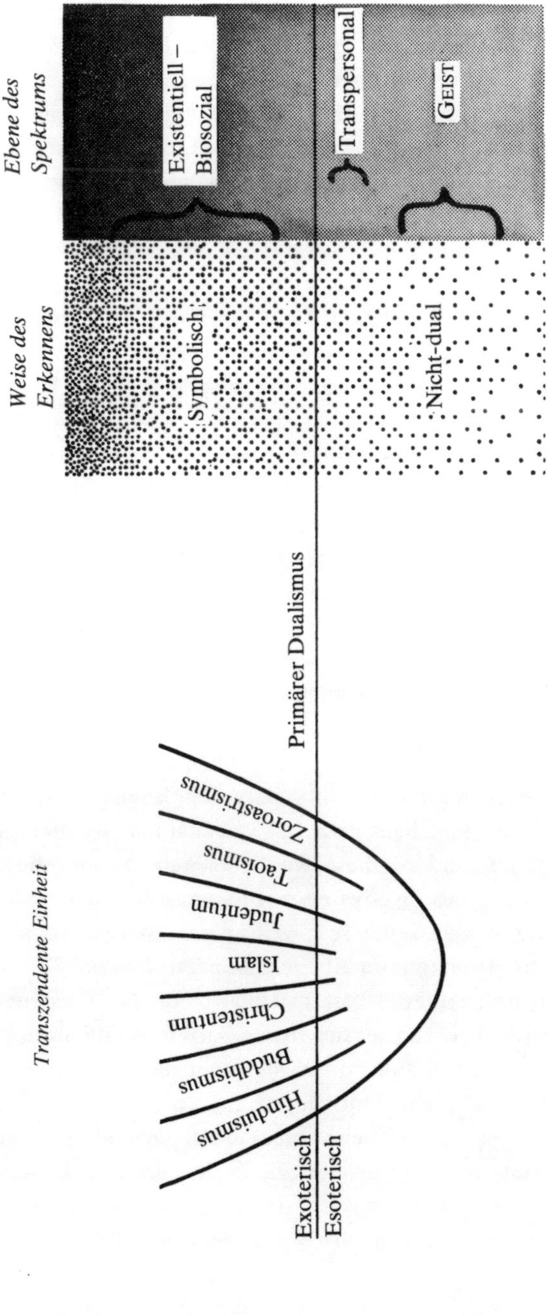

Ebene des Spektrums
Weise des Erkennens
Transzendente Einheit
Existentiell – Biosozial
Transpersonal
Geist
Symbolisch
Nicht-dual
Primärer Dualismus
Exoterisch
Esoterisch
Hinduismus
Buddhismus
Christentum
Islam
Judentum
Taoismus
Zoroastrismus

Diagramm 12

risch»,[14] können wir für uns etwa so formulieren: Die Frage der Einheit und Vielheit in den Religionen wandelt sich zur Frage der Weise des Erkennens: nicht-dual und symbolisch (vgl. Diagramm 12).

Die Existentielle Ebene ist demnach die exoterische Ebene – viele verschiedene Götter werden von vielen verschiedenen Erkennenden symbolisch erkannt, und die Inhalte dieses Erkennens werden von den verschiedenen Biosozialen Bändern vorgegeben. Die Ebene des GEISTES ist die esoterische Ebene – die Ebene der Universalen Gottheit, das nicht-duale Gewahrsein, worin die vielen Erkennenden und Götter sich im zeitlosen Allwissen der WIRKLICHKEIT vereinigen. Und die einzige Trennlinie ist der primäre Dualismus.

Bei unserem «Abstieg» durch das Bewußtseinsspektrum haben wir bisher gesehen, daß alle Therapien der Ego-Ebene letztlich dasselbe Ziel haben, nämlich den quartären Dualismus von Persona und Schatten zu heilen, um zur *ganzen* Psyche (der Ego-Ebene) zurückzukehren. Im nächsten Schritt zielen die verschiedenen Existentialismen darauf ab, den tertiären Dualismus von Psyche und Körper zu heilen, um zum Gesamtorganismus (der Existentiellen Ebene) zurückzukehren. Nun gilt es zu zeigen, daß die Mystik noch tiefer dringt und den primären Dualismus von Organismus und Umwelt heilt, um zum ganzen Universum (Ebene des GEISTES) zu gelangen.

Erwähnen wir noch eine allgemeine, aber durchaus nicht eiserne Regel, nämlich daß man auf eine «tiefere» Ebene des Spektrums dann leichter zurückkehrt, wenn die darüberliegenden Ebenen zuvor bereinigt wurden. Ist die Ego-Ebene geheilt, so gelangt man leichter auf die Existentielle Ebene, und ist diese wiederum geheilt, so gelingt die Rückkehr zur Ebene des GEISTES eher. Eine geheilte oder bereinigte Ebene ist leichter zu transzendieren, weil unsere Energien dann nicht mehr von den Problemen dieser Ebene gebunden werden.

Sollte der Jīvātman (verkörperter Ātman) auf der Existentiellen Ebene bleiben wollen, so kann er sich irgendeinen Existentialismus oder eine exoterische Religion zunutze machen, um diese Ebene ganz zu erfüllen. Entsprechendes gilt natürlich auch für die Ego-Ebene. Sollte er jedoch über die Existentielle Ebene hinaus absteigen wollen, so muß er wissen, daß dies die «tiefste» Ebene ist, zu der man gelangen kann, ohne das Bekannte aufgeben zu müssen. Ist er jedoch bereit, Gott zu erkennen, anstatt ihn anzubeten, die Welt zu sein, anstatt ihr gegenüberzutreten, den Tod jetzt anzunehmen, anstatt ihn morgen zu fürchten – dann ist er bereit für den Nivritti-Mārga, den «Rückkehr-Weg», für den Abstieg zum GEIST.

10. Das Zwischenreich

Zwischen der Existentiellen Ebene und der Ebene des GEISTES liegt der geheimnisvollste, am wenigsten erforschte, am meisten mißverstandene und furchteinflößende Teil des Spektrums – die Transpersonalen Bänder. Sie können als Finsternis der Seele oder als das grenzenlose Licht des Amitābha-Buddha erfahren werden; hier begegnen uns Visionen von Bodhisattvas und Engeln, aber auch die Legionen von Māra, dem archetypischen Bösen; hier kann man den Inneren Führer entdecken oder schrecklichen Verführern in die Hände fallen. Dies ist das Feld solcher Phänomene (falls es sie denn gibt) wie außerkörperliche Erfahrungen, Astralreise, außersinnliche Wahrnehmung, Clairvoyance und Clairaudience, Wiedereintritt in «vergangene Leben» oder Vorwegnahme künftiger Geschehnisse. Nichts entspricht dem Ausdruck «Niemandsland» besser als dieses Zwischenreich der Transpersonalen Bänder.

Das breite öffentliche und sogar wissenschaftliche Interesse an diesen Bändern ist erst eine Entwicklung der jüngsten Zeit, und das hat mehrere Gründe: Erstens werden die Phänomene dieses Zwischenreichs von den meisten Menschen als zutiefst erschreckend empfunden; zweitens erachtete die orthodoxe Psychiatrie sie als Anzeichen starker psychischer Störungen; und drittens betrachten die erleuchteten Meister sie als Illusionen und Einbildungen der trügerischsten Art, als *makyō* oder «diabolische Phänomene», wie man etwa im Zen sagt. Wir stimmen den Meistern darin zu, doch soll das nicht heißen, die Transpersonalen Bänder seien ein vollkommen wertloser Forschungsgegenstand. Für all jene jedoch, die nach der Ebene des GEISTES streben, sind sie nichts als störende und schädliche Ablenkungen, die man so schnell wie möglich hinter sich lassen muß.

Etwas ganz Wesentliches bleibt bei diesen Bändern stets zu bedenken: Wenn jemand den primären Dualismus weitgehend, aber doch nicht ganz überwindet und damit in den Bereich der Transpersonalen Bänder gelangt, hat er noch die Landkarten des Biosozialen Bandes und der Ego-Ebene bei sich, und diese Landkarten bestimmen, wie er das neue Territorium interpretiert. Unseligerweise halten die meisten Menschen Landkarten in der Hand, die ihnen sagen, daß es diese Bänder gar nicht gibt oder daß sie pathologisch sind, und wenn sie dann doch einmal in dieses Reich einbrechen, ergreift sie eine derart panische Angst, den Verstand zu verlieren, daß sie dann tatsächlich manchmal für längere Zeit auf einem dieser Bänder festgehalten werden – eine selten wirklich gefährliche, aber stets sehr erschreckende Erfahrung.

Wir gehen davon aus, daß diese Bänder wirklich existieren (wenn auch nicht unbedingt all die Phänomene, die man dort ansiedelt) und daß sie an sich nicht pathologisch sind. Allerdings können Menschen, die als psychisch krank diagnostiziert werden, sich mangels eines fähigen Führers tatsächlich in eines dieser Bänder verirrt haben und sich dort verhalten wie jemand, der ohne Dolmetscher plötzlich in einem fremden Land abgesetzt wird, dessen Sprache er nicht versteht. Gewiß repräsentieren diese Bänder nicht die absolute WIRKLICHKEIT, doch das gilt auch für die darüberliegenden Ebenen.

Daß die Transpersonalen Bänder auch gute und nützliche Seiten haben, wird uns deutlich, wenn wir etwa die reineren Formen der tibetischen Mystik oder C. G. Jungs Analytische Psychologie betrachten. Es bedürfte freilich eigener Bücher, um diesen Gegenständen auch nur einigermaßen gerecht zu werden, und so können unsere Bemerkungen hier nur höchst oberflächlich sein. Zudem übersteigen die Phänomene der Transpersonalen Bänder im allgemeinen unsere Erfahrung und Vorstellungskraft; dennoch wollen wir auf der Basis von Jungs Arbeit und einigen mystischen Traditionen des Ostens, insbesondere dem Tantra, ein paar Hypothesen wagen.

Jungs Begriff des «kollektiven Unbewußten» beinhaltet die schwer verdauliche, aber eigentlich simple Vorstellung, daß nicht nur der Körper des Menschen überall auf der Welt mit zehn Fingern, einer Milz und zwei Nieren ausgestattet ist, sondern auch sein Geist universale

Symbole oder «Archetypen» enthält, und zwar ebenfalls als gleichsam biologische Ausstattung. Diese Symbole wären dann nicht nur individueller oder persönlicher Art, sondern eben transpersonal oder «kollektiv». Jung sagt dazu:

> Den anderen Teil des Unbewußten [neben dem «persönlichen Unbewußten»] bezeichne ich als das *unpersönliche oder kollektive Unbewußte*. Wie schon der Name zeigt, enthält dieses Unbewußte keine persönlichen Inhalte, sondern kollektive, das heißt solche, welche nicht einem Individuum allein zugehören, sondern meist einer ganzen Gruppe von Individuen, meist einem ganzen Volk, ja sogar der ganzen Menschheit. Diese Inhalte sind nicht Erwerbungen der Individualexistenz, sondern es sind Erzeugnisse von angeborenen Formen und Instinkten. Obschon das Kind keine angeborenen Vorstellungen hat, so hat es doch ein hochentwickeltes Gehirn mit ganz bestimmten Funktionsmöglichkeiten. Dieses Gehirn ist von den Ahnen vererbt. Es ist der Niederschlag der psychischen Funktion der ganzen Aszendenz. Das Kind bringt somit ein Organ ins Leben mit, das bereit ist, mindestens so zu funktionieren, wie es zu allen Zeiten funktioniert hat. Im Gehirn sind Instinkte präformiert und ebenso alle Urbilder, auf deren Grundlage die Menschen stets gedacht haben.[1]

Über diese Urbilder oder Archetypen lesen wir bei Jung:

> Es gibt ebenso viele Archetypen wie typische Lebenssituationen. Endlose Wiederholung hat diese Erfahrung unserer psychischen Konstitution aufgeprägt, aber nicht in der Form von Bildern, die mit Inhalt gefüllt sind, sondern zunächst als Formen ohne Inhalt, die lediglich die Möglichkeit eines bestimmten Typus des Wahrnehmens und Handelns darstellen. Tritt nun eine Situation ein, die einem bestimmten Archetypus entspricht, so wird dieser Archetypus aktiviert ...[2]

Jung glaubte, daß die Aktivierung eines Archetypus nur dann pathologische Folgen hat, wenn die Person sich dagegen wehrt, sich also den heraufdrängenden mythischen Bildern und Symbolen verweigert, anstatt eine bewußte Beziehung zu ihnen zu knüpfen, um ihren Sinn zu erfassen. Zieht die Person jedoch mit, so kann der Archetypus ein bedeutsamer und hilfreicher Lebensführer werden. Jung betrachtete die Archetypen als eine Art «mentalen Instinkt», für den dasselbe gilt wie für alle anderen Instinkte oder Bedürfnisse: Hört man auf sie, so erfüllt sich etwas, wehrt man sie ab, so führt das in die Neurose.

Wir sprachen bereits von der Übereinstimmung zwischen den Archetypen des kollektiven Unbewußten und den Vāsanās oder Bījas oder Keim-Formen des Ālaya-Vijñāna oder Speicherbewußtseins. Und ebenso wie Jungs Psychologie die Archetypen nicht intellektuell oder logisch wegzuerklären versucht, sondern sie durch die Arbeit mit Träumen und mythischen Bildern verstärkt, sucht auch die östliche Mystik diese Urformen für die spirituelle Entwicklung zu nutzen und verstärkt sie durch bildhafte Vorstellung und religiöse Mythologie. Dies geschieht, wie Govinda schreibt, in der

> bewußten Absicht, aus dem Nur-Intellektuellen, Theoretischen, Bloß-Gedachten zur unmittelbaren Wirklichkeit vorzudringen. Dies kann nicht durch verstandesmäßige Überzeugungen und Zielsetzungen geschehen, sondern nur vermittels Durchdringung und Umformung jener Schichten des Bewußtseins, die nicht durch logische Schlußfolgerungen und diskursives Denken erfaßt werden können. Eine solche Durchdringung und Umformung aber ist nur möglich, durch die Kraft der «Bilder» innerer Schauung, das heißt durch die *Bildekraft* innerer Schauung, die samengleich in das dunkle Erdreich des Unterbewußten hinabsinkt, um dort zu keimen, zu wachsen und sich zu entfalten.[3]

Sowohl in der Jungschen Analyse als auch bei den tibetischen Visualisierungstechniken werden diese Urbilder also dadurch zu einem Entwicklungsimpuls, daß man sie nutzt und vertieft, anstatt ihnen auszuweichen. Eine besondere Rolle hierbei spielen bei Jung die sogenannten Schlüsselträume oder -bilder, in denen universale mythologische Motive vorkommen; mit ihrer Hilfe wird eine bewußte Beziehung zu den Archetypen hergestellt, die alles menschliche Handeln mitformen, und nun ist man nicht mehr unwissentlich ihr Werkzeug. Ähnliches gilt im tibetischen Buddhismus für die visuelle Vergegenwärtigung der Dhyāni-Buddhas oder Meditationsbuddhas, denn

> indem wir in der Schauung uns der Welt und jener Kräfte, welche diese Welt schaffen, bewußt werden, werden wir ihrer Herr. Solange diese Kräfte unerkannt in uns schlummern, haben wir keinen Zugang zu ihnen. Sie müssen daher als Schaubilder in den Bereich des Sichtbaren projiziert werden, wobei die Symbole, die zu diesem Zweck verwandt werden, ähnlich wirken wie ein chemischer Katalysator, durch den eine Flüssigkeit sich plötzlich in solide Kristalle verwandelt und so ihre wahre Natur und Struktur enthüllt.[4]

Wer je eine «Archetypen-Vertiefung» betrieben hat, wird bestätigen, daß man dabei eine Energie und Kraftquelle erschließt, die das Daseinsgefühl tiefgreifend verändert. So schreibt etwa P. W. Martin (im Zusammenhang mit Jungs Entdeckung dieses Vorgangs):

> Jung erkannte, daß das Unbewußte heute, in der Praxis des Psychologen, Symbole hervorbringt, die einst – weit weg und vor langer Zeit – neue Energie und neue Einsichten bedeutet hatten. Auch die modernen Europäer und Amerikaner, an denen dies sich nun wiederholte, erlebten eine dynamische Erneuerung des Lebens.[5]

Obwohl die verschiedenen Methoden sich inhaltlich deutlich voneinander unterscheiden, stimmen sie doch in wesentlichen Merkmalen überein, denn sie alle wollen diese primitiven «Samen» entwickeln und verstärken, um sie schließlich ins Bewußtsein zu integrieren. So besteht etwa die tibetische Visualisierungstechnik aus zwei Hauptphasen: Die erste ist der von Govinda beschriebene Kristallisierungsprozeß, die «Phase der Entfaltung»; die zweite, ebenfalls unabdingbar, um der Gefahr geistiger Erstarrung zu entgehen, besteht darin, «die kristallisierten Formen wieder in den normalen Lebens- und Bewußtseinsstrom aufzulösen».[6] In diesem Prozeß der Kontaktaufnahme und Entfaltung und der anschließenden Reintegration erkennen wir das therapeutische Prinzip, das auch auf den höheren Ebenen wirkt bei der Reintegration des Schattens und des Körpers. Was Martin die «dynamische Erneuerung des Lebens» nannte, findet demnach auf allen Ebenen bis hinunter zu den Transpersonalen Bändern statt.

Aber was gibt es noch zu der dynamischen Erneuerung des Lebens zu sagen, die insbesondere von den Transpersonalen Bändern ausgeht? Hören wir zunächst noch einmal Jung:

> Verstehen wir je, was wir denken? Wir verstehen nur das Denken, das bloße Gleichsetzung ist, bei dem nichts «herauskommt», als was wir «hineingesteckt» haben. Das ist die Art und Weise des Intellekts. Jenseits dessen gibt es jedoch ein Denken in Urbildern – in Symbolen, die älter sind als der geschichtliche Mensch, die seit grauer Vorzeit in ihn hineingewirkt werden. Ewig lebend, alle Generationen überlebend, bilden sie nach wie vor die Grundmauern der menschlichen Psyche. Ein volles Leben zu leben, ist nur möglich, wenn wir in Harmonie mit diesen Symbolen sind; Weisheit ist die Rückkehr zu ihnen. Das ist keine Frage des Glaubens oder Wissens, sondern der Übereinstimmung unseres Denkens mit den Urbildern des Unbewußten.[7]

Da mythologische Bilder dem kollektiven Unbewußten, dem Transbewußten, entspringen, sind sie nicht gefärbt oder verfälscht durch gesellschaftliche Konventionen, durch Sprache und Logik, durch die Illusionen eines bestimmten Kultes oder Individuums. Zudem ist die Sprache des Mythos assoziativ und integrativ und nicht dissoziativ und analytisch wie das gewöhnliche Denken; daher spiegelt sie die tatsächliche physische Wirklichkeit des «nahtlosen Gewandes des Universums», der wechselseitigen Abhängigkeit und Durchdringung aller Dinge und Ereignisse, viel klarer und wirklichkeitsgetreuer. Wie wir schon einmal zitierten: Der Mythos stellt die größte Annäherung an die absolute Wahrheit dar, die in Worten möglich ist. Und deshalb kann er dem einzelnen einen Hinweis auf seine Universalität geben, auf sein Einssein mit der ganzen Schöpfung.

Der Mythos – für Jung eine Verkörperung der Archetypen – gibt uns mit seiner Ganzheitlichkeit und integrativen Kraft ein getreueres Abbild der Wirklichkeit als jedes andere System symbolischer Darstellung. Er tilgt zwar nicht alle Dualismen, suspendiert sie jedoch, und darin liegt die lebenserneuernde Kraft und die ewige Faszination wahrer Mythologie. Wie wir schon sagten, nennt der Hinduismus die Transpersonalen Bänder «Ānandamaya-Kosha» – «Seligkeitshülle», denn der Krieg der Gegensätze ist hier vorübergehend ausgesetzt.

Diese Archetypen oder Bījas oder Vāsanās üben nun eine tiefgreifende Wirkung auf die Ebenen oberhalb der Transpersonalen Bänder aus. Das ist überhaupt ein durchgängiges Phänomen im gesamten Spektrum: Alle Bewegungen auf irgendeiner Ebene teilen sich den darüberliegenden mit. Die Transpersonalen Bänder können jedoch auch selbst direkt erfahren werden, und das gilt nicht nur für die eher spektakulären Dinge wie Astralreise oder Clairvoyance, sondern auch für die Archetypen selbst. Jung selbst hat dies bemerkt, denn er schrieb: «Mystiker sind Menschen mit einer besonders lebhaften Erfahrung der Vorgänge im kollektiven Unbewußten. Mystische Erfahrung ist die Erfahrung der Archetypen.»[8]

Wir sollten Jungs Aussage allerdings dahingehend präzisieren, daß gewisse «niedere» mystische Zustände eine direkte Erfahrung der Archetypen darstellen. «Wahre» Mystik läßt auch die Archetypen oder Vāsanās hinter sich, denn auf der Ebene des GEISTES werden auch die Vāsanās eingeschmolzen in das Eine. Dementsprechend wird im Hinduismus zwischen Savikalpa-Samādhi und Nirvikalpa-Samādhi unterschieden. Ersteres ist die Erfahrung der Seligkeitshülle oder des kollektiven Unbewußten, letzteres die unmittelbare Erfahrung des GEISTES. Hier geht es nicht mehr um Kontemplation der WIRKLICHKEIT; hier *ist* man die WIRKLICHKEIT. Alle Dualitäten und Bilder sind vollkommen verschwunden. Der eine Zustand ist also das getreueste Abbild der WIRKLICHKEIT, während der andere die WIRKLICHKEIT selbst ist. Dies ist der wesentliche Unterschied zwischen den «niederen» mystischen Zuständen der Transpersonalen Bänder und dem «wahren» mystischen Zustand, der mit dem GEIST identisch ist. Kommen wir aber zu der Aussage zurück, daß die Archetypen selbst unter bestimmten Umständen direkt erfahrbar sind.

Wie haben wir die Bījas oder Vāsanās oder Archetypen im Rahmen des Bewußtseinsspektrums zu betrachten? Beginnen wir wieder mit C. G. Jung:

> Ich begegne immer wieder dem Mißverständnis, daß die Archetypen inhaltlich bestimmt, das heißt eine Art unbewußter «Vorstellungen» seien. Es muß deshalb noch einmal hervorgehoben werden, daß die Archetypen nicht inhaltlich, sondern bloß formal bestimmt sind, und letzteres nur in sehr bedingter Weise. Inhaltlich bestimmt ist ein Urbild nachweisbar nur, wenn es bewußt und daher mit dem Material bewußter Erfahrung ausgefüllt ist.[9]

Im Bewußtseinsspektrum repräsentieren die Archetypen als inhaltlose Urformen also das Stadium, in welchem die in uns freiwerdende reine, formlose Energie Form anzunehmen und diese Form mit Leben zu erfüllen beginnt. Diese Form wird sich dann verfestigen und im existentiell-biosozialen Bereich des Spektrums Inhalte aufnehmen – Bilder, Ideen, Landkarten im allgemeinen. Sie sind deshalb erster, aber noch potentieller Ursprung der Dualität, die wir in jedem Augenblick unseres Lebens reaktivieren und kristallisieren, vor allem als primären Dualismus. So stehen diese Archetypen in der buddhistischen Philosophie für das Keimpotential, das der objektivierende Geist dann als das phänomenale Universum manifest werden läßt.

Die Archetypen oder Bījas oder Vāsanās sind demnach der erste Punkt, wo unser formloses oder nahtloses organismisches Bewußtsein Form annimmt und diese Form lebendig werden läßt. Dualität ist zwar schon vorhanden, aber sozusagen noch in der Schwebe, in Harmonie, als Potential. So sind die Archetypen also nicht nur Zeugnisse des organismischen Bewußtseins, sondern auch schon die ersten Anzeichen seines Auseinanderfallens. Sie weisen uns auf dem Weg der Rückkehr zum GEIST die Richtung, doch haben wir sie erst gesehen und erkannt, dürfen wir nicht an ihnen haften. Obwohl sie also nützlich sind und nicht übersprungen werden dürfen, muß man sie letztlich hinter sich lassen und verbrennen. Savikalpa-Samādhi muß dem Nirvikalpa-Samādhi weichen, mythologische Erfahrung dem direkten bildlosen Gewahrsein, die Ewigkeit der mythischen Zeit dem Hier und Jetzt der ewigen Gegenwart, Gotteserkenntnis dem Göttlich-Sein. Deshalb «strebt der Yogin danach . . ., die Vāsanās zu verbrennen».[10] Kurzum, die Archetypen sind Hinweis, werden aber zum Hindernis, wenn man sie nicht überwindet.

Doch betrachten wir nun, welche positiven Auswirkungen es hat, wenn ein Mensch sich dem ungeheuren Reservoir archetypischer Erfahrung nähert, das ganz am Grund des Bewußtseins liegt. Denn weil diese Symbole kollektiv oder transpersonal sind, bedeutet die Annäherung, daß man sich selbst zu transzendieren beginnt, daß man tief im Innern den Hinweis entdeckt hat auf etwas, das über die Person hinausgeht. So könnten wir also auch sagen, daß die Transpersonalen Bänder der Punkt sind, wo der Mensch die Wirklichkeit des GEISTES zum erstenmal vage empfindet. Er realisiert noch nicht unmittelbar, daß er selbst GEIST *ist*, aber durch mancherlei Einsichten und Erfahrungen wird ihm klar, daß *in* ihm das ist, was über ihn selbst hinausgeht. Daraus erklärt sich auch, weshalb authentische Therapien der Transpersonalen Bänder von so immenser therapeutischer Kraft sind. Das allgemeine Kennzeichen der

Transpersonalen Bänder besteht, wie gesagt, darin, daß alle Dualismen (außer gewissen Formen des primären Dualismus) suspendiert sind, also auch die von Persona und Schatten beziehungsweise Psyche und Soma. Damit aber ist auch individuellen Neurosen der Ego-Ebene und der Existentiellen Ebene der Boden entzogen. Könnte das nicht erklären, weshalb Meditation, gleichsam als überpersönliche oder eben transpersonale Form der «Therapie», von so immenser therapeutischer Wirksamkeit für individuelle psychische Störungen sein kann?

Anders formuliert: Eine Tiefe der Identität zu erkennen, die über das individuelle, gesonderte Ich-Sein hinausgeht, gibt einem Menschen die Möglichkeit, über seine individuellen, besonderen Neurosen hinauszugehen. Betrachtet man etwa das eigene Leben aus der Perspektive der Archetypen und mythologischen Bilder der Menschheit, so wird man selbst fast zwangsläufig immer mehr zu einer universalen, das heißt transzendenten, unpersönlichen, transpersonalen Sicht der Dinge neigen. Sobald dieser Prozeß einsetzt, ist das Individuum nicht mehr ausschließlich mit seinem Ichgefühl identifiziert und nicht mehr nur seinen rein persönlichen Problemen verhaftet. Man kann nun erstmals ein wenig loslassen von seinen Befürchtungen und Ängsten, Depressionen und Obsessionen und sie ebenso klar und unvoreingenommen betrachten, wie man den Wolken am Himmel oder dem Spiel des Wassers in einem Bach zuschaut. Die transpersonale Therapie erschließt uns eine Warte, von der aus wir unsere emotionalen und weltanschaulichen Komplexe *überschauen* können, anstatt sie wie bisher als die Brille zu benutzen, durch die wir die Wirklichkeit *anschauen* und damit verfälschen. Die Komplexe überschauen zu können, bedeutet ja, daß wir nicht mehr ausschließlich mit ihnen identifiziert sind, sondern die Identität sich auf das in uns ausweitet, was über uns hinausgeht. So sind wohl die folgenden Worte von Joseph Campbell zu verstehen: «Das gestörte Individuum kann lernen, sich im Spiegel des menschlichen Geistes als depersonalisiert zu erkennen, und durch Analogiebildung den Weg zu tieferer Erfüllung entdecken.»[11]

Das führt uns nun zu einem weiteren Aspekt der Transpersonalen Bänder. Wie wir schon sagten, werden sie manchmal als überindividueller Zuschauer oder Zeuge erfahren – als das, was den Strom dessen, was ist, einfach beobachtet, ohne einzugreifen, ohne es zu kommentieren oder zu manipulieren. Und das gilt für alles innere Geschehen ebenso wie für alles äußere, denn der Zeuge ist mit keinem dieser beiden Ströme ausschließlich identifiziert. Wenn, anders gesagt, das Individuum erkennt, daß sein Geist und sein Körper *objektiv* wahrgenommen werden können, so erkennt es gleichzeitig, daß sie kein Ich-*Subjekt* bilden können. Erinnern wir noch einmal an Huang-pos Feststellung, daß das Wahrgenommene nicht wahrnehmen kann. Um dieses Zeugesein geht es in der buddhistischen Praxis («Achtsamkeit»), in der Psychosynthese («Desidentifikation und das transpersonale Selbst») und im Jñāna-Yoga («*neti, neti*»). Es scheint auch verwandt zu sein mit der von Maslow so genannten «Plateau-Erfahrung», die nach seinen Worten «ein Bezeugen der Wirklichkeit ist. Sie ist ein Sehen des Symbolischen oder Mythischen, des Poetischen, des Transzendenten, des Wunderbaren ... Sie ist das Transzendieren von Raum und Zeit, das etwas ganz Normales wird, so könnte man sagen.»[12] Gerade durch diese Arten der Erfahrung wird man eingeführt in die Welt der Metamotivationen, B-Werte («B» von engl. *being*), transzendenten Werte, in die Welt des mythologischen und überindividuellen Gewahrseins – kurz, in die spirituelle Dimension der Transpersonalen Bänder.

Der Unterschied zwischen dem, was ich – aus Mangel an besseren Ausdrücken – «niedere» und «wahre» Mystik genannt habe, ist auch der Unterschied zwischen dem transpersonalen Zeugen und dem GEIST, denn die Position des transpersonalen Zeugen der Wirklichkeit enthält – anders als der GEIST – noch eine subtile Form des primären Dualismus, nämlich die Zweiheit von Zeuge und Bezeugtem. Erst wenn diese letzte Spur von Dualität ganz und endgültig getilgt ist, erwacht man zum GEIST, denn in dem Augenblick werden Zeuge und Bezeugtes ein und dasselbe.

Damit soll die Position des transpersonalen Selbst oder Zeugen keineswegs herabgemindert werden, denn, wie wir gesehen haben, kann sie nicht nur selbst von hohem therapeutischem Wert sein, sondern darüber hinaus (auf eine Weise, die wir im letzten Kapitel erörtern werden) eine Art Sprungbrett zur Ebene des GEISTES werden. Dennoch darf sie nicht mit dem GEIST selbst verwechselt werden. Deshalb bezeichnet man im Zen einen Schüler, der in der friedvollen Glückserfahrung des transpersonalen Selbst verharren möchte, als einen «in die tote Leere Verirrten», und im tibetischen Buddhismus gibt es dafür den Ausdruck «im *kung-gshi* (Bewußtsein des Selbst) steckenbleiben». Allgemein gilt für den Mahāyāna-Buddhismus, daß auch das mit Makeln behaftete Ālaya-vijñāna noch durchschnitten werden muß, weil es die subtilen dualistischen Formen der Vāsanās enthält, die den Subjekt-Objekt-Dualismus von Zeuge und Bezeugtem entstehen lassen.

Das also ist der wichtigste Unterschied zwischen den niederen mystischen Zuständen des transpersonalen Selbst und dem wahren mystischen Zustand – der Identität mit dem GEIST. Im einen ist der Mensch Zeuge der Wirklichkeit, im anderen ist er die Wirklichkeit. Der eine behält stets einen Rest des primären Dualismus, der andere nicht. Diese Auflösung auch des letzten Restes von Dualität bezeichnet man im Zen mit dem Ausdruck: «Der Boden des Eimers fällt heraus», denn jetzt ist auch das Bewußtsein ohne Boden – kein Gefühl mehr von einer inneren Subjektivität, die einer Welt äußerer Objektivität gegenübersteht. Die beiden Welten sind vollkommen in eins zusammengefallen oder genauer: Man sieht jetzt, daß sie nie getrennt waren. Im wahren mystischen Zustand dringt der Mensch bis zum Grund seines Seins vor und entdeckt, wer oder was sieht, und er findet da letztlich kein transpersonales Selbst, sondern nichts anderes als das Gesehene. Seine Erfahrung der Wirklichkeit ist, um es mit Blyth zu sagen, «eine Erfahrung des Universums durch das Universum».

Der Vedānta stimmt damit vollkommen überein. Zwar ist hier metaphorisch vom Ātman-Brahman als dem Sehenden, Erkennenden oder Zeugen die Rede, doch wird der Sehende vom transpersonalen Selbst deutlich unterschieden durch die Aussage, daß er mit allen gesehenen Welten eins ist. In diesem Sinne sagt Shrī Ramana Maharshi: «Die Anschauung, daß der Sehende sich vom Gesehenen unterscheidet, gehört dem Denken an. Für alle, die je im Herzen geweilt haben, ist der Sehende dasselbe wie das Gesehene.»

Um diesen Abschnitt abzuschließen, werden wir noch kurz auf die sogenannten paranormalen Phänomene eingehen – Außersinnliche Wahrnehmung (ASW), Hellsehen, Reise in andere Welten, Astralreise und so weiter. Was sie mit allem anderen Geschehen auf den Transpersonalen Bändern gemeinsam haben, ist die unvollständige Aufhebung des primären Dualismus. Das Ich hat zwar seine Grenzen zumindest in Teilbereichen beträchtlich geweitet, erfährt sich jedoch immer noch als mehr oder weniger von der Welt getrennt. Das Interesse an Parapsychologie scheint rapide zuzunehmen, vor allem wohl deshalb, weil nun die Wissenschaft sich dieser Phänomene annimmt, sofern sie «tretbar» sind, also den Kriterien der Objektivität, Meßbarkeit und Verifizierbarkeit genügen. In der ASW-Forschung etwa kann man ohne große Umstände Laborexperimente durchführen, Daten sammeln, diese statistisch aufbereiten und dann einen Schluß daraus ziehen – in der Regel den, daß es ASW tatsächlich gibt.

Eigentlich ist gegen solche Experimente nichts einzuwenden, nur muß man sich strikt hüten vor der Annahme, man habe es hier mit der Ebene des GEISTES oder mit wahrer Mystik zu tun. Leider übersehen viele Wissenschaftler diesen Umstand und illustrieren ihre «Beweise» für ASW, Psychokinese oder was auch immer, die sie irrtümlich als Beweise für die Existenz des GEISTES ansehen, mit Worten von Meister Eckehart, Rumi, Chuang-tzu oder Shankara. Bei aller gewiß vorhandenen guten Absicht ist dies doch letztlich nur ein ziemlich aufwendiger Selbstbetrug. Die Ebene des GEISTES ist keine gegenständliche Wirklichkeit und daher nicht *von außerhalb* zu beweisen: Es gibt keinen Ort im Universum, der außerhalb des GEISTES liegt und von wo aus man ihn objektivieren, verifizieren oder messen könnte. Man kann ihn nicht erfassen, weil er selbst das Erfassen ist. Wissenschaftliche Verifizierung setzt den primären Dualismus von Verifizierendem und Verifiziertem voraus, und diese Unterscheidung ist auf den GEIST nicht anwendbar. Dennoch kann er experimentell bestätigt werden, nämlich von jedem, der willens ist, den Weg zu gehen – aber das ist eben kein externer Beweis. Die Wissenschaftler arbeiten – bestenfalls – auf den Transpersonalen Bändern und demonstrieren, daß man den primären Dualismus partiell unterlaufen kann.

Ihr Eifer ist jedoch verständlich, denn die wissenschaftliche Methode ist auf den oberen Bändern des Spektrums so erfolgreich, daß man natürlich versucht ist, sie auf die unteren Bänder auszudehnen, was auch für manche Ebenen der Transpersonalen Bänder durchaus legitim ist. Um jedoch die Ebene des GEISTES zu erreichen, muß man mit dem Studium der Fakten irgendwann aufhören und die Fakten *werden*. Das Licht der Wissenschaft vermag hier gar nichts. Das ist die alte Geschichte von dem Betrunkenen, der seinen Schlüssel verloren hat und ihn unter der Laterne sucht – nicht weil er ihn dort verlor, sondern weil es dort heller ist.

Und schließlich müssen wir auch an die Worte der erleuchteten Meister denken, die stets und überall auf der Welt gesagt haben, daß der

Weise sich auf paranormale Kräfte oder Siddhis nicht einläßt, denn hinter dem gezielten Gebrauch solcher Kräfte steht immer die Machtgier des verunsicherten Ego, das stets bereitwillig nach allem greift, womit es seine Umwelt noch besser manipulieren kann. Wenn es aber eins ist mit seiner Welt, was gibt es dann noch zu manipulieren? Der Drang zur Entwicklung einer «Psychotechnik» ist im Grunde nichts anderes als die Entwicklung herkömmlicher Technik, und mit dieser herkömmlichen Technik hat das Ego die Welt schon derart zugerichtet, daß man sich kaum auszumalen traut, was es mit der Psychotechnologie Geniales anstellen wird. Die unausweichliche Schlußfolgerung lautet, daß nur der Weise mit Siddhis umgehen kann – aber gerade er will mit ihnen nichts zu tun haben. Dafür sehen wir heute Narren sich dort tummeln, wohin Engel kaum den Fuß zu setzen wagen. Paranormale Kräfte wissenschaftlich zu untersuchen, ist eine Sache; sie persönlich zu entwickeln, ist eine ganz andere. Man kann großen Nutzen aus den Transpersonalen Bändern ziehen, aber nur, wenn man sich an die entsprechenden Methoden hält, etwa die Traumverstärkung in der Jungschen Analyse, die Visualisierungstechniken des tibetischen oder hinduistischen Tantra, Mantra-Meditation und Psychosynthese.

Mit diesen abschließenden Bemerkungen über die Transpersonalen Bänder beenden wir unseren Überblick über die Therapien der verschiedenen Ebenen und wollen diese Gelegenheit nutzen, einige allgemeine Betrachtungen zu den Ebenen des Spektrums und ihren Therapiegruppen anzustellen. Wir beginnen wie immer mit dem, was wir Nur-Geist, Leere, Brahman, das Nicht-Duale oder Dharmadhātu genannt haben. Wir haben dieses nicht-duale Gewahrsein auch als absolute Subjektivität bezeichnet, denn wenn man ganz hinter das Pseudo-Subjekt zurückgeht, hinter das, was wir unser «Ich» nennen, findet man nur Objekte, und darin wird offenkundig, daß das Wahre Selbst, die absolute Subjektivität, eins ist mit dem Universum, das die Objekte erkennt. Das Wahre Selbst erkennt etwa diese Seite nicht dadurch, daß es sie anschaut, sondern indem es diese Seite *ist*. Alles Wahrgenommene *ist* der, der wahrnimmt, und das ist der Grundzustand der wirklichen Welt, auch wenn wir uns einbilden, zwischen uns und ihr bestehe eine Kluft.

Dennoch können Sie den Geist oder die absolute Subjektivität in gewissem Sinne nicht sehen. Als Erkennender kann der Geist nicht erkannt, als Sehender nicht gesehen, als Erforschender nicht erforscht werden. Natürlich *ist* die absolute Subjektivität alles, dessen Sie jetzt gerade gewahr sind, doch wenn Sie das realisieren, so heißt das, daß Ihr Identitätsgefühl sich ebenfalls auf alles ausgedehnt hat, dessen Sie gewahr sind; wenn das geschieht (es geschieht eben jetzt), werden Sie sich nicht mehr als gesondert empfinden von dem, was Sie gerade wahrnehmen. So wird der Subjekt-Objekt-Dualismus in der absoluten Subjektivität, im GEIST, gänzlich zunichte. «Subjekt» und «Objekt» bleiben, doch die Kluft zwischen ihnen verschwindet – oder besser: wird als von Anfang an nichtexistent erkannt. Die Adjektive «subjektiv» und «objektiv» erweisen sich als sinnlos, denn da ist nur noch nicht-duales Gewahrsein in vollkommener Identität von Beobachter und Beobachtetem. So kann man also den GEIST einerseits nicht sehen, weil er selbst der Sehende ist, während man andererseits nie etwas anderes als GEIST gewahrt, weil er *alles* Gesehene ist.

«Aus» dieser absoluten Subjektivität evolviert nun *in diesem Augenblick* das ganze Bewußtseinsspektrum. Wir haben diese Evolution aus verschiedenen Perspektiven betrachtet: Die scheinbare Spaltung des Universums in einen Sehenden und ein Gesehenes und die zahllosen unmittelbaren und mittelbaren Auswirkungen dieses Vorgangs.

Wir beschrieben diese Evolution als Ergebnis einer scheinbaren Überlagerung des GEISTES durch mehrere Hauptdualismen, die jeweils charakteristische Verengungen des Identitätsgefühls erzeugt, die Ebenen oder Bänder des Spektrums. Jeder dieser Dualismen zerstört eine Ganzheit, unterdrückt ihre Nicht-Dualität und projiziert sie als scheinbare Gegensatzpaare – und wir identifizieren uns mit der einen Seite der Dualität, wodurch wir unsere Identität jedesmal «halbieren»: vom Universum (Ebene des GEISTES) zum Organismus (Existentielle Ebene) zum Ego (Ego-Ebene) zur Persona (Schatten-Ebene). Da jede Dualismus-Unterdrückung-Projektion große Teile der früheren Identität unbewußt werden läßt, finden wir auf allen Ebenen des Spektrums charakteristische psychische Störungen.

Wir haben diese Evolution auch anhand des Energiebegriffs (als Metapher für GEIST) verfolgt und jeder Ebene des Spektrums eine Stufe des Energiezerfalls zugeordnet, von der ursprünglichen, ungeformten Energie bis hin zu den Zerfallsformen, deren sich das symbolische und begriffliche Erkennen der Ego-Ebene bedient. Diese Metapher verwenden wir, weil sie konkrete und nachvollziehbare Beziehungen zwischen der Evolution des Spektrums und unserem Empfinden herstellt und weil sie uns im nächsten Kapitel gute Dienste leisten wird, wenn es darum geht, wie man den Zerfall der Energie verhindern und dadurch den GEIST wiederentdecken kann.

Wir haben diese Evolution drittens als die Objektivierung der absoluten Subjektivität beschrieben, als die Verwechslung der absoluten Subjektivität mit jeweils bestimmten Gruppen von Objekten. Diese Objektivierung läuft darauf hinaus, daß wir das Universum als eine Ansammlung von «Objekten da draußen» betrachten, getrennt von dem «Subjekt hier drinnen», das ich als mein «Ich» bezeichne. Dieses Subjekt-Ich, das aus mir heraus auf eine Welt von Objekten schaut, ist jedoch zweifellos eine Illusion, denn da ich es sehen und erkennen oder seiner zumindest gewahr sein kann (was sich schon darin zeigt, daß «ich» ständig Aussagen über «mich» mache), muß es ein *Objekt* meiner Wahrnehmung sein. Wenn ich mein Ich wahrnehmen kann, kann es unmöglich das Wahrnehmende sein! Und daraus folgt: Das Wahrnehmende, mein wirkliches Ich, kann von mir nicht wahrgenommen werden, ebenso wie ein Messer sich nicht selbst schneiden kann. Kurzum, was ich mein «Ich» nenne, ist nur in meiner Einbildung ein Subjekt, in Wirklichkeit aber ein Objekt; wir nennen es Pseudo-Subjekt. Wir können die Ebenen des Spektrums («oberhalb» der Ebene des GEISTES) auch als Ebenen der Pseudo-Subjektivität bezeichnen.

Der allen Ebenen des Spektrums gemeinsame Zug ist der Prozeß Dualismus/Unterdrückung/Projektion, und so haben auch die Therapien der verschiedenen Ebenen einen gemeinsamen Zug: Sie kehren diesen Prozeß um, indem sie dem Individuum dazu verhelfen, zu den unterdrückten und projizierten Aspekten Kontakt aufzunehmen, sie zu reintegrieren und damit den Dualismus der betreffenden Ebene zu «heilen». Die Entwicklung oder Heilung, die mit diesem Schritt einhergeht, besteht einfach darin, daß man sein Identitätsgefühl erweitert hat, nämlich um die Elemente des eigenen Bewußtseins, die man früher als fremd und bedrohlich empfunden und folglich verdrängt hat.

Wenn man diesen Prozeß auf einer Ebene ganz abgeschlossen hat, so ist man damit automatisch zur nächsttieferen «abgestiegen», also auf die Ebene des Spektrums, die beide Pole der alten Dualität in sich vereinigt. Nach diesem Schritt wird man natürlich empfänglich für die Besonderheiten dieser neuen Ebene – ihre Bedürfnisse, Instinkte und Antriebe, ihr Potential und ihre Werte, ihre Weise des Erkennens, ihr Traummaterial und natürlich ihre zentrale Dualismus-Unterdrückung-Projektion mitsamt dem dazugehörigen Potential an Störungen. Wir haben in den letzten Kapiteln einen Abriß dieser Besonderheiten der einzelnen Ebenen gegeben; vergessen wir aber nicht, daß dieser Abriß ziemlich allgemein und abstrakt ist und nicht die vielen Facetten konkreter Einzelfälle erfassen kann. Die Bedürfnisse einer jeden Ebene verstehen wir, allgemein gesagt, als Ausdruck des Entwicklungspotentials auf dieser Ebene, eine Art Kompensation für das, was dem Individuum auf dieser Ebene zu mangeln scheint. Weiterhin verstehen wir die Träume einer jeden Ebene als symbolischen Hinweis auf diesen Mangel oder anders gesagt: auf die Aspekte des Universums, mit denen man auf dieser Ebene nicht identifiziert ist. Entfremdung des Universums von sich selbst – das ist der Stoff, aus dem die Träume sind.

Wir können unser Thema des Abstiegs auf tiefere Ebenen auch unter dem Gesichtspunkt betrachten, daß jedem Hauptdualismus ein bestimmtes Gefühl von Pseudo-Subjektivität entspricht. Jede Ebene des Spektrums ist eine Ebene der Identifikation und umfaßt daher einen Bereich von Objekten, die irrtümlich als Subjekt aufgefaßt werden. Therapie besteht nun darin, die jeweilige Pseudosubjektivität voll bewußt zu machen. Das aber geschieht natürlich dadurch, daß man diese angebliche Subjektivität *objektiv* sehen lernt, und wenn das geschieht, erkennt man im selben Augenblick, daß hier gar kein wahres Subjekt, kein wahres Ich vorliegt, sondern ein Objekt. Daraufhin löst sich die Identifikation mit dem jeweiligen Pseudosubjekt ganz von selbst auf, und man steigt auf eine tiefere Ebene ab, wo man eine zwar immer noch vorläufige, aber doch breitere und festere Basis der Identifikation findet. Ob wir von der Heilung eines Hauptdualismus oder vom Ablegen der entsprechenden Pseudosubjektivität sprechen, macht also im Grunde keinen Unterschied. Den Hauptdualismus einer bestimmten Ebene zu heilen, heißt ja, diese Ebene ganz bewußtzumachen; sie bewußtmachen heißt, sie als Objekt zu sehen; und wenn wir sie als Objekt sehen, verwechseln wir sie nicht mehr mit dem Sehenden.

Der Abstieg durch das Spektrum ist also zugleich ein Prozeß fortschreitender Desidentifikation und die Entdeckung neuer Identitäten auf der jeweils tieferen Ebene. Die neue Identität umfaßt beide Pole der Dualität der darüberliegenden Ebene, also sowohl die alte Identität als auch das, was man auf jener Ebene als »das andere« empfunden hatte. Bis hin zur Transpersonalen Ebene handelt es sich bei den wiederentdeckten Identitäten natürlich immer noch um Pseudosubjektivität und nicht um das «endgültige Erwachen» – doch immerhin lebt es sich hier von Stufe zu Stufe besser, denn der Bereich des Unbewußten wird kleiner und damit auch die Anfälligkeit für psychische Störungen. Wir träumen nach wie vor, doch sind unsere Träume jetzt weniger alptraumhaft. Erst mit dem letzten Schritt erwachen wir aus dem Traum der Pseudosubjektivität – und wir sind nun so weit, daß wir uns diesem Schritt selbst zuwenden können.

Zuvor müssen wir jedoch noch einen Punkt klären. Um zu verstehen, worum es geht, wollen wir uns noch einmal die Entstehung der Ego-Ebene vergegenwärtigen. Mit dem Aufbrechen des tertiären Dualismus wird der Zentaur verdrängt, wird unbewußt: Er wird gespalten, unterdrückt und dann als der Gegensatz von Psyche und Soma oder Ego und Körper projiziert. Das Identitätsgefühl des Individuums, seine Pseudosubjektivität, wandelt sich vom Zentauren zum Ego, und der Körper wird nun als Objekt empfunden.

Wo bleibt der Zentaur? Wir sagten es schon: Die Unterdrückung tötet ihn nicht, sondern begräbt ihn nur bei lebendigem Leibe. Er lebt weiter und beeinflußt den Menschen tiefgreifend, wenn auch mitunter unmerklich. Er «färbt» sozusagen unser Ich-Gefühl, unsere Pseudosubjektivität, obwohl sich das Pseudosubjekt seiner nicht bewußt ist. Wir könnten ihn als einen Aspekt des «Pseudosubjekt-Unbewußten», kurz PSU, bezeichnen. Allgemein gesagt, bilden alle Bänder des Spektrums unterhalb der Ebene, auf der man sich gerade befindet, mit den Anteilen, die jeweils das Identitätsgefühl des Indivduums ausmachen, das Pseudosubjekt-Unbewußte. (Diagramm 13 zeigt das PSU für ein Individuum, das als Persona lebt.) Eine Veränderung etwa auf den Bisozialen Bändern oder die Aktivierung eines Archetypus kann durchaus Veränderungen im Bewußtsein des Ego oder der Person bewirken. Und wenn wir die Energie-Metapher anwenden, so könnten wir sagen, daß alles, was ins Bewußtsein des Individuums gelangt, als reine, nicht-duale Energie begann und alle Zersplitterungsstufen von Pseudosubjektivität durchlaufen hat. Wenn man auf einer bestimmten Ebene lebt, heißt das also keineswegs, daß alle tiefer liegenden unwirksam sind; sie sind unbewußt, beeinflussen uns jedoch tiefgreifend.

Um nun unser Beispiel zu Ende zu führen: Was wird bei der Bildung der Ego-Ebene aus dem Körper? Man bezeichnet ihn als den «Inhalt» des Unbewußten, obgleich das Individuum ihn natürlich noch wahrnimmt; aber es nimmt ihn eben verzerrt wahr, nämlich als ein Objekt. Dasselbe sahen wir beim Schatten: Wenn die Ganzheit des Ego zerstört und verdrängt wird, erfährt man den Schatten als etwas «da draußen». In diesem Sinne ist er unbewußt geworden, obwohl das Individuum ihn noch wahrnimmt. Alle Anteile der verschiedenen Ebenen des Spektrums, die als «da draußen» wahrgenommen werden, sind in Wirklichkeit unbewußt, verdrängte Anteile der tatsächlichen Identität, die wir als illusorische oder Pseudo-Objekte bezeichnen können. Wir können sie in ihrer Gesamtheit als das «Pseudoobjekt-Unbewußte», kurz POU, bezeichnen (Diagramm 13).

Die Inhalte des PSU formen sozusagen das Daseinsgefühl des Individuums von *innen*, während die Inhalte des POU es von außen gestalten. An der Formung von außen lassen sich durchgängige allgemeine Merkmale feststellen: Das Individuum *reagiert* auf diese «Objekte», anstatt zu handeln; es empfindet sie als Bedrohung, anstatt sie einfach zur Kenntnis zu nehmen; kurz, sie informieren es nicht, sondern affizieren es. Das haben wir auf jeder Ebene des Spektrums beobachten können.

Das Pseudosubjekt-Unbewußte und das Pseudoobjekt-Unbewußte bilden zusammen mit allen ihren Ebenen das Unbewußte. Man muß wohl kaum betonen, daß das eine nur die Kehrseite des anderen ist. Wir haben in Diagramm 13, die das Leben auf der Schatten-Ebene verdeutlicht, die verschiedenen Bereiche gekennzeichnet: das bewußte Pseudo-Subjekt, das PSU und das POU. Diese drei Bereiche bilden das gesamte Territorium des Bewußten und Unbewußten.

Das Wichtige an dem bisher Gesagten ist, daß die tieferen Ebenen zwar unbewußt sind (in dem Sinne, daß sie völlig falsch wahrgenommen werden), aber keineswegs tot oder wirkungslos. Das sieht man zum Beispiel an «Symptomen», Wünschen und Träumen. Natürlich sind dem Individuum die verschiedenen Züge seiner gegenwärtigen Ebene näher – die Leiden und Schmerzen, die Freuden und Möglichkeiten, die Wünsche und Bedürfnisse und die Träume –, aber die tieferen Ebenen tragen doch zu den Inhalten des Bewußtseins bei. Und der Schluß, der daraus zu ziehen ist und der vor allem in therapeutischen Zusammenhängen wichtig ist, lautet: Wir müssen uns bei Träumen, Symptomen und

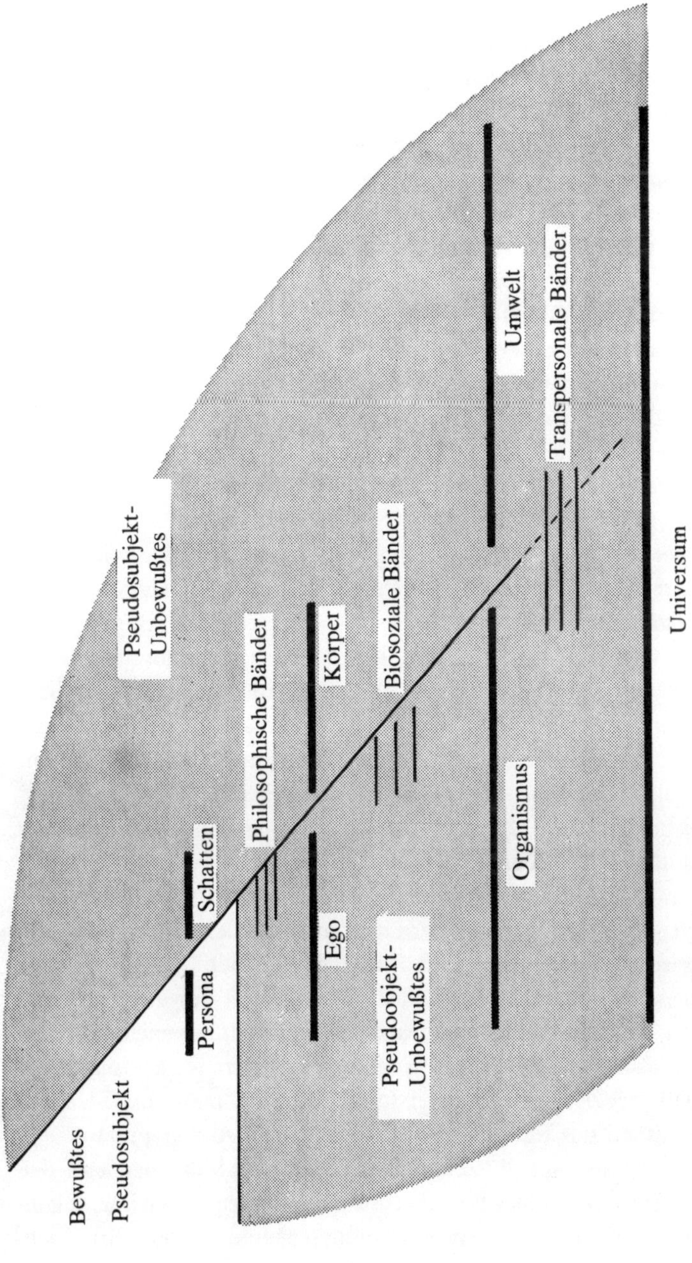
Bewußtes
Pseudosubjekt
Persona
Schatten
Pseudosubjekt-
Unbewußtes
Philosophische Bänder
Ego
Körper
Pseudoobjekt-
Unbewußtes
Biosoziale Bänder
Organismus
Umwelt
Transpersonale Bänder
Universum

Diagramm 13

Wünschen klarmachen, auf welcher Ebene sie jeweils entspringen, um entsprechend auf sie eingehen zu können.

So sind etwa archetypische Angst, Existenzangst und Schattenangst wahrlich verschiedene Dinge und dürfen nicht auf dieselbe Art behandelt werden. Der wahllose Gebrauch ein und derselben therapeutischen Technik für alle Symptome kann schlimme Folgen haben. Schattenangst beispielsweise ist jene Panik, die uns befällt, wenn etwas Projiziertes, etwa unsere eigene Erregung oder unser eigener Zorn, uns plötzlich von außen anzuspringen scheint. Dem begegnet man, wie wir sahen, durch Integration des Projizierten. Existenzangst ist dagegen keine plötzliche Panik, sondern ein kalter, lähmender Krampf im Innersten, verursacht durch die unlösbare Frage von Sein und Nichtsein. Und dieser Angst kommt man nicht bei, indem man sich mit projizierten Gefühlen abgibt, sondern durch die Konfrontation mit dem Tod, der inneren Leere. Es dürfte klar sein, daß eine Verwechslung die Probleme nur verschlimmern kann.

Und bei den meisten transpersonalen Ängsten haben wir nicht die Spur einer Ahnung, wie sie zu behandeln sind; viele Therapeuten – selbstverständlich in bester Absicht – reduzieren sie einfach auf Schattenangst, womit sie selbst zwar den Schwarzen Peter los sind, ihren Patienten aber kaum geholfen sein dürfte. (Es ist auch unter Therapeuten ein weitverbreitetes Phänomen, daß man tiefere Ebenen als die, auf der man selbst ist und arbeitet, lieber gar nicht erst zur Kenntnis nimmt, sondern als Phänomene höherer Ebenen wegerklärt.)

Ähnliches gilt für Träume: Wo immer das möglich ist, müssen wir feststellen, welcher Ebene ein Traum entspringt. Ist es ein Alptraum, eine direkte Botschaft des Schattens? Ist es einfach ein Tagesrest, der aus dem Ego aufsteigt? Oder liegt der Ursprung noch tiefer: ein Traum von archetypischer Bedeutung, eine Botschaft von den Transpersonalen Bändern – oder gar ein Wink der Götter? Von der Antwort wird abhängen, welchen Ansatz man wählt, etwa Gestalttherapie oder Jungsche Traumanalyse (oder beides in der angemessenen Reihenfolge). Wo dieses Differenzierungsvermögen fehlt, reduziert man entweder den Archetypus auf das Ego oder bläht das Ego zum Archetypus auf.

Jedes noch so vage Wissen um die Tiefe des Menschen und den Spektrumcharakter seines Bewußtseins nötigt uns zu diesen Überlegungen. Nehmen wir etwa an, einem Menschen dämmerte ganz allmählich, daß er ein «Leben der Verzweiflung» führt. Es könnte natürlich sein, daß er einfach eine «schwere Macke» hat und nur auf der Schatten-Ebene projiziert – das ist die Lieblingslösung der meisten psychoanalytischen Denker.[13] Er könnte aber auch, auf der Ego-Ebene, völlig den Kontakt zu seinem Körper verloren haben.[14] Vielleicht hat er aber, auf der Existentiellen Ebene, den Krampf des sekundären Dualismus gesehen, die Flucht vor dem Tode, die für so vieles Handeln die Motivation abgibt.[15] Oder hat er gar einen Blick über die letzten Schranken getan und weiß, daß er *in* diesem Leben sterben muß, um neu geboren zu werden – wie uns die Mystiker aller Zeitalter sagen? Können wir es uns wirklich leisten, das alles in ein und denselben therapeutischen Topf zu werfen?

Mit diesem Ansatz, der sowohl die absolute Subjektivität als auch Ebenen der Pseudo-Subjektivität, des Pseudosubjekt-Unbewußten und des Pseudoobjekt-Unbewußten einschließt, wird hoffentlich auch Licht in einige scheinbare Widersprüche zu bringen sein, die in der Humanistischen, der orthodoxen und der Transpersonalen Psychologie auftreten. Denn einerseits sagt man uns, wir sollten mit dem Verdrängen aufhören, uns mit unserem Handeln und unseren Emotionen identifizieren und die Verantwortung für sie übernehmen. Der nächste Ansatz fordert uns dagegen auf, uns von unserem Ego, unseren Emotionen, unserem Körper und so weiter zu des-identifizieren. Ja, was sollen wir denn nun? Der Widerspruch löst sich auf, wenn wir – etwa auf der Schatten-Ebene – sehen, daß Identifikation mit dem Schatten (POU) gleichbedeutend ist mit Desidentifikation von der Persona (bewußtes Pseudosubjekt) und daher mit dem Erwachen zum Ego (bisher PSU, jetzt das neue bewußte Pseudosubjekt). Auf der nächsten Stufe ist Identifikation mit dem Körper (POU) gleichbedeutend mit Desidentifikation vom Ego (bewußtes Pseudosubjekt) und daher mit dem Erwachen zum Gesamtorganismus oder Zentauren (bisher PSU, jetzt das neue bewußte Pseudosubjekt). Und schließlich: Identifikation mit dem «Objekt» der Meditation (etwa einem Kōan im Zen) ist gleichbedeutend mit Desidentifikation von den letzten Spuren der Pseudosubjektivität überhaupt und daher mit dem Erwachen zum nicht-dualen Gewahrsein. Die meisten Therapieformen können nicht mehr als einen dieser Schritte erfassen, und das ist auch gut so, weil sonst allzu leicht ein großes Durcheinander entstünde. Das heißt jedoch keineswegs, daß sie zueinander im Widerspruch stehen müssen.

Anders gesagt: Ob eine Therapie nach dem PSU «gräbt» (wie die

Psychoanalyse auf der Schatten-Ebene oder die Jungsche Analyse auf den Transpersonalen Bändern) oder zur Identifikation mit dem POU hinführt (wie die Gestalttherapie auf der Schatten-Ebene oder die Bioenergetik auf der Existentiellen Ebene) oder die Desidentifikation vom Pseudosubjekt anstrebt (wie die Transaktionsanalyse auf der Schatten-Ebene und die Psychosynthese auf den Transpersonalen Bändern) – überall sehen wir denselben Grundprozeß des «Absteigens»: Die Identitätsgrenze der Person wird neu gezogen, und damit steigt sie ab auf die nächsttiefere Ebene des Spektrums. Die verschiedenen Therapien setzen lediglich bei verschiedenen Ebenen an, und auf jeder nächsttieferen Ebene gibt es wiederum eine andere Therapie, die den Prozeß weitertreibt.

Daraus wird wohl deutlich, daß es keinen Grund gibt, die Therapien der oberen Ebenen geringzuschätzen. Die verschiedenen Ebenen des Spektrums haben nun mal ihre Besonderheiten und vor allem ihre besonderen psychischen Störungen. Daher ist es so wichtig, jeweils die richtige Therapieform zu erkennen und anzuwenden. Selbst wenn alle Menschen vom Nur-Geist überzeugt wären und die höchsten Formen der Meditation praktizierten, würden wir die Therapien der oberen Ebenen noch brauchen, denn der Mensch versucht immer wieder, dem Nur-Geist durch Grenzziehungen – die Ebenen des Spektrums – zu entgehen. Die Grenzziehungen verursachen Störungen, und denen begegnet man am besten mit Therapien, die spezifisch auf sie ausgerichtet sind.

Ich will dafür ein kleines Beispiel geben. Eine Frau, die etwa zwei Jahre lang eine Mantrameditation praktiziert hatte, wurde eines Tages durch die erschreckende Vision eines angreifenden Hundes aus ihrer Versunkenheit gerissen. Eine Zeitlang war sie danach ganz verwirrt, und ihr Lehrer hatte für sie nur den Rat, sich weiterhin um Sammlung zu bemühen; sie tat es, aber monatelang ohne rechten Erfolg. Das hätte vielleicht nicht sein müssen. Ich jedenfalls habe erlebt, wie ein guter Gestalttherapeut mit dieser Art von Projektion in fünfzehn Minuten fertig wird. Irgendein PSU-Feindseligkeitskomplex war bei dieser Frau an die Oberfläche gelangt; sie hatte ihn nicht als ihr eigen annehmen wollen und projizierte ihn als POU – als einen Hund, der sie angriff.

Wenn wir das PSU aus einem etwas anderen Winkel betrachten, so ist es der unbewußte Prozeß, der – in diesem Augenblick – die Person als «Subjekt» von einer «Welt der Objekte da draußen» trennt. Es ist also eine Art unbewußter Keil, der zwischen Subjekt und Objekt getrieben wird, der Sie von dieser Seite trennt und so – auf verschiedene Weisen und verschiedenen Ebenen – die reale Welt der Soheit unkenntlich macht. Eine Therapie lockert sozusagen den PSU-Keil auf der Ebene, auf der sie ansetzt, und läßt ihn an die Oberfläche gelangen, das heißt bewußt werden. Jeder Therapeut weiß, daß es darauf ankommt, dieses «hochkommende Material» zu verstehen oder zu betrachten oder aufzuarbeiten oder zu verdauen oder bewußtzumachen. Und dieses hochkommende Material ist nichts anderes als das PSU. Therapeutisch sind diese Dinge nicht so sehr, weil sie Einblick in die Person gewähren oder weil sie ein Aufarbeiten früher Traumata darstellen oder weil sie eine Desensibilisierung bewirken – wenngleich auch das hilfreich sein mag –, sondern weil das PSU durch bloße Kenntnisnahme zu einem Wahrnehmungs*objekt* wird und die Person sich nicht mehr ausschließlich damit identifizieren kann. Wenn man es sehen kann, verwechselt man es nicht mehr mit dem Sehenden. Wenn man es betrachten kann, hört man auf, es als etwas zu benutzen, womit man die Wirklichkeit unbewußt betrachtet und dadurch verzerrt. Der Keil zwischen Subjekt und Objekt wird dünner.

Jede Therapieform widmet sich diesem «hochkommenden Material» auf ihrer jeweiligen Ebene und mit ihren besonderen Mitteln. Und ganz allgemein können wir sagen, daß jede Therapie das PSU aller darüberliegenden Ebenen durchbricht. Das wird besonders deutlich bei Meditationsformen, die zur Ebene des GEISTES hinführen: Wir beobachten hier, wie Schritt für Schritt das gesamte PSU zur Oberfläche aufsteigt, bis es entleert oder erschöpft ist und der Mensch endlich aus seiner Pseudo-Subjektivität herausfällt und sich als absolute Subjektivität wiederfindet. Dieses bei der Entleerung des PSU aufsteigende Material wird beispielsweise im Zen «Makyō» genannt oder im Bhakti-Yoga «aufsteigende Geistformen». Es sind im Prinzip dieselben Phänomene, wie sie in den Therapieformen der höheren Ebenen auftreten, nur führen die spirituellen Schulungswege, die das Erwachen zum GEIST anstreben, diesen Prozeß bis an die Grenze des Spektrums, bis zur völligen Auflösung des PSU, und außerdem haben die «aufsteigenden Geistformen» hier einen anderen Stellenwert, was schon daran deutlich wird, daß man sie häufig mit Ausdrücken wie «Einbildung», «Täuschung» oder «Illusion» bezeichnet: Man läßt ihnen ihren Lauf, schenkt ihnen aber möglichst keine

Beachtung, damit sie einen nicht von der meditativen Sammlung ablenken.

In manchen Fällen steigt das PSU gleichsam in seiner Ganzheit auf, ohne daß einzelne Inhalte zu unterscheiden wären, und so bleibt dieser Vorgang beinah unbemerkt. Meist aber kommt das PSU-Material in charakteristischer Reihenfolge an die Oberfläche. Stanislav Grof etwa beobachtete diese Ordnung bei seinen LSD-Forschungen und bezeichnete ihre Stufen als Freudsche, Ranksche und Jungsche Stufe – worin wir ohne weiteres die Ego-Ebene, die Existentielle Ebene und die Transpersonale Ebene des Spektrums erkennen. Diese Reihenfolge ist nicht zwingend (denn es *gibt* plötzliche Durchbrüche zu viel tieferen Ebenen, die auch alle darüberliegenden Ebenen durchschlagen), aber sie ist der Normalfall.

Therapien der oberen Ebenen können daher auch für den nützlich und sinnvoll sein, dem es um die Transpersonale Ebene oder den GEIST geht. Diese Therapien lockern das PSU ihrer jeweiligen Ebene sehr schnell, so daß der Meditierende leichter in tiefere Bereiche vordringt. Hier liegt allerdings eine Gefahr, denn man kann es mit diesen Therapien auch übertreiben; dann wird das Therapieren auf den oberen Ebenen ein faszinierendes Spiel, dem man sich endlos hingeben kann, anstatt diese Ebenen einfach in Ordnung zu bringen und dann hinter sich zu lassen. Allgemein können wir vielleicht sagen, daß angemessene Therapien der oberen Ebenen sehr hilfreich sein können, bis die meditative Sammlung sich hinreichend stabilisiert hat. Dann aber sind solche Therapien nur noch bei schweren PSU-Einbrüchen angezeigt, die die weitere Praxis behindern (wie bei der Frau mit der Hunde-Vision). Letztlich muß jemand, der einen meditativen Weg geht, von jedem Rückhalt loslassen – und genau das verhindern die Therapien der oberen Ebenen. Ohne Rückhalt, ohne Ausweg, hat er nichts mehr als die Soheit des Augenblicks, nichts vor sich, nichts hinter sich. Als Fa-ch'ang starb, zeterte ein Eichhörnchen auf dem Dach. «Nur dies», sagte er. «Sonst nichts.»

Die einzigen «Therapien», die wir jetzt noch näher zu betrachten haben, sind die «Therapien» für die Ebene des GEISTES. Für alle, die den Mystikern dahin folgen möchten, beginnt hier das größte aller menschlichen Abenteuer. Wenn wir diesen Weg als Therapie betrachten, ist kein grundsätzlicher Unterschied zu anderen Therapien zu erkennen: Auch hier geht es um die Heilung eines bestimmten Dualismus, nämlich des primären Dualismus, des Ur-Dualismus von Subjekt und Objekt, Organismus und Umwelt. Es geht darum, die Zerstückelung der Großen Schlange zu beenden – denn diese Zerstückelung findet heute noch in jedem Augenblick genauso statt wie in unvordenklicher Vergangenheit, lange bevor die Götter vom Olymp, vom Meru, vom Tabor herabstiegen, um den Sterblichen zu raten, lange bevor Erde und Sonne aus einem großen Feuerball hervorgingen. Sie begann, als Gott aus der Leere hervortrat und das Licht von der Finsternis schied, und das geschieht *jetzt*, aber nicht einmal, sondern Abertausende Male in diesem Augenblick. Und hier, in diesem Augenblick, diesem immerwährenden Jetzt, endet auch die Suche, wenn mit einem Schlag offenbar wird, daß das Ziel, das Gesuchte, nichts anderes ist als der Suchende selbst.

11. Was immer schon ist

Nieselregen auf dem Berge Lu
und wilde Wellen auf dem Che-chiang.
Solange du nicht dort gewesen,
wirst du dich darum grämen.
Warst du erst dort und wendest wieder heim den Schritt,
wie nüchtern sehen dann die Dinge aus:
Nieselregen auf dem Berge Lu
und wilde Wellen auf dem Che-chiang.

SU TUNG-P'O

Wir haben der Einfachheit halber vom GEIST als der «tiefsten Ebene» des Spektrums gesprochen – doch er ist eigentlich keine besondere Ebene und schon gar nicht «tief». Die «Ebene» des Geistes ist keineswegs irgendwo in den trüben Tiefen der Psyche vergraben, sondern ist im Gegenteil unser gegenwärtiger, gewöhnlicher Bewußtseinszustand, denn da der GEIST grenzenlos und allumfassend ist, gibt es keinen Bewußtseinszustand, der nicht GEIST wäre. Die «Nicht-Ebene» des GEISTES kann keine gesonderte Ebene neben anderen sein, denn das würde dem GEIST eine sozusagen räumliche Begrenzung auferlegen. Er ist vielmehr die alles durchdringende, aber dimensionslose Wirklichkeit, von der die anderen Ebenen des Spektrums sich nur scheinbar abheben. Wiederholen wir also: Unser gegenwärtiger, alltäglicher Bewußtseinszustand – mögen wir traurig, froh, deprimiert, ekstatisch, erregt, ruhig oder von Kummer und Sorgen geplagt sein – *ist* die Ebene des GEISTES. Brahman ist keine besondere Erfahrung, keine Bewußtseinsebene oder Seelenverfassung, sondern eben die Ebene, auf der Sie jetzt gerade sind.

Sobald wir das wirklich begreifen, gewinnen wir einen Frieden, der auch in unseren schlimmsten Zuständen bestehenbleibt.

Die Auseinandersetzung mit östlicher und westlicher Mystik hat zwar in den letzten Jahrzehnten beträchtlich an Niveau gewonnen, aber es sind nach wie vor die aberwitzigsten Fehlinterpretationen im Umlauf. Mystiker, so heißt es da, sind jenseitsgerichtet, ohne Bezug zur alltäglichen Wirklichkeit, nur auf sich selbst konzentriert, stets in Trance und so weiter. Damit erfahren wir aber rein gar nichts über Mystik, sondern nur etwas über den Geisteszustand derer, die solche haarsträubenden Ansichten vertreten. Ihnen scheint entgangen zu sein, was alle großen Meister aller Traditionen stets betont haben: «Dein alltägliches, gewöhnliches Bewußtsein, das ist der WEG.»

Gewiß, viele Mystiker haben das zurückgezogene, in sich gekehrte Leben des Eremiten geführt, aber das ist eine Sache persönlicher Wahl und keineswegs *das* Kennzeichen mystischer Bestrebungen. Das höchste Ideal aller Mystik ist vielmehr das, was im Mahāyāna-Buddhismus «Bodhisattva» genannt wird. Ein Bodhisattva ist, wer das Göttliche überall und jederzeit, in jedem Menschen, jedem Ort und jedem Ding sieht und sich daher gar nicht in Einsamkeit und Trance zurückziehen muß, um seinen «Gott» zu sehen. Die mystische Vision des Bodhisattva ist identisch mit dem, was er jeweils gerade tut, und ob er nun tanzt, arbeitet, lacht, weint oder leidet, für ihn gilt stets das Wort des großen Zen-Meisters Ummon: «Tag für Tag (ist) guter Tag.»

Da nun der GEIST jederzeit und überall ist, immer schon gegeben, ist es ebenso sinnlos wie unmöglich, «ihn zu suchen», «ihn erreichen zu wollen», denn das wäre ja eine Bewegung von einem Ort, wo der GEIST nicht ist, zu einem Ort, wo er ist – und den Ort, wo der GEIST nicht ist, gibt es nicht. Die Ebene des GEISTES ist nicht zu erreichen, aber wir können ihr auch nicht entkommen.

> Da [der Buddha] nirgendwo seine Bleibe hat, bekommt niemand ihn zu fassen, und niemand kann ihn lassen.
>
> Ma-tsu

Wirklicher Friede und ewiges Glück, Unsterblichkeit und universale Wahrheit, der Weg des Himmels und der Erde, in anderen Worten, die Erfahrung des Absoluten und Grenzenlosen oder eben der Buddha-Weg: Der große Fehler liegt darin, zu glauben, man erlangte das in einem Himmel oder einer Welt auf der anderen Seite. Wir verlassen den Weg niemals auch nur für einen Augenblick. Was wir verlassen können, ist nicht der Weg.[1]

Amakuki Sessan

Folgt ihm, und es entweicht euch. Lauft ihm weg, und es bleibt euch auf den Fersen. Ihr könnt es weder besitzen noch ihm ausweichen ... Deshalb braucht man sich um das Wahre-Wesen weder zu sorgen noch zu bemühen.[2]

Huang-po

Wenn du vor der Leere davonläufst, wirst du doch nie frei von ihr; wenn du die Leere suchst, erreichst du sie doch nicht.[3]

Niu-t'ou Fa-jung

Wenn der GEIST, das Tao, das Göttliche der Zustand ist, nach dem uns so brennend verlangt, und wenn es aber außerhalb des GEISTES nichts gibt, dann sind wir schon da! Wir sind schon eins mit dem Göttlichen, wir sind *jetzt* und immer schon GEIST. Das sagt auch Meister Hakuin in seinem *Zazen Wasan* («Preisgesang des Zazen»):

Alle Geschöpfe sind im Grunde Buddha,
gleich wie Wasser und Eis:
Es gibt kein Eis getrennt vom Wasser,
gesondert von den Geschöpfen keine Buddhas.
Nicht wissend, wie nah ihnen die Wahrheit,
suchen die Geschöpfe sie in der Ferne – welch Jammer!
Sie gleichen denen, die im Wasser
nach Wasser schrei'n vor Durst.[4]

Oder Meister Eckehart:

Manche einfältigen Leute wähnen, sie sollten Gott (so) sehen, als stünde er dort und sie hier. Dem ist nicht so. Gott und ich, wir sind eins. Durch das Erkennen nehme ich Gott in mich hinein.[5]

Oder Shrī Ramana Maharshi:

> Sie müssen sich von der Vorstellung befreien, daß Sie ein Ajñāni [Unwissender] sind und das Selbst erst noch verwirklichen müssen. Sie *sind* das Selbst. Gab es je eine Zeit, da Sie des Selbst nicht gewahr waren?[6]

Ob wir es also erkennen oder nicht, wünschen oder nicht, verstehen oder nicht – wir *sind* Es, waren es immer und werden es immer sein. Deshalb können wir es auch nie erlangen, erreichen oder finden. Alles Suchen nach dem GEIST ist also letztlich vergebens. Huang-po war einer der Meister, die nie müde wurden, dies zu betonen:

> Daß es nichts gibt, was zu erreichen wäre, ist keine leere Rede. Es ist die Wahrheit.
> Du bist immer eins mit dem Buddha gewesen. So gib nicht vor, du könntest diese Einheit durch verschiedene Übungen *erreichen*.
> Bodhi [Erleuchtung] ist nicht etwas, das erreicht werden kann. Könntest du dich in diesem Augenblick davon überzeugen, daß er unerreichbar ist und tatsächlich überhaupt nichts jemals erlangt werden kann, dann hättest du den Bodhi-Geist.
> Der Sinn dieser Worte ist schwer zu verstehen. Sie wollen euch lehren, daß ihr keine Buddhaschaft suchen sollt, da jedes Suchen zum Scheitern verurteilt ist.[7]

Schlimmer noch: Das Suchen erzeugt eigentlich erst den Eindruck des Mangels. Durch unser Suchen vertreiben wir das, was wir suchen:

> Der Eine Geist allein ist Buddha, und es gibt keinen Unterschied zwischen Buddha und den Lebewesen, nur daß diese an Formen festhalten und im Außen die Buddhaschaft suchen. Durch eben dieses Suchen aber verlieren sie sie. Denn sie benutzen Buddha, um Buddha zu suchen, und benutzen den Geist, um den Geist zu erfassen. Selbst wenn sie ein Äon lang ihr Äußerstes leisten würden, sie könnten die Buddhaschaft doch nicht erreichen.[8]

Das Suchen nach dem GEIST entfernt uns also von ihm, und das vor allem aus drei Gründen: Zum ersten impliziert das Suchen ein Objekt, etwas «da draußen», das man ergreifen kann, sei es geistiger oder materieller Art – doch der GEIST ist kein Objekt. Worüber man sich Gedanken machen kann, was man als Objekt wahrnehmen oder ergreifen kann, ist niemals jene absolute Subjektivität, die der Denkende, der Wahrnehmende, der Ergreifende ist. Zum zweiten impliziert das Suchen einen Mangel, aber aus all den eben angeführten Zitaten geht ja hervor, daß uns nichts mangelt. Nur unser krampfhaftes und irregeleitetes Suchen erzeugt in uns dieses Gefühl des Mangels, und je mehr wir suchen, desto brennender empfinden wir diesen Mangel – und Panik ergreift uns, und wir verdoppeln unsere Anstrengungen, ziehen aber nur die Schlinge um unseren Hals immer fester zu. Zum dritten impliziert das Suchen einen Glauben an etwas in der Zukunft zu Erlangendes, den Glauben, daß wir die Erlösung, die uns heute verwehrt bleibt, gewiß morgen finden werden. Doch der Geist kennt kein Morgen, kennt überhaupt keine Zeit, und indem wir ihm in eine eingebildete Zukunft nachjagen, fliehen wir ihn in seiner Jetztheit. Er wird jedoch nie irgendwo anders zu finden sein, als in *diesem* zeitlosen Augenblick. Die darum ringen, ihre Seele zu retten, werden sie verlieren, das war schon immer so.

Die Schwierigkeit besteht nämlich darin, daß der Suchende und das Objekt seiner Suche identisch sind, so daß wir alle uns verhalten wie eine Schlange, die sich selbst in den Schwanz beißt.

Wonach wir Ausschau halten, ist nichts anderes als der Ausschauende selbst, und deshalb kann es nicht als Objekt erkannt werden. Das heißt aber auch, daß wir uns selbst nicht wahrnehmen können, und genau hier entsteht das Problem, bricht der primäre Dualismus auf, denn wir bilden uns ein, daß wir uns selbst eben doch sehen und erkennen können, obgleich schon die schlichteste Logik jedermann klarmachen sollte, daß alles, was er sieht oder erkennt, nur Objekt sein kann und nicht er selbst, der Erkennende. Jedes Ich oder Selbst, dessen Sie sich bewußt sind, ist ganz entschieden *nicht* Ihr Selbst, und zwar gerade deshalb, weil Sie sich seiner bewußt sind. Alles, worauf ich deuten kann, mein Körper und seine Funktionen, mein Fühlen, mein Denken, ist mir als Objekt gegenwärtig und kann deshalb nicht Ich sein, der Deutende. Das ist eigentlich ganz einfach und naheliegend, aber wir machen es uns nicht klar und glauben immer wieder, wir könnten uns selbst wahrnehmen.

Aus diesem Glauben folgt ganz natürlich das Gefühl, daß dieser

Wahrnehmende irgendwo «in uns» wohnt, und daraus wiederum folgt die Unterscheidung zwischen einem Ich «hier drinnen» und dem anderen «da draußen» – der primäre Dualismus. Wenn es aber das Ich als wahrnehmbares Objekt nicht gibt, dann gibt es auch das andere nicht – die beiden Seiten dieser eingebildeten Dualität sind vielmehr identisch. Der Sehende, das in Ihnen, was erkennt, ist in Wirklichkeit nicht getrennt von dem Gesehenen, sondern *ist* das Gesehene, denn der Erkennende sieht ein Ding dadurch, daß er es ist, oder wie Thomas von Aquin sagt: «Erkenntnis geschieht insoweit, als das erkannte Objekt im Erkennenden ist.» Diese Seite etwa ist identisch mit dem in Ihnen, was sie gerade liest. William James drückt dasselbe etwas anders aus: «Das gesehene Papier und das Sehen des Papiers sind nur zwei Namen für *ein* unteilbares Faktum.»[9] Das heißt natürlich nicht, daß die Seite, das angebliche Objekt meiner Wahrnehmung, gar nicht existiert (und wirklich vom Antlitz der Erde verschwindet, wenn ich die Augen schließe); es heißt nur, daß sie nicht als «Objekt da draußen» existiert. Zwischen Sehendem und Seite, Subjekt und Objekt: keine Lücke, kein Abstand, kein Raum!

Das in Ihnen, was gerade jetzt erkennt oder sieht oder diese Seite liest – das ist das Göttliche, das ist GEIST, Brahman, und es kann nicht als Objekt gesehen oder erkannt werden, wie auch ein Auge sich nicht selbst sehen kann. Was auch immer Sie über Ihr «Selbst» wissen, ist Objekt; was auch immer Sie über Ihr «Selbst» denken und fühlen, ist ein Komplex von Wahrnehmungsobjekten, das Ego. Was gesehen wird, ist das Ego; was sieht, ist der GEIST. Wir haben uns mit ersterem identifiziert, mit dem, was gesehen werden kann, mit dem Ego oder dem Zentauren oder der Persona, und sind daher nicht mehr mit allen phänomenalen Manifestationen identifiziert, sondern fühlen uns getrennt von allem, was uns als Nicht-Ich erscheint.

So trennt uns der primäre Dualismus von der Welt, und die Welt wird für uns zur Bedrohung. Wie wir schon sahen, läßt der primäre Dualismus den Sein-Nichtsein-Konflikt aufbrechen, was dazu führt, daß der Mensch den Tod verdrängt, ein Leben lang gegen die Welt ankämpft und stets möglichst viel Distanz («Sicherheit» genannt) zwischen sich und seiner Umwelt zu schaffen bemüht ist. Und das traurige an diesem Kampf ist nicht so sehr, daß er so zerstörerisch ist, sondern daß er auf einer Illusion beruht. Das von der Welt gesonderte Ich gibt es einfach nicht, und so kann es auch nicht geschützt, bewahrt oder gerettet werden.

> Warum bist du unglücklich? Weil 99,9 Prozent dessen, was du denkst und was du tust, für dein Ich ist – und es gibt keines.[10]

Wenn Sie nun, während Sie diese Seite lesen, beschließen, «hinter» das «Ich» zurückzugehen, um herauszufinden, wer da wirklich schaut, werden Sie nur diese Seite finden! «Ob einer Wellen oder Teilchen, Wirbel oder pochierte Eier sieht... das alles sind Objekte, und was immer er zu sehen glaubt, ist letztlich das, was schaut.»[11] Aber wenn das geschieht (es geschieht eben jetzt), dann gibt es kein Sie als Subjekt und keine Seite als Objekt, denn beide werden in nicht-duale Subjektivität aufgegangen sein – ein Zustand, den wir etwas unbeholfen zu umschreiben versuchen mit der Aussage, daß Sie in diesem Augenblick die Seite sind, die sich selbst liest. Denn hier, jenseits aller Dualität, sind alle Objekte ihr eigenes Subjekt, und «Subjekt» und «Objekt» sind nichts als zwei Weisen, sich der Wirklichkeit namens GEIST zu nähern.

Der Bruch zwischen Subjekt und Objekt, dieser primäre Dualismus, bringt die Evolution des Bewußtseinsspektrums in Gang und setzt sich durch alle Ebenen fort als der Bruch zwischen Denkendem und Gedachtem, Erkennendem und Erkanntem, Fühlendem und Gefühlen, Ich und mir, Psyche und Soma, willkürlich und unwillkürlich, Ist und Soll. Er kennzeichnet mit anderen Worten das durchgängige Gefühl eines gesonderten «Ich», und alle Ebenen des Spektrums sind nur Variationen dieses Ur-Dualismus, Variationen mit immer weiter schrumpfender Identität oder Pseudo-Subjektivität – vom Universum zum Organismus zum Ego zu Teilen des Ego.

Da Raum und Zeit ein Kontinuum bilden, besitzt die Kluft zwischen Subjekt und Objekt zwangsläufig auch eine Zeitkomponente, und die Zeitkomponente des primären Dualismus ist der sekundäre Dualismus, der Dualismus von Leben und Tod. Wir haben den primären und sekundären Dualismus getrennt erörtert, als wären sie wirklich zweierlei, das jedoch nur aus Gründen der besseren Darstellbarkeit. Tatsächlich aber ist es so: Sobald der Mensch im Raum lebt (primärer Dualismus), lebt er auch in der Zeit (sekundärer Dualismus).

Erinnern wir uns, daß der sekundäre Dualismus den Menschen aus dem zeitlosen Jetzt, darin Leben und Tod eins sind, in eine imaginäre Welt der Zeit schleudert, wo er darum ringt, sich eine Phantasiezukunft zu sichern, um so einem eingebildeten Tod zu entkommen. Im zeitlosen Augenblick leben heißt keine Zukunft haben, und keine Zukunft haben heißt sterben. Der Mensch aber kann den Tod nicht annehmen, und so kann er nicht im Jetzt leben, außerhalb der Zeit. Der sekundäre Dualismus, der das Leben vom Tod sondert, erzeugt also auch die Zeit. Das Leben des Menschen in der Zeit ist jedoch nur die Kehrseite seines Lebens im Raum, denn in dem Augenblick, wo der Mensch seinen Organismus aus der Welt ausgrenzt, entsteht das Problem von Sein und Nichts, Leben und Tod – das Problem der Zeit. Anders gesagt: Wenn der Mensch eins ist mit dem Universum (kein primärer Dualismus), gibt es nichts außerhalb seiner, was seine Existenz bedrohen könnte und daher auch nicht den Widerstreit von Sein und Nichts (also keinen sekundären Dualismus). Wir können das auch aus der anderen Richtung betrachten: Wenn Leben und Tod als eins erkannt werden, gibt es keine Bedrohung der Existenz und nichts außerhalb des Menschen, das ihn bedrohen könnte – keine Kluft zwischen ihm und dem Universum.

Die Kluft zwischen Ihnen und dieser Seite ist dieselbe wie die Kluft zwischen Ihnen und dem Jetzt. Könnten Sie ganz im Jetzt leben, so wären Sie und diese Seite (und alle anderen «Objekte») eins; wären Sie und diese Seite eins, so würden Sie ganz im Jetzt leben. Der primäre und sekundäre Dualismus sind nur zwei Weisen, ein und dieselbe raumzeitliche Kluft zu beschreiben.

Wenn es nun, wie wir sagten, unmöglich ist, den GEIST im Raum zu suchen als ein Objekt «da draußen», so kann man den GEIST auch nicht in der Zeit finden als etwas Künftiges. Es gibt keinen Weg zum Hier, es gibt keinen Weg zum Jetzt. Alles, was sich in der Zeit finden läßt, ist nicht der GEIST. Fänden wir ihn morgen, so müßte er einen Anfang haben, da er ja heute nicht dazusein scheint. Er wäre also zeitlich. Jeder Zustand, in den wir eintreten können, ist ein zeitlicher Zustand; in die Ewigkeit des GEISTES kann man nicht eintreten, weil sie jederzeit gegenwärtig ist. Wir finden sie jetzt oder überhaupt nicht. Auch Shankara läßt daran keinen Zweifel:

> Würde man das Brahman als Ergänzung gewisser Handlungen darstellen und die endgültige Befreiung als die Wirkung eben dieser Hand-

> lungen, so wäre sie zeitlich, wäre nur etwas, das unter den zeitlichen Früchten des Handelns nur eine besondere Stellung einnähme. Doch ... die endgültige Befreiung ist ewig ... Sie ist von der Natur des schon immer und für immer freien Selbst, und man kann ihr nicht die Unvollkommenheiten des Zeitlichen aufprägen.[12]

Die endgültige Befreiung – wir würden sagen, die «Entdeckung» des GEISTES –, die einen Anfang in der Zeit hat, ist keine Befreiung. Sie ist keine Zukunftshoffnung, sondern gegenwärtiges Faktum. Da alle Dualität bloß eingebildet ist, gibt es im Grunde nichts, was uns fesselt, gibt es keine Ketten zu sprengen, keine Freiheit zu erringen.

> Tao-hsin verneigte sich vor Seng-ts'an und sagte: «Ich bitte Euch, Meister, habt Erbarmen mit mir; bitte erteilt mir das Dharma-Tor der Befreiung.»
> Seng-ts'an sagte: «Wer bindet dich?»
> Tao-hsin sagte: «Da ist niemand, der mich bindet.»
> Seng-ts'an sagte: «Warum suchst du dann nach Befreiung?»

Alan Watts bringt diesen Gedanken auf den Punkt, wenn er sagt: «Alles, was erfahren werden muß, um zum kosmischen Bewußtsein zu gelangen, ist schon da, und was darüber hinausgeht, ist nur störend und redundant.»[13] Jedes Wie, jeder Weg, wohin sie auch führen mögen, führen vom Jetzt *weg*. Das ist der Hintergrund für Nāgārjunas: «Es besteht keinerlei Unterschied zwischen Nirvāna und Samsāra; es besteht keinerlei Unterschied zwischen Samsāra und Nirvāna», oder für Dōgens: «Das Ziel und der Weg sind eins», und für viele ähnliche Aussagen der Meister aller Traditionen, die alle darauf hinauslaufen, daß Erleuchtung und Verblendung, Wirklichkeit und Illusion, Himmel und Hölle, Befreiung und Knechtschaft eine nicht-duale Einheit bilden und nicht zu trennen sind. Daher: «Wo irgendein Weg dich hinführen kann, da bist du schon.»

Die meisten von uns befinden sich allerdings in der Lage des Mannes, der glaubt, daß die Erde flach sei, und seinen Irrtum erst einsehen kann, wenn er die Erde ganz umrundet hat und da ankommt, von wo er aufbrach. Wir sind davon überzeugt, daß der GEIST uns fehlt, und so widmen wir uns einer spirituellen Praxis, bis wir schließlich genau da ankommen, von wo wir aufbrachen: Eben hier, eben jetzt. Huang-po:

> Auch wenn du alle Stufen der Bodhisattva-Entwicklung, eine nach der anderen, zur Buddhaschaft hin durchschreitest – wenn du endlich in einem einzigen Augenblick die vollkommene Verwirklichung erreichst, wirst du nur das Buddha-Wesen erfahren, das alle Zeit bei dir war. Auf allen vorangegangenen Stufen wirst du ihm nichts hinzugefügt haben. Die Äonen des Wirkens und Ansammelns werden dir dann wie unwirkliche Traumhandlungen erscheinen.[14]

Aber wenn wir nun einmal glauben, daß die Erde flach ist, daß wir kein Buddha-Wesen haben, dann bleibt uns nichts anderes übrig, als uns auf den Weg zu machen. Die Mittel, mit denen wir uns «auf den GEIST zu» bewegen, nennt man Upāya, «geschickte Mittel» oder «Geschicklichkeit in der Methode»; dieses Sanskritwort wird manchmal auch mit «Trick» übersetzt, weil wir uns mit List dazu bringen, das endlich zu sehen, was uns nie fehlte oder verborgen war. Upāya, die Geschicklichkeit in der Methode, bildet das Experiment, das man im Labor der eigenen Person durchführt und aufgrund dessen jeder sich selbst Klarheit verschaffen kann über die Frage, ob es den GEIST gibt oder nicht.

Dieses Experiment besteht wie jedes wissenschaftliche Experiment aus einer Reihe von Injunktionen oder Anweisungen, an die man sich halten kann oder nicht. Hält man sich allerdings nicht daran, so gebietet die wissenschaftliche Redlichkeit, daß man sich jedes Urteils über die Nur-Geist-Erfahrung enthält. Ein Wissenschaftler, der diese Erfahrung als mystischen Firlefanz abtut, ohne das Experiment selbst durchgeführt zu haben, verhält sich so haarsträubend unwissenschaftlich, als würde er die Experimentaldaten eines Kollegen leugnen, ohne sie selbst experimentell überprüft zu haben. Diese geschickten Mittel – wir werden sie im folgenden «geschickte Experimente» nennen – sind absolut verständlich, vernünftig und wissenschaftlich, und wer meint, er könne sie einfach vom Tisch fegen, muß sich sagen lassen, daß er emotional und unwissenschaftlich handelt.

Die Anzahl der geschickten Experimente, die im Laufe der Jahrhunderte entwickelt wurden, ist beträchtlich, wir gehen jedoch davon aus, daß sie in den wesentlichen Faktoren weitgehend übereinstimmen.[15] Um diese Annahme zu untermauern, werden wir nun einige der am weitesten verbreiteten Formen geschickter Experimente vorstellen und auf die Wesensübereinstimmungen hinweisen.

Beginnen wir mit Hubert Benoit, der über Zen schreibt und für den das geschickte Experiment in einer bestimmten «inneren Geste» besteht, die uns nach beharrlicher Übung erkennen läßt, «daß der Satori-Zustand nicht als ein neuer Zustand aufzufassen ist, zu dem wir nur noch einen Zugang erhalten müssen, sondern als unser ewiger, von unserem Geborenwerden und Sterben unabhängiger Zustand. Jeder von uns lebt im Zustand des Satori und kann gar nicht anders leben.»[16] Im weiteren geht es Benoit nun darum, zu untersuchen, welche «inneren Prozesse ... die Bedingung dafür sind, daß wir uns einbilden, nicht im Satori-Zustand zu leben».[17]

Wir haben uns dieses ganze Buch hindurch bemüht, eben diese «inneren Prozesse» aufzuzeigen, und kamen, kurz gesagt, zu dem Schluß, daß sie in unserer Vorliebe für Begrifflichkeit, Vergegenständlichung und Dualismen bestehen (von Benoit einfach «Vorstellungs- und Gefühlsvorgänge» genannt) und diese Vorliebe dazu führt, daß wir uns immer nur mit dem Teil der Wirklichkeit identifizieren, den wir als unser Ich empfinden. Um unsere kosmische Identität zu entdecken, müssen wir deshalb – zumindest zeitweilig – alle unsere Begriffe, mentalen Bilder und mentalen Objekte aufgeben. Um das tun zu können – und darin besteht das Experiment, die innere Geste –, müssen wir zunächst den psychologischen Prozeß verstehen, der uns immer weiter Gedanken, Begriffe und Bilder produzieren läßt, all das innere Geplapper und Selbstgespräch, das sich in unserem Kopf ganz von selbst fortzuspinnen scheint. Unterbrechen Sie hier kurz die Lektüre, und beobachten Sie, wie das Selbstgespräch in Ihrem Kopf weitergeht. Sie können dieses innere Plappern, dieses Kaleidoskop von Bildern und Ideen gar nicht ohne weiteres abstellen, denn der Gedanke des Abstellens ist selbst ja nichts anderes als ein inneres Plappern. Man braucht sich nur vorzunehmen, zehn Sekunden lang das Wort «Affe» nicht zu denken, dann wird man mindestens diese Zeit beschäftigt sein mit dem Gedanken, nicht «Affe» zu denken.

Um etwas zu erreichen, müssen wir diesen Prozeß von Grund auf verstehen und an seiner Wurzel ansetzen. Benoit liefert uns eine sehr treffende Beschreibung, und um sie zu verstehen, müssen wir uns erinnern, daß er das, was wir Evolution des Bewußtseinsspektrums nannten, mit dem «Freiwerden» und «Zerfall» von Energie umschreibt: Unsere Energie steigt «von unten her» beständig auf, von der Ebene des

GEISTES her, wo sie reine, ungeformte, nicht-objektive, zeitlose und raumlose Energie ist, die *jetzt* wirkt, «in einem Augenblick ohne Dauer». Diese Energie wird frei und scheint von innen her aufzuwallen, und wenn sie die Existentiell-Biosoziale Ebene durchläuft, nimmt sie als Gedanken Form und als Emotionen Richtung an, und diese Vorstellungs- und Gefühlsprozesse lassen die Energie zerfallen und zerrinnen.

Das müssen wir so klar und konkret wie möglich erfassen, sonst entgeht uns, was Benoit meint. Das Freiwerden von Energie und ihr Zerfall in Formen geschieht uns eben jetzt, in jedem Augenblick, aber in bestimmten Situationen sind diese Prozesse besonders gut zu verfolgen. Wenn ich mich etwa von hinten an Sie anschleiche und dann «Buh!» mache, werden Sie während einiger Sekunden oder Sekundenbruchteile ganz still bleiben, und während dieses Augenblicks empfinden Sie eine Art passive, entspannte Wachheit, die aber sofort in der Empfindung des Erschreckens verpufft, gefolgt von einem Schwall von Gedanken und Emotionen. In jenem Augenblick des passiven Gewahrseins wurde ihre Energie frei, hatte jedoch noch keine Färbungen und Formen erhalten – es war reine Energie, die erst kurz darauf in Gedanken und Emotionen zerfiel.

Oder nehmen wir ein anderes Beispiel: Ein empfindlicher Kristallgegenstand fällt durch irgendeine Erschütterung von seinem Regalbrett; augenblicklich wird Ihre Energie frei, und ohne daß ein Gedanke oder eine Absicht den Vorgang beeinflussen könnten, springen Sie mit einer blitzschnellen und völlig spontanen Bewegung hinzu und können den Gegenstand gerade noch auffangen. Erst wenn Sie ihn gerettet haben, wird Ihnen das ganze Geschehen klar, und das Herz beginnt wie wild zu schlagen – erst jetzt zerfällt Ihre Energie in Gedanken und Emotionen.

Das sind zwei eher extreme Beispiele für etwas, das ständig geschieht, denn unsere Energie wird fortwährend von Ideen, Begriffen, Gedanken und Emotionen aufgesaugt, und damit schieben wir einen Schirm zwischen uns und die WIRKLICHKEIT. Um diesen Schirm wieder loszuwerden, müssen wir uns ganz klarmachen, wodurch er entsteht. Wodurch ist der Zerfall unserer Energie in Gedanken- und Gefühlsformen bedingt? Benoit gibt uns die Antwort:

> Dieser verborgene Vorgang zeigt sich in der für gewöhnlich *passiven* Haltung meiner Aufmerksamkeit. Weil meine Aufmerksamkeit passiv

> ist, wird sie erst durch die *bereits vollzogene* Aktivierung von Energie aktiviert, und zwar zu einem Zeitpunkt, wo nichts anderes mehr zu tun bleibt, als diese Energie wieder aufzulösen. Meine Aufmerksamkeit befindet sich noch nicht im Zustand freier, unbedingter Bereitschaft, sie wird erst durch die in meinem Organismus sich vollziehende Aktivierung von Energie geweckt, sie ist also durch diese bedingt. So stehe ich immer vor *vollendeter Tatsache*. Kaum ist der Augenblick ohne Dauer überschritten, in welchem meine Energie noch gestaltlos aus dem Schoß des noch nicht Erscheinung Gewordenen aufsteigt, so wird die Energie von der Welt der Formen gleichsam angesaugt. Damit ist die Gelegenheit, sie ... als gestaltlose Kraft [für den Durchbruch zur WIRKLICHKEIT] aufzuspeichern, endgültig verpaßt, und ihre Auflösung in Vorstellungs- und Erregungsabläufe wird unvermeidlich. Nunmehr befindet sich die Energie im Bereich der Identifizierung mit mir selbst [Ego-Ebene].[18]

Und natürlich hat unsere Energie, wenn sie erst einmal die Ego-Ebene erreicht hat, so gut wie keine Beziehung mehr zur WIRKLICHKEIT, denn sie hat sich fast ganz auf Gedanken, Symbole und Landkarten verteilt, so daß wir das Territorium nicht mehr direkt ausmachen können. Sind diese Gedanken jedoch einmal entstanden, so hat es keinen Sinn mehr, sie unterdrücken oder loswerden zu wollen; das führt uns nur in den quartären Dualismus, und hier unterdrücken wir ja nicht die Gedanken selbst, sondern verdrängen nur unsere Autorschaft und projizieren sie. So hören wir schon von Hui-neng, dem sechsten Patriarchen des Zen in China: «Das Wirken des Geistes zu unterdrücken ..., ist eine Krankheit und nicht Zen.» Haben sich die Gedankenformen erst eingestellt, dann kann man nichts mehr gegen sie unternehmen.

Deshalb kann es nicht darum gehen, das Denken zu unterdrücken, sondern wir müssen jene «innere Geste» in uns festigen, die den Gedankenformen dort entgegenwirkt, wo sie sich bilden.

> Die Reaktion des mentalen Bewußtseins, selbst wenn sie unmittelbar erfolgt, [kommt] immer zu spät ..., *weil sie Reaktion ist, während sie Aktion sein sollte.* Unsere Aufmerksamkeit sollte nicht erst durch das Auftreten der Energie, sondern schon zuvor geweckt werden. Das wird möglich, wenn wir, anstatt den im Entstehen begriffenen Vorstel-

> lungsprozessen zuzusehen, auf diejenigen Vorgänge *blicken*, die erst entstehen wollen. Und dies wird möglich, sobald wir versuchen, in aktiver Weise das Entstehen der Energie selbst wahrzunehmen, anstatt passiv auf die bereits entstandene Energie und ihre bevorstehende Auflösung unser Augenmerk zu richten. Versuchen wir, es einfacher zu sagen: Eine aktive Aufmerksamkeit erspäht im voraus die Entfaltung der Bewegungen in meinem Inneren. Es interessiert uns dabei nicht mehr die Erscheinung unserer Gefühlsregungen, sondern ihr Zustandekommen, nicht mehr die bereits arbeitende Bewegung, sondern jene anderen, noch ungeformten Regungen, welche die Geburt der formgewordenen darstellen.[19]

Solange unsere Aufmerksamkeit also passiv bleibt, können Gedanken und Begriffe ungehindert entstehen; bei aktiver und wacher Aufmerksamkeit geschieht das hingegen nicht, denn diese aktive Aufmerksamkeit verhindert den Zerfall unserer Energie in Vorstellungs- und Gefühlsprozesse. Bevor wir darauf näher eingehen, bleibt noch eine wichtige Anmerkung zu machen: Wenn unsere Aufmerksamkeit in der von Benoit gemeinten Weise aktiv ist, gibt es absolut nichts mehr im herkömmlichen Sinne – nämlich gegen-ständlich – wahrzunehmen. Wenn es aber keine Gedankenobjekte mehr gibt – und sie bilden ja den Schirm, der mich von der Welt zu trennen scheint –, sind «Ich» und «die Welt» eins im Akt dieses reinen, nichtbegrifflichen Sehens. Daher gibt es keine gegenständliche Welt mehr «da draußen», sondern «die Welt schaut sich selbst an», oder besser: Sie ist ihrer selbst inne. Benoit gibt dafür ein Beispiel und beschreibt zugleich, was diese «aktive Aufmerksamkeit» beinhaltet:

> Es ist nicht schwer für uns, die konkrete Erfahrung zu machen, daß die auf unsere innere Welt gerichtete Aufmerksamkeit ohne Objekte ist. Wenn ich mich meinen inneren Monologen gegenüber wie ein aktiver Zuhörer verhalte, der diese Monologe sprechen läßt, was sie wollen und wie sie wollen, wenn ich mich absichtlich verhalte nach dem Satz: «Sprich, ich lausche dir», so werde ich bald feststellen, daß der Monolog abreißt und daß er erst wieder beginnt, wenn ich meine beobachtende, erwartungsvolle Haltung aufgebe.[20]

Eben diese Haltung ist die «innere Geste», die Gedanken und Begriffen den Boden entzieht und uns so direkt mit der WIRKLICHKEIT in Berührung bringt. Lassen wir Benoit das Wirken dieser inneren Geste an einem konkreten Beispiel erläutern:

> Es ist ... unmöglich, den Zustand dieser inneren Selbst-Gegenwart zu *beschreiben* ..., da ja der Charakter dieser Wahrnehmung gerade nicht formaler Art ist. Nehmen wir an, ich fragte Sie: «Wie fühlen Sie sich in diesem Augenblick?», so würden Sie Ihrerseits wohl antworten: «In welcher Hinsicht, physisch oder moralisch gesehen?» Ich antworte Ihnen darauf: «In jeder Hinsicht zugleich. Wie fühlen Sie sich?» Vielleicht schweigen Sie erst zwei Sekunden lang und sagen dann zum Beispiel: «Nicht gerade schlecht», oder «Es geht so», oder «Sehr gut» oder irgend etwas anderes. Von den zwei Sekunden, während derer Sie geschwiegen haben, fällt die zweite für unser Interesse fort, denn Sie haben sie lediglich dazu benutzt, um für die Beschreibung Ihres Gesamtbefindens eine verständliche Ausdrucksform zu finden. In dieser zweiten Sekunde haben Sie bereits von der Wirklichkeit Ihrer inneren Verfassung, die uns allein interessiert, etwas unterdrückt. In der ersten Sekunde nur haben Sie etwas von dem erkannt, um das es sich unaufhörlich für Sie wirklich handelt und das Ihnen normalerweise nicht bewußt ist, da Ihnen nur die Formen bewußt sind, die dieser unbewußten Wahrnehmung folgen ... Sollte jemand nach der Lektüre hier den Versuch anstellen, jene nicht-formale Wahrnehmung seiner Existenz bei sich zu machen, so möge er nicht voreilig urteilen: Man glaubt so leicht, daß man so weit sei, ohne so weit zu sein. So viele Arten des Irrtums es hierbei auch geben mag, der Irrtum selbst besteht grundsätzlich in irgendeiner Art von Komplikationen, die mit den mentalen Formen zusammenhängt. Man ist nicht einfach genug. Die nicht-formale unmittelbare Wahrnehmung der Existenz ist die einfachste Wahrnehmung, die man sich nur vorstellen kann.[21]

Die innere Geste hebt alles dualistische Sehen auf und entzieht damit dem Denken den Boden, ohne es zu unterdrücken – und darin liegt der Schlüssel. Wenn ich allen Gedankenprozessen aktiv meine ungeteilte Aufmerksamkeit zuwende, wenn ich jeden Gedanken, der sich bilden möchte, von vornherein billige und sogar erwartungsvoll auf ihn lausche – dann bildet sich keiner! Und wenn keine meiner Vorstellungs- und

Gefühlstendenzen sich gegenständlich konkretisiert, bin ich im reinen nicht-dualen organischen Gewahrsein, «kraft dessen ich im Ansatz schon frei bin».

Versuchen wir nun, an dieser inneren Geste der wachen Aufmerksamkeit die wesentlichen Punkte herauszuarbeiten (und wir werden sehen, daß *alle* geschickten Experimente diese Wesensmerkmale aufweisen). Es sind vor allem drei Faktoren zu nennen:

Faktor 1: Aktive Aufmerksamkeit – eine intensive und doch entspannte Wachheit; die Haltung, die Benoit mit dem Satz: «Sprich, ich lausche dir» umschreibt; es ist die totale Billigung und Annahme all meiner Tendenzen, eine aktive Wachsamkeit, die auf das Entstehen von Gedanken und Gefühlen gerichtet ist, auf das, was *jetzt* ist, innen wie außen. Wenn diese aktive Aufmerksamkeit gegeben ist, führt sie zu

Faktor 2: Anhalten. Damit meinen wir die Suspendierung von Denken, Begriffsbildung, Objektivierung und innerem Monolog, also der ersten Weise des Erkennens, der dualistischen, symbolischen Landkarten-Erkenntnis, welche die WIRKLICHKEIT letztlich nur entstellt. Was hier angehalten wird, ist, kurz gesagt, der primäre Dualismus, und das ist das Eintreten in einen Zustand vollkommener innerer Stille, das Verharren bei dem, was ist. Dieses Verharren in der Stille oder in der Soheit der Dinge werden wir (nach Huang-po) als «Sitzen in einem Bodhi-Mandala» bezeichnen, womit ein Zustand gemeint ist, in dem man jederzeit zur Erleuchtung durchbrechen kann. Ist dieses Anhalten ganz verwirklicht, so führt es zu

Faktor 3: Passives Gewahrsein. Das ist eine besondere Art des Sehens, die sich mit einem Wort des Zen-Meisters Shen-hui umschreiben ließe: «Einsicht in das Nichts – das ist das wahre Sehen, das ewige Sehen.»[22] Natürlich handelt es sich hier nicht um das Schauen in ein reines Vakuum, sondern um das Sehen der nicht-gegenständlichen WIRKLICHKEIT, um reines, zeitloses Gewahrsein ohne den Dualismus von Subjekt und Objekt. Da nichts außerhalb dieses Gewahrseins ist, bedarf es keinerlei Bemühung, ist vollkommen spontan und ohne jeden Bezug zu Vergangenheit oder Zukunft. Es ist außerhalb von Raum und Zeit im absoluten Jetzt wirksam, weist nirgendwohin über sich selbst hinaus und sieht nichts jenseits seiner selbst. Es ist also die zweite Weise des Erkennens – alles erkennen, ohne von irgend etwas gesondert zu sein. Und ein Augenblick dieses reinen Gewahrseins *ist* GEIST. Er ist immer schon gegeben, ob wir dessen gewahr sind oder nicht.

Das also sind die drei wesentlichen Faktoren jedes geschickten Experiments, die wir in allen Formen von Upāya antreffen, wenn auch in den unterschiedlichsten Gestalten. Um das aufzuzeigen, wollen wir nun mit Krishnamurti fortfahren.

Was mit passivem Gewahrsein gemeint ist, hat kaum einer so klar und tiefgründig dargestellt wie Krishnamurti. Über ein halbes Jahrhundert hat dieser Mann die Welt bereist und zu den Menschen über die Notwendigkeit einer passiven, nicht auswählenden und doch hellwachen Aufmerksamkeit gesprochen, einer Aufmerksamkeit frei von Symbolen, Gedanken und Dualität, eines Gewahrseins dessen, was *ist*, des Jetzt, nicht irgendeiner Vergangenheit oder Zukunft oder dessen, was sein sollte oder könnte. Das, *was ist*, ist wirklich, und nur durch Einsicht in *diese* Wirklichkeit werden wir frei.

> Das Wirkliche ist ganz nah, Sie brauchen nicht danach zu suchen; und ein Mensch, der die Wahrheit sucht, wird sie niemals finden. Wahrheit ist das, was ist, und das ist das Schöne daran. Aber in dem Augenblick, wo Sie sich einen Begriff davon machen, wo Sie danach suchen, fangen Sie an zu kämpfen; und ein Mensch, der kämpft, kann nicht verstehen. Deswegen müssen wir still sein, beobachtend, passiv aufmerksam.[23]

Krishnamurtis Zuhörer fragen dann unweigerlich: «Wie gelange ich denn zu dieser Aufmerksamkeit, die mich befreit?» Und Krishnamurti erwidert, daß schon die Frage nach einem Wie wegführt von dem, was jetzt ist: Der Wunsch nach Aufmerksamkeit verhindert Aufmerksamkeit. Es gibt kein Hinarbeiten auf das, was immer ist.

> Kann man die Wahrheit augenblicklich realisieren, ohne Vorbereitung? Ich sage, ja – und nicht weil das etwa eine Lieblingsidee von mir wäre. Experimentieren Sie damit, und Sie werden sehen. Nehmen Sie irgendeine kleine Herausforderung, irgendein Vorkommnis – warten Sie nicht auf die große Krise –, und sehen Sie zu, wie Sie darauf reagieren. Seien Sie des Geschehens inne, aber auch Ihrer Reaktionen, Absichten und Einstellungen, und Sie werden Ihren «Hintergrund» verstehen. Ich versichere Ihnen, Sie können das augenblick-

> lich, wenn Sie Ihre ganze Aufmerksamkeit darauf sammeln. Wenn Sie sich so Ihrem Hintergrund öffnen, wird er seinen Sinn preisgeben, entdecken Sie mit einem Schlag die Wahrheit... Das Verstehen geht vom Jetzt aus, von der Gegenwart, die immer zeitlos ist... Sich darauf vorzubereiten, was morgen sein wird, heißt, sich vom Verstehen dessen abzuschneiden, was *jetzt* ist. ... Sie bereiten sich dann darauf vor, morgen etwas zu verstehen, was nur im Jetzt zu verstehen ist. Darum werden Sie niemals verstehen. Die Wahrheit wahrzunehmen, bedarf keiner Vorbereitung; Vorbereitung impliziert Zeit, und Zeit ist nicht das Mittel zum Verstehen der Wahrheit. Die Zeit verläuft, und die Wahrheit ist zeitlos.[24]

Weiterhin behauptet Krishnamurti (wie alle wahren Metaphysiker): «Über Gott oder die Wahrheit kann man nicht nachdenken. Wenn man darüber nachdenkt, ist es nicht die Wahrheit.» Wir verstehen die Wahrheit dessen, was ist, nicht, weil wir ihr ausweichen und sie unter Gedanken und Symbolen begraben. Und wenn wir dann einen Ausweg aus unserer Verwirrung suchen, weichen wir schon wieder dem aus, was ist.

> Wie sehr sind wir doch darauf bedacht, eine Lösung unserer Probleme zu finden! Beharrlich suchen wir nach einer Antwort, einem Ausweg, einem Heilmittel. Nie betrachten wir das Problem selbst, sondern suchen aufgeregt und angstvoll nach der Antwort... Nach einer Antwort suchen heißt aber dem Problem ausweichen – und genau das wollen ja die meisten von uns... Die Lösung liegt nicht außerhalb des Problems; die Antwort liegt *im* Problem, nicht anderswo. Wird die Antwort von dem getrennt, worum es eigentlich geht, so erschaffen wir neue Probleme: wie man die Antwort verwirklicht oder in die Tat umsetzt und dergleichen.[25]

Nehmen wir etwa an, ich würde eben jetzt von heftiger Furcht geschüttelt. Wir wollen der Furcht im allgemeinen nicht gewahr sein, sondern sie loswerden. Das geht natürlich nur, wenn «Ich» und «Furcht» zweierlei sind, wenn zwischen dem Erfahrenden und der Erfahrung der primäre Dualismus klafft. Und genau hier liegt natürlich das Problem, denn wenn der primäre Dualismus illusorisch ist, wenn ich also in Wirklichkeit meine gegenwärtige Erfahrung *bin* und sie nicht *mache*, dann sind «Ich» und «Furcht» in diesem Augenblick ein und dasselbe Geschehen und ich kann mich ebensowenig als von meiner Furcht verschieden betrachten wie von meinem Kopf. Wenn ich sehe, daß ich Furcht *bin*, kann die Furcht «mich» nicht mehr bedrohen und hört auf, fürchterlich zu sein. Wenn ich andererseits die Furcht loszuwerden versuche, dann ist das nichts anderes als Angst vor der Furcht – die Furcht will sich zweiteilen, um sich selbst zu entkommen. Hier erzeugt der primäre Dualismus einen Teufelskreis, in dem die Furcht auf der Flucht vor sich selbst grauenhafte Ausmaße annehmen kann.

Krishnamurti kommt immer wieder auf diesen Punkt zurück, ob er nun von Furcht, Zorn, Eifersucht oder Leiden spricht: Wir werden damit nicht fertig, indem wir sie umgehen, sondern nur durch die Einsicht, daß wir sie *sind*:

> Sie sind sich also des Leidens voll bewußt. Ist dieses Leiden von Ihnen getrennt, so daß Sie es lediglich als Beobachter wahrnehmen, oder ist dieses Leiden *Sie*?
> Wenn es da keinen Beobachter gibt, der leidet, ist das Leiden dann verschieden von Ihnen? Sie sind das Leiden, nicht wahr? Sie sind nicht getrennt vom Schmerz – Sie *sind* der Schmerz . . . Wenn das Zentrum [Pseudosubjekt] zum Schmerz in Beziehung steht [also von ihm verschieden ist], dann hat es Angst vor ihm, muß etwas unternehmen. Wenn aber das Zentrum dieser Schmerz *ist*, was dann? Dann bleibt gar nichts zu tun, nicht wahr? Wenn Sie das *sind* – und es weder akzeptieren noch benennen, noch wegschieben –, sagen Sie dann noch: «Ich leide»? Da hat doch wohl ein fundamentaler Wandel stattgefunden . . . Solange ich keine Beziehung zu dem Ding *als außerhalb meiner* habe, besteht das Problem nicht; sobald ich eine Beziehung zu ihm als außerhalb meiner herstelle, entsteht das Problem. Wenn ich das Leiden als etwas außerhalb sehe, stelle ich eine Beziehung zu ihm her, und diese Beziehung ist bloße Einbildung. *Bin* ich es aber, dann wandelt sich alles und bekommt einen anderen Sinn. Dann nämlich herrscht volle Aufmerksamkeit, integrierte Aufmerksamkeit, und alles, dessen man so gewahr ist, wird verstanden und löst sich auf, und da gibt es dann keine Furcht mehr, und das Wort «Kummer» existiert nicht.[26]

Man könnte sagen, Krishnamurtis ganze Botschaft bestehe darin, daß wir den eingebildeten primären Dualismus auflösen und zur zweiten Weise des Erkennens, dem nicht-dualen und nicht-begrifflichen Gewahrsein, erwachen müssen, denn nur so kann uns die Wirklichkeit offenbar werden. Hinderlich ist dabei alles, was die Distanz von Subjekt und Objekt schafft oder aufrechterhält, die Namen, Gedanken, Erinnerungen, Gefühle und Bilder, kurz, die Assoziationen, die wir mit den «Objekten» verbinden.

> Denn diese Assoziationen, diese Bilder und Erinnerungen, schaffen Distanz zwischen dem Beobachter und dem Beobachteten. Und in dieser Distanz, der Trennung des Sehenden vom Gesehenen, besteht der ganze Kampf des Menschen. Es kommt darauf an, ohne Bild zu sehen, so daß die Kluft zwischen dem Beobachter und dem Beobachteten einfach nicht existiert.[27]

«Ohne Bild sehen», das ist der alles entscheidende Punkt, und Krishnamurti schließt gleich die Frage an: «Kann das Bild aufhören, und nicht allmählich, sondern augenblicklich? Um diese Frage zu beantworten, muß man sich den Mechanismus vergegenwärtigen, der die Bilder erzeugt.» Dieser Mechanismus ist «Unaufmerksamkeit»[28], und an Krishnamurtis weiterer Beschreibung erkennen wir sofort die Übereinstimmung mit Benoits «passiver Aufmerksamkeit», die dafür sorgt, daß die reine organismische Energie, das nicht-duale Gewahrsein, in dualistische Formen zerfällt. Krishnamurti:

> Sie beleidigen mich oder schmeicheln mir. Ich reagiere, und diese Reaktion erzeugt das Bild. Zur Reaktion kommt es dadurch, daß es an Aufmerksamkeit mangelt. Wenn ich nicht vollkommen [oder aktiv, wie Benoit sagen würde] achthabe auf Ihre Beleidigung, erzeugt diese Unaufmerksamkeit das Bild. Wenn Sie mich einen Idioten nennen, reagiere ich, das heißt: Ich bin nicht wirklich aufmerksam für das, was Sie sagen, und daraus entsteht das Bild. Wenn ich aber meine ungeteilte Aufmerksamkeit dem zuwende, was Sie sagen, entsteht kein Bild.[29]

Auch bei Krishnamurti finden wir also, daß vollständige Aufmerksamkeit (Faktor 1) das Entstehen von Bildern suspendiert oder anhält (Faktor 2), und wenn es kein Bild, keinen Gedanken gibt, leben wir im passiven Gewahrsein (Faktor 3), worin uns die WIRKLICHKEIT offenbar wird.

Kommen wir zur Vedānta-Philosophie des Hinduismus. Auch hier treffen wir die drei Faktoren an, wenn auch in etwas anderer Gestalt, weil der Vedānta sich nicht der Energie-Metapher bedient, sondern von «absoluter Subjektivität» (Brahman-Ātman) spricht. Dennoch werden wir die drei Faktoren in den Worten des größten modernen Vertreters des Vedānta, Shrī Ramana Maharshi, leicht wiedererkennen.

Wie bei so vielen anderen hören wir auch bei Shrī Ramana Maharshi immer wieder, das Denken – als die Wurzel aller Dualität – sei der Ursprung aller Selbsttäuschung und Sklaverei. Natürlich heißt das nicht, daß wir das Denken einfach aufgeben und auf eine vorsteinzeitliche Entwicklungsstufe zurückkehren sollen. Das symbolische Denken ist unverzichtbar – vorausgesetzt, wir verwechseln es nicht mit der WIRKLICHKEIT und wissen zwischen Karte und Territorium zu unterscheiden. Leider haben wir diese beiden Seiten jedoch schon hoffnungslos durcheinandergebracht, weshalb es *aus praktischen Gründen* in der Regel notwendig ist, das Denken zeitweilig ganz zu suspendieren und alle Landkarten fortzuwerfen (Faktor 2), um zur Abwechslung mal das Territorium selbst zu Gesicht zu bekommen. *Dann* können wir unsere Karten wieder aufnehmen und benutzen, anstatt von ihnen besessen zu sein – und das auch noch unwissentlich. So betont auch der Maharshi, das Denken sei nur in seiner Ausschließlichkeit Sklaverei.[30]

Der einzigartige Gesichtspunkt, den er für den Weg zur Befreiung einzubringen hat, besteht jedoch in seiner Aussage, der «Ich-Gedanke» sei der Ursprung aller anderen Gedanken:

> Der erste und grundlegendste aller Gedanken, die sich im Geist bilden, der Ur-Gedanke, ist der «Ich»-Gedanke. Erst auf diesen «Ich»-Gedanken hin bilden sich die unzähligen anderen Gedanken.[31]

Das heißt aber auch, daß das Aussetzen des Ich-Gedankens das Aussetzen aller übrigen Gedanken bedeuten würde. Nun ist es aber, wie Shrī Ramana betont, unmöglich, den Ich-Gedanken zu unterdrücken, denn wer sollte das tun? Ein anderes «Ich»? Der Ich-Gedanke kann – wie jeder andere Gedanke – nur suspendiert oder vergessen, nicht aber unterdrückt werden, und für diese Suspendierung empfiehlt er die intensive «Selbsterforschung» anhand der Frage: «Wer bin ich?» Diese aufmerksame und gesammelte Selbsterforschung (Faktor 1) führt nach den Worten des Maharshi zum Versiegen der Bilder (Faktor 2):

> Da jeder andere Gedanke nur nach dem Auftauchen des Ich-Gedankens entstehen kann und da der Geist nichts als ein Bündel von Gedanken ist, kann nur die Frage «Wer bin ich?» den Geist befriedigen. Überdies wird der Ich-Gedanke, der dieser Selbsterforschung innewohnt und alle anderen Gedanken zerstört, schließlich selbst zerstört oder verzehrt, wie der Stock, mit dem man den Scheiterhaufen schürt, schließlich selbst verzehrt wird.
>
> Tauchen bei dieser Selbsterforschung äußere Gedanken auf, so versuchen Sie nicht, diese zu Ende zu denken, sondern forschen Sie tief in sich hinein: «Wem kommt dieser Gedanke?» Wie viele Gedanken Ihnen auch kommen mögen, wenn Sie nur mit größter Wachheit augenblicklich fragen, wem dieser Gedanke kommt, werden Sie finden: Er kommt «mir». Und wenn Sie dann weiterforschen: «Wer bin ich?», so wendet sich der Geist nach innen und der aufsteigende Gedanke legt sich wieder – die Wahrnehmung der Welt als *objektiver* Wirklichkeit erlischt.[32]

Wie «funktioniert» nun diese Selbsterforschung? Nehmen wir an, ich frage Sie: «Wer sind Sie?», und Sie antworten: «Ich bin Soundso, von Beruf dasundas, verheiratet.» Vielleicht nennen Sie noch Ihr Alter, Ihre Religionszugehörigkeit und dergleichen und fragen dann: «Meinten Sie das?» Ich antworte: «Nein. Das sind alles Wahrnehmungsobjekte, bloße Ideen. Wer sind Sie? Wer ist das, der all diese Objekte und Ideen wahrnimmt?» – «Nun ja, ich bin ein Mensch, ein individueller Organismus mit gewissen biologischen Funktionen. Kommt das Ihrer Frage näher?» – «Nein», müßte ich wieder entgegnen, «das sind immer noch Ideen und Gedanken. Wer sind *Sie*?» Ihr Geist wendet sich auf sich selbst zurück, um die Antwort zu finden, und wird immer stiller. Und fragte ich immer weiter: «Wer sind Sie? Wer sind Sie?», so würden Sie bald in eine innere Stille eintreten, identisch mit der Stille, die auf Benoits Frage folgt: «Wie geht es Ihnen, in jeder Hinsicht zugleich?» Diese objektlose

Stille, von aktiver Aufmerksamkeit oder Wachsamkeit oder Selbsterforschung erzeugt, ist ein Bodhi-Mandala, denn eben hier an diesem Punkt, wo keine mentale Antwort, kein Bild, kein Objekt sich mehr einstellt, sind Sie dafür geöffnet, urplötzlich die WIRKLICHKEIT selbst zu erfassen. Diese Stille, das Anhalten (Faktor 2), öffnet die Tür zum grenzenlosen Gewahrsein (Faktor 3):

> Erforschen Sie das Wesen des Ich [Faktor 1], und das Ich vergeht. Mit ihm vergehen Sie und er [Objekte; Faktor 2]. Der daraus resultierende Zustand, der als Absolutes Sein aufleuchtet, ist Ihr natürlicher Zustand, das Selbst [Faktor 3] ... Das einzige Forschen, das zur Selbst-Verwirklichung führt, ist die Suche nach dem Ich mit einwärtsgewandtem Geist und ohne das Wort «Ich» zu äußern ... Wenn man sich innerlich fragt: «Wer bin ich?», sinkt das individuelle Ich beschämt in sich zusammen ..., und die Wirklichkeit manifestiert sich augenblicklich spontan als ICH-Ich [absolute Subjektivität, nicht-duales Gewahrsein, Faktor 3].[33]

Als nächstes wollen wir uns einigen «höheren» Formen des Buddhismus zuwenden. Wir haben schon gesehen, wie die Mādhyamaka-Schule durch kritisches Erforschen (Faktor 1) alle Begriffe aus dem Weg räumt (Faktor 2), so daß Prajñā rein hervorscheinen kann (Faktor 3). Dies brauchen wir hier nicht noch einmal zu erörtern. Dafür wollen wir nun zwei andere Schulen des Buddhismus betrachten, nämlich Ch'an (Zen) und T'ien-t'ai (Tendai), um auch in diesen Formen des geschickten Experiments noch einmal nach unseren drei Faktoren zu forschen.

Ch'an oder Zen begann als «das unmittelbare Deuten auf des Menschen Herz» und «Schau des eigenen Wesens», ohne daß allzuviel die Rede gewesen wäre von spirituellen Übungen wie Sammlung und Meditation. So sind uns von Hui-neng, dem sechsten Patriarchen des Ch'an, folgende Worte überliefert:

> Es ist falsch zu glauben, das still versunkene Dasitzen sei von ausschlaggebender Bedeutung für die Befreiung. Die Wahrheit des Ch'an eröffnet sich selbst von innen her und hat nichts mit der Übung von Dhyāna [Meditation] zu tun. Denn wir lesen im *Vajrachchedikā* [*Diamant-Sūtra*], daß jene, die den Tathāgata [Buddha] in einer seiner

> besonderen Haltungen, sitzend oder liegend, zu sehen versuchen, seinen Geist nicht verstehen, und daß der Tathāgata als der Tathāgata bezeichnet wird, weil er von nirgendwoher kommt und nirgendwohin geht, und aus diesem Grund ist er der Tathāgata. Sein Erscheinen hat kein Woher, sein Verschwinden kein Wohin, und das ist Ch'an. Im Ch'an gibt es daher nichts zu gewinnen, nichts zu verstehen. Mit überkreuzten Beinen sitzen und Dhyāna üben – was soll uns das? Manch einer mag denken, Verstehen sei vonnöten, um das Dunkel des Nicht-Wissens zu erhellen, doch die Wahrheit des Ch'an ist absolut, und darin ist keine Zweiheit, keine Bedingtheit. Von Verblendung und Erleuchtung zu sprechen oder von Bodhi [Erleuchtung] und Klesha [Trübung des Geistes], als wären sie zweierlei Dinge, die zu einem verschmolzen werden können, ist nicht im Sinne des Mahāyāna. Im Mahāyāna wird jede Form der Zweiheit als Ausdrucksmittel für die höchste Wahrheit verworfen.[34]

Wenige jedoch sind so wach und geistesgegenwärtig, daß sie die «Wahrheit des Ch'an» direkt sehen können, und so bildeten sich im Laufe der Jahrhunderte, in denen das Ch'an sich in China entwickelte und ausbreitete und immer mehr Anhänger gewann, sehr wirksame Upāya, um Menschen von verschiedenster Geistesart zum GEIST zu erwecken; denken wir nur an die Schreie eines Ma-tsu (Baso), Lin-chi (Rinzai) oder Yün-men (Ummon), an Ma-tsus und Te-shans (Tokusans) Schläge, die Kung-an(Kōan-)Schulung der Meister Yüan-wu (Engo) und Ta-hui Tsung-kao (Daie Sōkō) oder an die «schweigende Erleuchtung», die wir mit dem Namen T'ien-t'ung Ju-ching (Tendō Nyojō) verbinden. Um dieses Schlagen, Schütteln und Schreien der frühen Ch'an-Meister ist in unserer Zeit viel Aufheben gemacht worden, aber man verkennt gänzlich, worum es dabei eigentlich geht: Was tun Sie, wenn Sie jemanden wecken wollen, der schläft und auch noch Alpträume hat? Sie schütteln ihn, versetzen ihm einen Klaps oder schreien ihn an – und genau das taten diese Meister, um ihre Schüler aufzuwecken.

In unserem Zusammenhang soll es nun vor allem um die Kōan-Praxis auf der einen und um die schweigende Erleuchtung auf der anderen Seite gehen. Die Kōan-Übung nimmt eine mit den Mitteln des Verstandes nicht zu lösende Aufgabe als «Thema» der Meditation; meist handelt es sich dabei um einen Wortwechsel zwischen einem der alten Ch'an-

Meister und einem Schüler, zum Beispiel: «Was ist der Ton des Klatschens einer Hand?» oder «Halte das am Horizont segelnde Boot an!» oder «Eine Gans ist in einer Flasche gefangen – ohne die Flasche zu zerbrechen oder die Gans zu verletzen, hole die Gans heraus.» Diese Aufgaben sind durch diskursives Denken nicht zu lösen, und so hat es keinen Sinn, das Kōan zu analysieren; es kommt vielmehr darauf an, vollständig eins mit ihm zu werden – und dann löst es sich von selbst auf. Die Kōan-Praxis zielt also vor allem darauf, Subjekt und Objekt zu verschmelzen und uns zum GEIST zu erwecken.

Das ist jedoch nicht einfach eine Konzentrationsübung; im Gegenteil, bloße Konzentration auf ein Kōan wird als mechanisch und den Geist abstumpfend verworfen. Der Schüler hat sich vielmehr so intensiv auf das Kōan zu sammeln, daß er schließlich nur noch hellwaches, vollkommen fasziniertes Lauschen und Forschen ist, eine Haltung, die man im Ch'an als *i-ch'ing*, «Geist des Erforschens», bezeichnet.

> Um dich recht im Zen zu üben, solltest du den Geist des Erforschens *(i-ch'ing)* pflegen, denn in dem Maße, in dem dein forschender Geist stark ist, wird deine Erleuchtung tief sein.[35]

> Zen-Übung besteht nicht im bloßen Hersagen eines Kōan. Was sollte es für einen Sinn haben, einen Satz immer aufs neue zu wiederholen? Das Wichtigste ist, das «Zweifels-Gefühl» [den Geist des Erforschens] zu wecken, mit welchem Kōan man auch gerade üben mag.
> Die alten Meister sagten: «Je größer das Forschen, desto größer das Erwachen; je kleiner das Forschen, desto kleiner das Erwachen; kein Erforschen, kein Erwachen.»[36]

Dieser forschende Geist ist vollkommene aktive Aufmerksamkeit, reine Geistesgegenwart, auf keinerlei Objekt gerichtet – oder wie Suzuki sagt: «Ein großes Fragezeichen ohne besonderes Objekt.» Darin erkennen wir unseren Faktor 1 – aktive Aufmerksamkeit.

Auch im Zen gilt, daß dieses Große Erforschen schließlich zur Suspendierung aller Gedankenprozesse und Bilder führt, also zum Anhalten, unserem Faktor 2:

> Ta-hui rät uns niemals, uns einfach innerlich ein Kōan zu vergegen-

> wärtigen; er sagt uns vielmehr, wir sollten es durch die schiere Kraft des forschenden Geistes zum Zentrum unserer Aufmerksamkeit machen. Wenn solch ein Geist hinter dem Kōan steht, so sagt er, ist es «wie ein großes verzehrendes Feuer, das alle sich nähernden Insekten müßiger Spekulation verbrennt».[37]

Zwischen bloßer Konzentration und Unterdrückung der Gedanken auf der einen und wahrer Zen-Sammlung auf der anderen Seite besteht also ein himmelweiter Unterschied; im letzteren Fall löst das Große Erforschen das Denken bereits in seinem Ursprung auf, bevor es unsere Energie in Formen zerfallen lassen kann. Wie wir gesehen haben, ist Unaufmerksamkeit der Mechanismus der Bild-Erzeugung, und das Große Forschen legt diesen Mechanismus vorübergehend lahm, ohne ihn zu unterdrücken oder zu zerstören. Daß das Unterdrücken der Gedanken vollkommen nutzlos, ja sogar eine gefährliche Krankheit ist, wird im Zen immer wieder betont.

Das Große Forschen jedoch, wenn es mit aller Kraft vorangetrieben wird, löst die Flut der Bilder und Gedanken auf, die uns normalerweise von der WIRKLICHKEIT trennen. Wenn diese Auflösung weit genug gediehen ist, kann sich ein Zustand einstellen, der im Zen *dai-gidan* genannt wird – «Großer Zweifel». Alle Gedanken sind suspendiert, Subjekt und Objekt werden eins, die Kluft des primären Dualismus schließt sich. Der Große Zweifel ist also Faktor 2, ein Bodhi-Mandala, aus dem jederzeit Prajñā (Faktor 3) hervorbrechen kann. Hören wir die Beschreibung eines chinesischen Meisters des 15. Jahrhunderts:

> Wenn du in großer Ernsthaftigkeit fortfährst, nach dem Forschenden selbst zu forschen [Faktor 1], wird ganz gewiß die Zeit kommen, da es dir vollkommen unmöglich sein wird, mit deinem Forschen fortzufahren, so als wärest du an die Quelle eines Baches gelangt und ringsumher verstellten die Berge dir den Weg. Dies ist die Zeit, da der Baum mit all seinem Geranke niederbricht, da also die Unterscheidung von Subjekt und Objekt vollkommen ausgelöscht wird und der Forschende und das Erforschte zu vollkommener Einheit verschmelzen [Faktor 2]. Im Erwachen aus dieser Einheit ereignet sich ein großes Satori, das all dein Forschen und Suchen befriedet [Faktor 3].[38]

In dieser Erfahrung, so schreibt Suzuki, »ist keine Spur von intellektueller Analyse und begrifflicher Reflexion».[39] Ob wir sie also Erleuchtung, Erwachen, Satori, Wu oder wie auch immer nennen, wir erkennen darin unseren Faktor 3, Prajñā, das nicht-duale, passive Gewahrsein. Kein Zweifel also, daß die Kōan-Schulung der Ch'an-Zen-Tradition größten Wert auf diese drei Faktoren legt: Aktive Aufmerksamkeit (Großes Forschen), Anhalten (Großer Zweifel) und passives Gewahrsein (Prajñā). Meister Mumon hat das vielleicht am bündigsten ausgedrückt:

> Um jenes wundersame Ding, das man Erleuchtung [Faktor 3] nennt, zu erfahren, müßt ihr in den Ursprung eurer Gedanken Einblick gewinnen [Faktor 1] und sie dadurch ausrotten [Faktor 2].[40]

Die zweite Hauptform der Zen-Schulung, die heute noch praktiziert wird, ist das Mo-chao ch'an (jap. Mokushō-Zen), das «Zen der schweigenden Erleuchtung». Diese Form bedient sich keiner Hilfsmittel und erhielt deshalb von dem großen japanischen Zen-Meister Dōgen Zenji den Namen Shikantaza – «Einfach treffend sitzen». Meister Hung-chih beschreibt es so:

> Schweigend, gelassen, vergißt man alle Worte;
> Klar und lebendig erscheint *Das*.
> Wenn man seiner gewahr wird, ist es weit und grenzenlos;
> In seinem Wesen ist es reines Gewahrsein...
> In dieser leuchtenden Klarheit verschwindet alles
> absichtsvolle Bemühen.
> Schweigen ist das letzte Wort.
> Spiegelung ist die Antwort auf alles [Erscheinende].
> Bar jeden Bemühens,
> Ist diese Antwort natürlich und spontan...
> Die Wahrheit der schweigenden Erleuchtung
> Ist vollkommen und ganz.[41]

Diese schweigende Erleuchtung, in der jedes bewußte Streben aufhört, erkennen wir leicht als den Faktor 3, passives Gewahrsein. Wie aber erreicht man diesen Zustand? Auch hier steht natürlich am Anfang das, was wir Faktor 1 nennen – gesammelte, hellwache und doch entspannte

Aufmerksamkeit. Hakuun Yasutani, ein bedeutender japanischer Zen-Meister der Moderne, erläutert dies:

> Beim Shikantaza darf man nicht gehetzten Sinnes sein, sondern muß so fest verwurzelt und massiv in sich gesammelt sein wie, sagen wir, der Fujiyama. Dabei aber müssen Sie geistig wachsam sein und gespannt wie eine Bogensehne. So ist Shikantaza ein Zustand erhöhter, konzentrierter Geistes-Gegenwart, in dem man weder überspannt noch in Eile und natürlich niemals schlaff ist. Es ist die Geisteshaltung eines Menschen angesichts des Todes. Stellen Sie sich vor, Sie nähmen an einem Duell im Schwertkampf teil, wie er einst im alten Japan geübt wurde. Angesichts Ihres Gegners sind Sie jeden Augenblick auf der Hut, entschlossen und bereit. Wenn Sie auch nur eine Sekunde in Ihrer Wachsamkeit nachließen, so würden Sie augenblicklich niedergestochen. Eine Menge Volks sammelt sich, um den Kampf zu sehen. Da Sie nicht blind sind, sehen Sie die Volksmenge aus dem Augenwinkel, und da Sie nicht taub sind, hören Sie sie. Aber Ihre Aufmerksamkeit wird von solchen Sinneswahrnehmungen nicht einen einzigen Augenblick gefangen genommen.[42]

Die Frage, was man beim Shikantaza denken soll, stellt sich gar nicht erst; der Mechanismus der Gedankenerzeugung ist Unaufmerksamkeit, und wo aktive, wache Aufmerksamkeit herrscht, bilden sich keine Gedanken. Drängt sich doch einmal ein Gedanke auf, so nimmt man ihn einfach zur Kenntnis und läßt ihn sanft wieder los, um zur aktiven Aufmerksamkeit des «Sprich, ich lausche dir» zurückzukehren. Wenn diese aktive Aufmerksamkeit sich festigt (Faktor 1), werden die Gedanken allmählich zur Ruhe kommen (Faktor 2, Anhalten), und langsam tritt die «schweigende Erleuchtung» hervor (Faktor 3, nicht-duales Gewahrsein).

Wenden wir uns nun kurz der T'ien-t'ai-Schule des Buddhismus zu. Auch hier brauchen wir nicht sehr lange nach den drei Faktoren Aufmerksamkeit, Anhalten und Gewahrsein zu suchen, denn die beiden Hauptpfeiler dieses geschickten Experiments, *chih* und *kuan*, wörtlich «Anhalten» und «Schauen» oder «Gewahrsein», sind unsere beiden Faktoren 2 und 3. Äquivalente der beiden Ausdrücke «Chih» und «Kuan» finden wir schon in den frühesten buddhistischen Schriften, und was sie bezeichnen, ist eigentlich das Gerüst jedes Systems buddhistischer

Kung Dsi sprach: «Das geht an, doch ist's noch nicht das Höchste.»
An einem anderen Tag trat er wieder vor ihn und sprach: «Ich bin vorangekommen.»
Kung Dsi sprach: «Was meinst du damit?»
Er sagte: «Ich bin zur Ruhe gekommen und habe alles vergessen.»
Kung Dsi sprach bewegt: «Was meinst du damit, daß du zur Ruhe gekommen und alles vergessen?»
Yen Hui sprach: «Ich habe meinen Leib dahinten gelassen, ich habe abgetan meine Erkenntnis. Fern vom Leib und frei vom Wissen, bin ich Eins geworden mit dem, das alles durchdringt. Das meine ich damit, daß ich zur Ruhe gekommen bin und alles vergessen habe.»
Kung Dsi sprach: «Wenn du diese Einheit erreicht hast, so bist du frei von allem Begehren; wenn du dich so gewandelt hast, so bist du frei von allen Gesetzen und bist weit besser als ich, und ich bitte nur, daß ich dir nachfolgen darf.»[46]

Der eigentliche Weg zum bildlosen Herz-Fasten, zur Selbstvergessenheit, wurde von den früheren Taoisten nie im einzelnen dargestellt, denn eine systematische, auferlegte und rituelle Meditationspraxis galt als höchst untaoistisch. Jedes planvolle Bemühen, das Ich zu vergessen oder loszuwerden, ist ja wiederum nichts anderes als eine Aktivität des Ich! Dennoch gibt es einen Zugang zum Herz-Fasten, nur ist es eben ein Weg der «Nicht-Disziplin» oder, um den taoistischen Ausdruck zu verwenden, der Weg des Wu-wei. *Wu-wei* bedeutet wörtlich «Nicht-Handeln», womit aber nicht bloßes Nichtstun gemeint ist, sondern absichtsloses Handeln, ein Handeln ohne Eingreifen in den natürlichen Lauf der Dinge. Dieser Ausdruck bezeichnet also die Kunst, das «Herz» (den Geist) sich regen zu lassen, wie es will, es weder anzutreiben noch zu hemmen, alle Strebungen des Herzens in vollkommener Unvoreingenommenheit zuzulassen und die Gedanken fließen zu lassen wie Wolken, die über den Himmel ziehen. Dies ist die Haltung, die wir als Faktor 1 bezeichnen, und sie führt zum Herz-Fasten, unserem Faktor 2. Ein Meister dieses Wu-wei war Lieh-tzu, und seine Geschichte zeigt deutlich, wie er durch allmähliches inneres Loslassen zu jenem Herz-Fasten kam, worin der primäre Dualismus aufgehoben ist:

Setz dich, ich will dir sagen, was ich bei meinem Meister gelernt habe.

> Nachdem ich mich an meinen Meister gewandt . . ., vergingen drei Jahre. Ich wagte im Herzen nicht über Recht und Unrecht nachzudenken und mit meinem Munde über Vorteil und Nachteil zu reden. Da erst bekam ich von meinem Meister einen einzigen Blick. Nach fünf Jahren dachte ich in meinem Herzen wieder an Recht und Unrecht und redete mit meinem Munde wieder über Vorteil und Nachteil. Da erst heiterte sich die Miene des Meisters auf, und er lächelte. Nach sieben Jahren machte ich mir im Herzen wieder keine Gedanken mehr über Recht und Unrecht und redete mit meinem Munde kein Wort mehr über Vorteil und Nachteil. Da erst ließ mich mein Meister auf derselben Matte mit ihm sitzen. Nach neun Jahren, da machte ich einen Strich durch die Gedanken meines Herzens und die Worte meines Mundes. Ich wußte nicht mehr, ob es sich nun um *mein* Recht und Unrecht, um *meinen* Vorteil und Nachteil handle oder um die von anderen. Noch wußte ich mehr, daß der Meister mein Lehrer war . . . Der Unterschied von Ich und Nicht-Ich war zu Ende.[47]

In diesem Zustand des Herz-Fastens (Faktor 2), frei von allem dualistischen Erkennen, befand Lieh-tzu sich in einem Bodhi-Mandala, worin ihm schließlich offenbar wurde, daß er eins war mit dem Tao (Faktor 3): «Ich folgte dem Wind nach Osten und Westen wie ein Baumblatt oder trockene Spreu, und wirklich weiß ich nicht, ob der Wind mich trieb oder ich den Wind.»[48]

Indem er also seinem Herzen und seiner Rede ihren natürlichen freien Lauf ließ und alle inneren Regungen billigte, anstatt sie zu unterdrücken (*wu-wei*, Faktor 1) gelangte er zum Herz-Fasten, worin alle mentale Aktivität zur Ruhe kommt (Faktor 2). Shen-hui formulierte diese Beziehung später ganz explizit: «Einer, der ohne alle Absicht ist, ist frei vom diskursiven Denken.» Mit anderen Worten: Die Billigung aller inneren Regungen, ohne jede Einmischung, führt zum Nicht-Denken oder Herz-Fasten, und darin entfaltet sich jenes passive Gewahrsein, das Tao genannt wird (Faktor 3).

Ich möchte diesen Überblick mit Wei Wu Wei beschließen, denn er liefert uns nicht nur eine gute Zusammenfassung, da er sich auf das Wesentliche des Vedānta, des Ch'an und des Taoismus bezieht, sondern ist auch ein Mann von großer Autorität. Um ihn zu verstehen, müssen wir uns eine unserer Kernaussagen noch einmal vergegenwärtigen: Was ich bin – die WIRKLICHKEIT selbst! – ist nichts Gegenständliches, nichts, was gesehen, gefühlt, berührt, gehört oder gedacht werden kann. Was ich für mein «wahrnehmendes Ich» halte, der «kleine Mann» in meinem Kopf, der angeblich diese Seite liest, der angeblich «ein Subjekt» ist, ist in Wirklichkeit nur ein wahrgenommenes Objekt, denn ich kann ihn anschauen, über ihn nachdenken, ihn achten oder verabscheuen, ihn besser machen und so weiter. Dieses Ich kann daher nicht das sein, was ich bin, der Wahrnehmende, denn der Wahrnehmende kann sich selbst unmöglich als Objekt wahrnehmen.

Mein Denken, mein Körper, meine Wünsche, Hoffnungen und Ängste – genau das bin ich *nicht*, denn es kann alles zum Gegenstand meiner Wahrnehmung werden. Indem ich mich aber mit diesen Dingen identifiziere, lege ich mir selbst Ketten an, die immer enger und fester werden, je weiter ich im Bewußtseinsspektrum aufsteige und meine Identität von Dualismus zu Dualismus immer weiter beschneide. Die Ketten werden auch immer schmerzhafter, da ich nun immer mehr Dinge als außerhalb meiner selbst und daher als potentielle Bedrohung erlebe. Wei Wu Wei rät uns daher – und hier stimmt er mit allen Weisen aller spirituellen Traditionen überein, die immer und immer wieder vom «Loslassen» und «Nicht-Anhaften» sprechen –, uns aus allen *ausschließenden* Identifikationen mit irgendwelchen bestimmten Wahrnehmungsobjekten zu lösen, um unsere ursprüngliche Identität, unsere zeitlose Einheit mit dem *All* wiederzuentdecken:

> Wir sind zwar nichts als [GEIST], und so gibt es eigentlich nichts zu erlangen, zu ergreifen oder zu besitzen, aber um in ihm zu *leben* (und das hat eben nichts zu tun mit dem objektiven Verständnis dessen, was er ist, das heißt, was wir sind), müssen wir uns dephänomenalisieren und desobjektivieren und unsere Subjektivität von der ins Phänomenale projizierten Ich-Vorstellung desidentifizieren.[49]

Diese Desidentifikation erfordert nun keine besonderen Aktionen, sondern zunächst die Einsicht, daß alles, was ich erkennen, sehen, fühlen oder denken kann, eben *nicht* mein Ich ist, nicht Subjekt, sondern Objekt. Das Gesehene ist niemals der Sehende; oder andersherum: Der Sehende kann nicht gesehen werden.

Müssen wir dann den Blick nach innen wenden, um den Sehenden zu finden? Nun, was auch immer wir da sehen, ist wiederum nur Objekt. Ich bin jetzt so «nah dran», daß ich Es nicht sehen kann! Es ist nämlich das, was sieht, und «Ich» werde Es nie zu sehen bekommen. «Kein noch so ausdauerndes Schauen in welche Richtung auch immer hilft Ihnen zu sehen, was da schaut», faßt Wei Wu Wei lapidar zusammen. Es ist stets unmittelbar gegenwärtig, aber wir können es nicht sehen oder benennen oder denken, denn dazu müßte es ja ein Objekt sein, und das ist nun mal nicht der Fall. Selbst wenn wir sagen, es sei «absolute Subjektivität», verfehlen wir es, denn sofort fangen wir ja an, über absolute Subjektivität nachzudenken und machen ein Objekt daraus; wir versuchen uns auszumalen, was es wohl sei, wo und wie es zu finden sei und welche Schritte man unternehmen müsse, aber während wir all diese Bild-Objekte vor unserem inneren Auge vorbeimarschieren lassen, ist die «eigentliche» absolute Subjektivität das, was diese Parade verfolgt.

> Wie naheliegend die Antwort ist! Aber auch wie ärgerlich! – denn wir können es nicht denken und schon gar nicht benennen, ein Wort daraus zu machen, ohne es in ein Objekt zu verwandeln. Das Mysteriöse besteht allein darin, daß wir die Wahrheit als ein Objekt suchen.

Nun wissen wir aber kein anderes Mittel, als Ausschau zu halten nach dem wahren Subjekt, dem Sehenden. Wenn wir also schauen – obwohl wir wissen, daß das Gesuchte nicht als Objekt gesehen werden kann –, was werden wir sehen? Wenn mein Auge versucht, sich selbst zu sehen, was wird es sehen? Nichts!

> Wenn das Subjekt sich selbst anschaut, sieht es nichts mehr; da kann nichts zu sehen sein, denn das Subjekt, da es als Subjekt sich selbst nicht Objekt ist, kann nicht gesehen werden.
> Das ist die «Spiegel-Leere» – die Abwesenheit von allem Sichtbaren, von allem Sehbaren, die das Subjekt ist.

Und noch einmal den ganzen Zusammenhang:

> Welchen Sinn hat es, nach außen zu schauen? Du siehst ja doch nichts als Objekte. Wende dich um und schau nach *innen*.

Werde ich dann das Subjekt sehen?
Würdest du es sehen, so wäre es ein Objekt. Ein Objekt bleibt ein Objekt, in welche Richtung man auch schaut.
Werde ich nicht mich selbst sehen?
Du kannst nicht sehen, was nicht da ist!
Was also werde ich sehen?
Vielleicht das Nichtvorhandensein deiner selbst, und das ist das, was schaut. Man hat es «die Leere» genannt... Die Leere ist das, was du nicht sehen kannst, wenn du nach einem Ich ausschaust, das nicht da ist. Warum? Weil sie das ist, was schaut.

Wenn wir das erreicht haben, das Sehen des Nichtvorhandenseins unserer selbst, befinden wir uns in einem Bodhi-Mandala – und Es kann jederzeit geschehen. Wir verschieben das Erwachen, wir verschieben das Sehen dessen, was immer schon der Fall ist, weil wir den primären Dualismus behalten wollen, weil wir Es als Objekt sehen wollen, als etwas, das wir ergreifen und wahrnehmen können, während Es doch in Wirklichkeit das in uns ist, was eben jetzt zu ergreifen und wahrzunehmen versucht.

Schon das bloße Vorhaben, Es als Objekt begreifen zu wollen, ist ein Schauen in die falsche Richtung, denn solange der eingefleischte Mechanismus des Objektivierens aller Wahrnehmungen nicht stillgelegt wird, kann ein Wesensverständnis sich nicht entwickeln.
Es läßt sich ohne weiteres einsehen, daß diese Leerheiten – man benennt sie mit Ausdrücken wie «das Nichtexistente» oder «die Leere» oder «Nichtsein» – durchaus keine Objekte sind und niemals sein können, denn sie sind das, was der ist, der sie wahrnimmt, und man kann sie niemals als existierend oder nichtexistierend sehen – weil sie überhaupt nicht gesehen werden können.

Dies ist nun der Punkt, wo der Verstand in die vollkommene Ausweglosigkeit gerät:

Der Wahrnehmende hat bei seinem Forschen einen Punkt erreicht, wo er das anschaut, was er selbst ist; er ist ans Ende der Sackgasse seiner Analyse gelangt und findet sich Auge in Auge seinem eigenen Wesen gegenüber, doch anstatt es als solches anzunehmen, statt zu erkennen, daß seine Leere das ist, was ein Auge sieht, wenn es sich selbst anschaut, besinnt er sich darauf, daß er ein guter und bestens geschulter Philosoph ist, und versucht weiterhin, das zu einem Objekt zu machen, was er nicht sieht und niemals sehen kann.

Wenn ich aber an diesem Punkt, wo ich realisiere, daß ich nicht wahrgenommen werden kann, wo ich nach innen schaue und nichts Objektives mehr ausmachen kann, jeden weiteren Versuch des Objektivierens aufgebe, dann bin ich, der Wahrnehmende, dahin «zurückgekehrt», wo ich immer schon bin: Der Wahrnehmende, der Brahman-Ātman, ist das, was ich nicht sehe, wenn ich nach mir selbst Ausschau halte – und das ist Es! Oder in Wei Wu Weis Worten: «Es war der GEIST, der nach dem GEIST Ausschau hielt und sich nicht als Objekt finden konnte. Und das Nicht-Finden war das Finden.» Oder: «Ausschauen nach mir, Ausschauen nach dem Ausschauen, ist das Finden meines Nichtvorhandenseins.»

Vielleicht sagen Sie jetzt: «Ich verstehe einigermaßen, bekomme es aber doch noch nicht recht zu fassen.» Genau, das ist es! Sie werden es nie als Objekt «zu fassen» oder zu sehen bekommen, also geben Sie auf! Eben dieses Nicht-Sehen ist Es, und wenn Sie in diesem Bodhi-Mandala des Nicht-Sehens, des Herz-Fastens, bleiben, kann es geschehen, denn dann stehen Sie unmittelbar vor Ihrer Nicht-Objekthaftigkeit, und das ist ja, was Sie suchen. Die Leere, nach der Sie ausschauen, ist die Leere, die Sie nicht sehen, wenn Sie in sich nach dem Schauenden ausschauen: Das Gesuchte ist der Suchende, der Suchende ist das Gesuchte.

> Das, was du suchst und nicht finden kannst, ist der Suchende. Der Dharmakāya [GEIST] kann nicht gefunden oder beschrieben werden, weil letztlich er der Suchende, der Beschreibende ist – und so müßte er dann das Subjekt sein, das sich selbst zum Objekt macht.
> Immer wenn du Dies-Hier-Jetzt zu benennen versuchst, bist du ein Auge, das sich selbst sehen will. Du kannst dies, was du bist, nicht objektivieren, und was du objektivieren kannst, ist das, was du nicht bist. Dies Suchende ist das Gesuchte, und das Gesuchte ist dies Suchende.

Wei Wu Wei zitiert Padmasambhava, den «Lotosgeborenen», jenen bis heute hochverehrten Weisen, der den Buddhismus im achten Jahrhundert nach Tibet brachte:

> Padmasambhava, der große Meister, sagte: «Es gibt keine zwei Dinge wie das Gesuchte und den Suchenden . . .; im völligen Begreifen zeigt sich das Gesuchte als eins mit dem Suchenden. Wenn der Suchende selbst gesucht wird, aber nicht gefunden werden kann, so ist das Ziel des Suchens und das Ende der Suche erreicht. Dann gibt es nichts mehr zu suchen und braucht nichts mehr gesucht zu werden.»
> Und der einzige Weg ist, das zu sehen, und das ist Gewahrsein, es ist dies, was ein Auge nicht sehen kann, wenn es nach sich selbst ausschaut.

Und was wird in diesem Augenblick reinen, nicht-objektiven Gewahrseins aus dem sogenannten objektiven Universum? Viele stellen sich unter «Leere» ein reines Nichts, ein Vakuum vor, worin alle Dinge einfach verschwinden, aber in Wirklichkeit hören sie nur auf, Objekte zu sein. Der Wahrnehmende ist eins mit dem Universum, das er wahrnimmt: Das objektive Universum und mein subjektives Ich gehen gleichermaßen in den Akt reinen nicht-dualen Sehens auf.

> Das Gesuchte ist der Suchende,
> Das Beobachtete ist dessen Beobachter,
> Das Gehörte ist der, der es hört,
> Der Geruch ist der, der ihn riecht,
> Der Geschmeckte ist der, der genießt, was er schmeckt,
> Was berührt wird, ist der, der es fühlt,
> Das Gedachte ist der Denker des Gedankens,
> Kurzum, das sinnlich Wahrgenommene ist der,
> dessen Sinne wahrnehmen.

Wenn das wirkliche Erfahrung wird, weitet unser Identitätsgefühl sich mit einem Schlag auf alles Erfahrene aus – aber dann gibt es keinen Erfahrenden mehr, der erfahrenen Objekten gegenübersteht, sondern nur noch ein umfassendes, nicht-duales Erfahren. Schaut man nach innen, um den Wahrnehmenden zu finden, so findet man nichts Objektives – dafür aber das ganze Universum, das nun nicht mehr als «Objekt da draußen» erscheint, sondern als identisch mit dem Sehenden erfahren wird. So heilt der primäre Dualismus.[50]

Ohne Frage ist Wei Wu Weis geschicktes Experiment ein Musterbeispiel für unsere drei Faktoren. Nach dem bisher Gesagten genügt es, wenn wir seine Benennung der drei Faktoren hier ohne weitere Erläuterungen anfügen: Aktives Nach-innen-Schauen (Faktor 1) führt zum Nicht-Sehen (Faktor 2), und aus diesem Bodhi-Mandala kann reines, nicht-objektives Gewahrsein (Faktor 3) erwachsen.

Offenbar sind also die drei Faktoren integraler Bestandteil aller wirklich geschickten Experimente – vom Mahāyāna-Buddhismus bis Krishnamurti, vom Vedānta bis zum Taoismus –, und diese Faktoren können wir in unser Leben aufnehmen, wenn wir zum GEIST «gelangen» wollen. Die Ausdrucksformen der drei Faktoren können sehr unterschiedlich sein, und uns geht es keineswegs darum, die großen Upāya auf ihren kleinsten und daher nichtssagenden gemeinsamen Nenner zu reduzieren. Bei allen Unterschieden, die nicht leichtfertig übergangen werden dürfen, stimmen jedoch die induzierten Bewußtseinszustände im wesentlichen überein. Benoits aktive Aufmerksamkeit des «Sprich, ich lausche dir», Krishnamurtis totale Aufmerksamkeit, das taoistische Wu-wei und sein uneingeschränktes Zulassen aller inneren Regungen, die Selbsterforschung Shrī Ramana Maharshis, das große Forschen der Zen-Buddhisten und Wei Wu Weis «nach innen schauen und nichts sehen» – all das deutet auf einen Zustand vollständiger Aufmerksamkeit und Offenheit, als lauschten wir auf eine Antwort aus der Mitte unseres Seins, als schauten wir nach innen auf den Ursprung unseres Bewußtseins. Dies ist Faktor 1, «aktive Aufmerksamkeit», und eben weil da keine Antwort in Form von Bildern und mentalen Objekten kommt, wird der Geist selbst still.

Das Schweigen bei Benoit und Krishnamurti, das Samādhi und das Chih der Mahāyāna-Buddhisten, das «Herz-Fasten» der Taoisten, Shrī Ramanas «Verschwinden des Ich-Gedankens», der «Große Zweifel» der Zen-Buddhisten und Wei Wu Weis «Leere, die du nicht siehst» – all das deutet auf einen Zustand objektlosen Schweigens, auf ein zeitweiliges Aussetzen jenes Mechanismus, der Bilder und Gedanken zu einem Schirm zwischen uns und der WIRKLICHKEIT verwebt, auf die Unterbrechung des primären Dualismus, auf eine tiefe Stille, worin die WIRKLICH-

KEIT in vollkommen unveränderter Form offenkundig wird. Dies ist Faktor 2, «Anhalten», das Aussetzen der Dualität von Subjekt und Objekt, das Sitzen in einem Bodhi-Mandala. In diesem Zustand kann jederzeit und ohne ersichtlichen Anstoß oder Grund die unmittelbare Erfahrung dessen über uns hereinbrechen, was immer schon ist: Prajñā, Tao-Gewahrsein, Kuan, nicht-objektives Sehen, Brahman, GEIST. Dies ist Faktor 3, und wenn er sich einstellt, ist die Suche vorüber.

Auf jeder Ebene des Spektrums, so sagten wir, bedeutet die Heilung des Haupt-Dualismus, daß wir die Verantwortung für die bis dahin unterdrückten und projizierten Anteile unserer Identität übernehmen – und das gilt auch für die Ebene des GEISTES. Mit der Heilung des quartären Dualismus übernahmen wir die Verantwortung für unsere Depressionen, für unsere Ängste, für alles, wovon wir uns unter Druck gesetzt fühlten, kurz, für unseren Schatten, denn uns wurde klar, daß wir uns all diese Dinge selbst antun. Wir identifizierten uns mit diesen entfremdeten Aspekten, so daß sie uns nicht länger «von außen» bedrängten und bedrohten und folglich aufhörten, Probleme zu sein. Bei der Heilung des tertiären Dualismus übernahmen wir die Verantwortung für unseren Gesamtorganismus, für unser geistig-körperliches In-der-Welt-Sein, kurz, für unser Zentaur-Dasein, denn wir erkannten, daß wir an unserem Schicksal als Zentauren zwar nichts ändern können, aber für unsere Haltung gegenüber diesem Schicksal selbst verantwortlich sind. Indem wir unser Schicksal annahmen, war es nichts Fremdes mehr, das uns «von außen» ängstigte und bedrohte.

Bei der Heilung des primären Dualismus übernehmen wir nun die Verantwortung für *alles*, was uns widerfährt, denn was uns widerfährt, ist nun unser eigenes Tun. Wenn ich und das Universum nicht länger getrennt sind, ist das Handeln des Universums mein Handeln, und mein Handeln ist das Handeln des Universums. Ein Stein fällt mir auf den Kopf – mein Tun. Jemand erschießt mich hinterrücks – mein Tun. Ich bekomme eine Lungenkrankheit und ersticke langsam und qualvoll – mein Tun. Auf jeder Ebene schienen mir Dinge gegen meinen Willen zu widerfahren, aber in Wirklichkeit tat ich sie mir selbst an, mochte ich auch ehrlich und vollkommen davon überzeugt gewesen sein, daß sie «von außen» kamen. Auf der Ebene des GEISTES liegt nun nichts mehr außerhalb, «Mein Wille und Gottes Wille» sind eins geworden. In diesem «nicht außerhalb» liegt auch der innere Sinn des Karma-Gesetzes, das Alan Watts gern so formulierte: «Was dir passiert, ist dein eigenes Tun, dein eigenes Karma.»

Hier hören Probleme auf, Probleme zu sein. Nicht daß Gott sie bereinigte oder wir selbst sie lösten – nein, sie lösen sich von selbst auf, oder vielmehr: Sie stellen sich gar nicht erst. Ludwig Wittgenstein schrieb:

> Zu einer Antwort, die man nicht aussprechen kann, kann man auch die Frage nicht aussprechen. *Das Rätsel* gibt es nicht. Wenn sich eine Frage überhaupt stellen läßt, so kann sie auch beantwortet werden...
> Zweifel kann nur bestehen, wo eine Frage besteht; eine Frage nur, wo eine Antwort besteht, und diese nur, wo etwas *gesagt* werden *kann.*
> Wir fühlen, daß selbst wenn alle *möglichen* wissenschaftlichen Fragen beantwortet sind, unsere Lebensprobleme noch gar nicht berührt sind. Freilich bleibt dann eben keine Frage mehr; und eben dies ist die Antwort.
> Die Lösung des Problems des Lebens merkt man am Verschwinden dieses Problems. (Ist dies nicht der Grund, warum Menschen, denen der Sinn des Lebens nach langen Zweifeln klar wurde, warum diese dann nicht sagen konnten, worin dieser Sinn bestand?)
> Es *gibt* allerdings Unaussprechliches. Dies *zeigt* sich, es ist das Mystische.[51]

Halten wir die folgenden Worte von G. S. Brown daneben:

> Es scheint schwer zu sein, eine annehmbare Antwort zu finden auf die Frage, wie und warum die Welt zu dem Wunsch kam – und die Fähigkeit entdeckte –, sich selbst zu sehen, und daran zu leiden scheint. Daß es so ist, wird manchmal als das Ur-Mysterium bezeichnet. Wenn wir von der Form ausgehen, in welcher wir gegenwärtig zu existieren *glauben*, besteht das Mysterium vielleicht nur darin, daß wir darauf beharren, eine Frage zu stellen, wo in Wirklichkeit nichts zu fragen ist.[52]

Und D. T. Suzuki bringt es auf den Punkt:

> Die Frage ist erst dann beantwortet, wenn sie nicht mehr gestellt

> wird ... Die wahre Antwort liegt da, wo die Frage noch nicht gestellt ist.[53]

«Wo die Frage noch nicht gestellt ist» – das ist eben jener dimensionslose Punkt, den wir «Jetzt» oder mit Meister Eckehart «Nun» nennen, denn in diesem Nun fallen Vergangenheit und Zukunft weg und mit ihnen das auf Vergangenheit beruhende und auf Künftiges orientierte Denken. In diesem Nun aktiver Aufmerksamkeit stellt die Frage sich nicht mehr, stellt keine Frage sich mehr, und eben das ist die Lösung.

Gesammelte, aktive Aufmerksamkeit auf das, was jetzt ist (Faktor 1), führt zur Suspendierung des Denkens (Faktor 2), weil das Denken vom Vergangenen zehrt und Künftiges vorwegzunehmen sucht. Denken ist Zeit, und das zeitlose Nun ist das gedankenleere Nun, und so stellt das schweigende Gewahrsein (Faktor 3) sich ein, wenn ich in der Gegenwart gewärtig bin. Dazu gehört ein waches Aufmerken auf alles, was jetzt gerade ist – dem «inneren» Strömen der Gedanken zuschauen, so wie man dem «äußeren» Strömen eines Flusses zuschaut, denn letztlich sind der innere und der äußere Strom nicht zwei:

> Mehr ist an kontemplativer Mystik eigentlich nicht dran: Ohne Urteil oder Kommentar dessen gewahr sein, was in diesem Augenblick tatsächlich geschieht, außen wie innen, und selbst unseren unwillkürlichen Gedanken lauschen, als wären sie nichts als das Rauschen des Regens. Das geht nur, wenn ganz klar ist, daß nichts anderes zu tun bleibt und es keinen Weg voran oder zurück gibt.[54]

Es gibt nichts anderes zu tun, weil da keine Zeit ist, in der es zu tun wäre; es gibt keinen Weg, der gegangen sein will, weil es keine Vergangenheit oder Zukunft gibt. Die Antwort ist ganz nah, und morgen wird sie nicht näher sein. Und eben da, wo dies uns aufgeht, hören wir auf, die Gegenwart zu benutzen, um «woandershin» zu kommen. Wir erwachen zu dem, was Coomaraswamy «ein fortwährendes unkalkuliertes Leben in der Gegenwart» nannte.

Ein Augenblick Gewahrsein genügt, um uns klarzumachen, daß wir eben dieses Leben ohnehin immer schon leben, ob wir das bemerken oder nicht. Mystisches und ewiges Gewahrsein des Nun unterscheidet sich ganz und gar nicht von dem, was Sie jetzt schon erfahren. Wir versäumen es, dies zu realisieren, weil wir uns einbilden, wir müßten uns irgendwie erst zum Nun hinarbeiten, als wäre es verschieden von dem, was jetzt schon *ist*. «Wenn ich das zu Ihnen sage, was geschieht dann mit Ihnen. Vielleicht verwirrt es Sie; vielleicht sagen Sie: ‹Erlebe ich diesen Augenblick richtig? Irgendwie verstehe ich offenbar nicht ganz. Ich will mir diesen Augenblick lieber noch ein wenig genauer anschauen, um zu sehen, ob dem so ist.› Schon haben Sie einen Fehler gemacht, nicht wahr? Sie haben versucht, sich aus diesem Augenblick in einen neuen Augenblick abzusetzen, um diesen Augenblick von dort aus deutlicher zu sehen. Ich sprach nicht vom nächsten Augenblick, in dem Sie diesen Augenblick deutlicher sehen, sondern von *diesem* Augenblick – bevor Sie etwas unternehmen können, um die Situation zu verändern.» Natürlich nehmen wir uns dann vor, die Situation *nicht* zu verändern, aber damit versäumen wir *diesen* Augenblick schon wieder, denn diesen Augenblick nicht zu verändern, erfordert ebenfalls den nächsten Augenblick: verändern oder nicht verändern, beides geht nicht in *diesem* Augenblick. Und natürlich sind wir verwirrt, wenn wir so etwas hören, denn wir benutzen ja stets diesen Augenblick, um zum nächsten zu gelangen, und so soll er uns auch als Anfangspunkt des «Weges zum» GEIST dienen. Dabei erreichen wir eben jetzt, erreichen wir immer eben jetzt den GEIST, nämlich das, was jetzt *ist*, sei das Leiden, Suche, Schmerz, Freude oder einfach Verwirrung. Die Reise beginnt nicht jetzt, sie endet jetzt, in eben dem Bewußtseinszustand, der jetzt gerade gegeben ist. Das ist der mystische Zustand, und das sind wir: Wir empfangen das Jetzt nicht, noch beobachten oder fliehen wir es, sondern wir sind es; das Empfangen, das Beobachten, das Fliehen – alle sind gleichermaßen das, gleichermaßen eine Bewegung des ewigen Jetzt, das wir sind.

Vollkommen zum Jetzt zu erwachen, aus dem Alptraum der Geschichte zu erwachen, heißt natürlich, den Tod der zukunftlosen Gegenwart zu erleiden. «Kein Wunder, daß der Mensch entsetzt ist», sagt Kierkegaard, «denn zwischen Mensch und Wahrheit liegt Ertötung.» Andererseits aber gibt der heilige Gregorius uns zu bedenken: «Niemand bekommt so viel von Gott wie der Mensch, der ganz und gar tot ist.» Und Shrī Ramana Maharshi bekräftigt: «Wenn die Zeit reif ist, werden Sie erkennen, daß Ihre Herrlichkeit da beginnt, wo Sie aufhören zu existieren.»

Doch dieses Ertöten, dieser Große Tod, dieses Nur-Jetzt, in dem wir der Zukunft sterben, ist, wie Coomaraswamy sagt, kein «plötzlicher Tod» am Ende des Lebens, sondern «Augenblicks-Tod» das ganze Leben lang. «Der Zeitpunkt des Todes», sagt T. S. Eliot, «ist jeder Augenblick.» Und jeder Augenblick ist dieser Augenblick, denn es gibt keinen anderen, und so erleiden wir in diesem Augenblick immer schon den Augenblicks-Tod und erwachen immer schon zu dem, was keine Zukunft und daher keine Vergangenheit hat, zu dem, was keinen Anfang in der Zeit hat und daher auch kein Ende in der Zeit, zu dem also, was ungeboren und daher todlos ist.

> In diesem Augenblick gibt es nichts, was anfängt zu sein. In diesem Augenblick gibt es nichts, was aufhört zu sein. Es gibt kein Geburt-und-Tod, das beendet werden müßte. Daher die absolute Stille in diesem gegenwärtigen Augenblick. Sie ist wohl in diesem Augenblick, doch dieser Augenblick hat keine Grenzen, und darin liegt ewige Freude.
>
> Hui-neng

Immer schon jetzt den Tod erleidend, leben wir immer schon ewig. Die Suche ist immer schon am Ziel.

> Nieselregen auf dem Berge Lu
> und wilde Wellen auf dem Che-chiang;
> Solange du nicht dort gewesen,
> wirst du dich darum grämen.
> Warst du erst dort und wendest wieder heim den Schritt,
> wie nüchtern sehen dann die Dinge aus:
> Nieselregen auf dem Berge Lu
> und wilde Wellen auf dem Che-chiang.

Danksagung

In den drei Jahren zwischen der Niederschrift und der Veröffentlichung dieses Buches hatte ich das Glück, einer ganzen Reihe von Leuten zu begegnen, die meine bis dahin einsamen Bemühungen moralisch unterstützten und bereit waren, Zeit und Arbeitskraft dafür aufzuwenden. An erster Stelle sind hier Jim Fadiman und John White zu nennen, an die ich im Dezember 1973 mit meinem Manuskript herantrat. Jim Fadiman schulde ich tiefen Dank für seinen unerschöpflichen Enthusiasmus und seine unermüdliche Suche nach dem richtigen Verlag für mein Buch. Was aber John White angeht – dieser Mann ist Herz von Kopf bis Fuß. Ohne seine beharrlichen und stets enthusiastischen Bemühungen hätte dieses Buch nie veröffentlicht werden können. Ich widme es ihm in freundschaftlicher Liebe als einem Mann, der das Herz eines Bodhisattva besitzt.

Für Don Berquist, Vince LaCoco und Lou Gilbert ein besonderer Dank für besondere Hilfen. Herzlich verbunden fühle ich mich auch Geri Gilbert als einem Menschen, der meinen Gedanken folgte und lange Zeit so ziemlich der einzige war, der sie verstand. Dank auch meinen Eltern Ken und Lucy für ihre mannigfache Hilfe, vor allem aber für ihre Bereitschaft, ihre Zweifel an meinem Thema hintanzustellen – keine geringe Leistung für zwei Leute, denen der Buddhismus jahrelang wie ein unangenehmes Hautjucken war, ein Affront gegen ihre religiösen Überzeugungen, und die jetzt daran denken, sich der Transzendentalen Meditation zuzuwenden. Für Huston Smith ein tiefes Gasshō für einen reizenden und überaus hilfreichen Brief. Meiner Frau Amy nichts als meine Liebe.

Quellenverweise und Anmerkungen

1. Prolog

1 Govinda, S. 171.
2 Alexander und Selesnick (1966) S. 457.
3 Fromm, Suzuki, de Martino, S. 138f.
4 Coomaraswamy (1943) S. 18, 69.
5 William James: *The Varieties of Religious Experience*, New York (Collier Books) 1961, S. 401.
6 Deutsch, S. 15.
7 *Memoirs of Alfred Lord Tennyson*, Bd. II, S. 473.
8 Lilly (1972) S. 218f.
9 William James (1950) S. 291.
10 Strauss, S. 243.
11 Bateson.
12 D. T. Suzuki (1987) S. 77.
13 Vgl. Coomaraswamy (1956 b) S. 133: «Es ist daher vollkommen klar, daß [die verschiedenen Bewußtseinsebenen] nicht durch undurchdringliche Mauern voneinander getrennt sind..., sondern in ihrer Abstufung eine Hierarchie von Bewußtseinstypen darstellen – vom tierischen bis hin zum göttlichen – und ein und dieselbe Person bei verschiedenen Gelegenheiten von unterschiedlichem Bewußtseinstypus sein kann.»
14 Ken Wilber: «Psychologia Perennis: The Spectrum of Consciousness», in: *Journal of Transpersonal Psychology*, Bd. 7, Nr. 2, 1975.

2. Zwei Weisen des Erkennens

1 D. T. Suzuki (1987) S. 128.
2 G. S. Brown, S. 104f.
3 Whyte (1950) S. 106.
4 Das sagte er zwar im Hinblick auf Nietzsche, doch läßt es sich ohne weiteres auf unseren Zusammenhang ausdehnen.
5 Heisenberg (1978) S. 193.
6 Commins und Linscott, S. 428.

7 Whitehead (1967) S. 16,
8 de Broglie, S. 14.
9 J. W. N. Sullivan, S. 140.
10 Andrade, S. 255.
11 «Gödel's Proof», in: *Scientific American* (Juni 1965), S. 71–86.
12 Commins und Linscott, S. 457.
13 Ebenda, S. 450.
14 Ebenda, S. 390.
15 Schrödinger (1959) S. 38.
16 Heisenberg (1960) S. 18.
17 Wittgenstein (1963) S. 32f.
18 Commins und Linscott, S. 453.
19 Zitiert in Schrödinger (1959) S. 31.
20 Ebenda.
21 Commins und Linscott, S. 468.
22 Vgl. Watts (1981 b).
23 Schrödinger (1959), S. 47.
24 Ebenda, S. 38.
25 Diese zweite Weise des Erkennens, die auch mit Ausdrücken wie Einsicht, Intuition oder Prajñā benannt wird, ist nicht mit dem zu verwechseln, was wir landläufig «Ahnung» oder «Intuition» nennen. Diese Ahnungs-Erkenntnis hat im abendländischen Denken nie eine große Rolle gespielt. Wissenschaftler und Philosophen wenden sich noch heute mit Grausen, wenn davon die Rede ist – und mit Recht, denn viele «intuitiv» erfaßte «evidente Wahrheiten» haben sich als vollkommen falsch erwiesen. Diese zweite Weise des Erkennens, von der wir sprechen, ist vielmehr ein inhaltsloses, dimensionsloses Erkennen, worin Erkennender und Erkanntes eins sind.
26 Watts (1961) S. 20.
27 Ebenda, S. 27.
28 *Upanishaden*, S. 180.
29 Deutsch, S. 82.
30 Ebenda, S. 83.
31 Berdjajew (1949) S. 197.
32 Meister Eckehart, S. 146.
33 D. T. Suzuki (1955) S. 85.
34 Zu Whiteheads Anschauungen siehe die im Literaturverzeichnis aufgeführten Werke.
35 McDermott, S. 155.
36 Ebenda, S. 157.

3. Wirklichkeit als Bewußtsein

1 Watts (1970 b) S. 14f.
2 Und zwar deshalb, weil sie das ist, was Augustinus so beschrieb: «Weisheit, die nicht gemacht wurde, sondern jetzt ist, was sie immer war und immer sein wird.»
3 Teilhard de Chardin (1964) S. 17f.
4 Hören wir dazu Chuang-tzu (Wilhelm 1972, S. 44): «Wer seinen Geist abmüht, um die Einheit (aller Dinge) zu erklären, ohne ihre Gemeinsamkeit zu erkennen, dem geht's, wie es in der Geschichte heißt: ‹Morgens drei›. Was bedeutet dieses ‹Morgens drei›? Es heißt: Ein Affenvater brachte (seinen Affen) Stroh und sprach: ‹Morgens drei und abends vier.› Da wurden die Affen alle böse. Da sprach er: ‹Dann also morgens vier und abends drei.› Da freuten sich die Affen alle. Ohne daß sich begrifflich oder sachlich etwas geändert hätte, äußerte sich Freude oder Zorn bei ihnen. Die Affen waren eben auch in subjektiver Bedingtheit befangen. Also macht es der Berufene in seinem Verkehr mit den Menschen. Er befriedigt sie mit Ja und Nein, während er innerlich ruht im Ausgleich des Himmels: das heißt beides gelten lassen.»
Kurzum, die Einheit der Dinge läßt sich nicht herbeierklären, denn Einzeldinge, wie sie sich aus der Affenperspektive darstellen, gibt es nicht. Noch deutlicher spricht Suzuki es aus (1970 b, S. 359):
«Wir sprechen im Zusammenhang mit der Zen-Schulung häufig von Identifikation, doch das ist ein ungenauer Ausdruck. Identifikation setzt eine ursprüngliche Entgegensetzung von Subjekt und Objekt voraus, tatsächlich aber gibt es von Anfang an keine gegensätzlichen Dinge, deren Identifikation durch Zen zu erweichen wäre. Sagen wir lieber, daß es nie eine Spaltung von Subjekt und Objekt gegeben hat... Die an Identität und Stille glauben, seien gewarnt: Sie sind bloßen Begriffen aufgesessen; sie sollten sich lieber zu den Tatsachen erheben und in und mit ihnen leben.»
5 Schrödinger (1961) S. 44.
6 G. S. Brown, S. 77.
7 Wilhelm (1972) S. 274.
8 Commins und Linscott, S. 395.
9 Dürr, S. 191.
10 Schrödinger (1961).
11 Schrödinger (1959) S. 40.
12 Ebenda, S. 65.
13 Schrödinger (1951).
14 Commins und Linscott, S. 419.
15 Suzuki (1968 a) S. 243–45.
16 Chang (1971) S. 173.

17 Hakeda, 3. Teil, 1. Kapitel
18 Huang-po, S. 43.
19 Guillaumont, S. 17–19.
20 Ebenda, S. 43.
21 M. R. James, S. 335.
22 Wilhelm (1972) S. 43.
23 D. T. Suzuki (1970 a, First Series) S. 199.
24 Ebenda, Second Series, S. 21.
25 Ebenda, S. 87.
26 Dionysios, S. 171.
27 Coomaraswamy (1956 a) S. 50.
28 Murti, S. 131f.
29 Watts (1969 a) S. 160.
30 D. T. Suzuki (1968 b) S. 67f.
31 Murti, S. 160.
32 Whorf (1963) S. 65f.
33 W. James (1950, Bd. 1) S. 284f.
34 *Madhyamika Shastra*, XV, 3.
35 Chang (1971) S. 156.
36 Bertalanffy (1968) S. 45, 49.
37 Needham, S. 582.
38 McDermott, S. 157.
39 Coomaraswamy (1943) S. 28.
40 Vgl. Coomaraswamy (1956 b) S. 202: «Nicht der Einfluß eines Denksystems auf ein anderes wird durch die Übereinstimmungen bewiesen, sondern der innere Zusammenhang der metaphysischen Tradition – weltweit und zu allen Zeiten.»

4. Zeit/Ewigkeit, Raum/Unendlichkeit

1 Berdjajew (1949) S. 10f., 58.
2 Ebenda, S. 204f.
3 Ramana Maharshi (1959) S. 25.
4 Kapleau (1981) S. 231, 236.
5 Shankara, S. 59f.
6 Guénon (1945 b) S. 114.
7 *Upanishaden*, S. 116.
8 Coomaraswamy (1947) S. 71.
9 Eine allgemeinverständliche Darstellung bietet: Watts (1972) Kap. 1.
10 Huang-po, S. 96.

11 Murti, S. 141.
12 So sagt Coomaraswamy (1943, S. 3): «Es wäre kaum übertrieben zu sagen, daß eine wirklichkeitsgetreue Darstellung des Hinduismus in der kategorischen Verneinung fast sämtlicher Aussagen bestehen könnte, die von Europäern und modern – das heißt skeptisch und evolutionistisch – denkenden Indern über ihn gemacht wurden. Man könnte das etwa mit der Bemerkung einleiten, daß die vedische Lehre weder pantheistisch noch polytheistisch ist.» Und ähnlich Suzuki (1958, S. 21f.): «Pantheismus ist weit entfernt von Zen ... Selbst da, wo Zen sich auf eine verstandesmäßige Erörterung einläßt, hat es niemals einer pantheistischen Weltdeutung zugestimmt. Denn zum ersten gibt es kein Eines für Zen. Wenn Zen überhaupt von dem Einen spricht, als ob es dieses anerkenne, so bedeutet dies nur ein Sichherablassen zum gewöhnlichen Sprachgebrauch [zur analogischen Weise des Hindeutens].»
13 May (1973) S. 87.
14 Meister Eckehart, S. 162.
15 Dionysios, S. 139.
16 Meister Eckehart, S. 203, 205.
17 Thomas von Aquin: *Summe gegen die Heiden*, I, 15, Darmstadt (Wissenschaftliche Buchgesellschaft) 1974, S. 61, 63.
18 Ramana Maharshi (1959) S. 73.
19 Huang-po, S. 135.
20 D. T. Suzuki (1970 a, Third Series).
21 Hakeda, S. 39.
22 Chung-yuan (1969) S. 100.
23 Aus: *Sutta Nipata.*
24 Schrödinger (1959) S. 46, 65.
25 Watts (1981 a) S. 79.
26 Schrödinger (1959) S. 46.
27 Russell (1945).
28 Guénon: *Metaphysique Orientale*, S. 17, 140.
29 Wittgenstein (1963) S. 113.
30 Coomaraswamy (1947) S. 114.
31 Meister Eckehart, S. 206.
32 Coomaraswamy (1947) S. 29.

5. Die Evolution des Spektrums

1 Coomaraswamy (1943).
2 G. S. Brown, S. V.
3 Ebenda.
4 Ebenda.
5 Ebenda, S. 84.
6 Ebenda, S. 104.
7 Hakeda, S. 50.
8 D. T. Suzuki (1968 a) S. 133.
9 Deutsch, S. 28.
10 Coomaraswamy (1943) S. 6.
11 Ebenda, S. 7.
12 Ebenda, S. 11.
13 Ebenda, S. 33.
14 Ebenda, S. 12.
15 Watts (1970 b) S. 47.
16 Ebenda, S. 52.
17 Norman O. Brown (1959) S. 52.
18 Ramana Maharshi (1972) S. 92.
19 Benoit (1958) S. 47.
20 N. O. Brown (1959) S. 284.
21 Ebenda, S. 91, 93.
22 Benoit (1958) S. 48.
23 Daher verwerfen die östlichen Traditionen das sinnliche Erkennen nicht, sondern nur das mit Begrifflichkeit behaftete sinnliche Erkennen. So hören wir von Seng-ts'an, dem dritten chinesischen Patriarchen des Ch'an, in dem Werk *Hsin-hsin-ming*: «Wenn du den Sinnen nicht abhold bist, erweist sich dies als dasselbe wie vollständige Erleuchtung.» Und von Suzuki (1970 b, S. 175): »Aufgrund von Begrifflichkeit geben unsere Sinneserfahrungen uns ein unrichtiges Bild von der Welt.»
24 N. O. Brown (1959) s. 167.
25 Benoit (1958) S. 42.
26 Die Existentielle Ebene, Konkretisierung des primären und sekundären Dualismus, bildet nicht nur die Grundlage der «Ich»-Identität des Menschen, sondern ist auch der Motor all seines Tuns. Und der Treibstoff für diesen Motor ist nur von einer Art: das Verlangen, ins Paradies zurückzukehren, sich wieder mit Gott zu vereinigen – und das ist natürlich Gottes Verlangen, sich selbst zu finden. Die Wiedervereinigung ist jedoch unmöglich, denn das Suchen impliziert eine Dualität von Suchendem und Gesuchtem, und Gott ist ja gerade das Nicht dieser primären Dualität. So ist der Mensch denn auf symbolische Ersatzbefriedigungen angewiesen und sucht in ihnen das nicht-

duale Paradies wiederzuerlangen. Er weiß jedoch nicht einmal, daß es das Paradies ist, was er sucht. Sein Verlangen ist «unbewußt». Er glaubt, Erfolg, Ansehen, Geld haben zu wollen, und da er durch sein dualistisches Suchen den GEIST niemals finden kann, fühlt er sich auch nie ganz wohl in seiner eigenen Haut. Das ist der Ur-«Kampf» (um Benoits Ausdruck zu gebrauchen), der die Existentielle Ebene bildet. Der Mensch, das unzufriedene Tier, sucht Wiedervereinigung auf eine Weise, die eben diese Wiedervereinigung gerade vereitelt.

27 Whorf (1956) S. 221, 252.
28 Ebenda, S. 240, 213.
29 Watts (1961) S. 23.
30 Murphy und Murphy, S. 213.
31 Bateson.
32 Roszak, Kap. 5.
33 Wei Wu Wei (1968) S. 5.
34 N. O. Brown (1966).
35 Fromm, Suzuki, de Martino, S. 127f., 134.
36 Ebenda, S. 134.
37 Und selbstverständlich gibt es ohne Vorher und Nachher auch keine Ursache und Wirkung, keine Kausalität.
38 Coomaraswamy (1957) S. 10.
39 «Spiel», weil das Wirken des Göttlichen spontan ist, ohne Zeitbezug, unbewegt, unmotiviert, mühelos. Und da das Wirken des Geistes absichtslos und zeitlos ist, verbietet sich hier auch jede Emanationslehre, die Manifestation postuliert. Selbst «Manifestation» im üblichen Sprachgebrauch dürfte mißverständlich sein, denn es suggeriert, daß die Phänomene «aus» dem GEIST kommen, während es doch in Wirklichkeit nichts außerhalb des GEISTES gibt.
40 Siehe Ken Wilber: *Halbzeit der Evolution*.

6. Die Traditionen der Philosophia perennis

1 McDermott, S. 186.
2 Suzuki bezeichnet als reine Erfahrung «eine Erfahrung in der es noch keine Differenzierung von Subjekt und Objekt gibt». Reine Erfahrung bezeichnet jedoch nicht jenen naiven Realismus, für den die Wirkung nichts weiter ist als die sinnlich gegebenen Dinge: Die Anschauung, daß unsere Sinne Objekte wahrnehmen, ist bereits eine Idee, die uns die WIRKLICHKEIT verschleiert. Daher fährt Suzuki fort: «‹Reine Erfahrung› zu sagen, ist schon wieder das Aussprechen einer vorgefaßten Anschauung, und damit ist die ‹Reinheit› der Erfahrung zerstört.»
3 Zimmer (1973) S. 31f.

4 Aus Platzgründen habe ich den Vergleich mit Assagiolis Psychosynthese und Grofs Arbeit hier ausgelassen. Diese «vieldimensionalen» Ansätze haben viel für sich, und mir scheint, daß sie im wesentlichen mit dem Bewußtseinsspektrum vereinbar sind. Siehe die Hinweise im Literaturverzeichnis.

5 Eigentlich gibt es kein Verschmelzen mit dem Kern. Wir sind schon immer mit ihm verschmolzen. Diese Einheit jetzt zu begreifen, anstatt sie morgen herstellen zu wollen – darum geht es.

6 Um es noch einmal zu betonen: Dieses «Zugrundeliegen» ist rein metaphorisch aufzufassen. Der Ātman *ist* vielmehr die Hüllen, ist das wahre Wesen jeder einzelnen Hülle.

7 Deutsch, S. 63.

8 Ramana Maharshi (1959) S. 22–24.

9 D. T. Suzuki (1968 a) S. 175.

10 Ebenda, S. 190. Manas reflektiert und objektiviert also den GEIST.

11 Ebenda.

12 Ebenda, S. 191.

13 Ebenda, S. 191f.

14 D. T. Suzuki (1982).

15 Ebenda, S. 269.

16 Ebenda, S. 280.

17 Ebenda, S. 281.

18 Vgl. Govinda, S. 170–173.

19 Ken Wilber: «Psychologia perennis und das Spektrum des Bewußtseins», in: Walsh und Vaughan, S. 83–99.

20 Wilhelm (1972) S. 50.

21 Laing (1974) S. 115.

22 Lilly, siehe Literaturverzeichnis.

23 Die folgenden Zitate habe ich Fischers Arbeiten am Maryland Psychiatric Research Center entnommen.

24 Benoit (1958) S. 176.

25 Ebenda, S. 177.

26 Ebenda.

27 Ebenda, S. 177f.

28 Ebenda, S. 178.

29 Ramana Maharshi (1972).

30 Benoit (1958) S. 178.

31 Ebenda, S. 179.

32 Ebenda, S. 181f.

33 So wird Prajñā in der *Prajñāpāramitā*-Literatur auch Sarvajñatā genannt – «Allwissenheit».

34 *Upanishaden*, S. 110f.

35 Benoit (1958) S. 184.

7. Integration des Schattens

1 Persönliche Korrespondenz.
2 Perls (1969) S. 99.
3 Ebenda, S. 67, 100.
4 Wilhelm (1972) S. 184.
5 Aus: *Bird Under Glass*.
6 Berdjajew (1930) S. 212f.
7 Watts (1969) S. 17.
8 Perls et al. (1951) S. 190.
9 Putney und Putney, S. 50.
10 Jung: «Psychotherapie und Seelsorge», in *Gesammelte Werke*, Bd. 11, S. 367.
11 Laing (1969) S. 28f.
12 Perls (1969) S. 107.
13 Ebenda, S. 65.
14 Ebenda, S. 178.
15 Ich habe in diesem Kapitel nicht zwischen Projektion und Retroflektion unterschieden und auch auf die Erörterung des dreiteiligen Aufbaus der Ego-Ebene und seiner Beziehung zur Schatten-Ebene verzichtet. Diese Themen habe ich anderswo ausführlich dargestellt: «A Working Synthesis of Transactional Analysis and Gestalt Therapy», in: *Psychotherapy: Theory, Research, and Practice*.

8. Der große Filter

1 Castaneda, S. 8.
2 Fromm et al., S. 135f.
3 Laing (1974) S. 125.
4 Watts (1970 a) S. 65f.
5 Watts (1969 a) S. 53.
6 Ähnlich N. O. Brown (1966, S. 159): «Nicht die Schizophrenie, sondern die Normalität ist spaltungs-irre; in der Schizophrenie lösen sich die eingebildeten Grenzen auf... Schizophrene leiden an der Wahrheit.»
7 Laing (1969) S. 50f., 22.
8 Putney und Putney, S. IX.
9 Henry, S. 295f.
10 Ebenda, S. 293, 296.
11 Laing (1969) S. 9.

9. Der Mensch als Zentaur

1 Lilly (1972) S. 102.
2 Ebenda, S. 100.
3 Zitiert in Peterson, S. 250.
4 Laing und Cooper, S. 11.
5 May (1969 b) S. 33–35.
6 Dostojewskij, S. 450.
7 Thomas Hanna, *Main Currents*, Bd. 31, Nr. 3, 1974.
8 Perls et al., S. 84.
9 Lowen, 1980.
10 Ebenda.
11 May (1969 b) S. 42.
12 Smith, S. 52. (Ich habe sein Diagramm umgedreht und daher auch die Worte «oberhalb» und «unterhalb» ausgetauscht.)
13 Ebenda.
14 Ebenda, S. 53.

10. Das Zwischenreich

1 Jung: «Die psychologischen Grundlagen des Geisterglaubens», in: *Gesammelte Werke*, Bd. 8, S. 351.
2 Jung: *The Portable Jung*, S. 67.
3 Govinda, S. 100.
4 Ebenda, S. 116.
5 Martin.
6 Govinda, S. 116.
7 Jung: *Modern Man in Search of a Soul*, New York (Harcourt, Brace) 1936.
8 Jung: «Über die Grundlagen der analytischen Psychologie», in: *Gesammelte Werke*, Bd. 18/1, S. 116.
9 Jung: «Die psychologischen Aspekte des Mutterarchetypus», in: *Gesammelte Werke*, Bd. 9, S. 95.
10 Eliade (1958) S. 116.
11 In Jung (1972) S. XXII.
12 Krippner.
13 Fenichel.
14 Lowen (1978).
15 Benoit (1958). Andere wichtige Arbeiten über Aspekte der Transpersonalen Bänder sind: Masters und Houston; Grof (1978); Tart (1978).

11. Was immer schon ist

1 Leggett, S. 85.
2 Huang-po, S. 118.
3 Chung-yuan (1969) S. 21.
4 Shibayama (1974) S. 57.
5 Meister Eckehart, S. 186.
6 Ramana Maharshi (1972) S. 53.
7 Huang-po, S. 47, 92, 95, 123.
8 Ebenda, S. 43.
9 McDermott, S. 156.
10 Wei Wu Wei (1963), S. 1.
11 Wei Wu Wei (1970 b) S. 157.
12 Thibaut, S. 28–32.
13 Watts (1973) S. 159.
14 Huang-po, S. 48f.
15 Der Zugang zum GEIST führt normalerweise über die Existentielle Ebene und damit über den primären Dualismus, der den Gegensatz zwischen dem Ich und dem anderen schafft. Diesem Umstand entsprechend, sind die Mystiker aller Zeitalter stets einer der beiden folgenden Klassen zuzurechnen: «Erlösung aus eigener Kraft» und «Erlösung durch die Kraft des anderen». Die Tatsache bleibt jedoch bestehen, daß man weder etwas tun noch nicht tun kann, um zu «bekommen», was immer ist.
16 Benoit (1958) S. 175.
17 Ebenda, S. 176.
18 Ebenda, S. 183f.
19 Ebenda, S. 186.
20 Ebenda, S. 187.
21 Ebenda, S. 66f.
22 Zitiert in D. T. Suzuki, 1982.
23 Krishnamurti: *The First and Last Freedom*, Wheaton (Quest Book) 1954, S. 24.
24 Ebenda, S. 268f.
25 Krishnamurti (1977) S. 143.
26 Krishnamurti: *The First and Last Freedom*, S. 170f.
27 Krishnamurti (1969) S. 50.
28 Krishnamurti (1971) S. 13.
29 Ebenda.
30 Damit können wir nun endlich auch aussprechen, daß Prajñā und Vijñāna eigentlich nicht als getrennte oder gar gegensätzliche Prinzipien zu betrachten sind. Sie erscheinen uns nur so, solange unser Bewußtsein dem primären Dualismus unterliegt. Suzuki, der den Unterschied so sorgfältig herausarbei-

tete (vgl. das 2. Kapitel), konnte dennoch sagen: «Prajñā ist Vijñāna, und Vijñāna ist Prajñā.» Wir könnten Vijñāna auch die dualistische und Prajñā die nicht-duale Weise des Erkennens nennen. Da aber alle Dualität illusorisch ist, ist Vijñāna eigentlich Prajñā.

Dann ist es also nicht nötig, das Denken anzuhalten, um Prajñā zu wecken. Vielmehr *ist* unser Denken Prajñā, wenn wir erst den primären Dualismus überwunden haben. Prajñā ist gegenwärtig, auch wenn gedacht wird – solange da kein Denkender ist, also kein primärer Dualismus.

Praktisch gesehen besteht die einzige Möglichkeit, den primären Dualismus zu überwinden, jedoch darin, das Denken zu suspendieren – denn dann wird offenkundig, daß da kein Denker ist. Wenn es aber gelingt, den primären Dualismus zu überwinden, und wenn die Welt dann nicht mehr als «Objekt da draußen» erscheint, werden sich dann im Bewußtsein auch keine Begriffe mehr bilden? Doch, Begriffe stellen sich weiterhin ein, und Objekte auch – aber wie die Objekte uns nicht mehr als objektiv («da draußen») erscheinen, sind die Begriffe dann nicht mehr begrifflich (d. h. Objekte des Denkens). Die «Objekte» existieren noch, aber ihnen steht kein «gesondertes Subjekt» mehr gegenüber; Begriffe stellen sich noch ein, aber da ist niemand mehr, der von ihnen gesondert ist. Subjekt – Objekt: *eine* Bewegung des Universums.

31 Ramana Maharshi (1959) S. 41.

32 Ebenda, S. 40f.

33 Ebenda, S. 73–75.

34 D. T. Suzuki (1970 a, First Series) S. 213.

35 Ebenda (Second Series) S. 117.

36 Chang (1970 b) S. 95–99.

37 D. T. Suzuki (1970 a, Second Series) S. 130.

38 Ebenda, S. 131.

39 Ebenda, S. 62.

40 Kapleau (1981) S. 113.

41 Chang (1970 b) S. 68.

42 Kapleau (1981) S. 90.

43 Luk (1971) S. 158.

44 Wilhelm (1972) S. 62.

45 Ebenda, S. 99.

46 Ebenda, S. 94f.

47 Wilhelm (1980) S. 50.

48 Ebenda.

49 Dieses und die folgenden Zitate sind den im Literaturverzeichnis angeführten Werken von Wei Wu Wei entnommen, insbesondere *All Else is Bondage*.

50 Weisen wir noch darauf hin, daß in den höchsten Entwicklungsformen aller spiritueller Traditionen gesagt wird, daß der primäre Dualismus sich urplötzlich schließt oder überwunden wird. So heißt es im 1. Korintherbrief

(15:51,52): «Siehe, ich sage euch ein Geheimnis: Wir werden nicht alle entschlafen, wir werden aber alle verwandelt werden; und dasselbe plötzlich, in einem Augenblick, zur Zeit der letzten Posaune.» Das *Lankāvatāra-Sūtra* bezeichnet diesen jähen Wandel als «plötzliche Umkehrung am Grund des Bewußtseins». Auch nach diesem Umschlagen evolviert das Spektrum weiterhin, aber jetzt aus Karuna-Upāya («Erbarmen und Geschicklichkeit») und nicht mehr aus Avidyā und Trishna («Verblendung» und «Gier»).

51 Wittgenstein (1963) S. 114f.

52 G. S. Brown, S. 105.

53 D. T. Suzuki (1970 a, Third Series) S. 157.

54 Watts (1971) S. XXIII.

Literaturverzeichnis

Alexander, Franz G., und Sheldon T. Selesnick: *The History of Psychiatry*, New York (The New American Library) 1966. (*Geschichte der Psychiatrie*, Zürich [Diana] 1969.)

Allport, Gordon, W.: *Gestalt und Wachstum der Persönlichkeit*, Meisenheim (Hain) 1970.

–: *The Nature of Personality* (Addison-Wesley) 1950.

Alpert, Richard (Baba Ram Dass): *Be Here Now*, San Cristobal (Lama Foundation) 1971. (Ram Dass: *Sei Jetzt Hier*, Berlin [Sadhana] o. J.)

Andrade, Edward Neville da Costa: *An Approach to Modern Physics*, New York (Doubleday) 1957.

Angyal, Andras: *Neurosis and Treatment*, New York (Wiley) 1965.

Arlow, Jacob A., und Charles Brenner: *Grundbegriffe der Psychoanalyse*, Reinbek (Rowohlt) 1976.

Aronson, Eliot: *The Social Animal*, New York (Viking) 1972.

Assagioli, Roberto: *Psychosynthesis*, New York (Viking) 1965. (*Handbuch der Psychosynthesis*, Freiburg i. Br. [Aurum] 1978.)

Avalon, Arthur (Sir John Woodroffe): *Die Girlande der Buchstaben*. Studien über das Mantra-Shastra, Bern u. a. (O. W. Barth) 1987.

–: *Die Schlangenkraft*. Die Entfaltung schöpferischer Kräfte im Menschen, Bern u. a. (O. W. Barth) 1975.

–: *Shakti und Shakta*. Lehre und Ritual der Tantras, Bern u. a. (O. W. Barth) 1987.

Bahm, Archie J.: *Philosophy of the Buddha*, London (Rider) 1958.

Bary, T. de: *The Buddhist Tradition*, New York (Modern Library) 1969.

Bateson, Gregory: *Ökologie des Geistes*, Frankfurt/M. (Suhrkamp) 1981.

A Benedictine of Stanbrook Abbey: *Medieval Mystical Tradition and St. John of the Cross*, London (Burns and Oates) 1954.

Benoit, Hubert: *Die Hohe Lehre*, München (O. W. Barth) 1958.

–: *Let Go!* London (Allen and Unwin) 1962.

Berdjajew, Nicolai A.: *Geist und Wirklichkeit*, Lüneburg (Heliand) 1949.

–: *Die Philosophie des freien Geistes*, Tübingen (Mohr) 1930.

–: *Von der Bestimmung des Menschen*, Bern, Leipzig (Gotthelf) 1935.

Bergson, Henri: *Zeit und Freiheit*, Jena 1911.

Berne, Eric: *Spiele der Erwachsenen*, Reinbek (Rowohlt) 1967.

–: *Was sagen Sie, nachdem Sie guten Tag gesagt haben?* München (Kindler Tb 2192) 1978.

Bertalanffy, Ludwig von: *General System Theory*, New York (Braziller) 1968. (*Systemtheorie*, Berlin [Collegium] 1972).

Bhagavadgita. Das hohe Lied Indiens, übers. v. Helmuth Maldoner, Hamburg (Papyrus) 1986.

Bharati, Agehananda (Leopold Fischer): *Die Tantra-Tradition*, Freiburg i. Br. (Aurum) 1970.

Blake, William: *The Portable Blake*, New York (Viking) 1971.

Blanck, Gertrude und Rubin: *Angewandte Ich-Psychologie*, Stuttgart (Klett-Cotta) 1978/79.

Blavatsky, Helene P.: *Die Geheimlehre*, Berlin (Etthofen) 1932.

Blofeld, John: *The Tantric Mysticism of Tibet*, New York (Dutton) 1970). (*Der Weg zur Macht*, Berlin [Ullstein Tb] 1981.)

– (Übers.): *The Zen Teaching of Hui Hui on Sudden Illumination*, London (Rider) 1969.

Bloom, A.: *Shinran's Gospel of Pure Grace*, Tucson (Univ. of Arizona Press) 1968.

Blum, G. S.: *Psychoanalytic Theories of Personality*, New York (McGraw-Hill) 1953.

Blyth, R. H.: *Zen in English Literature and Oriental Classics*, New York (Dutton) 1960.

–: *Zen and Zen Classics*, Vol. 1–5, Tokyo (Hokuseido Press) 1960–70.

Böhme, Jakob: *Glaube und Tat. Eine Auswahl aus dem Gesamtwerk*, Berlin (Union) 1976.

Broad, Charlie D.: *The Mind and its Place in Nature*, Littlefield (Adams) 1960.

Broglie, Louis de: *The Revolution in Physics*, New York (Noonday) 1953.

Bronowski, J.: *The Common Sense of Science*, Cambridge (Harvard Univ. Press) 1955.

Brooks, Charles V. W.: *Erleben durch die Sinne*, Paderborn (Junfermann) 1979.

Brown, George S.: *Laws of Form*, New York (Julian) 1972.

Brown, Norman O.: *Life Against Death – The Psychoanalytic Meaning of History*, Middletown (Wesleyan Univ. Press) 1959. (*Zukunft im Zeichen des Eros*, Pfullingen [Neske] 1962.)

–: *Love's Body*, New York (Vintage) 1966. (*Wider die Trennung von Geist und Körper, Wort und Tat, Rede und Schweigen*, München [Hanser] 1977.)

Buber, Martin: *Ich und du*, Heidelberg (L. Schneider) 1958.

Bucke, Richard M.: *Kosmisches Bewußtsein*, Celle 1925.

Burrow, Thomas: *Science and Man's Behavior*, New York (Greenwood) 1968.

Campbell, Anthony: *Seven States of Consciousness*, New York (Perennial Library) 1974.

Campbell, Joseph, *Der Heros in tausend Gestalten*, Frankfurt/M. (Suhrkamp Tb 424) 1978.

–: The Masks of God. Bd. 1: *Primitive Mythology*; Bd. 2: *Occidental Mythology*;

Bd. 3: *Oriental Mythology*; Bd. 4: *Creative Mythology*, New York (Viking) 1959/1964/1962/1968.

Casper, Marvin: «Space Therapy and the Maitri Project» in: *Journal of Transpersonal Psychology*, Bd. 6, Nr. 1, 1974.

Castaneda, Carlos: *Reise nach Ixtlan*, Frankfurt/M. (Fischer Tb 1809) 1976.

Chan, Wing-tsit: *The Way of Lao Tzu*, New York (Bobbs-Merrill) 1963.

Chang, Garma C. C.: *The Hundred Thousand Songs of Milarepa*, New York (Harper) 1970 a.

–: *The Practice of Zen*, New York (Harper and Row) 1970 b. (*Die Praxis des Zen*, Freiburg i. Br. [Aurum] 1982.)

–: *The Buddhist Teaching of Totality*, University Park (The Pennsylvania State Univ. Press) 1971. (Deutsche Ausgabe i. Vorber. b. O. W. Barth, Bern u. a.

– (Übers.): *Teachings of Tibetan Yoga*, Secaucus, New Jersey (Citadel) 1974.

Chaudhuri, H.: *Philosophy of Meditation*, New York (Philosophical Library) 1965.

Ch'en, Kenneth: *Buddhism in China*, Princeton (Princeton Univ. Press) 1964.

Chuang-tzu siehe Giles, Legge, Watson, Wilhelm 1972.

Chung-yuan, Chang (Übers.): *Original Teachings of Ch'an Buddhism*, New York (Pantheon) 1969.

–: *Tao, Zen und schöpferische Kraft*, Düsseldorf, Köln (Diederichs) 1975.

Commins, A., und R. N. Linscott (Hrsg.): *Man and the Universe*, New York (Washington Square Press) 1969.

Conze, Edward: *Der Buddhismus. Wesen und Entwicklung*, Stuttgart (Kohlhammer) 1953.

–: *Buddhist Meditation*, New York (Harper) 1969.

–: *Buddhist Wisdom Books*, London (Allen and Unwin) 1970.

–: *Buddhist Texts Through the Ages*, New York (Harper) 1964.

Coomaraswamy, Ananda K.: *Geschichte der indischen und indonesischen Kunst*, Leipzig 1927.

–: *Hinduism and Buddhism*, New York (Philosophical Library) 1943.

–: *Time and Eternity*, Ascona (Artibus Asial) 1947.

–: *The Bugbear of Literacy*, London (Dennis Dobson) 1949.

–: *Christian and Oriental Philosophy of Art*, New York (Dover) 1956 a.

–: *The Transformation of Nature in Art*, New York (Dover) 1956 b.

–: *The Dance of Shiva*, New York (Noonday Press) 1957.

–: *Budda and The Gospel of Buddhism*, New York (Harper) 1964.

–: *The Mirror of Gesture*, New Delhi (Munshiram Manoharlai) 1970.

–: *Elements of Buddhist Iconography*, New Delhi (Munshiram Manoharlai) 1972 a.

–: *The Origin of the Buddha Image*, New Delhi (Munshiram Manoharlai) 1972 b.

–, und Sister Nivedita: *Myths of the Hindus and Buddhists*, New York (Dover) 1967.

Cooper, David: *Psychiatrie und Anti-Psychiatrie*, Frankfurt/M. (Suhrkamp, es 497) 1971.
Coville, W. J., T. W. Costello und F. L. Rouke: *Abnormal Psychology*, New York (Barnes and Noble) 1971.
Cowell, Edward B. (Hrsg.): *Buddhists Mahayana Texts*, New York (Dover) 1969.
Dasgupta, Shashibhusan: *An Introduction to Tantric Buddhism*, Berkeley (Shambhala) 1974.
Deutsch, Eliot: *Advaita Vedanta*, Honolulu (East-West Center Press) 1969.
Dewey, J., und A. F. Bentley: *Knowing and the Known*, Boston (Beacon Press) 1949.
Dionysios Areopagita: *Mystische Theologie*, München (O. W. Barth) 1956.
Dostojewskij, Fjodor M.: «Aufzeichnungen aus dem Untergrund», in: *Der Spieler und andere Romane*, München (Piper) 1969.
Dumoulin, Heinrich: *Zen. Geschichte und Gestalt*, Bern (Francke) 1959.
Dürkheim, Karlfried Graf: *Der Alltag als Übung*, Bern (Huber) 1966.
Dürr, Hans-Peter (Hrsg.): *Physik und Transzendenz*, Bern u. a. (Scherz) 1986.
Eisendraht, Craig R.: *The Unifying Moment*, Cambridge (Harvard Univ. Press) 1971.
Eliade, Mircea: *Das Heilige und das Profane*, Hamburg (Rowohlt, rde 31) 1957.
–: *Ewige Bilder und Sinnbilder*, Olten und Freiburg i. Br. (Walter) 1958.
–: *From Primitives to Zen*, New York (Harper and Row) 1967.
Eliot, Charles; *Hinduism and Buddhism*, New York (Barnes and Noble) 1968.
Enomiya-Lassalle, Hugo M.: *Zen-Weg zur Erleuchtung*, Wien (Herder) 1960.
Erikson, Erik H.: *Kindheit und Gesellschaft*, Zürich, Stuttgart (Pan) 1957.
–: *Einsicht und Verantwortung*, Stuttgart (Klett) 1966.
Evans-Wentz, Walter Y.: *Das Tibetanische Totenbuch*, Olten und Freiburg i. Br. (Walter) 1972.
–: *Das tibetische Buch der großen Befreiung*, München (O. W. Barth) 1955.
–: *Yoga und Geheimlehren Tibets*, München (O. W. Barth) 1937.
Fadiman, J., und D. Kewman (Hrsg.): *Exploring Madness*, Monterey (Brooks/Cole) 1973.
Fagan, Joen, und I. L. Sheperd (Hrsg.): *Gestalt Therapy*, New York (Harper) 1970.
Fenichel, Otto: *Psychoanalytische Neurosenlehre*, Olten und Freiburg i. Br. (Walter) 1974.
Ferenczi, Sandor: «Stages in the Development of the Sense of Reality», in: *Sex in Psychoanalysis*, Boston (Gorham Press) 1916.
Festinger, Leon: *Theorie der kognitiven Dissonanz*, Bern u. a. (Huber) 1978.
Feuerstein, Georg A.: *Textbook of Yoga*, London (Rider) 1975.
Frank, P.: *Philosophy of Science*, Englewood Cliffs, New Jersey (Prentice-Hall) 1957.
Frankl, Viktor E.: *Der unbewußte Gott*, München (Kösel) 1974.

Fremantle, Anne (Hrsg.): *The Protestant Mystics*, New York (New American Library) 1965.
Freud, Anna: *Das Ich und die Abwehrmechanismen*, München (Kindler) 1975.
Freud, Sigmund: *Gesammelte Werke*, Frankfurt/M. (S. Fischer), darin insbesondere folgende Arbeiten: «Die Traumdeutung», *GW* 2 und 3; «Drei Abhandlungen zur Sexualtheorie», *GW* 5; «Totem und Tabu», *GW* 9; «Triebe und Triebschicksale», *GW* 10; «Zur Einführung des Narzißmus», *GW* 10; «Vorlesungen zur Einführung in die Psychoanalyse», *GW* 11; «Jenseits des Lustprinzips», *GW* 13; «Das Ich und das Es», *GW* 13; «Das Unbehagen in der Kultur», *GW* 14; «Die Zukunft einer Illusion», *GW* 14; «Neue Folge der Vorlesungen zur Einführung in die Psychoanalyse», *GW* 15.
Frey-Rohn, Liliane: *Von Freud zu Jung*, Zürich (Daimon) 1980.
Fromm, Erich: *Der moderne Mensch und seine Zukunft*, Frankfurt/M. (Europa) 1960.
–: *Psychoanalysis and Religion*, New York (Bantam) 1967.
–, und D. T. Suzuki, Richard de Martino: *Zen-Buddhismus und Psychoanalyse*, Frankfurt/M. (Suhrkamp Tb 37) 1972.
sGam Po Pa: *The Jewel Ornament of Liberation*, übers. v. H. V. Günther, London (Rider) 1970.
Gardener, H.: *The Quest For Mind*, New York (Vintage) 1972.
Giles, H. A.: *Chuang Tzu*, Shanghai (Kelly and Walch) 1926.
Giles, L.: *Taoist Teachings*, London (John Jurry) 1959.
Gilson, Etienne: *Der heilige Augustin*, Hellerau (Hegner) 1930.
Glasser, William: *Realitätstherapie*, Weinheim, Basel (Beltz) 1972.
Goble, Frank G.: *Die dritte Kraft*, Olten und Freiburg i. Br. (Walter) 1979.
Goddard, Dwight (Hrsg.): *A Buddhist Bible*, Boston (Beacon Press) 1966.
Goldstein, Kurt: *Der Aufbau des Organismus*, Den Haag (Nijhoff) 1934.
Goleman, Daniel: «The Buddha on Meditation and States of Consciousness, Part 1: The Teachings», «Part 2: A Typology of Meditation Techniques», in: *Journal of Transpersonal Psychology*, Bd. 4, Nr. 1 und 2, 1972.
Gooch, Stan: *Total Man*, New York (Ballantine) 1974.
Govinda, Lama Anagarika: *Grundlagen tibetischer Mystik*, Bern u. a. (O. W. Barth) [6]1985.
Graham, A. C.: *The Book of Lieh-tzu*, London (Murray) 1960.
Graham, Dom A.: *Zen Catholicism*, New York (Harvest) 1963.
–: *Conversations: Christian and Buddhist*, New York (Harvest) 1968.
Groddeck, Georg: *Das Buch vom Es*, Leipzig u. a. (Internat. Psychoanalyt. Verlag) 1926.
Grof, Stanislav: «Vorstoß ins Unbewußte», in: *Psychologie in der Wende*, hrsg. von Roger N. Walsh und Frances Vaughan, Reinbek (Rowohlt, rororo Sachbuch 8362) 1987.
–: *Topographie des Unbewußten*, Stuttgart (Klett-Cotta) 1978.

Guénon, René: *Introduction to the Study of the Hindu Doctrines*, London (Luzac) 1945 a.
–: *Man and His Becoming – According to the Vedanta*, London (Luzac) 1945 b.
Günther, Herbert V.: *Buddhist Philosophy In Theory and Practice*, Baltimore (Penguin) 1971.
–: *Treasures on the Tibetan Middle Way,* Berkeley (Shambhala) 1971.
–: *Philosophy and Psychology in the Abhidharma*, Berkeley (Shambhala) 1974.
– (Übers.): *The Life and Teachings of Naropa*, London (Oxford Univ. Press) 1963.
–, und L. S. Kawamura: *Mind in Buddhist Psychology*, Emeryville, Calif. (Dharma Publishing) 1975.
–, und Chögyam Trungpa: *The Dawn of Tantra*, Berkeley (Shambhala) 1975. (*Tantra im Licht der Wirklichkeit*, Freiburg i. Br. [Aurum] 1976.)
Guillaumont, P., und T. Quispel (Übers.): *The Gospel According to Thomas*, New York (Harper) 1959.
Hakeda, Y. S. (Übers.): *The Awakening of Faith*, New York (Columbia Univ. Press) 1967.
Hammond, Guyton, B.: *The Power of Self-Transcendence*, St. Louis (Bethany Press) 1966.
Harper, Robert A.: *Psychoanalysis and Psychotherapy,* Englewood Cliffs (Spectrum Book) 1959.
Harris, Thomas A.: *Ich bin o. k., Du bist o. k.*, Reinbek (Rowohlt).
Hartmann, Heinz: *Ich-Psychologie und Anpassungsproblem*, Stuttgart (Klett) 1960.
Hartshorne, Charles: *The Logic of Perfection*, Illinois (Open Court) 1973.
Heidegger, Martin: *Sein und Zeit*, Tübingen (Niemeyer) 1977.
Heisenberg, Werner: *Das Naturbild der heutigen Physik*, Hamburg (Rowohlt, rde 8) 1960.
–: *Physik und Philosophie*, Stuttgart (Hirzel) ^{3}1978.
Henry, Jules: *Culture Against Man*, New York (Random House) 1963.
Herberg, W. (Hrsg.): *The Writings of Martin Buber*, Cleveland 1968.
Hook, Sidney (Hrsg.): *Dimensions of Mind*, New York (Collier Books) 1973.
Horney, Karen: *Der neurotische Mensch unserer Zeit*, München (Kindler) 1979.
–: *Selbstanalyse*, München (Kindler Tb 2119) 1974.
Howe, E. G.: *Cure or Heal?*, London (Allen and Unwin) 1965.
–, und L. Le Mesurier: *The Open Way*, London (Watkins) 1958.
Huang, Al: *Lebensschwung durch T'ai chi*, Bern u. a. (O. W. Barth) ^{2}1981.
Huang-po: *Der Geist des Zen*, hrsg. v. John Blofeld, Bern u. a. (O. W. Barth) ^{2}1987.
Hume, David: *Ein Traktat über die menschliche Natur*, Hamburg (Meiner) 1973.
Hume, R. E. (Übers.): *The Thirteen Principal Upanishads*, London (Oxford Univ. Press) 1974.

Humphreys, C.: *A Western Approach to Zen*, London (Allen and Unwin) 1971.
Huxley, Aldous: *Die ewige Philosophie*, Zürich (Steinberg) 1949.
Hyers, M. Conrad: *Zen and the Comic Spirit*, London (Rider) 1974.
Jacobi, Jolande: *Die Psychologie von C. G. Jung*, Olten und Freiburg i. Br. (Walter) 1971.
James, M. R.: *The Apocryphal New Testament*, London (Oxford Univ. Press) 1924.
James, William: *The Principles of Psychology*, New York (Dover) 1950.
–: *Die Vielfalt religiöser Erfahrung*, Olten und Freiburg i. Br. (Walter) 1979.
Johannes vom Kreuz: «Dunkle Nacht», in: *Sämtliche Werke,* Bd. 2, München (Kösel-Pustet) 1938.
–: «Aufstieg zum Berg Karmel», in: *Sämtliche Werke,* Bd. 1, München (Kösel-Pustet) 1937.
Johnson, Howard A., und Niels Thustrup (Hrsg.): *A Kierkegaard Critique*, Chicago (Henry Regnery) 1967.
Johnson, Raynor C.: *Watcher on the Hills*, New York (Harper and Row) 1959.
Johnston, William: *Der ruhende Punkt*, Freiburg u. a. (Herder) 1974.
Jones, F. (Bubba Free John): *The Knee of Listening*, Los Angeles (Dawn Horse Press) 1973.
–: *The Method of the Siddhas*, Los Angeles (Dawn Horse Press) 1973.
–: *Garbage and the Goddess*, Lower Lake, Calif. (Dawn Horse Press) 1974.
Jung, Carl Gustav: *Gesammelte Werke*, Zürich, Stuttgart (Rascher); ab 1980: Olten und Freiburg i. Br. (Walter). Insbesondere: *Symbole der Wandlung*, *GW* 5; *Psychologische Typen*, *GW* 6; *Zwei Schriften über Analytische Psychologie*, *GW* 7; *Die Dynamik des Unbewußten*, *GW* 8; *Die Archetypen und das kollektive Unbewußte*, *GW* 9/I; *Aion. Beiträge zur Symbolik des Selbst, GW* 9/II; *Zur Psychologie westlicher und östlicher Religion*, *GW* 11; *Mysterium Coniunctionis*, *GW* 14.
–: *Der Mensch und seine Symbole*, Olten und Freiburg i. Br. (Walter).
–: *The Portable Jung*, hrsg. v. J. Campbell, New York (Viking) 1972.
Kapleau, Philip (Hrsg.): *Die drei Pfeiler des Zen*, Bern u. a. (O. W. Barth) [7]1986.
–: *The Wheel of Death*, New York (Harper and Row) 1971.
Kato, B., Y. Tamura und K. Miyasaki (Übers.): *The Three Fold Lotus Sutra*, New York (Weatherhill/Kosei) 1975.
Keleman, Stanley: *Dein Körper formt dein Selbst*, New York (Simon and Schuster) 1975.
Kennett, J.: *Selling Water by the River*, New York (Vintage Books) 1972.
Kent, J., und W. Nichholls: *I AMness*, New York (Bobbs-Merrill) 1972.
Kern, Hendrik (Übers.): *Saddharma Pundarika or the Lotus of the True Law*, New York (Dover) 1963.
Kierkegaard, Sören: «Der Begriff der Angst», in: *Die Krankheit zum Tode* und andere Werke, München (dtv 6070) 1976.

Koestler, Arthur: *Von Heiligen und Automaten*, Bern u. a. (Scherz) 1961.
Korzybski, A.: *Science and Sanity*, Lakeville, Connecticut (International Non-Aristotelian Library) 1948.
Krippner, Stanley (Hrsg.): «The Plateau Experience: A. H. Maslow and Others», in: *Journal of Transpersonal Psychology* Bd. 4, 1972.
Krishna, Gopi; *Kundalini*, Weilheim (O. W. Barth) 1968.
Krishnamurti, Jiddu: *Schöpferische Freiheit*, München (O. W. Barth) 1956.
–: *Leben!*, Frankfurt/M. (Fischer Tb 1992) 1977.
–: *Einbruch in die Freiheit*, Frankfurt/M. u. a. (Ullstein Tb 20027).
–: *Talks in Europe, 1968*, Niederlande (Servire/Wassenaar) 1969.
–: *Talks and Dialogues*, Australien (Griffin Press) 1970.
–: *Talks and Dialogues, Sydney, 1970*, Sydney (Krishnamurti Books) 1970.
–: *Krishnamurti in India, 1970–71*, Indien (Krishnamurti Foundation) 1971.
–: *Tradition and Revolution*, Indien (Krishnamurti Foundation) 1972.
Kuhn, Thomas S.: *Die Struktur wissenschaftlicher Revolutionen*, Frankfurt/M. (Suhrkamp) 1967.
LaBarre, Weston: *The Human Animal*, Chicago (Univ. of Chicago Press) 1954.
Lacan, Jacques: «The Insistence of the Letter in the Unconscious», in: *Structuralism*, hrsg. v. J. Ehrmann, New York (Doubleday) 1970.
Laing, Ronald D., H. Phillipson und A. R. Lee: *Interpersonelle Wahrnehmung*, Frankfurt/M. (Suhrkamp, es 499).
–: *Phänomenologie der Erfahrung*, Frankfurt/M. (Suhrkamp, es 314) ²1969.
–: *Knoten*, Reinbek (Rowohlt) 1972.
–: *Die Politik der Familie*, Köln (Kiepenheuer & Witsch) 1974.
–, und D. Cooper: *Vernunft und Gewalt*, Frankfurt/M. (Suhrkamp, es 574) 1973.
Lao-tzu, s. Wilhelm 1979.
Leeuw, J. J. van der: *The Conquest of Illusion*, Wheaton (Quest Book) 1968.
Legge, J. (Übers.): *The Texts of Taoism*, New York (Julian Press) 1959.
Leggett, T. (Übers.): *A First Zen Reader*, Rutland, Vermont (Tuttle) 1971.
Leonard, G. G.: *The Transformation*, New York (Delta) 1973.
Lévi-Strauss, Claude: *Strukturale Anthropologie*, Frankfurt/M. (Suhrkamp Tb 15).
Lieh-tzu, s. A. C. Graham, Wilhelm 1980.
Lilly, John C.: *The Center of the Cyclone*, New York (Julian Press) 1972. (*Das Zentrum des Zyklons*, Frankfurt/M. [Fischer Tb 1768] 1978.)
Linssen, R.: *Living Zen*, New York (Grove Press) 1960.
Loevinger, Jane: *Ego Development*, San Francisco (Jossey-Bass) 1976.
Lonergan, Bernard: *Insight. A Study of Human Understanding*, New York (Philosophical Library) 1970.
Longchenpa: *Kindly Bent to Ease Us*, übers. v. H. V. Günther, Emeryville, California, (Dharma Publishing) 1975.

Lotos-Sutra, s. Kato, Kern.
Lowen, Alexander: *Der Verrat am Körper*, Bern u. a. (Scherz) 1980.
–: *Körperausdruck und Persönlichkeit*, München (Kösel) 1981.
–: *Depression. Unsere Zeitkrankheit*, München (Kösel) 1978.
Lubac, Henri de: *Teilhard de Chardins religiöse Welt*, Freiburg i. Br. (Herder) 1969.
Luk, Charles: *Ch'an and Zen Teachings* (Series 1–3), London (Rider) 1960–62.
–: *The Secrets of Chinese Meditation*, New York (Samuel Weiser) 1971. (*Geheimnisse der chinesischen Meditation*, Zürich, Stuttgart [Rascher] 1967.)
–: *Practical Buddhism*, London (Rider) 1972 a.
– (Übers.): *The Surangama Sutra*, London (Rider) 1969.
– (Übers.): *The Vimalakirti Nirdesa Sutra*, Berkeley (Shambhala) 1972 b.
–: *The Transmission of the Mind Outside the Teaching*, New York (Grove Press) 1975.
Maddi, Salvatore R.: *Personality Theories*, Georgetown, Ontario (Irwin-Dorsey) 1968.
Malinowski, Bronislaw: *Magie, Wissenschaft und Religion*, Frankfurt/M. (S. Fischer) 1973.
Marcel, G.: *Philosophy of Existence*, New York (Philosophical Library) 1949.
Marcuse, Herbert: *Eros und Kultur*, Stuttgart (Klett) 1957.
Martin, Percival W.: *Experiment in Depth*, London (Routledge and Kegan Paul) 1967.
Maslow, Abraham H.: *Toward a Psychology of Being*, New York (Van Nostrand Reinhold) 1968. (*Psychologie des Seins*, München [Kindler] 1973.)
–: *Religions, Values and Peak Experiences*, New York (Viking) 1970.
–: *The Farther Reaches of Human Nature*, New York (Viking) 1971.
Masters, R., und J. Houston: *The Varieties of Psychedelic Experience*, New York (Dell) 1967.
Masunaga, R. (Übers.): *A Primer of Soto Zen*, Honolulu (East-West Center Press) 1971.
Matics, M. L. (Übers.): *Entering the Path of Enlightenment*, London (MacMillan) 1970.
Matson, Floyd W.: *Rückkehr zum Menschen*, Olten und Freiburg i. Br. (Walter) 1969.
May, Rollo R.: *Love and Will*, New York (W. W. Norton) 1969 a.
–: *Paulus*, New York (Harper and Row) 1973.
– (Hrsg.): *Existential Psychology*, New York (Random House) 1969 b.
McDermott, J. J. (Hrsg.): *The Writings of William James*, New York (Random House) 1968.
McGovern, William M.: *An Introduction to Mahayana Buddhism*, Nagar (Sahityaratan Malakaryalaya) 1968.
McLuhan, H. Marshal: *Die Gutenberg-Galaxis*, Düsseldorf, Wien (Econ) 1968.

Meister Eckehart: *Deutsche Predigten und Traktate*, hrsg. v. Josef Quint, München (Hanser) 1963, und Diogenes Taschenbuch 20642.

Merrell-Wolff, F.: *Pathways Through to Space*, New York (Richard R. Smith).

Merton, Thomas: *Mystics and Zen Masters*, New York (Delta Book) 1967; teilweise in: *Weisheit der Stille*, Weilheim (O. W. Barth) 1975.

– (Komp.): *The Way of Chuang Tzu*, New York (New Directions) 1969.

Mitchell, Edgar D.: *Psychic Exploration*, New York (Capricorn) 1976.

Miura, Isshu, und Ruth Fuller Sasaki: *Zen Dust*, New York (Harcourt, Brace and World) 1966.

Monroe, Robert: *Der Mann mit den zwei Leben*, Düsseldorf u. a. (Econ) 1972.

Murphy, Gardner: *Psychological Thought from Pythagoras to Freud*, New York (Original Harbinger Book) 1968.

–, und L. B. Murphy: *Asian Psychology*, New York (Basic Books) 1968.

Murti, Tirupattur R. V.: *The Central Philosophy of Buddhism*, London (Allen and Unwin) 1960.

Musès, C., und A. M. Young (Hrsg.): *Consciousness and Reality*, New York (Discus) 1974.

Naranjo, Claudio, und Robert E. Ornstein: *Psychologie der Meditation*, Frankfurt/M. (Fischer Tb 1811).

Needham, J.: *Science and Civilization in China*, Bd. 2, London (Cambridge University Press) 1956.

Needleman, Jacob: *The New Religions*, New York (Pocket Books) 1972.

Neumann, Erich: *Ursprungsgeschichte des Bewußtseins*, München (Kindler Tb 2042/43).

Nikolaus von Kues: *Von Gottes Sehen. De visione Dei*, Leipzig (Meiner) 1944.

Nishida, Kitaro: *Intelligibility and the Philosophy of Nothingness*, Honolulu (East-West Center Press) 1958.

Northrop, Filmer S. C.: *Begegnungen zwischen Ost und West*, München (Nymphenburger) 1951.

Novak, Michael: *The Experience of Nothingness*, New York 1971.

Ornstein, Robert: *Die Psychologie des Bewußtseins*, Köln (Kiepenheuer & Witsch) 1974.

Otto, Rudolf: *West-östliche Mystik*, München (Beck) 1971.

Ouspensky, Petr D.: *The Fourth Way*, New York (Knopf) 1957.

Pearce, Joseph C.: *The Crack in the Cosmic Egg*, New York (Julian) 1971.

Pears, David F.: *Ludwig Wittgenstein*, München (dtv 780).

Perls, Frederick S.: *Das Ich, der Hunger und die Aggression*, Stuttgart (Klett-Cotta) 1978.

–: *Gestalt Therapy Verbatim*, Lafayette, California, (Real People Press) 1969. (*Gestalttherapie in Aktion*, Stuttgart [Klett] 1974.)

–, Ralph F. Hefferline und Paul Goodman: *Gestalt Therapy*, New York (Dell) 1951. (*Gestalt-Therapie*, Stuttgart [Klett-Cotta] 1979.)

Peterson, S.: *A Catalog of the Ways People Grow*, New York (Ballantine) 1971.
Piaget, Jean: *Das Weltbild des Kindes*, Stuttgart (Klett-Cotta) 1978.
–: *Der Aufbau der Wirklichkeit beim Kinde*, Stuttgart (Klett) 1974.
Polster, Erving und Miriam: *Gestalttherapie*, München (Kindler Tb 2150).
Price, A. F., und W. Mou-Lam (Übers.): *The Diamond Sutra and The Sutra of Hui Neng*, Berkeley (Shambhala) 1969.
Pursglove, P. D. (Hrsg.): *Recognitions in Gestalt Therapy*, New York 1968.
Putney S. und G. J.: *The Adjusted American: Normal Neurosis in the Individual and Society*, New York (Harper) 1966.
Ramana Maharshi: *The Spiritual Teaching of Ramana Maharshi*, Berkeley (Shambhala) 1972.
–: *The Collected Works of Ramana Maharshi*, hrsg. v. Arthur Osborne, London (Rider) 1959.
–: *Ramana Maharshi: seine Lehren*, München (Hugendubel) 1983.
Rank, Otto: *Der Mythus von der Geburt des Helden*, Leipzig, Wien 1922.
Reck, Andrew J.: *The New American Philosophers*, New York 1970.
Reich, Wilhelm: *Die Funktion des Orgasmus*, Leipzig 1927.
–: *Charakteranalyse*, Köln (Kiepenheuer & Witsch) 1970.
Richardson, H. W., und D. R. Cutler (Hrsg.): *Transcendence*, Boston (Beacon Press) 1969.
Ricœur, Paul: *Freud and Philosophy: An Essay on Interpretation*, New Haven (Yale Univ. Press) 1970.
Ring, K.: «A Transpersonal View of Consciousness», in: *Journal of Transpersonal Psychology*, Bd. 6, Nr. 2, 1974.
Rogers, Carl R.: *Entwicklung der Persönlichkeit*, Stuttgart (Klett) 1973.
Ropp, Robert de: *Das Meisterspiel*, München (Hugendubel) 1979.
Rossi, Ino (Hrsg.): *The Unconscious in Culture*, New York (E. P. Dutton) 1974.
Roszak, Theodore (Hrsg.): *Sources*, New York (Harper and Row) 1972.
Ruesch, J., und G. Bateson: *Communication*, New York (Morton) 1968.
Ruitenbeek, Hendrik M.: *Psychoanalysis and Existential Philosophy*, New York (E. P. Dutton) 1962.
Russell, Bertrand: *A History of Western Philosophy*, New York (Simon and Schuster) 1945. (*Philosophie des Abendlandes*, Frankfurt/M. [Holle] 1951.)
Rycroft, Charles A.: *A Critical Dictionary of Psychoanalysis*, Totowa, New Jersey, (Littlefield, Adams) 1973.
Sanford, J. H., und L. S. Wrightsman: *Psychology: A Scientific Study of Man*, Belmont, California, (Brooks/Cole) 1970.
Schaff, Adam: *Sprache und Erkenntnis*, Reinbek (Rowohlt) 1974.
Shapiro, S. A.: «A Classification Scheme for Out-of-Body Phenomena», in: *Journal of Altered States of Consciousness*, Bd. 2, Nr. 3, 1975/76.
Schaya, Leo: *Ursprung und Ziel des Menschen im Lichte der Kabbala*, Weilheim (O. W. Barth) 1972.

Schrödinger, Erwin: *Meine Weltansicht*, Wien (Zsolnay) 1961.
–: *Was ist Leben?* München (Leo Lehnen, Sammlung Dalp, Bd. 1) 1951.
–: *Geist und Materie*, Braunschweig (Vieweg) 1959.
Schumann, Hans W.: *Buddhismus. Ein Leitfaden durch seine Lehren und Schulen*, Darmstadt (Wissenschaftliche Buchgesellschaft) 1973.
Schuon, Frithjof: *In the Tracks of Buddhism*, London (Allen and Unwin) 1968.
–: *Logic and Transcendence*, New York, 1975.
–: *Von der inneren Einheit der Religionen*, Interlaken (Zemp) 1981.
Senzaki, Nyogen, und Ruth S. McCandless: *Buddhism and Zen*, New York (Philosophical Library) 1953.
Shah, Idries: *The Way of the Sufi*, New York (E. P. Dutton) 1970.
Shankara: *Das Kleinod der Unterscheidung*, Bern u. a. (O. W. Barth) 1981.
Sharma, Chandradhar: *Indian Philosophy*, London (Barnes and Noble) 1962.
Shibayama, Zenkei: *Zen in Gleichnis und Bild*, Bern u. a. (O. W. Barth) 1974.
–: *Zu den Quellen des Zen. Die berühmten Koan des Meisters Mumon*, Bern u. a. (O. W. Barth) 1976.
Shurangama-Sūtra, s. Luk 1969.
Siu, Ralph G. H.: *The Tao Science*, New York (Wiley) 1957.
Skinner, Burrhus F.: *Futurum zwei*, Hamburg (Wegner) 1970.
Smith, H.: «The Relations Between Religions», in: *Main Currents*, Bd. 30, Nr. 2.
Solomon, P., V. D. Patch: *Handbook of Psychiatry*, Kanada (Lange Medical Publications) 1969.
Stcherbatsky, T.: *Buddhist Logic*, New York (Dover) 1962.
–: *The Central Conception of Buddhism and the Meaning of the Word «Dharma»*, Delhi (Motilal Banarsidass) 1970.
Strauss, Anselm (Hrsg.): *George Herbert Mead: On Social Psychology*, Chicago (Univ. of Chicago Press) 1964.
Streng, Frederick J.: *Emptiness – A Study in Religious Meaning*, Nashville (Abingdon Press) 1967.
Stryk, Lucien (Hrsg.): *World of the Buddha: A Reader from the «Three Baskets» to Modern Zen*, New York (Doubleday) 1969.
– und T. Ikemoto (Übers.): *Zen: Poems, Prayers, Sermons, Anecdotes, Interviews*, New York (Doubleday) 1963.
Sullivan, Harry S.: *Die interpersonale Theorie der Psychiatrie*, Frankfurt/M. (S. Fischer) 1980.
Sullivan, John W. N.: *The Limitations of Science*, New York (Mentor Books) 1949.
Suzuki, Beatrice L.: *Mahayana Buddhism*, Toronto (MacMillan) 1969.
Suzuki, Daisetz T.: *Studies in Zen*, New York (Dell) 1955.
–: *Manual of Zen Buddhism*, New York (Grove Press) 1960.
–: *Outlines of Mahayana Buddhism*, New York (Schocken Books) 1963.
–: *Studies in the Lankavatara Sutra*, London (Routledge and Kegan Paul) 1968 a.

–: *Der westliche und der östliche Weg*, Frankfurt/M. u. a. (Ullstein Tb 299) 1971.
–: *Essays in Zen Buddhism*, Series 1–3, London (Rider) 1970 a. Auf Deutsch bisher erschienen: *Satori – Der Zen-Weg zur Befreiung, Bern u. a. (O. W. Barth) 1987 (die weiteren Bände in Vorbereitung).*
–: *Die Kraft des inneren Glaubens*, Weilheim (O. W. Barth) 1979.
–: *Leben aus Zen*, Bern u. a. (O. W. Barth) 1987.
–: *Mushin – Die Zen-Lehre vom Nicht-Bewußten*, Bern u. a. (O. W. Barth) 1987.
–: *Zen and Japanese Culture*, Princeton (Princeton Univ. Press) 1970 b. Deutsch (gekürzt): *Zen und die Kultur Japans*, Reinbek (Rowohlt, rde 66) 1958.
– (Übers.): *The Lankavatara Sutra*, London (Routledge and Kegan Paul) 1968 b.
Suzuki, Shunryu: *Zen-Geist, Anfänger-Geist*, Zürich (Theseus) [4]1983.
Swearer, Donald K.: *Secrets of the Lotus*, New York (MacMillan) 1971.
Takakusu, Junjiro: *The Essentials of Buddhist Philosophy,* Honolulu (Univ. of Hawaii) 1956.
Tart, Charles T.: *Altered States of Consciousness*, Garden City, New York, (Anchor Books) 1969.
–: *Transpersonale Psychologie*, Olten und Freiburg i. Br. (Walter) 1978.
Teilhard de Chardin, Pierre: *Die Zukunft des Menschen* (= *Werke,* Bd. 5), Olten und Freiburg i. Br. (Walter) 1963.
–: *Der Mensch im Kosmos*, München (Beck) [7]1964.
Thera, Narada: *The Heart of Buddhist Meditation*, London (Rider) 1972.
Thibaut, G. (Übers.): *The Vedanta Sutras of Badarayana*, New York (Dover) 1962.
Thomas von Aquin: *Summe der Theologie*, 3 Bände, Leipzig (Kröner) 1934–39.
Tillich, Paul: *Der Mut zum Sein*, Hamburg (Furche) 1965.
Tohei, K.: *Aikido in Daily Life*, Tokyo (Rikugei) 1966.
Trevor, M. H. (Übers.): *The Ox and His Herdsman*, Tokyo (Hokuseido) 1969.
Trungpa, Chögyam: *Spiritueller Materialismus*, Freiburg i. Br. (Aurum) 1975.
–: *Das Märchen von der Freiheit und der Weg der Meditation*, Freiburg i. Br. (Aurum) 1978.
Tsunoda, Ryusaku, W. T. DeBary und D. Keene (Komp.): *Sources of Indian Tradition*, Bd. 1, New York (Columbia Univ. Press) 1958.
–: *Sources of Chinese Tradition*, Bd. 1, New York (Columbia Univ. Press) 1969.
–: *Sources of Japanese Tradition*, Bd. 1, New York (Columbia Univ. Press) 1969.
Tulku, Tarthang: *Raum, Zeit und Erkenntnis*, Bern u. a. (Scherz) [2]1986.
– (Hrsg.): *Reflections of Mind*, Emeryville, California, (Dharma Publishing) 1975.
Underhill, E. (Hrsg.): *The Cloud of Unknowing*, London (Stuart and Watkins) 1970.
Upanishaden, übers. v. Alfred Hillebrandt, Düsseldorf, Köln (Diederichs) 1977.
Vimalakīrti-Sūtra, s. Luk 1972 a.

Vivekananda, Swami: *Raja-Yoga*, Freiburg i. Br. (H. Bauer) [7]1983.
Waley, Arthur: *The Way and its Power*, New York (Grove Press) 1958.
Walsh, Roger N., und Frances Vaughan (Hrsg.): *Psychologie in der Wende*, Bern u. a. (Scherz) [2]1987.
Warren, Henry C. (Übers.): *Buddhism in Translation*, New York (Atheneum) 1970.
Wartofsky, M. W.: *Conceptual Foundations of Scientific Thought*, New York (MacMillan) 1968.
Watson, B. (Übers.): *The Complete Works of Chuang Tzu*, New York (Columbia Univ. Press) 1968.
Watts, Alan W.: *Zen-Buddhismus. Tradition und lebendige Gegenwart*, Reinbek (Rowohlt, rde 129/30) 1961.
–: *Weisheit des ungesicherten Lebens*, Bern u. a. (O. W. Barth) [3]1981a.
–: *Psychotherapy East and West*, New York (Ballantine) 1969 a. (*Psychotherapie und östliche Befreiungswege*, München [Kösel] 1981 b.)
–: *The Two Hands of God*, New York (Collier Books) 1969 b.
–: *The Book on the Taboo Against Knowing Who You Are*, New York (Collier Books) 1970 a. (*Die Illusion des Ich*, München [Kösel] 1980.)
–: *Myth and Ritual in Christianity,* Boston (Beacon Press) 1970 b. (*Mythus und Ritus des Christentums*, München [O. W. Barth] 1956.)
–: *Behold the Spirit*, New York (Vintage) 1971.
–: *The Supreme Identity*, New York (Vintage Books) 1972.
–: *Cloud-Hidden, Whereabouts Unknown*, New York (Pantheon) 1973.
Wayman, Alex: *The Buddhist Tantras*, New York (Samuel Weiser) 1973.
Wei Wu Wei: *Ask the Awakened*, London (Routledge and Kegan Paul) 1963.
–: *The Tenth Man*, Hongkong (Hongkong Univ. Press) 1966.
–: *Posthumous Pieces*, Hongkong (Hongkong Univ. Press) 1968.
–: *All Else is Bondage*, Hongkong (Hongkong Univ. Press) 1970 a.
–: *Open Secret*, Hongkong (Hongkong Univ. Press) 1970 b.
Weil, A.: *The Natural Mind*, Boston (Houghton Mifflin) 1972.
Weiner, H.: *9 ½ Mystics – The Kabbala Today*, New York (Collier Books) 1973.
Weiner, N.: *The Human Use of Human Beings*, New York (Doubleday) 1956.
Welch, Holmes: *Taoism*, Boston (Beacon Press) 1970.
White, John: *Alles über Transzendentale Meditation*, München (Heyne Tb 4508) 1976.
– (Hrsg.): *The Highest State of Consciousness*, Garden City, New York, (Anchor Books) 1972.
– (Hrsg.): *What is Meditation?* Garden City, New York, (Anchor Books) 1972.
–, und Jim Fadiman (Hrsg.): *Relax,* New York (Confucian Press) 1976.
White, M.: *Social Thought in America*, Boston (Beacon Press) 1961.
Whitehead, Alfred North: *Modes of Thought*, New York (MacMillan) 1966.
–: *Abenteuer der Ideen*, Frankfurt/M. (Suhrkamp) 1971.

–: *Science and the Modern World*, New York (MacMillan) 1967. (*Wissenschaft und moderne Welt*, Zürich [Conzett und Huber] 1949.)
–: *Prozeß und Realität*, Frankfurt/M. (Suhrkamp) 1979.
–, und Bertrand Russell: *Principia mathematica*, Wien u. a. (Medusa) 1984.
Whorf, Benjamin Lee: *Collected Papers on Metalinguistics*, Washington D. C. (Department of State, Foreign Service Institute) 1952.
–: *Language, Thought and Reality* Cambridge (M. I. T. Press) 1956. (*Sprache, Denken, Wirklichkeit*, Reinbek [Rowohlt, rde 174] 1963.)
Whyte, Lancelot L.: *The Next Development in Man*, New York (New American Library) 1950 (*Die nächste Stufe der Menschheit*, Zürich [Pan] ca. 1947.)
Wilber, Ken: *Halbzeit der Evolution*, Bern u. a. (Scherz) 1984.
– (Hrsg.): *Das holographische Weltbild*, Bern u. a. (O. W. Barth) ²1987.
Wilde, J. T., und W. Kimmel (Hrsg.): *The Search for Being*, New York (Farrar, Straus and Giroux) 1962.
Wilden, A.: *Language of the Self*, New York (Johns Hopkins) 1968.
Wilhelm, Richard (Übers.): *Geheimnis der Goldenen Blüte*, mit einem Kommentar von C. G. Jung, Köln (Diederichs) 1986.
–: *Dschuang Dsi. Das wahre Buch vom südlichen Blütenland*, Düsseldorf, Köln (Diederichs) 1972.
–: *Liä Dsi. Das wahre Buch vom quellenden Urgrund*, Düsseldorf, Köln (Diederichs) 1980.
–: *Laotse. Tao te king*, Düsseldorf, Köln (Diederichs) 1978.
Wilson, Colin: *Der Outsider*, Stuttgart (Scherz & Goverts) 1957.
Wittgenstein, Ludwig: *Philosophische Untersuchungen*, Frankfurt/M. (Suhrkamp) 1967.
–: *Tractatus logico-philosophicus*, Frankfurt/M. (Suhrkamp, es 12) 1963.
Wolman, Benjamin B.: *Handbook of General Psychology*, Englewood Cliffs, New Jersey (Prentice-Hall) 1973.
Wu, John Ching-hsiung: *The Golden Age of Zen* (National War College) 1967.
Yampolsky, P. B. (Übers.): *The Platform Sutra of the Sixth Patriarch*, New York (Columbia Univ. Press) 1967.
–: *The Zen Master Hakuin: Selected Writings*, New York (Columbia Univ. Press) 1971.
Yu-lan Feng: *A History of Chinese Philosophy*, Princeton (Princeton Univ. Press) 1952/53.
Yutang, L.: *The Wisdom of China and India*, New York (Modern Library) 1942.
Zaehner, Robert C.: *Zen, Drugs and Mysticism*, New York (Pantheon) 1972.
Zimmer, Heinrich: *Indische Mythen und Symbole*, Düsseldorf, Köln (Diederichs) 1972.
–: *Philosophie und Religion Indiens*, Frankfurt/M. (Suhrkamp, stw 26) 1973.
–: *Abenteuer und Fahrten der Seele*, Düsseldorf, Köln (Diederichs) 1977.

Personen- und Sachregister